dtv

Für Mädchen ist die Adoleszenz der entscheidende Wendepunkt in ihrer Entwicklung zur Frau, an dem sie ihre kräftige Stimme der Kindheit verlieren. Zu diesem Ergebnis kommen die beiden Psychologinnen Lyn M. Brown und Carol Gilligan in ihrer Langzeitstudie über Schülerinnen zwischen Kindheit und Adoleszenz – ein bisher unerforschtes Gebiet der weiblichen Psychologie. Lebendig und einfühlsam beschreiben die Autorinnen das emotionale Erleben der Mädchen in der Schule und zu Hause, mit besten Freundinnen und Müttern und mit anderen weiblichen Bezugspersonen, die sie begleiten, sie anspornen, aber auch entmutigen auf dem Weg zur Selbstfindung. Daß dies kein schmerzlicher Anpassungsprozeß an überkommene weibliche Lebens- und Rollenmuster sein muß und darf, zeigt dieses Buch auf eindringliche, allgemeinverständliche Weise.

Lyn M. Brown ist Dozentin für Pädagogik und Psychologie am Colby College. Forschungsarbeiten und Publikationen vor allem auf dem Gebiet der Psychologie von Mädchen und Frauen.
Carol Gilligan, geboren 1936 in New York, war Schülerin von Erik Erikson und Mitarbeiterin von Lawrence Kohlberg, dem Begründer des Stadienmodells moralischen Bewußtseins. Seit 1979 Professorin für Psychologie an der Harvard University; zahlreiche Publikationen zur Entwicklungspsychologie, darunter der Klassiker zu einer spezifisch weiblichen Moral ›Die andere Stimme‹ (1984).

Lyn M. Brown, Carol Gilligan

Die verlorene Stimme

Wendepunkte in der Entwicklung
von Mädchen und Frauen

Aus dem Amerikanischen von
Dorothea Thieleke und Wolfgang Fuchs

Deutscher Taschenbuch Verlag

Von Carol Gilligan
ist im Deutschen Taschenbuch Verlag erschienen:

Die andere Stimme (35104)

Ungekürzte Ausgabe
Juni 1997
Deutscher Taschenbuch Verlag GmbH & Co. KG, München
© 1992 The President and Fellows of Harvard College
Titel der amerikanischen Originalausgabe:
Meeting at the Crossroads
Harvard University Press, New York 1992
© der deutschsprachigen Ausgabe:
1994 Campus Verlag GmbH, Frankfurt/Main
ISBN: 3-593-35136-6
Umschlagkonzept: Balk & Brumshagen
Satz: Fotosatz L. Huhn, Maintal-Bischofsheim
Druck und Bindung: C.H. Beck'sche Buchdruckerei, Nördlingen
Gedruckt auf säurefreiem, chlorfrei gebleichtem Papier
Printed in Germany · ISBN 3-423-35133-0

Inhalt

1

Eine Entdeckungsreise

Anna ist zwölf. Sie ist groß und schlank. Mit ihren grünen Augen sieht sie mich intensiv an, ihre blasse Haut ist ein wenig gerötet. Es ist mein erstes Interview nach dem Mittagessen, und sie wartet vor dem Zimmer auf mich, als ich ankomme. Wir reden über den Tag. Sie hat heute abend ein Konzert und morgen eine Prüfung, und das beschäftigt sie. Wir fangen mit dem Interview an, und sie scheint ein wenig mißtrauisch zu sein. Es dauert eine Zeit, bis ich mich wohlfühle. Auf einige meiner Fragen reagiert sie mit ausführlichen Antworten, andere erwidert sie nur knapp, fast schroff. Am Ende des Interviews sind wir müde. Ich frage sie, ob sie irgendwelche Fragen an mich hat. Sie will wissen, warum wir hier sind. Was hoffen wir zu erfahren? Was kommt bei dieser Sache für uns heraus?

Ein Mädchen, mißtrauisch und neugierig, und eine Frau, die auch neugierig ist und zuhört, die die Stimme und die Fragen eines Mädchens in sich aufnimmt und dieser Stimme nachgeht, während sich diese Stimme mit ihren eigenen Gedanken und Gefühlen vermischt – diese Szene ist zentral in unserem Unternehmen, die Psychologie von Frauen mit der Entwicklung von Mädchen zu verbinden. Wir beginnen mit der zwölfjährigen Anna, weil sie am Beginn der Adoleszenz steht.[1] Wir werden diesen Ort als Wegkreuzung in der weiblichen Entwicklung markieren: als eine Begegnung zwischen Mädchen und Frau, ein Schnittpunkt zwischen psychologischer Gesundheit und kultureller Neufindung, ein Wendepunkt in der weiblichen Psyche, der sowohl Frauen als auch Männer betrifft.

Wenn wir von der frühen Adoleszenz als einer Wegkreuzung im Leben von Frauen sprechen, rufen wir uns alte Geschichten über Wegkreuzungen ins Gedächtnis zurück – insbesondere die Geschichte von Ödipus. Der Mord an der Wegkreuzung – Ödipus' Mord an seinem Vater Laios – ist zum Symbol für den Kampf zwischen Vätern und Söhnen innerhalb einer patriarchalen Kultur geworden: der Streit darüber, wer die Macht innehat. Psychologisch gesehen, hat dieser Mord seinen Ursprung darin, daß Ödipus in früher Kindheit von seinen Eltern ausgesetzt wurde – in der radikalen Trennung, verfügt von seinem Vater und ausgeführt von seiner Mutter Iokaste, die das Kind den Schafhirten überläßt. Die Folge ist eine Beziehungstaubheit und Beziehungsblindheit.

Unsere Untersuchungen zur psychologischen Entwicklung von Frauen begannen damit, daß wir ihren Stimmen zuhörten und dabei Unterschiede zwischen ihren Stimmen und denen von Männern heraushörten.[2] Privilegierte Männer sprachen oft in einer Art, als ob sie nicht in einem wechselseitigen Verhältnis mit anderen lebten – als ob sie autonom, souverän wären, frei, zu sprechen und sich zu bewegen, wie es ihnen gefällt. Frauen tendieren hingegen dazu, von sich selbst in Verbindung mit anderen zu sprechen und beschreiben dennoch eine Beziehungskrise: ein Aufgeben der Stimme, einen Selbstverzicht, um eine gute Frau zu werden und Beziehungen zu haben. Diese frühere Arbeit hinterließ bei uns ein tiefes Gefühl des Unbehagens. Einerseits schienen die von uns befragten Frauen zu wissen, was sie taten – sie schienen sich der Torheit bewußt zu sein, die in dem Versuch liegt, zu anderen Beziehungen herzustellen und sich selbst gleichzeitig zum Schweigen zu bringen. Andererseits schienen sie es aber auch nicht zu wissen. Als wir uns entschieden, die psychologische Entwicklung von Frauen bis zur Adoleszenz und dann weiter bis in die Kindheit der Mädchen zurückzuverfolgen, wurden wir Zeuginnen einer Beziehungskrise in der weiblichen Psyche – vergleichbar der Krise, die Jungen in früher Kindheit erfahren –, und wir begannen, ein altes Rätsel in der Entwicklung von Mädchen zu lösen.[3]

Länger als ein Jahrhundert ist die Phase der Adoleszenz für Mädchen mit einem Zeitraum der erhöhten psychologischen Gefahr gleichgesetzt worden. Es wurde beobachtet, daß Mädchen in dieser Zeit ihre Vitalität[4] verlieren, ihre Widerstandskraft[5], ihre Immunität gegen Depressionen[6], ihr Gefühl für sich selbst und für ihren Charakter[7]. Mädchen, die sich der Adoleszenz nähern, sind oft Opfer von Inzest und anderen Arten sexueller Gewalt.[8] Diese Krise in der weiblichen Entwicklung ist verschiedentlich biologischen oder kulturellen Ursachen zugeschrieben worden, aber ihre psychologischen Ausmaße und ihre Beziehung zum Trauma werden erst seit kurzer Zeit untersucht.

Unsere Reise in das bisher unerforschte Gebiet der weiblichen Psychologie – dieses Land zwischen Kindheit und Adoleszenz – ist von Mädchenstimmen geleitet worden. Über einen Zeitraum von zehn Jahren hat uns unser Projekt in private Mädchenschulen geführt, in öffentliche Schulen der Innenstädte, in koedukative Tagesschulen oder Internate, in große städtische High-Schools und in Jungen- und Mädchenvereine in kulturell unterschiedlichen Umgebungen.[9] Wenn wir den Mädchen zuhören, hören wir, wie die menschliche Welt von Naturalistinnen wiedergegeben wird, die detailliert beschreiben, was in Beziehungen vorgeht. Sie beobachten die menschliche Welt wie andere das Wetter. Indem sie den Tönen des alltäglichen Lebens lauschen, begreifen sie seine psychologischen Rhythmen, seine Muster. Von den Mädchen hörten wir Stück für Stück die Beschreibung eines Kindes davon, was in der Welt, in der es lebt, passiert, eine mehr oder weniger deutliche Aufzeichnung, wie es, psychologisch gesehen, im Leben zugeht.

Annas Fragen sind Beziehungsfragen, und noch spezifischer, Fragen nach unserer Beziehung zu dieser Arbeit: Warum sind wir hier? Was hoffen wir zu erfahren? Was kommt bei dieser Sache für uns heraus? Diese Fragen lassen sich einfach beantworten: Wir hoffen, etwas über die psychologische Entwicklung von Frauen zu erfahren, indem wir Frauen und Mädchen zusammenbringen. Von den Mädchen versprechen wir uns, etwas über ihre Erfahrungen, Gefühle und Gedanken zu erfahren. In früheren Arbeiten hörten wir auf die Unterschiede zwischen den Stimmen von Frauen und Männern; wir gingen den Veränderungen in den Frauenstimmen durch Krisen hindurch über einen bestimmten Zeitraum nach.[10] Zusammen mit Jean Baker Miller und ihren Kolleginnen Judith Jordan, Irene Stiver und Janet Surrey fanden wir heraus, daß ein inneres Gefühl der Verbundenheit (connection) mit anderen ein wichtiges strukturierendes Merkmal in der Entwicklung von Frauen ist und daß psychische Krisen im Leben von Frauen auf Unverbundenheiten (disconnections) zurückzuführen sind.[11] Im Hinblick auf diese Arbeit haben sich unsere Interviews mit jüngeren Mädchen als von unschätzbarem Wert erwiesen, denn sie klären einen fundamentalen Widerspruch in der Psychologie der Frauen auf. Langsam verstanden wir diesen Widerspruch, und wir waren sehr beeindruckt (und in unserer Theorie bestätigt), als wir entdeckten, daß Jean Baker Miller ihn als zentral im Leben von Frauen beschrieb, als Schlüssel für die Entwicklung, die Psychopathologie genannt worden ist. Sich verbunden zu fühlen und aufeinander einzugehen sind entscheidend für die psychische Entwicklung und die Grundlage für das Wissen von Frauen, wie Mary Belenky, Blythe Clinchy, Nancy Goldberger und Jill Tarule beobachtet haben; jedoch bringen sich Frauen in Beziehungen oft selbst zum Schweigen, anstatt den offenen Konflikt und eine Meinungsverschiedenheit zu riskieren, die zu Isolation oder zu Gewalt führen könnte.

Als wir – in Zusammenarbeit mit unserer Kollegin Annie Rogers – sieben- und acht-, zehn- und elfjährigen Mädchen zuhörten, vernahmen wir in den Mädchenstimmen deutliche Anzeichen für Stärke, Mut und eine gesunde Resistenz gegen den Verlust ihrer Stimme und den Beziehungsverlust, sogar wenn sie mit schwierigen Beziehungsumständen konfrontiert waren. Vor dem Hintergrund adoleszenter und erwachsener Frauenstimmen – die Stimmen, die in der Vergangenheit die Psychologie von Frauen definierten – sind die Stimmen der jüngeren Mädchen insofern beeindruckend, als sie ungehemmt über Wut, Streit oder einen offenen Konflikt in Beziehungen sprechen und Unterschiede und Meinungsverschiedenheiten im alltäglichen Leben als etwas Selbstverständliches hinnehmen.

Unsere Überraschung, als wir die Stärke in den Stimmen der Mädchen entdeckten, und die damit einhergehende Revision der Theorie über die psychologische Entwicklung von Frauen legen nahe, daß die Adoleszenz eine Zeit der Unverbundenheit (disconnection), manchmal der Losgelöstheit (dissociation) oder der Repression im Leben von Frauen ist. Diese Erfahrungen führen dazu, daß Frauen sich später oft nicht mehr daran erinnern oder dazu neigen, das, was sie als Mädchen erfahren und gewußt haben, zu vergessen oder zu verdrängen. Wenn in unsere Interviews mit den Mädchen an diesem Punkt ihrer Entwicklung der Satz »Ich weiß nicht« einfließt, beobachten wir Mädchen, die darum ringen, einerseits zu sprechen, und andererseits nicht zu sprechen, zu wissen, und nicht zu wissen, zu fühlen, und nicht zu fühlen. Wir sehen die Voraussetzungen für einen inneren Zwiespalt, wenn Mädchen an einen Punkt kommen, an dem sie das Gefühl haben, sie können nicht sagen, fühlen oder wissen, was sie erfahren – was sie gefühlt oder gewußt haben. In den Interviewgesprächen zwischen den Mädchen und uns Frauen wurden wir Zeuginnen eines aktiven Prozesses, in dem sich Nichtwissen bis zu einer gewissen Verwirrung steigerte. Daraufhin fingen wir an, während des Interviews zuzuhören und erst später in den Transkriptionen unserer Interviewsitzungen zu verfolgen, wie sehr die Mädchen darum ringen, mit sich selbst und mit anderen verbunden zu bleiben, in Beziehungen ihre Gefühle, Gedanken und Erfahrungen zum Ausdruck zu bringen – das zu zeigen, was Annie Rogers den »ganz normalen Mut« genannt hat, die Fähigkeit, »die eigenen Gedanken klar auszusprechen und gleichzeitig das ganze Herz auszuschütten«.[12] Wir sahen auch, wie sich dieses Ringen bei den Mädchen auf ihr Selbstgefühl auswirkte, auf ihre Beziehungen zu anderen und auf ihre Fähigkeit, in der Welt zu handeln. Das Hören dieses verzweifelten Versuches in den Mädchenstimmen brachte ähnliche Kämpfe in uns und anderen Frauen zum Wiedererklingen; indem wir den Mädchen zuhörten, begannen wir noch einmal zu erfahren, was wir im Laufe der Zeit an Wissen verloren hatten.

Nachdem wir die Stimmen der jüngeren Mädchen in uns aufgenommen hatten, hatten wir eine neue Form gefunden, um die Verluste und die Verwirrung zu verstehen, die wir bei adoleszenten Mädchen und erwachsenen Frauen wahrnahmen – eine Form, um beides zu dokumentieren: das, was verlorengegangen war, und den Widerstand der Mädchen gegen diese Verluste. Unsere Untersuchung wirft eine Frage von größerer Bedeutung auf, die die Beziehung zwischen der psychischen Entwicklung von Frauen und der Gesellschaft und Kultur, in der Frauen leben, betrifft: Sind diese Verluste der Stimme und des Bezugs (relationship) notwendig, und wenn nicht, wie lassen sie sich dann vermeiden? Das Kennzeichen dieses Verlustes, sowohl im Leben von Frauen als auch von Männern, ist der Schritt aus authentischen Beziehungen heraus in idealisierte Beziehungen hinein. Neueste Arbeiten in der Psychologie dokumentieren, daß Kleinkinder über die Kapazität verfügen, die relationale Wirklichkeit zu erkennen – auf Brüche in einer menschlichen Verbindung (connection) zu reagieren und zu begreifen, wann eine Verbindung ins Stocken gerät oder aufhört.[13] Diese Arbeiten stützen unsere Beobachtung, daß Mädchen diese Kapazität im allgemeinen bis zur Phase ihrer Adoleszenz weiterentwickeln; zu diesem Zeitpunkt dann gibt es Anzeichen dafür, daß sie ihre Fähigkeit verlieren zu wissen, was relational wahr oder wirklich ist. Wenn wir diesem Prozeß nachgehen, verbinden wir die Probleme, die für die Psychologie von Frauen als zentral angesehen werden (dazu gehören das Bedürfnis nach authentischer Verbundenheit [connection]; die Erfahrung der Unverbundenheit; die Schwierigkeiten zu sprechen; das Gefühl, daß ihnen nicht zugehört wird, daß sie nicht gehört werden und nicht empathisch auf sie eingegangen wird; das

Gefühl, daß sie nicht in der Lage sind, die eigenen Erfahrungen zu vermitteln oder gar an sie zu glauben), mit einer relationalen Sackgasse oder Beziehungskrise, die wir im Leben von Mädchen in der Phase ihrer Adoleszenz beobachtet haben.

In diesem Buch halten wir also eine Entdeckungsreise fest. Im Mittelpunkt unserer Erzählung stehen die Stimmen von fast einhundert Mädchen zwischen sieben und achtzehn Jahren. Sie waren von 1986-1990 Schülerinnen an der Laurel-Schule, einer Mädchenschule in Cleveland, Ohio. Da die Laurel-Schule eine private Tagesschule ist, sind die Mädchen zu beneiden; sie genießen viele Privilegien, die diese Gesellschaft denen zu bieten hat, die in unbeschwerte Verhältnisse hineingeboren werden oder besonders begabt oder erfolgsmotiviert sind. Obwohl die meisten Mädchen Familien der Mittelschicht oder der oberen Mittelschicht angehören und mehrheitlich weiß sind, ist es wichtig zu betonen, daß aufgrund eines Stipendienprogramms etwa 20 Prozent der Mädchen aus Familien der Arbeiterschicht kommen und ungefähr 14 Prozent aller Schülerinnen farbig sind. In dieser Gruppe von Mädchen wird Hautfarbe nicht mit einer unteren sozialen Schicht assoziiert, und die untere soziale Schicht wird nicht unbedingt mit Benachteiligungen in der Ausbildung verbunden.

Angesichts ihrer in vielerlei Hinsicht glücklichen und privilegierten Lage wäre zu erwarten, daß diese Mädchen sich bestens entwickeln. Und verglichen mit den durchschnittlichen Standards für schulische Leistungen und psychologische Entwicklung schnitten sie extrem gut ab.[14] Unsere Untersuchung macht sehr deutlich, daß diese Mädchen, wenn sie älter werden, weniger abhängig von externen Autoritäten, weniger egozentrisch oder an ihre eigenen Erfahrungen oder Standpunkte gebunden sind; sie differenzieren genauer zwischen sich und anderen in dem Sinne, daß sie in der Lage sind, zwischen ihren eigenen Gefühlen und Gedanken und denen anderer zu unterscheiden; sie sind autonomer, d.h. fähig, sich auf sich selbst zu verlassen oder Eigenverantwortung zu übernehmen, sie haben mehr Sinn für das komplexe Zusammenspiel von Stimmen und Perspektiven in einer Beziehung, sie sind sich mehr der Vielfalt menschlicher Erfahrungen und der Unterschiede zwischen gesellschaftlichen und kulturellen Gruppen bewußt.

Und doch fanden wir heraus, daß diese Entwicklung mit Anzeichen für einen Stimmenverlust einhergeht und dem verzweifelten Versuch, die eigene Erfahrung zum Maßstab zu machen oder sie zumindest ernst zu nehmen – in Gesprächen auf die eigene Stimme zu hören und sich auf die eigenen Gefühle und Gedanken zu beziehen. Wir fanden Anzeichen dafür, daß sie verwirrt sind, manchmal eine Verteidigungshaltung einnehmen, wie auch Anzeichen dafür, daß echte Beziehungen durch nicht-authentische oder idealisierte Beziehungen ersetzt werden. Wenn wir das Eingehen auf die eigene Person, das Kennen der eigenen Gefühle und Gedanken, Klarheit, Mut, Offenheit, freie und offene Verbindungen zu anderen und zur Welt als Zeichen psychischer Gesundheit ansehen, und davon gehen wir aus, dann entwickeln sich diese Mädchen nicht wirklich: Sie weisen vielmehr Anzeichen für einen Verlust und einen Kampf auf. Es wird deutlich, daß sie sich in einer Sackgasse befinden, wenn es um ihre Fähigkeit geht, in einem Konflikt zu handeln.[15] Zwar machen die Mädchen, die wir untersucht haben, ständig Fortschritte, wenn sie von der Kindheit in die Adoleszenz gelangen, doch stürzt die Adoleszenz diese Mädchen in eine Entwicklungskrise. Mit anderen Worten, die Wegkreuzung zwischen Mädchen und Frauen ist von einer Reihe von Unverbundenheiten (disconnections) und Losgelöstheiten (dissociations) markiert, die die Mädchen psychologisch gefährden und in einen relationalen Kampf einbeziehen – einen Kampf, den wir hörten und manchmal in unseren Interviews mit den Mädchen selbst erlebten, einen Kampf, den viele Frauen sehr gut kennen.

Die Begegnung an dieser Wegkreuzung ermöglicht es Frauen, gemeinsam mit den Mädchen ihre verlorengegangenen Stimmen und Stärken zurückzugewinnen, die Stimmen der Mädchen zu stärken und ihnen Mut zu machen, wenn sie in die Adoleszenz kommen; indem sie den Mädchen resonante Beziehungen anbieten, machen sie sich auch gemeinsam mit ihnen auf den Weg in die Richtung einer psychologisch gesünderen und mitmenschlicheren Welt, einer gerechteren Gesellschaft.

Wenn wir diesen Bericht über unsere Begegnung mit einer bestimmten Gruppe von Mädchen vorlegen und die Beziehungen, die sich zwischen uns Frauen und den Mädchen entwickelt haben, beschreiben, berichten wir über einen Weg in einen bisher dunklen Kontinent der Entwicklungsgeschichte von Frauen – eine Beziehungskrise, die mit Lügen verdeckt worden ist. Das aus psychologischer Sicht Erschreckende daran geht ganz unmittelbar aus dieser Krise hervor: Wir stellten nämlich fest, daß die Mädchen sich nicht nur an der Losgelöstheit (dissociation) beteiligen, sondern den Prozeß ihrer Beziehungslosigkeit (disconnection) auch erzählen – und dabei machen sie sowohl seinen Mechanismus als auch seine Intention sichtbar. Als sich die Mädchen in unserer Studie der Adoleszenz näherten, gerieten sie in eine Beziehungssackgasse; als Reaktion darauf erfuhren sie eine Reihe von Unverbundenheiten (disconnections), die sie manchmal selbst verursachten und gegen die sie sich manchmal wehrten, die gleichzeitig hinnehmbar und psychologisch verletzend zu sein schienen: Unverbundenheiten zwischen Psyche und Körper, Stimme und Bedürfnis, Gedanken und Gefühlen, dem Selbst und der Beziehung. Der zentrale Widerspruch, dem wir nachgehen werden – das Aufgeben der Beziehungswelt um der »Beziehungen« willen –, ist ein Widerspruch, der den Mädchen durchaus bewußt ist. Psychologisch gesehen, wissen Mädchen, was sie tun, und doch haben sie das Bedürfnis, es nicht zu wissen, zum Teil deshalb, weil sie keine Alternative sehen. Wenn wir über eine Arbeit berichten, die von der Sache her relational ist und daher ein offenes Ende hat, übergeben wir anderen Ergebnisse aus unserer Arbeit mit Mädchen und Frauen und berichten von Stimmen, die unserer Meinung nach das Zuhören wert sind, zum Teil auch wegen der Fragen, die sie aufwerfen. Aufgrund dieser Arbeit sind wir zu der festen Überzeugung gelangt, daß resonante Beziehungen zwischen Mädchen und Frauen entscheidend für die Entwicklung von Mädchen und für das psychische Wohlbefinden von Frauen sind; sie sind auch insofern von Bedeutung, um Frauenstimmen vollständig in der Welt hörbar zu machen, damit die soziale Konstruktion der Realität – der Aufbau einer menschlichen Welt, der von der Gesellschaft institutionalisiert und über die Kultur an nachfolgende Generationen weitergegeben wird – von Frauen und Männern geleistet wird und damit beide Geschlechter akustisch deutlich wahrnehmbar sind.

Im Untergrund

Am Anfang waren wir uns dieser Dimensionen unserer Studie allerdings nicht bewußt. Wir kamen an die Laurel-Schule, um unsere Forschung zur psychologischen Entwicklung von Frauen weiterzuführen. Wir wollten jüngere Mädchen in unsere Arbeit einbeziehen und die Resultate unserer Gespräche mit jungen Frauen überprüfen, insbesondere ihren potentiellen Wert und ihre Brauchbarkeit in bezug auf vorbeugende, erzieherische oder therapeutische Maßnahmen. In unseren früheren Untersuchungen hatten wir keinerlei Anhaltspunkte dafür gefunden, daß die Veränderungen, die wir beobachteten, auf unsere Gesprächsform mit den Frauen zurückzuführen waren: Wie wir auf die Mädchen und Frauen zugingen, die Fragen, die wir stellten, wie wir zuhörten, auf das, was sie sagten, eingingen und auch darauf, was im Laufe des Interviewzeitraums zwischen uns passierte. Vielleicht war für sie einfach unsere Anwesenheit als Psychologinnen beziehungsweise als Harvard-Psychologinnen von Bedeutung oder einfach die Erfahrung, interviewt zu werden, ungeachtet des Ansatzes oder der Methode. Der üblichen Vorgehensweise eines Forschungskonzeptes folgend, teilten wir zwölf- und fünfzehnjährige Mädchen (das heißt alle Schülerinnen des siebten und zehnten Schuljahres) nach dem Zufallsprinzip in Versuchs- und Kontrollgruppen ein. In der Versuchsgruppe wollten wir unseren eigenen Ansatz anwenden, nämlich ein Interview, das aus einer Reihe von offenen Fragen bestand. Diese waren so entworfen, daß sie Menschen darin bestärkten, uns in ihre psychologische Welt einzubeziehen und mit uns jenen Gedanken und Gefühlen nachzugehen, die sich auf sie selbst, ihre Beziehungen und ihre Erfahrungen in Konflikten bezogen. In der Kontrollgruppe wollten wir eine Standardmethode der Psychologie anwenden und die Mädchen dazu auffordern, auf eine Reihe hypothetischer Dilemmata und standardisierter Testfragen zu reagieren. Wir gingen davon aus, daß die von uns beobachteten Auswirkungen unserer relationalen Gesprächsform zuzuschreiben waren, nämlich Besserung im klinischen Sinne, Entwicklungsfortschritt, die Stärkung der Stimme in Beziehungen.

Unser Interesse an der systematischen Erforschung des möglichen Nutzens unserer Forschungsinterviews koppelten wir an unser immer noch vorhandenes Interesse, herauszufinden, in welchen Lebenssituationen Mädchen und Frauen Konflikte erfuhren und wie sie sich angesichts relationaler Probleme verhielten. Leah Rhys, Leiterin der Laurel-Schule, unterstützte uns dabei, unser laufendes Projekt über die Entwicklung von Frauen an der Schule durchzuführen und dort Mädchen aller Altersgruppen einzubeziehen. Also beschlossen wir, auch alle sechs- und neunjährigen Mädchen (im ersten und vierten Schuljahr) zu interviewen und entwarfen ein Langzeit-Querschnittsmodell; d.h. wir befragten alle Mädchen im ersten, vierten, siebten und zehnten Schuljahr über einige Jahre. Wir hatten das Ziel, unsere Untersuchung der weiblichen Entwicklung auf jüngere Mädchen auszuweiten und Veränderungen bei adoleszenten Mädchen über einen längeren Zeitraum hinweg kontinuierlich zu erforschen. Gleichzeitig wollten wir feststellen, ob sich unsere Interviewdaten mit den herkömmlichen Messungen der Persönlichkeitsentwicklung, der sozialen Entwicklung und der kognitiven und emotionalen Fähigkeiten verbinden ließen. Wir planten, einerseits Akten der Schule, Lehrerevaluationen, Aufzeichnungen, die sich auf das Verhalten der Schülerinnen bezogen, zu benutzen, und zum anderen die Selbsteinschätzung der Mädchen bezüglich ihrer Erfahrungen einzubeziehen, um unsere Interviewdaten auf diese Weise zu verifizieren.

Unsere geplante Vorgehensweise war jedoch von einem Gefühl der Ambivalenz begleitet. Die Absicht, gute psychologische Forschungsarbeit zu leisten, ließ uns von Begriffen wie Kontrolle, Objektivität und Sorgen um die Validität und Replikabilität ausgehen. Genau dies verursachte bei uns Unbehagen, was uns schlagartig vor Augen geführt wurde, als wir die Schule betraten, um unsere erste Interviewreihe durchzuführen: Die Flure waren voller Leben, Mädchen aller Altersgruppen, unterschiedlicher ethnischer Zugehörigkeit und Herkunft; sie trugen alle etwas in den Farben grün und weiß, sie arbeiteten zusammen, aßen zusammen und gingen von einer Unterrichtsstunde zur nächsten. Im Laufe des Tages wurde uns – einer Gruppe von dreizehn Frauen[16], von denen die meisten den Schülerinnen fremd waren – mehr und mehr bewußt, daß wir von den Mädchen beobachtet, eingeordnet (»die Große«, »die Junge«, »die im 60er-Jahre-Look«) und verglichen wurden. Da sie in unser Leben, unsere Gedanken und Gefühle keinen Einblick hatten – so wie wir es, was ihr Leben betraf, bald haben sollten –, wurden wir verständlicherweise mit Neugier und Skepsis betrachtet.

Bald nach unserer Ankunft bemerkten wir Anzeichen für eine entstehende »Untergrund-Bewegung«, eine nicht seltene Reaktion auf ungleiche Situationen. Nach der ersten Interviewrunde hatte es sich innerhalb einer Stunde herumgesprochen: Es gibt zwei Interviews – das persönliche und das mit den »kleinen Geschichten«. Die Mädchen reagierten auf unsere Forschungsarbeit, indem sie sich gegen dieses Eindringen von außen zusammenschlossen. Privat, das fanden wir später heraus, besprachen sie das, was von unseren Fragen hängengeblieben war, entweder miteinander oder mit ihren Eltern. Sie beruhigten ihre Freundinnen, die in Kürze interviewt werden sollten, und fingen an, sich auf ihre eigenen Interviews so gut wie möglich vorzubereiten, indem sie von Informationsfetzen, die sie hier und da aufgeschnappt hatten, Gebrauch machten und ihre »Rolle« probten. Für uns war die Ironie offensichtlich. Wir kamen an die Schule, um von den Mädchen zu lernen; unsere Arbeit hing von der Bereitschaft der Mädchen ab, mit uns über ihre Erfahrungen zu sprechen, und wir hofften, die weibliche Psyche besser verstehen zu können, wenn wir die Stimmen der Mädchen ernst nahmen. Doch kamen wir mit einem Forschungskonzept, das per definitionem keine Beziehung zuließ, die wir als echte Beziehung bezeichnen würden – zwischen uns und den Mädchen, unter den Mädchen selbst, den Mädchen und ihren Lehrerinnen und den Mädchen und ihren Eltern. Wir waren an die Schule gekommen, um besser zu verstehen, wie Mädchen auf die herrschende Kultur reagieren – eine Kultur, die nicht mit den Stimmen der Mädchen harmoniert und sich zum größten Teil nicht für die Erfahrungen von Mädchen interessiert, die junge Frauen zum Objekt macht und idealisiert und sie gleichzeitig trivialisiert und abwertet. Dennoch hatten wir – wenn auch unbewußt – eine Methode der psychologischen Befragung eingesetzt, die uns genau von diesem kulturellen System diktiert wurde. Von unserem eigenen Konzept gedrängt, waren wir jetzt auf dem besten Wege in eine Sackgasse und drohten in unserem Forschungsprojekt die Stimme und die Beziehungen zu verlieren. »Des Meisters Werkzeug«, warnt uns Audre Lorde, »wird nie des Meisters Haus auseinandernehmen.«[17]

An dieser Stelle wollen wir anmerken, daß das nicht unser erster Besuch an der Schule war – daß wir im Vergleich zu den sonst üblichen Beziehungen von PsychologInnen und PädagogInnen eine sehr enge Beziehung zu Schule und Schülerinnen unterhielten. Wir waren, bevor wir anfingen die Mädchen zu interviewen oft in die Laurel-Schule gereist und hatten uns mit der Verwaltung und den Frauen und Männern des Kollegiums getroffen; wir hörten im Unterricht zu und haben mit LehrerInnen und PsychologInnen der Schule die Formulierungen unserer Interviewfragen besprochen; wir unterhielten uns mit den Mädchen über ihre Gedanken und Gefühle, die sie als Teilnehmerinnen an diesem Projekt hatten, sprachen bei einer Schulversammlung und beantworteten die Fragen der Mädchen zum Interviewablauf, zur Vertraulichkeit und zu unserem Vorhaben allgemein. Aufgrund unserer früheren Erfolge und Mißerfolge wußten wir sehr genau, wie wertvoll eine gute Zusammenarbeit ist. Wir hatten erkannt, wie wichtig es war, die Leute, mit denen wir arbeiteten, grundsätzlich einzubeziehen, ihnen Alternativen anzubieten, Sensibilität für die Besonderheiten, das Klima, die Atmosphäre an der Schule oder in der Gemeinschaft zu zeigen und den klinischen Charakter unserer Arbeit zu berücksichtigen. An unserem Projekt in Harvard arbeitete eine Gruppe von Frauen und Männern, KollegInnen und StudentInnen zusammen, und wir waren, dachten wir, besonders sensibel für den Wunsch der Mädchen, etwas über das Verfahren zu wissen, über die Art der Fragen, die wir ihnen stellen würden, über die Sicherheit der Beziehung, über unsere Gründe, warum wir gerade die Laurel-Schule ausgewählt hatten.

Darüber hinaus hatten wir vor einigen Jahren angefangen, uns in unserer psychologischen Praxis mit Fragen der Distanz und Losgelöstheit (dissociation) zu beschäftigen. Wir sahen, daß unsere auf Stimmen sensibilisierte Methode ihre psychologische Resonanz verlor, sobald wir den Versuch unternahmen, sie mit herkömmlichen Forschungsverfahren in Einklang zu bringen und sich einander ausschließende Analysekategorien zu schaffen. Besonders die Entweder-Oder-Kategorisierung hatten sich als zu einfach erwiesen und beschrieben letztendlich sowohl die Erfahrungen der Frauen als auch die der Männer in nicht angemessener Form. Frauen als verbunden (connected) und Männer als getrennt (seperated) zu bezeichnen, erschien uns äußerst irreführend; die Aussage, daß Männer Herrschaft und Macht, Frauen hingegen Liebe und Beziehungen anstrebten, schien uns die tiefen Bedürfnisse nach Beziehungen seitens der Männer und den Ärger, den Frauen darüber empfinden, daß sie auf der Welt keine Macht haben, außer acht zu lassen. Und doch hörten wir ständig, daß Frauen und Männer in Beziehungen unterschiedlich über sich selbst sprechen; auch sahen wir, daß sie in der Welt unterschiedliche Positionen einnehmen.

In dem Versuch, unsere Arbeit über psychologische Theorie und weibliche Entwicklung mit den Methoden unseres Fachs in Einklang zu bringen – d.h. allgemein anerkannte Methoden zu verwenden, um sie auf diese Weise mit der Arbeit anderer vergleichbar zu machen –, setzten wir uns mit den Problemen auseinander, die den Standardmethoden der psychologischen Bewertung quasi innewohnen. Wir hofften eine Arbeitsform zu schaffen, die die Stimmen anderer ebenso enthalten würde wie unsere eigenen, um der Beziehung, die im Mittelpunkt unserer psychologischen Arbeit stand, eine Stimme zu verleihen. Dabei suchten wir nach einer Möglichkeit, die verschiedenen Ebenen psychologischer Erfahrung und die relationale Logik psychologischer Prozesse festzuhalten. In unserer Analyse suchten wir jene komplexen Assoziationen zu verstehen, zu berücksichtigen und am Leben zu erhalten, die Menschen immer dann herstellen, wenn sie in ihren Beziehungen mit schwierigen Konflikten kämpfen oder über schwierige Zeiten in ihrem Leben sprechen.[18] Doch obwohl unsere Arbeitsform sich auf die Stimme und das Zuhören konzentrierte und daher sowohl klinischen als auch literarisch orientierten Methoden nahestand, gelang es uns nur zum Teil, diese Arbeit mit den herkömmlichen Verfahren der psychologischen Forschung in Einklang zu bringen. Die Tatsache, daß wir uns zum Beispiel bei jedem Mädchen strikt an die gleichen Fragen hielten, verhinderte, den Mädchen dorthin zu folgen, wohin sie gehen wollten. Wir – neutrale Außenseiterinnen, Fremde in einem Zug – stellten die Fragen (lieferten den Stimulus), und die Beteiligten (wir bezeichneten sie nun nicht mehr als »Subjekte«, was in der Psychologie eigentlich »Objekte« bedeutet) antworteten (reagierten) darauf. Danach interpretierten wir, die erfahrenen Psychologinnen, diese Reaktionen ganz im Verborgenen (mächtig und allwissend), in der Hoffnung, darin etwas (aus unserer Sicht) Faktisches oder Bedeutsames zu finden. Obwohl wir uns die ganze Zeit mit so elementaren Fragen wie Wahrheit, Macht und Interpretation beschäftigten, fielen wir, wenn es darauf ankam, auf die bewährten, sicheren Methoden und ihre prognostische Zuverlässigkeit zurück – denn so waren wir für die psychologische Arbeit ausgebildet worden. Wir sprachen zwar über die Wichtigkeit des Kontexts, die Einzelheiten im Leben oder in der Geschichte einer Person, rechtfertigten aber dennoch weiterhin die Einordnung dieser Zusammenhänge in unser Begriffsinstrumentarium.

Als wir unser »Experiment« an der Laurel-Schule fortsetzten, bekamen wir jedoch langsam das Gefühl, daß wir Gefahr liefen, die Mädchen zu verlieren, falls wir bei unserer Methode blieben. Weil wir eine Beziehung zu der Schule, zu den Mädchen und zu uns selbst eingegangen waren, nahmen wir stets aufmerksam wahr, was sich um uns herum abspielte. Was bedeutete es, wenn wir meinten, bei unserem Vorhaben von sorgfältiger Vorbereitung und ehrlicher Kommunikation ausgehen zu können, daß unsere Anwesenheit in der Schule eine Art unterirdische Schockwelle in Gang setzte (unterirdisch insofern, daß sie für das ungeübte Auge kaum sichtbar war und niemand offen darüber redete, was geschah), die auf die glatte Oberfläche und die Ruhe des normalen Alltags übergriff? Was hatte es zu bedeuten, daß unser Forschungskonzept die Mädchen, anstatt ihre Stimmen zu unterstützen, vielmehr dazu brachte, sich um Informationen zu bemühen und sich mit denen zu verbünden, denen sie vertrauen konnten – in der Erwartung, diese Personen würden ihnen sagen, was sie erwartete und wie sie sich vorbereiten konnten? Was bedeutete es, daß unsere Anwesenheit dazu führte, daß die Mädchen plötzlich ihre Gefühle und Gedanken verheimlichten? Warum hielten sie sie umklammert wie eine alte, vertraute Handtasche mit wertvollem Inhalt und holten diesen nur für die Menschen hervor, zu denen sie absolutes Vertrauen besaßen, um sie auch nur diesen Menschen ganz privat zu zeigen? Kaum hatten wir also mit unserer Forschung begonnen – die, was die Mädchen betraf, auf der Erfahrung basieren sollte, daß ihnen zugehört wurde –, waren wir auch schon zu Menschen geworden, vor denen sie sich in acht zu nehmen hatten, Personen, vor denen sie sich schützen wollten, denen gegenüber Mißtrauen und Vorsicht geboten war. Am schlimmsten war vielleicht, daß die Mädchen in uns noch einen Grund mehr sahen, um sich unwohl oder beurteilt zu fühlen – denn sie waren uns gegenüber nicht offen genug, nicht fähig, in unserer Gegenwart frei zu sprechen, es fehlte ihnen an Mut und Klarheit, um etwas zu einer Sache beizutragen, die von der Schule im allgemeinen und vielleicht auch von ihnen selbst als wichtige Arbeit für die Erforschung der Psychologie von Frauen und der Entwicklung von Mädchen eingeschätzt wurde. Dieses Gefühl hatten wir, und außerdem gingen wir über unsere eigenen Gefühle hinweg. Als Frauen fiel uns das nicht schwer.

Diese Eindrücke waren im Moment zwar stark und prägend und direkt nach der ersten Interviewrunde in unserer Forschungsgruppe noch sehr lebendig, doch im nächsten Jahr traten sie irgendwie in den Hintergrund. Wir begannen mit der Datenanalyse, einer Arbeit, die für uns damals einen höheren Stellenwert einnahm und in einem langsamen und nachdenklichen Prozeß bestand. Im Verlauf dieser Arbeit wurden Tonaufnahmen transkribiert, die Mädchenstimmen verinnerlicht und interpretiert. Aber im September des zweiten Jahres ereignete sich etwas für diese Untersuchung Einmaliges: ein Ereignis, das die bislang weniger beachteten Eindrücke und Fragen über Beziehungen ganz ins Zentrum unserer Arbeit rücken sollte.

Wir hatten die – in zunehmend vertrauter Atmosphäre stattfindende – Reise nach Cleveland zu Beginn des zweiten Jahres unserer Arbeit unternommen, um mit den LehrerInnen und MitarbeiterInnen an der Schule über die Erfahrungen zu sprechen, die wir in den Interviews mit den Mädchen gemacht hatten. Dort versammelten wir uns in der Bibliothek der Mittelschule. Bilder in leuchtenden Farben hingen an den Wänden, und Mobiles schwebten über unseren Köpfen – Darstellungen von Szenen aus den Lieblingsbüchern der Mädchen. Die LehrerInnen saßen in Reihen hintereinander, in der Mitte des Raumes war ein langer Gang. Typisch für unsere Beziehung zu der Schule in dieser Zeit war, daß wir vorn, leicht erhöht, auf einem Podest saßen.

Wir sprachen über die ersten Ergebnisse unserer Untersuchung: darüber, daß die Mädchen sich öffentlich an einen Verhaltenskodex hielten, an den sie nicht wirklich glaubten. Ganz privat, in unseren Interviewsitzungen, sprachen die Mädchen darüber, wie sie reagierten, wenn gegen diesen Verhaltenskodex verstoßen wurde, über die Beziehungsprobleme, denen sie dann ausgesetzt waren.[19] Weil sie keine Möglichkeit sahen, über diese Probleme öffentlich zu sprechen, hatten viele Mädchen Belange des öffentlichen Bereichs zu einem Teil ihrer privaten Beziehungswelt gemacht und sie an privaten Orten geklärt. Sie benutzten ihre inzwischen erworbenen psychologischen Kenntnisse über Beziehungen und Gefühle und fanden für schwierige Beziehungsprobleme oft komplexe und kreative Lösungen. Allerdings wurden diese Lösungen, obwohl sie manchmal außergewöhnlich waren, im öffentlichen Bereich der Schule nicht bekannt, daher auch nicht anerkannt oder gelobt.

Wir schlugen vor, daß es zur Ausbildung von Mädchen, Bürgerinnen eines demokratischen Staates, gehören sollte, sie auch darin zu bestärken, sich mit Belangen des öffentlichen Bereiches politisch auseinanderzusetzen, ihr relationales Wissen an die Öffentlichkeit zu bringen und offen über ihre Differenzen oder Meinungsverschiedenheiten zu sprechen. An dieser Stelle meldete sich Louise Grip, eine Lehrerin an der höheren Schule, die rechts von uns in der ersten Reihe saß, zu Wort. »Wie können wir den Mädchen dabei helfen zu lernen, offen mit Meinungsverschiedenheiten umzugehen«, fragte sie – und ließ dabei den Blick über die Gesichter ihrer KollegInnen, Frauen und Männer, schweifen – »wenn wir«, und jetzt meinte sie die Frauen, »mit Meinungsverschiedenheiten selbst nicht offen umgehen können?« Ihre Frage sorgte im ganzen Raum für Aufregung. Später auf dem Flur erzählte dann eine andere Lehrerin von ihrer elfjährigen Tochter, daß diese sich über sie ärgere, denn sie würde bei einer Meinungsverschiedenheit mit ihrem Mann immer nachgeben. »Das war so erniedrigend für mich«, sagte die Lehrerin. »Ich habe mich so geschämt.«

Das anfängliche Unbehagen, das wir empfanden, als wir mit unserem Experiment an die Schule kamen, befiel uns wieder. Wie die LehrerInnen und das Verwaltungspersonal an der Schule hatten auch wir verfolgt, wie deutlich die Mädchen in ihrem Verhalten und ihren Bewegungen auf unsere Anwesenheit reagierten. Auch hatten wir beschlossen, sich nur leise bemerkbar machende Schwierigkeiten zu übersehen und lediglich auf die Zustimmung der Mädchen zu reagieren, ihre Kooperation und ihr öffentliches Wohlverhalten zu akzeptieren. Wie der Verhaltenskodex, der an der Schule herrschte, hatten auch wir ihnen eine Struktur auferlegt, die das Bedürfnis nach einem Untergrund geschaffen hatte. Das Wort Zusammenarbeit, »Kollaboration«, mit dem wir unsere Arbeit so großzügig beschrieben hatten, schien in seiner Bedeutung nun etwas undurchsichtiger zu werden. Da wir als Forscherinnen die Diskrepanz zwischen dem schulischen Verhaltenskodex und dem Untergrund-Wissen der Mädchen aus einer sicheren, beruflichen Distanz hinterfragen konnten, stellten wir jetzt fest, daß wir zu dieser Diskrepanz im Leben der Mädchen unwissentlich beigetragen hatten. Auf keinen Fall hatten wir beabsichtigt, daß die öffentlichen Stimmen der Mädchen mit unserer Unterstützung zum Schweigen gebracht wurden. Aus diesem Grund fingen wir an, unsere Studie, so wie sie geplant war, zu analysieren und auf die Mädchen zu hören, die ihre Frustration darüber zum Ausdruck brachten, wie eng wir unser Beziehungskonzept gefaßt hatten. Wir hörten jetzt den Ärger der Mädchen darüber, daß sie sich benutzt fühlten, wenn wir sie darum baten, psychologische Standard-Fragebögen auszufüllen; langsam verstanden wir jetzt ihre Fragen und den Wunsch, mehr Zeit mit uns zu verbringen, um mit uns gemeinsam über unsere Ergebnisse reden zu können: wir hörten jetzt, daß sie gern die Möglichkeit haben wollten, unseren Interpretationen etwas hinzuzufügen oder nicht mit ihnen übereinzustimmen, daß sie das Bedürfnis hatten zu erfahren, was wir öffentlich über sie sagten, und daß sie sagen wollten, wie sie sich dabei fühlten.

Wir waren mit klaren Fragen und einem Forschungskonzept an diese Schule gekommen, um die psychische Entwicklung der Mädchen zu studieren, und hatten eine klar umrissene Vorstellung von unserer Rolle und unserer Autorität; jetzt verstrickten wir uns mehr und mehr in eine sich ständig verändernde und unsichere Beziehung, getragen von einem tiefen Gefühl für die Mädchen, zu denen unser Verhältnis von Jahr zu Jahr vertrauter wurde. Unsere vorher eindeutigen Fragen veränderten sich, als wir anfingen, den Fragen nachzugehen, die die Mädchen und die Frauen an der Schule stellten. Wir versteiften uns jetzt nicht mehr auf das leidenschaftslose Testen und Auswerten, sondern gingen Beziehungen ein, die sich mit jeder neuen Begegnung veränderten. Wir fingen an, von den Mädchen und Frauen zu lernen, die jetzt gemeinsam mit uns an dieser Untersuchung arbeiteten.

Uns war klar, daß wir eine andere Arbeitsform brauchten, nämlich eine Methode, die nicht unsere Fähigkeit, uns selbst und anderen zuzuhören, beeinträchtigt, sondern uns dazu befähigte, unser Wissen als Frauen und Psychologinnen in unserer Arbeit zu verbinden. Hier ist anzumerken, daß ein Teil dessen, was wir als Frauen wissen, von androzentrischen und patriarchalen Normen, Werten und Gesellschaftsstrukturen durchdrungen ist. Daher müßte ein solches Verfahren einerseits zunächst auf die Stimmen anderer eingehen, sich aber auch den dominierenden Stimmen und kulturellen Mustern gegenüber behaupten können, die die Stimmen derjenigen mit weniger Macht und Autorität übertönen, zum Verstummen bringen oder verzerren. Wir mußten scheinbar ein psychologisches Verfahren schaffen, das mehr den Charakter eines tatsächlichen Beziehungsverlaufs hatte. Wir gestanden uns die Macht, die wir hatten, ein. Die Macht zuzuhören, wenn andere etwas sagen, das, was sie sagen, zu benennen und es möglicherweise zu verzerren; deshalb wollten wir ein Verfahren des Aufeinander-Eingehens (responsive practice) und des Sich-Behauptens (resisting practice) entwickeln, das uns dazu befähigte, anderen zuzuhören. Folglich entwickelten wir den »Leitfaden zum Zuhören«, der so angelegt war, daß er den Mädchen genügend Freiraum ließ und sie mit ihrer eigenen Stimme sprechen konnten. Auf diese Weise konnten sie auch den konventionellen Lebensentwurf einer weißen, heterosexuellen Frau aus der Mittelschicht ablehnen, ein Entwurf, mit dem alle Mädchen in dieser Kultur – unabhängig davon, ob sie weiß, farbig, reich oder arm, heterosexuell oder lesbisch sind – zu kämpfen haben, wenn auch auf unterschiedliche Art. Unser Ziel war es, eine Zusammenarbeit zu schaffen und eine relationale Methode auszuarbeiten, die es ermöglichte, mit einer anderen Person in Beziehung zu treten, anstatt die normalen Abgrenzungen aufrechtzuerhalten.

Wir hätten diesen methodischen Schritt nicht ohne die Mädchen wagen können – ohne ihre Einsichten, ihre Fragen, ihren Widerstand. Als wir uns in der Studie auf einen echten, wechselseitigen Dialog zwischen uns und den Mädchen einließen, boten uns die Mädchen ihrerseits an, mit ihnen zusammen zu einem tieferen Verständnis zu gelangen. Jetzt wurde unsere Arbeit klarer, als sie es je zuvor gewesen war. Was als Versagen des methodischen Konzepts angesehen werden könnte – nämlich daß wir unser geplantes Forschungskonzept gegen das Durcheinander, die Unvorhersagbarkeit und die Verletzbarkeit einer andauernden Beziehung eingetauscht haben –, brachte eine Arbeitsform hervor, die echter zu sein und mehr auf Wechselseitigkeit zu beruhen schien. Für diejenigen von uns, die daran gewöhnt waren, in professionellen Situationen und in der Durchführung psychologischer Forschung die Autorität und die Kontrolle zu behalten, war diese Arbeitsform zunächst heikel, störend und verunsichernd.

Dieses Buch ist der Bericht unserer Entdeckungsreise. Über einen Zeitraum von fünf Jahren, den diese Untersuchung in Anspruch nahm, hörten wir den Mädchen und uns selbst zu, und wir hörten etwas, was wir vorher nicht vernommen hatten. Im nächsten Kapitel stellen wir unseren Leitfaden zum Zuhören vor – eine stimmensensible Arbeitsform, die es zuläßt, den Gedanken und Gefühlen der Mädchen zu folgen und ihren Kampf in der Adoleszenz zu hören. Nach der Vorstellung unserer Methode widmen wir uns dem entwicklungsbezogenen Erzählen: Wir hören Mädchen aus drei verschiedenen Altersgruppen, die über sich selbst und ihre Beziehungen sprechen; danach folgen wir einzelnen Mädchen über einen längeren Zeitraum und hören genau, wie sich ihre Stimmen von Jahr zu Jahr verändern; manchmal kommen wir auf unsere Erfolge und unsere Mißerfolge zu sprechen – wie wir auf das, was die Mädchen fühlen und denken und deshalb wissen, reagiert haben. Nachdem wir den Mädchen für die Dauer von fünf Jahren, die die Untersuchung in Anspruch nahm, zugehört haben, versuchen wir, die psychologischen Parameter und Implikationen zu beschreiben, die sich auf die Entwicklung oder Ausbildung des Kampfes beziehen, den wir in der Phase von der Kindheit zur Adoleszenz wahrgenommen haben – ein Kampf, der kurz vor der Adoleszenz am deutlichsten wahrzunehmen ist. Wir verstehen diesen Kampf als gesunden Widerstand gegen Verluste und Unverbundenheiten, die psychisch verletzend sind.

Wenn wir aufklären, wie sich eine Gruppe von Mädchen durch die Kindheit und die Adoleszenz bewegt, und gleichzeitig über unsere eigene Entdeckungsreise berichten, konzentrieren wir uns auf das Spannungsverhältnis zwischen politischem Widerstand und psychologischem Widerstand. Der gesunde Widerstand neigt dazu, politisch zu werden, und der politische Widerstand hat die Tendenz, zum psychologischen Widerstand zu werden. Diese Tendenz wird zentral für unsere Interpretation der Schwierigkeiten und der psychischen Leiden sein, denen viele dieser privilegierten und glücklich zu schätzenden Mädchen ausgesetzt sind. In der Adoleszenz sahen wir, wie die psychologische Entwicklung von Frauen zwangsläufig politisch wurde.

Obwohl es zunächst gegen den gesunden Menschenverstand zu sprechen scheint, daß Frauen von Mädchen lernen könnten, sind wir von den Mädchen, die an unserem Forschungsprojekt teilnahmen, sehr stark beeinflußt worden. Wir behaupten nicht, daß diese Mädchen repräsentativ für alle Mädchen sind, aber es lohnt sich, ihren Stimmen zuzuhören und sie ernst zu nehmen. Von genau dieser Gruppe von Mädchen haben wir etwas über die Schattenseiten der weiblichen Entwicklung gelernt, die Prozesse der Losgelöstheit (dissociation) und Unverbundenheit (disconnection) eingeschlossen, Prozesse, die im psychischen Leben von Frauen eine zentrale Rolle spielen. Wir haben unsere Interpretation der Entwicklung dieser Mädchen und deren Implikationen für die weibliche Psyche mit dem Schaffen eines psychologischen Beziehungsverfahrens (practice of relationship) verbunden; auf diese Weise sind wir mit den schwer lösbaren Problemen der Wahrhaftigkeit und Authentizität sowohl in Beziehungen zwischen Mädchen und Frauen als auch zwischen Frauen konfrontiert worden. Die Erweiterung des Gesprächs, mittels der wir uns selbst und unseren Beruf einbringen konnten, vergegenwärtigte uns das, was Adrienne Rich Amnesie – das Schweigen des Unbewußten – nennt. Genauer gesagt, wir erinnerten uns wieder an das Vergessen unserer Mädchenzeit, während wir die Losgelöstheiten (dissociation) der Adoleszenz noch einmal durchlebten. Wahrheit, fügt Rich hinzu, ist »nicht eine einzige Sache oder gar ein System«, sondern »wachsende Komplexität«.[20] In dieser Arbeit versuchen wir, zu einem tieferen Verständnis zu gelangen, indem wir uns an die Komplexität des Wissens halten, das Mädchen aus ihrer Erfahrung heraus beziehen; dabei versuchen wir auch das zu behalten, was wir – zum Teil durch diese Arbeit – selbst gelernt haben.

2

Beziehungsharmonie

Im Frühjahr 1988, vor dem dritten Interviewjahr, versammelte sich unsere Forschungsgruppe – Elizabeth Debold, Judy Dorney, Barb Miller, Annie Rogers, Steve Sherblom und Mark Tappan – zur wöchentlichen Projekt-Besprechung.[1] Rückblickend war diese Besprechung von besonderer Bedeutung, denn die Spannungen, die wir in bezug auf das Konzept unserer Untersuchung empfunden hatten, wurden jetzt langsam faßbar. Wir saßen an einem rechteckigen Holztisch in einem kleinen, fensterlosen Seminarraum, und diejenigen von uns, die die Mädchen interviewt hatten, fingen an, ihre zunächst allgemeine Sorge und das vage Verlustgefühl näher zu bestimmen: Die Direktheit und Stabilität der jüngeren Mädchen schienen gefährdet zu sein, und wir waren entweder unfähig oder nicht bereit gewesen, unsere Trauer und Enttäuschung darüber auch auszudrücken. Darüber hinaus schienen viele Fragen, die wir gestellt hatten, ungeeignet; sie waren nicht mehr zu gebrauchen, sie schienen die Stimmen der Mädchen zu ersticken und sie davon abzuhalten, über ihre Erfahrungen zu sprechen.

Als uns das bewußt wurde, wägten wir Kosten und Nutzen gegeneinander ab. Behielten wir unser Untersuchungskonzept bei, würden wir die Fragen aus den vorangegangenen Jahren wieder stellen; damit hätten wir zwar einen Vergleichsmaßstab, doch würden wir dann das Risiko eingehen, einfach zu ignorieren, was wir sahen und empfanden, auftauchende Fragen zu übersehen; möglicherweise würden wir sogar die Mädchen verlieren. Plötzlich war die Entscheidung klar: Wir würden in einer Beziehung mit den Mädchen bleiben und ihnen dorthin folgen, wohin sie uns zu führen schienen, unser Konzept ändern und unsere Fragen überarbeiten, um den Veränderungen, die wir in den Stimmen der Mädchen hörten, nachgehen zu können. Wir würden die

Versuchs- und Kontrollgruppen aufgeben und freiere, flexiblere Gespräche mit den Mädchen führen.

Wir gestanden uns die Freiheit zu, unsere Gefühle zu berücksichtigen, und formulierten die für uns wichtigsten Fragen, doch damit sahen wir noch schwierigere Probleme auf uns zukommen: Was wollten uns die Mädchen eigentlich sagen, wenn sie verzweifelt nach Worten suchten? Wann wollten sie lieber nichts sagen, sich wehren, wann waren sie froh und ungezwungen? Welche Fragen sollten wir stellen, um wirklich ihre Stimmen zu hören? In den nächsten Stunden versuchten wir geeignete Fragen auszusortieren und auch neue Fragen zu entwerfen, mit denen wir direkt das ansprechen wollten, was uns die Mädchen indirekt immer wieder zu sagen schienen. Zum Beispiel hörten wir heraus, wie sie kurz vor ihrer Adoleszenz andeuteten, daß die Erfahrungen, die sie machten, nicht der sogenannten Realität der anderen entsprachen.

Nach langer Diskussion formulierte Annie Rogers die Frage: »Kannst du mit mir über eine Situation sprechen, in der deine Gefühle und Gedanken nicht mit dem übereinstimmten, was andere sagten und taten?«

Elizabeth Debold und Judy Dorney, die über die epistemologische Entwicklung[2] von Mädchen gearbeitet hatten, wiesen uns den Weg, als wir neue Fragen entwickelten, die die Erfahrungen der Mädchen in bezug auf Wissen und Nichtwissen deutlich machen sollten. Dabei stellten wir fest, daß die Mädchen engagierter waren, wenn sie darum gebeten wurden, zu reden und Geschichten aus ihrem Leben zu erzählen. Über diese inhaltlichen Veränderungen der Interviews hinaus beschlossen wir, uns von dem Druck, jede Frage auf dem Interviewprotokoll absichern zu müssen, zu befreien. Statt dessen wollten wir unsere Fragen nun zur Gesprächseröffnung benutzen, als Wegbereiter in die Beziehungen zu den Mädchen, in denen diese sich frei fühlten und in der Lage waren, ihre Gedanken und Gefühle auszusprechen. Wir wollten die assoziative Logik in der Psyche der Mädchen entdecken und uns dorthin begeben, wohin uns die Mädchen führten.

Mit der Entscheidung, auf uns selbst und auf die Mädchen zu hören, distanzierten wir uns von den herkömmlichen Verfahren der Interviewdatenanalyse. Statt dessen entwickelten wir eine stimmenzentrierte und relationale Methode für die angewandte psychologische Forschung. Vorher hatten wir auf die Stimmen der Frauen und die Stimmen der psychologischen Theorie gehört; dieser zugleich klinisch und literarisch orientierte Ansatz ermöglichte es uns jetzt, Unterschiede zu hören und zu spezifizieren: zwischen der Selbsterfahrung von Frauen und ihrer Herangehensweise an Beziehungskonflikte; zwischen ihrem Konzept des Selbst und ihrem Konzept der Moral. Diese Konzepte sind in der Psychologie häufig anzutreffen, sie sind gesellschaftlich institutionalisiert und Teil der herrschenden Kultur.[3] Frauenstimmen artikulierten ein verbundenes Selbstgefühl (connected sense of self) und eine Herangehensweise an Konflikte, die auf die Stabilisierung oder Erhaltung der Beziehung abzielte; es waren andere Stimmen in einer männlich-gestimmten Welt. Um diese Arbeit mit den herkömmlichen Verfahrensweisen der psychologischen Forschung in Einklang zu bringen, entwickelte Nona Lyons ein Kodierungssystem. Mit dessen Hilfe wollten wir sowohl den Gegensatz des verbundenen Selbstgefühls und des getrennten Selbstgefühls weiter erforschen als auch die Beziehungen zwischen den unterschiedlichen Konzepten des Selbst und den moralischen Stimmen in bezug auf Gerechtigkeit und Fürsorge.[4]

Als wir uns stärker auf die psychologischen Kämpfe einließen, die wir in den Erzählungen der Mädchen gehört und empfunden hatten, griffen wir wieder auf einen mehr klinisch und literarisch orientierten Ansatz zurück; wir hörten jetzt auf Veränderungen innerhalb der Interviewsitzungen, auf Anfangs- und Endpunkte, auf das Schweigen und das Ringen nach Worten. Und wir konzentrierten uns auf die Entwicklung und Formulierung einer systematischen Methode, mit deren Hilfe sich diese Veränderungen interpretieren ließen und die uns ermöglichte[5], auf die Komplexität der Stimme in einer Beziehung zu hören.

Die Stimme ist zentral für unsere Arbeitsform – sie ist unser Verbindungskanal; durch sie wird die innere Welt der Gefühle und Gedanken freigesetzt, in eine Beziehung gebracht, wo sie von uns selbst und von anderen gehört werden kann. Das Physikalische der Stimme – ihr Klang, ihre Resonanzen und Vibrationen – gibt unserer Arbeit eine naturalistische Grundlage, und das Wieder-Erklingen der Stimmen von Mädchen, die Frauen vielleicht zum Verstummen gebracht oder verdrängt haben, ist der Schlüssel zu den Naturgesetzen der Beziehung und zu der relationalen Form unserer psychologischen Arbeit. Die Stimme verbindet Körper und Seele, sie trennt sie nicht; weil die Stimme ein Teil der Sprache ist, verbindet sie auch Psyche und Kultur.

28

Die Stimme ist von Natur aus relational – man benötigt keinen Spiegel, um sich selbst zu hören –, doch verändert sich der Klang der eigenen Stimme in seiner Resonanz innerhalb der Beziehungsakustik (relational acoustics): Hören wir eine Person, oder hören wir sie nicht, wie reagieren wir auf die Person (wie reagiert die Person auf sich selbst, und wie reagieren andere auf sie).[6]

Indem wir auf die Stimme hörten (die Mädchenstimmen und unsere eigenen) und dabei verfolgten, wie sich die Mädchen auf eine Beziehung mit uns einließen oder nicht und wie wir uns auf eine Beziehung mit ihnen einließen oder nicht, hörten wir, wie die Mädchen psychologische Prozesse wie z.B. die Losgelöstheit darstellten und beschrieben. Wir waren jetzt an einen Punkt gelangt, wo wir Zeuginnen des Ausbruchs von Beziehungskämpfen wurden, die für viele Frauen quälend sind. Der Stimme kam insofern eine Schlüsselposition zu, als Mädchen sich unter Druck gesetzt fühlen, in Beziehungen selbstlos zu werden oder ihre Stimme aufzugeben. Die Selbsterfahrung, daß sie eine Stimme haben, erlebten die Mädchen als ein Schlüsselerlebnis für die Erfahrung einer authentischen Beziehung.

Als wir die Mädchenstimmen hörten, nahmen wir ihre Selbsteinschätzung wahr – wie sie über sich selbst sprachen, die Anwesenheit oder Abwesenheit eines »Ich« in ihren Geschichten über Beziehungskonflikte. Jetzt begannen wir uns für die Moral zu interessieren oder auch die Stimme, die sagt, wie man in Beziehungen handeln sollte oder gern handeln würde; denn es ist vor allem die Sprache der Moral, die die Beziehungen und die Psyche mit institutionalisierten und sozialen Normen und kulturellen Werten durchsetzt. Während wir den Stimmen der Mädchen zuhörten, vernahmen wir, in welchem Ausmaß die Moral einer männlich-gestimmten Kultur und einer von Männern regierten Gesellschaft bestimmte Schritte rechtfertigt, die sich psychologisch negativ auf Mädchen und Frauen auswirken und zu denen sie in Beziehungen ermuntert werden. Sie setzen den Mädchen nicht nur innere, sondern auch äußere Grenzen und hindern sie daran, in Beziehungen etwas zu sagen und sich in der Welt frei zu bewegen.

In vielen Sitzungen und zahlreichen Gesprächen fanden wir schließlich eine Arbeitsform, auf die sich unsere Interpretation der Interviews in dieser Studie stützt, eine Methode, die sich auf die Stimme konzentriert und einen Leitfaden anbietet, sich in eine Beziehung mit einer anderen Person einzulassen.

Stimmenzentriert

Vier Fragen stimmen das Ohr auf die Beziehungsharmonik ein: (1) Wer spricht? (2) In welchem Körper? (3) Welche Beziehungsgeschichte wird erzählt – aus welcher Perspektive, welcher Sichtweise? (4) Unter welchen gesellschaftlichen und kulturellen Rahmenbedingungen? Die Frage danach, wer spricht, stimmt das Ohr auf die Stimme der Person ein, die sich von anderen Stimmen deutlich unterscheidet, auf eine neue Stimme – eine Stimme, die das Zuhören wert ist. Die Fragen nach dem Körper, nach der Beziehungsgeschichte, die erzählt wird, und nach den gesellschaftlichen und den kulturellen Rahmenbedingungen beinhalten die Untersuchung von Unterschieden, die psychologisch von Bedeutung sind; sie betreffen den eigenen Körper, die eigenen Beziehungserfahrungen, wie und wann diese Geschichte erzählt wird, die eigene soziale Stellung und die eigenen kulturellen Hintergründe. Diese Fragen bezüglich der Stimme bringen die dominierende Stimme im Bereich der Psychologie zum Vorschein (diese Stimme wird allgemein nicht als Stimme, sondern für die Wahrheit gehalten) und lassen sie orakelhaft, körperlos, scheinbar objektiv und leidenschaftslos erscheinen. Jedoch verkörpert diese »objektive und körperlose« Stimme paradoxerweise, zumindest implizit, eine Beziehungsgeschichte, die in ihrem Kern eine Geschichte der Trennung (seperation) und einer Gesellschaft ist, in der – innerhalb der westlichen Zivilisation – die Männer regieren. Wenn wir Frauen und Mädchen zuhören und ihre Stimmen ins Zentrum der psychologischen Theorie und Forschung rücken, verändern wir die Stimme, den Körper und auch die Beziehungsgeschichte (den Blick auf die kanonische Geschichte eingeschlossen); wir verschieben den gesellschaftlichen Standort und versuchen – durch die Arbeit selbst – die kulturellen Rahmenbedingungen zu verändern. Im wesentlichen haben wir die Psychologie (völlig) neu als Beziehungspraxis (practice of relationship) konzipiert. Wir sprechen über Beziehungen, die für uns im Zentrum psychologischer Untersuchung und Entwicklung stehen.

Als wir herauszufinden versuchten, ob unser Forschungsinterview psychischen Problemen vorbeugte oder dazu diente, die psychologische Gesundheit und Entwicklung zu fördern, stellten wir uns die Frage, welche Beziehungen für Mädchen und Frauen gut oder förderlich sind – eine Frage, die auch bedeutet, daß wir uns selbst und unser Verfahren hinterfragen. Als Psychologinnen sind wir in einer Position, die uns Autorität und Macht verleiht; wir sind in der Lage (und dazu autorisiert), Leute zu behandeln, sie einzuschätzen und zu testen, in einer Form über sie zu schreiben, die einen Einfluß auf ihr Leben, ihre Gefühle und Gedanken hat, die sie in bezug auf sich selbst und andere haben, auf ihre ökonomischen und sozialen Möglichkeiten. Fragen nach der Stimme, der Autorität, der Wahrheit und nach Beziehungen mögen innerhalb anderer Disziplinen rein akademischen Charakter haben, innerhalb des Bereichs der Psychologie erweisen sie sich jedoch als äußerst persönliche und äußerst politische Fragen.

Bei der Umgestaltung der Psychologie in ein relationales Verfahren konzentrieren wir uns auf die relationale Dimension: Wir hören zu, wir sprechen, verinnerlichen und interpretieren; wir notieren die Worte und das Schweigen, die Geschichten und Erzählungen anderer Menschen. Unser Weg in eine Beziehung zueinander führt uns über die Stimme, und unsere Methode ermöglicht es Frauen oder Mädchen, mit ihrer eigenen Stimme zu sprechen. Da jede Stimme unterschiedlich und jede Beziehung per definitionem eine fließende, sich ständig verändernde und einzigartige Erfahrung ist, haben wir einen »Leitfaden zum Zuhören« erarbeitet; er ist vor allem als Weg in die Beziehung, und nicht als festgelegter Interpretationsrahmen zu verstehen.

Wenn wir an der Stimme und gleichzeitig damit auch an der Andersartigkeit festhalten, fragen wir nicht nur danach, wer spricht, sondern auch danach, wer zuhört. Dieses relationale Verständnis innerhalb eines Forschungsprozesses verändert die psychologische Arbeit grundlegend: Aus einem Beruf, der sich der Wahrheit verpflichtet fühlt, wird ein Beziehungsverfahren, in dem Wahrheiten entstehen oder deutlich werden können. Wir halten nicht an einem Ideal, einer Stimme-ohne-Stimme oder einem objektiven Ansatz fest – an einer Form des Sprechens oder Sehens, die körperlos, beziehungslos und weder zeit- noch ortsbezogen ist. Statt dessen soll unsere Arbeit eine empirische Grundlage erhalten, sich an Erfahrungen und an der Wirklichkeit orientieren und die Realität von Beziehungen, von Andersartigkeit, von Zeit und Ort einbeziehen. Wenn wir diese Arbeit vorstellen, erheben wir nicht den Anspruch, daß die Mädchen, mit denen wir gesprochen haben, eine repräsentative oder idealtypische Auswahl darstellen. Doch wir haben von dieser Gruppe Mädchen und junger Frauen gelernt, und das, was wir entdeckt haben, schien auch die Beachtung anderer zu verdienen.

Wir haben also versucht, eine Form des Sprechens über die menschliche Erfahrung zu finden, die ihr relationales Wesen wieder hörbar macht und die Polyphonie der Stimme umfaßt und die darüber hinaus auch die sich ständig verändernde und mit der Zeit entwickelnde Qualität der Selbstwahrnehmung und der Beziehungserfahrung einbezieht. Dieser Versuch hat uns dazu bewogen, der metaphorischen Sprache, in der die Psychologen traditionell über Veränderung und Entwicklung sprachen, eine andere Form zu geben. Sie gingen von einer atomistischen, positionsbezogenen, architektonischen und in hohem Maße visuellen Sprache aus, einer Sprache der Strukturen, der Schritte und Stadien; wir dagegen wenden uns einer mehr assoziativen und musikalischen Sprache zu, einer Sprache der Entwicklung, der Bewegung und des Gefühls, die die Komplexität der Stimmen, die wir hören, und der psychologischen Prozesse, die wir verstehen möchten, besser vermittelt. Manchmal nehmen wir die Metaphern der von uns interviewten Mädchen und jungen Frauen, wenn sie ihre Erfahrungen beschreiben, auf und führen sie weiter aus, manchmal stützen wir uns auf die Sprache der Dichterinnen und Romanautorinnen, die über das Leben von Mädchen und Frauen geschrieben haben, und zuweilen greifen wir auf die Musik zurück, auf eine Sprache von Stimmen, Kontrapunkt und Melodie.[7] Die Verschiebung der Metaphorik geschieht in dem Bewußtsein, daß Androzentrität tief in der Sprache der Psychologie verwurzelt ist und daß der metaphorischen Qualität dieser Sprache oft der Status der Wirklichkeit oder Wahrheit zugeschrieben wird.

Wir wissen, daß die Stimme als Kanal für den Ausdruck der Psyche polyphon und komplex ist. Unser Leitfaden zum Zuhören ist die Beschreibung eines Ansatzes, der sowohl literarisch als auch klinisch orientiert ist – einer Methode oder Arbeitsform, die auf die Harmonie des psychischen Lebens eingeht: auf das nicht-lineare, wiederkehrende, nicht-transparente Spiel, ein Zusammenspiel und die Orchestrierung der Gefühle und Gedanken, auf die polyphone Natur in jeder Äußerung und die symbolische Natur, nicht nur in den Dingen, die gesagt werden, sondern auch in denen, die *nicht* gesagt werden. Wir wissen, daß besonders Frauen oft im indirekten Diskurs sprechen, in stark kodierten Stimmen, absichtlich oder unwissentlich undeutlich. Als weiße heterosexuelle Frauen im nordamerikanischen Kontext des 20. Jahrhunderts – als Frauen, deren Familien aus Arbeiterfamilien kamen beziehungsweise jüdischen Ursprungs sind – kennen wir gewisse Strategien des Widerstands aus eigener Erfahrung, die Gefahren des offenen politischen Widerstands und auch den zermürbenden Leidensprozeß des schweigenden psychologischen Widerstandes. Wir kennen auch die Kapitulation – die Komplizenschaft und die Anpassung. Darum ist unser Leitfaden zum Zuhören nicht nur eine relationale Methode, die auf verschiedene Stimmen eingeht, sondern auch eine feministische Methode, in der es besonders um die Macht von Männern in der heutigen Zeit geht – und darum, wie sich diese Macht auf Mädchen und Frauen als Sprecherinnen und Zuhörerinnen, als Wissende und Handelnde in der Welt auswirkt. Wir kommen später auf die allgemeine Beschreibung unseres Leitfadens zum Zuhören zurück, auf die Art und Weise, wie er zur Beziehung befähigt, zum Hören auf die Stimme des anderen. Gleichzeitig versuchen wir die literarische, klinische und feministische Form unserer Methode zu erläutern. Danach stellen wir drei Fragen zur Diskussion: Warum wird diese Methode benutzt? Was kann sie einer Zuhörerin, die daran interessiert ist, das psychische Leben zu erforschen, anbieten? Wie kann sie Menschen, die in den Prozeß einer gesunden psychischen Entwicklung einbezogen sind – Eltern, LehrerInnen, TherapeutInnen, FreundInnen –, dabei helfen, Klarheit und Konfusion, Ermutigung und Entmutigung in der Stimme und in der Beziehung zu hören und zu verfolgen? Wenn wir Neeti, einer Schülerin an der Laurel-Schule, zuerst im Alter von zwölf und dann mit dreizehn zuhören, folgen wir ihrer Stimme. Wir hören, wie sie uns in ihre Beziehungen führt und in ihre Beziehung zu uns das hineinbringt, was wir als kritischen Zeitpunkt oder Wegkreuzung in der psychologischen Entwicklung von Frauen identifiziert haben.[8] Wir gehen davon aus, daß die Momente, in denen Neeti darum kämpft zu wissen, was sie eigentlich weiß, und ihre Gefühle und ihre Gedanken auszusprechen, die kanonische Stimme enthüllen, die eigentlich gar keine Stimme ist, doch von Mädchen als reale Stimme verinnerlicht wird. Das bedeutet, Neetis Erfahrungen in Beziehungssackgassen offenbaren, was nicht explizit ist, was ungesagt bleibt, weil es als scheinbar realer und selbstverständlicher Teil einer Kultur allgemein akzeptiert wird. Die Einbettung der Stimme in einen Körper und in einen relationalen und sozialen Kontext ermöglicht es paradoxerweise Mädchen- und Frauenstimmen (und den Stimmen anderer, die in den gegenwärtigen Rahmenbedingungen verzweifelt zu sprechen versuchen und darum kämpfen, daß sie gehört werden), gehört und wenigstens teilweise verstanden zu werden. Durch die Tatsache, daß Neeti bikulturell und farbig ist, werden diese Wirklichkeiten und Unterschiede vielleicht besonders plastisch hervortreten.

Ein Leitfaden zum Zuhören

Wir lassen uns von unserer stimmensensiblen Methode leiten und hören uns die Geschichte einer Person mindestens viermal an. Auf diese Weise hören wir langsam die verschiedenen Stimmen heraus, die sich durch die Erzählung hindurchziehen und – wie in einer Komposition – die psychologische und politische Dimension dieser Erzählung polyphon und orchestral darstellen. Um unsere Arbeitsform zu beschreiben, verwenden wir den Ausdruck »zuhören«, weil er unsere Gespräche mit den Mädchen mit dem Hören von Tonbändern und dem Lesen von Interviewtranskripten verbindet. Unser stimmenzentrierter Ansatz verwandelt also den Akt des Lesens in einen Akt des Zuhörens, denn die Leserin nimmt unterschiedliche Stimmen auf und folgt ihnen in ihrer Entwicklung durch das ganze Interview hindurch.

Im Laufe von vielen Jahren, in denen wir Leute interviewten oder mit ihnen über ihr Leben sprachen, haben wir nicht nur die Stärke und die Komplexität dieser Erfahrung schätzen gelernt, sondern auch ihre Besonderheit, sowohl für die Sprecherin als auch für die Zuhörerin: zwei Fremde, die zusammensitzen, zusammen sprechen – manchmal zum ersten Mal, manchmal nur ein einziges Mal – eine leitet das Gespräch ein, indem sie Fragen stellt, die andere reagiert; voneinander getrennt durch das ruhige Rauschen des Tonbandes, das brummt und seinen Lauf nimmt. Es liegt etwas Eigenartiges und Faszinierendes in der Möglichkeit, daß sich aus dieser Trennung ein intensives Gespräch ergeben kann, eine Stunde lang oder länger. Wenn ein Gespräch für die Personen, die daran teilnehmen, verschiedene Bedeutungen hat, besonders dann, wenn eine der beiden im Vorteil ist, weil sie die Begegnung lenkt, stellt sich die wichtige Frage, ob ein echter Dialog überhaupt möglich ist. Ganz sicher unterscheidet sich das Interview als Gespräch von den Gesprächen, die uns aus alltäglichen Situationen vertraut sind: Es ist sowohl privat als auch öffentlich, informell und formell, es wird in der Gegenwart erlebt, bleibt aber in der Zukunft erhalten.

Wir kamen zwar mit einem sorgfältig ausgearbeiteten Plan, der zum Teil auf unseren vorbereiteten Fragebögen festgehalten war, an die Laurel-Schule, doch hatten wir uns ausdrücklich vorgenommen, mit den Mädchen zu sprechen, um etwas von ihnen über die Erfahrungen zu lernen, die sie gemacht hatten. Im Laufe der Jahre wurden die Gespräche, die zuerst irgendwie gestelzt und förmlich gewesen waren, entspannter, sie beruhten mehr auf Wechselseitigkeit – zum Teil weil die Mädchen uns kennengelernt hatten und sich wohler fühlten, zum Teil weil wir unsere Fragen revidiert und unseren Ansatz verschoben hatten. Wir wurden neugieriger und weniger direktiv, waren interessierter daran, den Mädchen die Führung zu überlassen; die Mädchen ihrerseits wollten uns jetzt mitteilen, was sie wußten, sie waren in der Beziehung zu uns jetzt unbequemer und direkter, aber auch spielerischer, herzlicher und authentischer. Ein Ergebnis davon war, daß sich unsere späteren Interviews deutlich von den früheren unterschieden: Sie hatten eindeutig den Charakter eines echten, wechselseitigen Gesprächs, waren also mehr Dialog als Frage und Antwort. Diese Verlagerung beeinflußte die Erstellung unseres Leitfadens zum Zuhören und lenkte unsere Aufmerksamkeit auch auf die Beziehungsdynamik des Interviewprozesses, auf die dramatische Form dieser Begegnung zwischen Mädchen und Frauen. Dadurch daß wir die Teilnahme an dem Interview nun auch zu unserer eigenen Sache gemacht hatten, stellte sich uns jetzt auch die Frage nach der Besonderheit dieser Beziehungen – wie wichtig es war, zuzugeben, daß wir die Macht hatten, den Dialog zu formen oder auszudehnen; die Art und Weise, wie wir die Mädchen schätzen lernten, uns um sie sorgten und ihre Verbundenheit mit uns fühlten; wie wir mit unseren Gefühlen, Gedanken und Erfahrungen auf das reagierten, was wir in uns aufgenommen hatten, und wie diese Reaktion wiederum die Art und Weise beeinflußte, in der wir mit den Mädchen sprachen, die Interviews interpretierten und ihre Stimmen hörten.

Das in unserem Leitfaden empfohlene viermalige Zuhören führt uns auf vier Wegen in die Stimmen- und Beziehungsvielfalt. Die Arbeit mit Bändern und Transkriptionen ermöglichte es uns über den Interviewprozeß hinaus, Stimme(n) erklingen und wiedererklingen zu lassen, sie aufzuspüren und ihnen nachzuspüren. Gleichzeitig bemerken wir die unzähligen sich aus der Dynamik ergebenden Akzentverschiebungen – vom tatsächlichen Augenblick des Beziehungsdramas bis zum Tonband des Gesprächs, bis zur schriftlichen Aufzeichnung oder zur Transkription.[9]

Wenn wir auf die Polyphonie der Stimme lauschen, hören wir die Stimme der Sprechenden oder der ersten Person, das »Ich«, und die Beziehungsstimmen, die verschiedene Beziehungsmöglichkeiten transportieren. Einzelne Wörter und Sätze sind in sich und für sich bedeutungslos, sie können die »lebende Äußerung«[10] nicht erklären, weil sowohl die lebende Sprache als auch die lebende Person in einem Netz von Beziehungen lebt. Was eine Person meint, wird erst dann klar, wenn der Beziehungskontext des Sprechens aufrechterhalten bleibt. Indem sie einerseits den Beziehungskontext des menschlichen Lebens und andererseits die dialogische Natur des Sprechens und Zuhörens zum Ausdruck bringt, bietet unsere Methode eine Möglichkeit, die für das psychische Leben relevanten Beziehungen aufzuspüren und sie zu entwirren. Hier schließen wir unsere Beziehungen zu den Teilnehmerinnen unserer Untersuchung ebenso ein wie unsere Reaktionen auf ihre Erfahrungen und Geschichten.

Beim ersten Durchlauf des Interviews hören wir auf die Geschichte, die die Person uns erzählt: auf die Geographie der psychologischen Landschaft, den plot (in mehr als einer Bedeutung des Wortes)*. Unser Ziel dabei ist es, ein Gefühl für das zu bekommen, was passiert, und die sichtbar werdenden Ereignisse zu verfolgen, auf das Drama (das Wer, Was, Wann, Wo und Warum der Erzählung) zu hören.[11] Wie eine Literaturkritikerin oder eine Psychotherapeutin achten wir auf wiederkehrende Wörter und Bilder, zentrale Metaphern, emotionale Klänge, den Stil betreffende Widersprüche und Brüche, auf Revisionen und auf das, was in der Geschichte fehlt; wir achten auch auf Verschiebungen im Klang der Stimme und in der Erzählhaltung: den Gebrauch der ersten, zweiten oder dritten Person beim Erzählen. Auf diese Weise lokalisieren wir die Sprecherin in ihrer Erzählung. Darüber hinaus erfordert das erste Zuhören Selbstreflexion: Wir sind Menschen in einer privilegierten Position, die es uns ermöglicht, die Ereignisse im Leben anderer zu interpretieren, weshalb wir die Implikationen dieses Interpretationsaktes berücksichtigen müssen. Das Bewußtsein für die Überlegenheit, etwas zu benennen und die Bedeutung kontrollieren zu können, ist entscheidend; um diese Macht möglichst nicht zu mißbrauchen, benennen und überdenken wir die Bedeutung unserer eigenen Gefühle und Gedanken, die sich auf die Erzählerin und ihre Geschichte beziehen. Auf welche Weise identifizieren wir uns mit dieser Person oder wie distanzieren wir uns von ihr? Auf welche Weise sind wir oder unsere Erfahrungen verschieden oder gleich? Wo sind wir verwirrt oder verblüfft? Wo sind wir sicher? Sind wir verärgert oder angetan von der Geschichte, amüsiert oder erfreut, verwirrt sie uns, oder sind wir wütend? Wir protokollieren un-

---

* ›plot‹ bedeutet (1) Handlung, (2) ein Stück Land, (3) Verschwörung, Komplott, (4) das Festlegen eines Kurses, Weges (Anm. der Übers.)

sere Reaktionen auf das, was wir gehört haben, und überlegen dann, inwieweit unsere Gedanken und Gefühle möglicherweise das Verständnis, die Interpretation und die Art, in der wir über die Person schreiben, beeinflussen.

Wenn wir den Interviewtext ein zweites Mal durchgehen, hören wir auf das »Selbst« – auf die Stimme des »Ich«, das in dieser Beziehung spricht. Dieses Hören auf die andere Stimme ist für uns entscheidend. Es setzt uns mit dieser Person in Beziehung, zum Teil weil dadurch mit ziemlicher Sicherheit der Klang ihrer Stimme in unsere Psyche eindringt, und zum Teil dadurch, daß wir entdecken, wie sie über sich spricht, bevor wir über sie sprechen. So beziehen wir also ihre Stimme in unsere Beschreibung von ihr ein; wir versuchen sie aus ihrer Perspektive heraus kennenzulernen, wir entdecken die Resonanzen in unserer eigenen Psyche, wir reagieren sowohl emotional als auch intellektuell auf das, was sie sagt. Ähnlich wie Adrienne Rich den Prozeß ihrer Auseinandersetzung mit dem Werk Emily Dickinsons beschreibt, stoßen wir auch nicht einfach auf einen Text, sondern vielmehr auf »Herz und Verstand« einer Anderen. »Wir stellen einen engen Kontakt zu einer Innerlichkeit her – zu einer Kraft, einer Kreativität, einem Leiden, einer Vorstellung – die *nicht* identisch mit [unserer] eigenen ist.«[12] Wenn die Worte der Anderen in unsere Psyche eindringen, wird als Reaktion darauf zwischen ihren und unseren Gedanken und Gefühlen ein Prozeß der Verbundenheit in Gang gesetzt, so daß sie uns beeinflußt und wir von ihr zu lernen beginnen – über sie, über uns selbst und über unsere gemeinsame Welt, vor allem über die Beziehungswelt.

Lassen wir die Stimme einer Anderen in unsere Psyche eindringen, können wir für unsere Position nicht länger den Anspruch auf Unbefangenheit oder auf Objektivität erheben. Wir werden von dieser Stimme beeinflußt und verändert, von Worten, die uns vielleicht den Weg dabei weisen, alles Mögliche zu denken oder zu fühlen – und einer Stimme, die unsere Gedanken in neue Richtungen lenken und Gefühle in uns wachrufen könnte: daß wir traurig, glücklich, eifersüchtig, wütend, gelangweilt oder frustriert sind, uns wohl fühlen oder Hoffnung haben. Aber wenn wir die Stimme einer Anderen in uns aufnehmen, bekommen wir das Gefühl des Sich-Einlassens, der Öffnung, der Verbundenheit mit dem psychischen Leben einer anderen Person. Beziehung oder Verbundenheit sind in dieser relationalen Umgestaltung der Psychologie Schlüsselbegriffe für die psychologische Untersuchung. Die Beziehung verschleiert weder die Perspektive, noch verzerrt sie das Urteilsvermögen, sie ist vielmehr ein Weg des Erkennens, ein Anknüpfungspunkt zwischen dem Selbst und der anderen Person, ein Kanal, der zur Entdeckung führt, eine Straße zum Wissen.

Die ersten beiden Prozesse des Zuhörens – das Hören auf den Plot und auf die Stimme des »Ich« oder das Selbst – setzen die Zuhörerin in Beziehung zu der Person, mit der sie spricht, in eine auf die andere Person eingehende Beziehung; das erste und zweite Zuhören sind folglich der Schlüssel zu dem, was wir mit unserem Ansatz meinen, wenn wir ihn als relationale Methode bezeichnen. Darüber hinaus betonen wir, wie wichtig es ist, sich zu einer empathischen, auf die andere Person eingehenden Zuhörerin zu entwickeln. So verbinden wir unsere Methode mit empathischen Ansätzen in der Psychotherapie und mit Ansätzen in der Literaturtheorie, die sich auf die Reaktion der LeserInnen beziehen. Dabei berücksichtigen wir jedoch Patrocinio Schweickarts Kritik an diesen Ansätzen, nämlich daß sie sich nicht als feministische verstehen und folglich »Fragen der Rasse, der Schicht und des Geschlechts« vernachlässigen und »die Konflikte, das Leiden und die Leidenschaften außer acht lassen, die mit diesen Lebenswirklichkeiten einhergehen«.[13] Der von uns entwickelte, auf die Sprecherin eingehende (responsive) Leitfaden zum Zuhören ist, dadurch daß er auf die Lebenswirklichkeiten von Rasse, Schicht und Geschlecht eingeht (Wer spricht, in welchem Körper, welche Beziehungsgeschichte wird erzählt – aus wessen Perspektive, in welchen gesellschaftlichen und kulturellen Rahmenbedingungen?), gleichzeitig auch ein *resistenter* (resisting) Leitfaden zum Zuhören und begreift sich als dezidiert feministische Methode. Als resistente Zuhörerinnen stellen wir, wie schon die resistente Leserin von Judith Fetterley, »die Haltung des Unpolitischen überhaupt« in Frage; wir geben »einer anderen Lebenswirklichkeit, einer anderen Vorstellung eine Stimme ... [setzen] eine andere Subjektivität zur alten ›Universalität‹ in Bezug«, und damit politisieren wir sie.[14] Wenn wir auf die Stimmen der Mädchen und Frauen hören, vernehmen wir die Beziehungskonventionen innerhalb einer Gesellschaft und Kultur, die psychologisch in den Erfahrungen von Männern verwurzelt sind, gleichzeitig jedoch wenden wir uns durch unsere Art des Hörens methodisch gegen diese Beziehungskonventionen.

Beim dritten und vierten Zuhören achten wir schließlich auf die Art, wie Leute über Beziehungen sprechen und wie sie sich selbst in der Beziehungslandschaft des menschlichen Lebens erfahren. In unserer Arbeit mit Mädchen und Frauen konzentrieren wir uns besonders auf ihren Kampf um authentische oder resonante Beziehungen, Beziehungen also, in denen sie sich frei ausdrücken können, sagen können, was sie fühlen und denken, und auch gehört werden. Und wir achten auch darauf, wie institutionalisierte Einschränkungen und kulturelle Werte und Normen zu moralischen Stimmen werden, die Stimmen zum Schweigen bringen, den Ausdruck von Gefühlen und Gedanken behindern und so Beziehungen begrenzen, weil sie implizit oder explizit mit Ausgrenzung, Eingriffen oder, im Extremfall, mit Gewalt drohen.[15] Als resistente Zuhörerinnen versuchen wir deshalb zu unterscheiden, wann Beziehungen mit Hilfe von geschlechtsspezifischen Stereotypen begrenzt, verzerrt werden oder als Gelegenheiten dienen, um sich zu distanzieren, andere zu mißbrauchen, zu unterwerfen, abzuwerten oder um andere Formen psychologischer und physischer Gewalt und Unterdrückung anzuwenden, und wann Beziehungen gesund, wohltuend, ermutigend, befreiend und stärkend sind. Mädchen werden hin- und hergerissen zwischen ihrem Beziehungswissen, das auf Erfahrung beruht, und der sozialen Konstruktion von *Beziehung* in einer männlich-gestimmten Kultur; Frauen kämpfen dann mit diesem Bruch zwischen ihrer Erfahrung und der sogenannten »Wirklichkeit«. Aus diesen Gründen ist es besonders wichtig, nicht nur die der Beziehung inhärenten Verletzbarkeiten zu benennen, sondern auch die Gefahren in den vorherrschenden Beziehungskonventionen.[16] Damit meinen wir vor allem, daß Frauen darin bestärkt werden, sich selbst aufzuopfern oder sich selbst zum Schweigen zu bringen, daß, wenn es um das weibliche Ideal geht, an den Prinzipien der Reinheit und der Perfektion als Beziehungsbedingung und als Kennzeichen guter Frauen festgehalten wird; im Falle des männlichen Ideals werden Selbstverherrlichung und das Verlangen, in der dominierenden Position zu sein und zu kontrollieren, unterstützt.

Als resistente Zuhörerinnen sind wir uns also der Zwänge der patriarchalen Logik bewußt, und mit Hilfe dieses Bewußtseins versuchen wir, uns selbst von ihnen zu befreien, um Raum dafür zu schaffen, die Selbsterfahrung und die Beziehungsform neu zu definieren oder zu »revidieren«, auf eine Weise, die mit beiden Stimmen, den Stimmen von Frauen und Männern, übereinstimmt. Das tun wir dann, wenn wir in den Interviews auf Zeichen hören, ob sich hier eine Person selbst zum Schweigen bringt oder vor den lähmenden kulturellen

Normen und Werten kapituliert. Wann begräbt eine Person ihre Gefühle und Gedanken, wann zeigen sich bei ihr Verwirrung, Unsicherheit und Losgelöstheit, Zeichen eines psychologischen Widerstands? Wir hören auch auf die Zeichen des politischen Widerstandes, wenn Menschen sich dem Mißbrauch in Beziehungen widersetzen und um Beziehungen kämpfen, in denen es ihnen möglich ist, offen mit anderen nicht übereinzustimmen und ein breites Spektrum von Gefühlen zu empfinden und auch auszusprechen. Dieser Prozeß bringt das zum Ausdruck, was Kate Millett »ein System der Macht« genannt hat, »dessen Autorität so tief geht, daß es kaum noch das Bedürfnis verspürt, laut für sich sprechen zu müssen«[17], und bietet unserer Meinung eine Möglichkeit, sich unterhalb der vorherrschenden Konventionen zu bewegen und zu verstehen, wie diejenigen, die nicht als volle menschliche Wesen gehört werden, obwohl sie innerhalb dieses Systems leben und sich ihm auch widersetzen, ihr Menschsein schaffen und aufrechterhalten, entweder für alle sichtbar oder im Untergrund.

Unsere stimmenzentrierte Methode ist also ein Versuch, die Beziehungen, die zentral für den Prozeß der psychologischen Entwicklung und auch für unseren Untersuchungsprozeß sind, aufrechtzuerhalten; eine Methode, die die Stimme erhält und somit Differenz artikuliert. In dem sozialen und kulturellen Kontext, in dem wir arbeiten, ist unsere Methode der von Fetterley formulierte Versuch, »das auf Frauen und Männer bezogene Ideen- und Mythenkonstrukt in unserer Gesellschaft offenzulegen und in Frage zu stellen«[18], ein Versuch, wie Rich sagt, »die Voraussetzungen zu sehen, vor denen wir nur so triefen«[19]. Als wir diesen relationalen Wahrheiten und Lebenswirklichkeiten nachgingen (dem Bedürfnis des Selbst und dem der Anderen, eine Stimme zu haben, und dem sozialen und kulturellen Kontext des Sprechens und Zuhörens), haben wir auf ganz verschiedenen Ebenen etwas gelernt: aus unserer Arbeit mit Mädchen und Frauen, von anderen PsychologInnen, die an den Stimmen der Frauen festgehalten haben[20], und von feministischen Literaturkritikerinnen, die dazu beigetragen haben, was Rich »Revision« nennt – »den Akt des Zurückschauens und mit neuen Augen zu sehen, einen alten Text aus einer neuen kritischen Sicht zu betreten«.[21] Mit den Worten Virginia Woolfs versuchen wir »neue Worte zu entdecken und neue Wege zu finden«[22], wenn wir Frauenstimmen in die Psychologie hineinbringen und auf diese Weise der Psychologie eine neue Stimme verschaffen – eine Stimme, die mehr im Einklang mit dem Leben der Menschen ist.

Widerstand aussprechen

Um den Zweck unseres Leitfadens zum Zuhören zu illustrieren, wenden wir uns Neeti zu, einem Mädchen indischer Abstammung, deren Eltern im Bereich der Biochemie und im Management tätig sind; Neeti ist zwölf Jahre alt und in der siebten Klasse an der Laurel-Schule. Was kann die anteilnehmende und resistente Zuhörerin, die diese Methode anwendet, über Neetis Selbsterfahrung und ihre Beziehungserfahrungen sagen? Hier hören wir Neeti, wie sie im Alter von zwölf Jahren spricht, und dann ein Jahr später mit dreizehn.

Beim ersten Zuhören erzählt uns Neeti die Geschichte eines Beziehungskonfliktes, in dem sie gewillt ist, sich gegen einen unnachgiebigen Betreuer in einem Ferienlager durchzusetzen und das Risiko einzugehen, um ihres Cousins willen, der Heimweh hat, angeschrien zu werden:

> Als wir im Ferienlager waren (vor zwei Jahren), ich bin mit meiner Schwester und meinem Cousin dorthin gefahren, der war noch ganz jung... na vielleicht sieben oder so, und er kriegte unheimlich Heimweh. Wir haben da übernachtet. Und er hat immer geweint in der Nacht. Es gab einen Betreuer, der wirklich streng war, und ich hatte irgendwie Angst vor ihm... Er hatte gesagt: »Keiner darf das Telefon benutzen.« Aber mein Cousin wollte unbedingt seine Eltern anrufen. Und dann war es irgendwie meine Sache, zu dem Typen zu gehen und zu fragen, ob er es benutzen könnte. Entweder ich hätte gefragt und wäre von diesem Typen angebrüllt worden, oder ich hätte überhaupt nichts gemacht. Und er war mein Cousin, also mußte ich ihm helfen. Ich bin dann hingegangen und habe den Typen gefragt, ob er das Telefon benutzen könnte, und er fing an, mir einen langen Vortrag zu halten, daß es in diesem Ferienlager überhaupt kein Heimweh geben sollte. Und ich habe gesagt: »Entschuldigung, aber er ist doch erst sieben.« Er war wirklich noch klein, und dann durfte er das Telefon schließlich benutzen. Er hat also angerufen, und später hatten wir eine Versammlung im Ferienlager, und, na ja, der Typ fing an und hat gesagt: »Jedes Kind, das hier Heimweh bekommt, hat hier überhaupt nichts zu suchen.« Er hat zwar den Namen von meinem Cousin nicht gesagt, aber der hat irgendwie fast geheult.

In Neetis Geschichte, so scheint es uns, geht es um das Heimweh ihres Cousins, die Unnachgiebigkeit eines Leiters in einem Ferienlager und um ihre Entscheidung, trotz ihrer Angst ihrem Cousin dabei zu helfen, seine Eltern anzurufen. Der Konflikt war, sagt sie kurz und bündig, »mich selbst zu schützen oder ihn zu schützen«. Sie hat sich dafür entschieden, ihrem Cousin zu helfen, denn »nichts Schlimmes würde mir passieren«; der Leiter hätte sie vielleicht einschüchtern oder ihre Gefühle verletzen können, aber er »kann mich nicht verprügeln oder so«. Neeti wurde klar, daß »es sich gelohnt hat, [meinen Cousin] bei seinen Eltern anrufen zu lassen... Mein Cousin hat geweint, er hatte Alpträume... überhaupt nichts machte ihm Spaß, und er hat dafür [das Ferienlager] bezahlt... Er war irgendwie fast krank, wissen Sie. Das ist wahrscheinlich der Grund, warum die Leute sagen ›krank vor Heimweh‹.« Der Leiter, denkt sie, »war wirklich gefühllos«. Zurückblickend sagt Neeti, daß es offensichtlich sei, daß ihre Entscheidung richtig war, jedenfalls für sie. »Vielleicht nicht für Sie oder jemand anders, aber es ist so, daß ich meinem Cousin aus der Klemme geholfen habe, Menschen sind doch wichtiger als Vorschriften.« Außerdem, fügt sie hinzu, hat sich der Leiter selbst widersprochen; es heißt: »Wir sind hier, um unseren Kindern dabei zu helfen, daß sie Spaß haben.« Ihr Cousin, beobachtet sie, »hatte keinen Spaß, der Leiter hat sich mit seinem ganzen Motto einfach widersprochen«.

Wenn wir dieser Erzählung eines Beziehungskonfliktes zuhören, bemerken wir, daß Neeti das Problem auf verschiedenen Ebenen festmacht: als Konflikt, sich selbst oder ihren Cousin zu schützen; als Konflikt zwischen Menschen und Vorschriften; und als Konflikt, aktiv oder passiv zu sein in einer Situation, in der sie die Möglichkeit sieht, etwas zu tun, um zu helfen. Die erwähnten Beziehungen sind Neetis Beziehungen zu ihrem Cousin, zu sich selbst, zum Leiter des Ferienlagers und zu ihren Freunden, ebenso wie die Beziehung ihres Cousins zu seinen Eltern. Ein möglicher Widerspruch in der Geschichte besteht zwischen Neetis Gefühl, daß das Richtige offensichtlich war und daß sie das Richtige getan hat, und ihrer Erfahrung eines Konfliktes.

Wenn wir Neetis Stimme in uns aufnehmen, reagieren wir auf Neetis Geschichte und halten dabei fest, wo es eine Verbindung oder keinen Zusammenhang zwischen Neetis Erfahrung und unserer eigenen gibt. Als Zuhörerinnen fragen wir uns, was wir aus dieser Geschichte über Neeti erfahren und welche Bedeutung es für unsere Interpretation haben könnte. Durch diese Verbindung werden wir aufmerksam auf den gestaltenden Akt der Person der Zuhörenden, die die Erfahrung einer anderen interpretiert – »benennt« –, die wiederum nur in Form einer Erzählung über einen Konflikt spricht, den sie selbst durchlebt hat. Im Fall von Neeti erinnern wir uns an unsere eigenen Erfahrungen im Ferienlager und daran, wieviel Macht die Betreuer hatten, wie willkürlich und ungerecht uns die auferlegten Vorschriften manchmal erschienen. Als weiße, aufgrund unserer Ausbildung privilegierte Frauen fragen wir uns auch nach Neetis Herkunft und wie diese sich auf ihre Entscheidung oder ihr Gefühl der Verpflichtung, ihren kleinen Cousin zu beschützen, ausgewirkt hat, oder ob Neetis Sonderstatus ihr die Sicherheit gibt, daß das System sie schützen wird – eine Sicherheit, die wir in dem Alter nicht gehabt zu haben glauben. Auf diese Weise schenken wir dem Beachtung, was wir über Neeti wissen und nicht wissen und was sie über sich selbst weiß, um Fragen zum Erzählen und zur Interpretation der Geschichte aufzuwerfen.

Wenn wir die Geschichte ein zweites Mal durchgehen, hören wir uns die Art und Weise an, wie Neeti über sich selbst spricht. Wir kehren zum Anfang ihrer Erzählung zurück und hören Neeti als fühlendes, denkendes, handelndes »Ich«, als Protagonistin in ihrem Drama eines Beziehungskonfliktes. Hier ist Neetis Geschichte in der ersten Person:

Ich bin ins Ferienlager gefahren... Ich hatte irgendwie Angst vor ihm... Ich hatte wirklich Angst vor ihm... Es war irgendwie meine Sache... Entweder wäre ich also von diesem Typen angebrüllt worden und hätte gefragt, oder ich hätte überhaupt nichts gemacht... Ich mußte ihm helfen... Ich bin dann hingegangen und habe gefragt... Ich habe gesagt: »Entschuldigung, aber er ist doch erst sieben«... Ich habe gesagt: »Dieser Typ kann mich zwar einschüchtern, aber er kann mich nicht verprügeln«... Mir wird klar... Ich muß das tun... Ich meine... Ich bin sicher, ich war sicher... Er war doch mein Cousin, und wir waren irgendwie immer viel zusammen, wissen Sie... Entweder hätte ich ihm aus der Klemme geholfen, oder ich hätte gar nichts gemacht, es war irgendwie für ihn, oder ich konnte nicht nur das machen, was gut für mich war, weil ich nicht sein wollte wie... Ich hatte wirklich Angst... Es ging darum, mich zu schützen oder ihn zu schützen... Ich meine... nichts Schlimmes konnte mir passieren... Dann wurde mir klar... Ich glaube, dann wurde ihm irgendwie klar... Ich meine, ich würde diesen Typen doch nie wiedersehen... Aber ich lebte mit meinem Cousin zusammen... Ich würde den Typen nie wiedersehen... Es ist nur so, daß meine Gefühle verletzt werden, und ich hasse es, angeschrien zu werden... Ich glaube... Ich bin sicher... Wie ich es gesehen habe... Dann tue ich es nicht... Ich glaube... Ich glaube... Ich weiß... Ich war wirklich überrascht... Ich habe mich richtig gut gefühlt, aber ich habe mich auch richtig schlecht gefühlt... Ich habe etwas für ihn getan... Und es ist irgendwie wie ein Sieg... Ich bin sicher... Ich weiß nicht, was es war... Es ist offensichtlich, daß das richtig war... Es ist für mich... Ich hatte das im Gefühl... Ich hätte leicht aus der Sache rauskommen können... Es war nicht mein Gefühl... Ich fühlte nicht, was er fühlte... Ich hatte ein bißchen Verständnis dafür, aber eigentlich auch nicht so viel... Ich hätte leicht aus der Sache rauskommen und sagen können: »Ich gehe nicht zum Leiter«... Ich habe mich fast schon so gefühlt wie er irgendwie, also bin ich gegangen, ich bin hingegangen, wissen Sie, weil es mir nämlich auch schlecht ging, als es ihm so schlecht ging.

Neetis Stimme hat den Klang einer offenen, sicheren, psychologisch gewitzten und cleveren Zwölfjährigen, die sich um ihren Cousin und auch um sich selbst sorgt: sie ist empört darüber, wie wenig Sorgen sich der Leiter macht; sie ist sich ihrer Wahrnehmungen und Urteile sicher, hartnäckig, fest entschlossen und fähig, faszinierende Beobachtungen zu machen: »Entweder du fühlst das, irgendwie ganz tief drinnen, oder du bemerkst es eben nur« (hier nimmt sie Bezug auf den Unterschied zwischen ihrer Reaktion auf das Heimweh ihres Cousins und die Reaktionen ihrer Freundinnen).

Wenn wir darauf achten, wie sie in diesem Drama über sich selbst spricht, hören wir einerseits Neetis Angst vor dem Leiter des Ferienlagers (»Ich hatte Angst vor ihm«, sagt sie an drei verschiedenen Stellen), andererseits hören wir ihre Klarheit: Obwohl der Leiter sagt, »die Kinder haben Spaß«, *sieht* sie, daß ihr Cousin überhaupt keinen Spaß hat, und sie bleibt bei ihrer Wahrnehmung. Neetis Fähigkeit, so zu handeln, beruht zum Teil auf ihrer Einschätzung, daß der Leiter, der »ein richtiger Tyrann ist und machen kann, was er will«, sie zwar anschreien könnte, sie aber physisch nicht verletzen kann. Mit diesem Wissen kann Neeti aus ihrer Erfahrung sprechen und sagen, was sie sieht und hört: Sie *sieht* die offensichtliche Not ihres Cousins, sie *hört* sein Weinen und Schreien in der Nacht. Und wenn sie das aufnimmt, was ihre Sinne ihr sagen, verläßt sie sich darauf, daß ihre Erfahrungen ihren Verstand leiten: »Er war irgendwie fast krank, wissen Sie. Das ist wahrscheinlich der Grund, warum die Leute sagen ›krank vor Heimweh‹.« Sie geht das Risiko ein, angeschrien zu werden, und trotz der Ermahnungen des Leiters, die von den Vorschriften des Ferienlagers gestützt werden, bestimmt Neeti schließlich: »Ich muß das tun.« Dieser innere Befehl ist zum Teil auf Neetis Erfahrungen mit der Beziehungswirklichkeit zurückzuführen, insbesondere auf ihr Selbstverständnis in der Beziehung zu ihrem Cousin.

Wenn wir ein drittes Mal zuhören, hören wir Neeti, wie sie über eine ihrer Meinung nach genuine Beziehung zu ihrem Cousin spricht. Neeti beschreibt, wie sie diese Beziehung versteht und wie sie auf ihren Cousin, der in großer emotionaler Not ist, reagiert:

> Er war noch ganz jung. Er war vielleicht sieben oder so, und er kriegte unheimlich Heimweh. Wir haben da übernachtet. Und er hat immer geweint in der Nacht... Und mein Cousin wollte unbedingt seine Eltern anrufen... Und er war mein Cousin, also mußte ich ihm helfen... Und ich habe gesagt: »Entschuldigung, aber er ist doch erst sieben«... Er hat irgendwie fast geheult... Dahinzugehen war

richtig, weil es für meinen Cousin war, wissen Sie. Und er würde zwar nicht gleich dran sterben, aber wissen Sie, jetzt hat er irgendwie Angst davor, ins Ferienlager zu fahren, denn jetzt ist er ungefähr neun. Irgendwie will er nicht wieder dahin... Dieser Typ kann mich zwar einschüchtern, aber er kann mich nicht verprügeln... Es ist mir klar, daß er eben einfach so ist, aber ich muß das tun... [meinem Cousin] eben aus der Klemme helfen... Das Problem war eben, er war mein Cousin, wissen Sie, er war doch mein Cousin, und wir haben uns immer irgendwie nahe gestanden... Es ging darum, mich zu schützen oder ihn zu schützen... Nichts Schlimmes konnte mir passieren... Ihm ging es danach dann viel besser... Mein Cousin hat geweint, er hatte Alpträume, und das war wirklich schlimm, alle seine Freunde waren da... Mein Cousin wohnt sieben Minuten von uns entfernt, also lebte ich mit meinem Cousin zusammen, aber ich würde den [Leiter des Ferienlagers] nie wieder sehen... Was auf dem Spiel stand, wissen Sie, war irgendwie mein Ich, das hat nichts mit meinem Körper zu tun, nichts, was jemand anders sehen würde. Es ist nur so, daß meine Gefühle verletzt werden, und ich hasse es, wenn ich angeschrien werde... Aber mein Cousin, der war wirklich ganz fertig, dem ging's wirklich schlecht. Er war irgendwie fast krank... Es war so, entweder du fühlst das, irgendwie drinnen, oder du bemerkst das eben nur, wissen Sie? Es ist so, daß ich meinem Cousin aus der Klemme geholfen habe, und dieser Leiter also mit seiner Vorschrift, Menschen sind doch wichtiger als Vorschriften... Er war doch noch ganz klein... Mein Cousin hatte keinen Spaß... Er stand mir wirklich ganz nahe, aber ich fühlte nicht, was er fühlte, ich hatte irgendwie ein bißchen Mitgefühl, aber eigentlich auch nicht so viel... ihm ging's ja wirklich schlecht, und ich hab' mich fast schon so gefühlt wie er, also bin ich hingegangen, ich bin eben hingegangen, wissen Sie, weil es mir nämlich auch schlecht ging, als es ihm so schlecht ging.

Wenn wir auf diese Weise zuhören, fällt uns auf, wie Neeti von ihrer Beziehung zu ihrem Cousin spricht – »Wir haben uns immer irgendwie nahe gestanden« – und wie sie gefühlsmäßig auf seinen Schmerz reagiert – »Ich hatte ein bißchen Mitgefühl, aber eigentlich auch nicht so viel... Ich habe mich fast schon so gefühlt, wie er.« Neeti ist eingestimmt auf die Gefühle ihres Cousins, und ihre Reaktion auf diese Gefühle ist an ihre eigenen Gefühle gebunden, denn die Traurigkeit ihres Cousins wirkt sich auch auf sie aus. Seine Gefühle sind nicht dieselben wie ihre Gefühle, was sie klar darlegt; er ist nicht sie. Unausgesprochen widersetzt sie sich den konventionellen Vorstellungen der Selbstlosigkeit und Selbstaufopferung, die mit den weiblichen Idealen von Liebe und Fürsorge assoziiert werden. Ihre Stimme lenkt die Aufmerksamkeit der Zuhörerin statt dessen auf ihr eigenes Wissen über menschliche Beziehungen und psychologische Prozesse – ein Wissen, das auf genaue und sorgfältige Beobachtungen hindeutet. Und wenn der Leiter des Ferienlagers die Verzweiflung ihres Cousins nicht zur

Kenntnis nimmt, wenn er ihr einen Vortrag hält, »daß es in diesem Ferienlager überhaupt kein Heimweh geben sollte«, hören wir Neetis Widerstand dagegen, nämlich dann, wenn sie mit dem Finger auf die sichtbaren Zeichen der Verzweiflung ihres Cousins zeigt und erwidert: »Entschuldigung, aber er ist doch erst sieben.«

Wenn wir schließlich darauf hören, was Neeti als falsche Beziehungen identifiziert, in denen Leute nicht sprechen können oder nicht gehört werden, beobachten wir, wie Neetis Aufmerksamkeit sich auf den Leiter des Ferienlagers richtet und sie ihre Gefühle bezüglich seiner Macht über sie und ihren Cousin ausdrückt:

Wir hatten diesen Betreuer, der wirklich streng war, und ich hatte irgendwie Angst vor ihm... ich hatte wirklich Angst vor ihm. Und er hat gesagt: »Keiner darf das Telefon benutzen.« Und mein Cousin wollte unbedingt seine Eltern anrufen... Entweder wäre ich also von diesem Typen angebrüllt worden und hätte gefragt, oder ich hätte überhaupt nichts gemacht. Und er war mein Cousin, also mußte ich ihm helfen... Ich bin dann hingegangen und habe gefragt... und er fing an, mir einen langen Vortrag zu halten, daß es in diesem Ferienlager überhaupt kein Heimweh geben sollte. Und ich habe gesagt: »Entschuldigung, aber er ist doch erst sieben«... Wir hatten eine Versammlung im Ferienlager... und der Typ fing an und hat gesagt, »ein Kind, das hier Heimweh bekommt, hat hier überhaupt nichts zu suchen«... Dahinzugehen war richtig, weil es für meinen Cousin war, wissen Sie... Ich habe mir gesagt: »Dieser Typ kann mich zwar einschüchtern, aber er kann mich nicht verprügeln.« Es ist mir klar, daß er eben einfach so ist, aber ich muß das tun... Ich hasse es, angeschrien zu werden... Überhaupt nichts macht ihm Spaß, und er hat dafür bezahlt, also mußte er doch irgend etwas tun... So wie ich es damals gesehen habe, ist dieser Typ ein richtiger Tyrann, und er kann machen was er will. Also... das war wahrscheinlich eine große Sache für ihn, etwas zu erlauben, nachzugeben... Und er redet dann rum... sein Ruf oder sowas, wissen Sie, das war nämlich eine Vorschrift, und er konnte nicht dagegen verstoßen, aber er hat gesagt: »Ja, aber«, und dann fing er an, uns diesen Vortrag zu halten... Aber ich habe etwas für ihn getan, für meinen Cousin, und es ist irgendwie wie ein Sieg, wissen Sie, es ist, als ob du gegen diesen Typen gewonnen hast, also bist du zufrieden... der Leiter hatte einen anderen Standpunkt. Wahrscheinlich so was wie: »Kinder haben immer Heimweh, was soll's also, er wird schon nicht daran sterben«, aber er war eben auch kein Kind... Und darum hatte er einen völlig anderen Standpunkt als mein Cousin und ich... er war wirklich gefühllos... Es ist eine Vorschrift, aber Menschen sind doch wichtiger als Vorschriften... Sie haben gesagt: »Wir sind dazu da, unseren Kindern dabei zu helfen, daß sie Spaß haben«, aber mein Cousin hatte keinen Spaß, er hat sich mit seinem ganzen Motto einfach widersprochen.

Neeti argumentiert empirisch aus ihrer eigenen Erfahrung heraus, wenn sie die Absurdität einer Situation darlegt, in der die Leiter von

Ferienlagern sagen: »Wir sind dazu da, unseren Kindern dabei zu helfen, daß sie Spaß haben«, und sie sieht, daß ihr Cousin »überhaupt keinen Spaß haben konnte, und er dafür bezahlt hatte«. Sie beobachtet einen Leiter in einem Ferienlager, der die Sorge um seinen Ruf über den Kummer eines Siebenjährigen stellt und es ausnutzt, daß er über den Siebenjährigen verfügen kann, während er »alles so machen kann, wie er es will«. Neeti hat ein kompliziertes Verständnis von Vorschriften im Sinne von Strukturen, die die Ordnung in Beziehungen aufrechterhalten. Sie sieht, daß der Stolz des Leiters oder das, was er für seinen Ruf hält, abhängig von »einer Vorschrift ist, gegen die er nicht verstoßen konnte«; so gibt sie, wenn auch unbeabsichtigt, einen psychologisch scharfsinnigen Kommentar über die Internalisierung von Vorschriften und Normen ab. Sie deutet auch auf ihr Vertrauen in den Schutz eines Rechtssystems hin, wenn sie sagt, daß der Leiter sie zwar einschüchtern und ihre Gefühle verletzen, aber »mich nicht verprügeln kann oder so«. Und wir hören Neetis Widerstand gegen eine unterdrückende Autorität in Gestalt des »gefühllosen« Leiters, der sich nach Vorschriften richtet, ohne eine Ausnahme zu machen. »Leute«, sagt Neeti bestimmt, »sind wichtiger als Vorschriften.«

Als Zuhörerinnen sind wir betroffen von Neetis Mut und ihrer Fähigkeit, dazu zu stehen, was sie über Beziehungen weiß, trotz des Drucks, es nicht zu wissen, nicht zu sehen und nicht zu hören. Wir sind auch beeindruckt davon, wie klar ihre Gedanken und Gefühle sind, wie genau sie die psychologische und soziale Welt kennt. Wenn sie über ihre Entscheidung spricht, etwas für ihren Cousin zu tun, sagt sie: »Das war nicht mein Gefühl, sondern das Gefühl meines Cousins, aber er stand mir ziemlich nahe, ich habe zwar nicht das gefühlt, was er gefühlt hat, doch ich hatte ein bißchen Mitgefühl, wenn auch nicht so viel... Aber ihm ging es irgendwie sehr schlecht, und ich habe mich fast schon so wie er gefühlt, ich bin eben hingegangen, weil es mir nämlich auch schlecht ging, als es ihm schlecht ging.« Hier macht Neeti eine Unterscheidung, die die gesamte Fülle ihres Beziehungsvermögens enthüllt. Sie macht einen Unterschied zwischen Mitgefühl – d.h. die Gefühle anderer nachzuempfinden – und responsiven Beziehungen, in denen Menschen mit ihren eigenen Gefühlen auf die Gefühle anderer eingehen (responsive relationships). Diese Unterscheidung ist in der psychologischen Literatur selten zu finden.

Als wir der Interview-Erzählung Neetis im Alter von dreizehn Jahren zuhören, erzählt sie uns eine ganz andere Geschichte eines Beziehungskonflikts. In diesem Jahr berichtet Neeti von einem Vorfall, in dem sie sich gegen ihren Willen in einem nicht von ihr selbst entworfenen Szenario in die Enge getrieben fühlt. Wir hören zu, wie sie den Konflikt mit ihren eigenen Worten beschreibt: »Eine Freundin, die ich habe, und sie ist angeblich meine beste Freundin, wissen Sie, und ich rede nicht mit ihr, denn irgendwie kann sie keine in der Klasse ausstehen... Ich meine, ich mag sie noch nicht mal.« Das Vertrackte, sagt Neeti, ist, »daß ich dieses Mädchen überhaupt nicht mag, ich kann sie überhaupt nicht ausstehen, aber ich weiß nicht, wie ich mich verhalten soll, weil ich nett sein muß«.

Sichtlich überrascht von der Veränderung, die wir in Neetis Stimme ausmachen, hören wir ihrer Geschichte ein zweites Mal zu und achten auch darauf, wie sie in diesem Beziehungsdrama über sich selbst spricht. Jetzt hören wir Neetis Ambivalenz: »Ich kann überhaupt nichts zu ihr sagen, weil sie dann verletzt ist, also weiß ich überhaupt nicht, was ich machen soll.« Wir hören sie sprechen und dann das zurücknehmen, was sie gesagt hat: »So bin ich, aber nicht wirklich.« Wir hören, daß sie die Phrase »Ich weiß nicht« jetzt viel häufiger benutzt, wie sie zuerst weiß und dann nicht mehr weiß, was sie fühlt und denkt und worüber sie eigentlich etwas wissen und etwas sagen kann.

Wenn wir Neeti zuhören, wie sie über ihr Verständnis von Beziehungen in dieser Situation spricht, hören wir sie jetzt etwas beschreiben, was wie eine Reihe von verfälschten Beziehungen klingt; dabei hat sie die Absicht, niemanden zu kränken oder zu verletzen – weder die »Freundin« noch Mutter und Schwestern der Freundin, die, wie Neeti sagt, mit ihrer Mutter und ihren Schwestern befreundet sind. Unfähig auszusprechen, was sie fühlt und denkt, beschreibt Neeti eine falsche und »erdrückende« Nähe, die sie empfindet; als sei sie mit jemandem »verheiratet«, den sie nicht liebt. Ihre Gedanken und Gefühle werden nicht ausgesprochen, bleiben ohne Stimme und werden so aus der Beziehung herausgenommen. Sie erscheinen jetzt unangemessen und verzerrt – zu groß oder zu klein, zu überwältigend oder zu trivial. Unfähig, ihre Freundschaft zu diesem Mädchen einzuschätzen (ist sie ihre beste Freundin oder jemand, die sie nicht ausstehen kann?) oder zu wissen, was sie will, ist es für Neeti emotional unmöglich, in dieser Beziehung zu sein. Was sie jetzt sagen möchte, ist für sie unsagbar: »Ich kann dich nicht ausstehen. Bitte laß mich in Ruhe.« Was sie sich ganz offen wünscht, ist ein Ende des Konflikts.

Mit zwölf hatte sie ihren Gedanken und Gefühlen ihre Erfahrung zugrundegelegt und sie in einer Beziehung ausgesprochen. So machte sie einen klaren Unterschied: Sie wußte, was aus ihrer Erfahrung richtig ist und daß Autoritäten sagten, etwas sei richtig. Jetzt scheint Neeti eine konventionelle und autoritative Stimme in sich aufgenommen zu haben und sich am Image und der Perfektion des netten und fürsorglichen Mädchens zu orientieren. Neeti setzt sich darüber, was ihr ihre eigenen Erfahrungen sagen, hinweg – daß sie ebenso wie ihre »Freundin« an dieser idealisierten Beziehungsform leidet – und versucht verzweifelt, ihre Gedanken und Gefühle zuzulassen, sie mit einer Stimme zu versehen, sie zu benennen und sie überhaupt zu kennen. Diese nach einer Zeit erkennbare Verschiebung in Neetis Stimme ist tatsächlich exemplarisch für einen Verlust der Stimme, einen verzweifelten Versuch, sich selbst zu autorisieren. Sie zeigt eine Entwicklung, die von echten Beziehungen weg- und zu idealisierten Beziehungen hinführt und ist charakteristisch für die Mädchen, denen wir mit unserem stimmenzentrierten Ansatz zugehört haben, wenn sie von der Kindheit in die Adoleszenz kommen.[23]

Mit unserem Leitfaden für Zuhörerinnen lenken wir die Aufmerksamkeit nicht nur auf den sehr beeindruckenden Vorgang einer Person, die Erfahrungen einer anderen Person zu interpretieren – »zu benennen« –, sondern auch auf die Bedeutung dieses Vorgangs für diejenigen, die Psychologinnen Geschichten aus ihrem Leben erzählen. Eine relationale Anwendung der Psychologie geht über die revidierende Interpretation von Stimmen oder Texten hinaus. Solche Interpretationen sollten tatsächlich nur für den Beginn eines Dialoges ausschlaggebend sein, ein Einstieg für Zuhörerinnen zur Formulierung von Fragen, und letztendlich auf eine Beziehung abzielen, in der beide Personen miteinander sprechen und einander zuhören. Anstatt uns auf das Studium von Objekten, die Behandlung, die Beurteilung, den Text oder die Auswertung von Personen zu konzentrieren, sprechen wir über authentische oder resonante Beziehungen. Dabei handelt es sich um Beziehungen, in denen beide Personen ihren Gedanken und Gefühlen eine Stimme verleihen können, Beziehungen, die so weit wie möglich auf Offenheit und Wechselseitigkeit beruhen, in denen sowohl »laut« gedacht werden kann als auch leidenschaftliche Gefühle ausgesprochen und gehört werden können. Wir schaffen eine Methode, die eine Polyphonie von Stimmen zuläßt (und unterstützt), und können in der relationalen Anwendung der Psychologie die Stimme der Person, die spricht, weder abstellen noch mit Beschlag belegen, besonders dann nicht, wenn ihre Stimme nicht mit unserer eigenen harmoniert. Eine Verlagerung in eine Richtung, die den Konsens oder die Nichtübereinstimmung weder unterstützt noch forciert, sondern sich vielmehr an der anteilnehmenden Diversität orientiert, schafft die Möglichkeit zu realen, statt verfälschten Beziehungen zu den Menschen, die wir in unsere Arbeit einbeziehen.

Wir sprachen mit Neeti über einen Zeitraum von fünf Jahren in formalen Interviewsituationen. In dieser Zeit hörten wir auf die Veränderungen, interpretierten sie und schrieben darüber, Veränderungen, die wir in ihrer Stimme wahrnahmen, als sie über sich und ihre Beziehungen sprach. Seitdem sprechen wir mit Neeti über unsere Interpretationen, das, was wir schreiben. Unsere Beziehung zu ihr hat sich weiterentwickelt und verändert; wir haben von ihr gelernt, und sie hat von uns gelernt. Während einer eintägigen Klausur trafen wir uns mit Neeti und anderen Schülerinnen ihrer elften Klasse, um diese Forschungsarbeit zu besprechen. Nachdem sie mit uns über ihre Reaktion auf einen Aufsatz, den wir geschrieben haben, gesprochen hatte, schrieb Neeti uns einen Brief. »Zuerst war ich hilflos, und ich hatte das Gefühl, völlig bloßgestellt zu werden«, schrieb sie. »Ich war betroffen, denn es ist mir nie in den Sinn gekommen, daß das, was ich in den letzten fünf Jahren gesagt hatte, auch nur die geringste Bedeutung hatte... Es war ein sonderbares Gefühl, meine Stimme auf einmal in Anführungszeichen zu sehen.«

Danach sprach Neeti mit uns über unsere Interpretationen bezüglich der Veränderungen in ihrem Leben. Sie erzählte davon, wie unwohl sie sich fühlte, als sie mit fünfzehn einen Aufsatz über das Thema »Wer bin ich?« schreiben sollte, und als sie dann feststellte, daß sie das nicht wußte. Unglücklich mit ihrer »Faszination von dem perfekten Mädchen« und ihrer »verfälschten Einschätzung« ihrer eigenen Person (Sätze, die wir geschrieben hatten, die aber mit ihren Gefühlen über sich selbst übereinstimmten), sprach Neeti von einer »Stimme in ihrem Inneren«, die »gedämpft worden ist«: »Die Stimme, die dafür eintritt, woran ich glaube, ist tief in meinem Inneren begraben worden.«

Neeti, deren Beziehungswelt sich in unseren Augen mit der Zeit verdunkelt zu haben schien, überrascht uns immer noch mit ihrer Widerstandskraft, ihrer Einsicht und ihrem andauernden Kampf mit den konventionellen weiblichen Idealen; dabei ist sie fest entschlossen, deutlich gehört zu werden. »Ich möchte nicht, daß das Image des ›perfekten Mädchens‹ mich daran hindert, ein wirklicher Mensch zu sein«, schreibt sie, »doch möchte ich dabei auch immer noch nett sein und auf keinen Fall irgendwelche Probleme machen.« Neeti ist gefangen in diesem Widerspruch: Einerseits möchte sie die Beziehung, andererseits hat sie das Gefühl, daß sie, um Beziehungen zu haben, ihre Stimme dämpfen oder begraben muß. Diese Sackgasse hat sie zwar deutlich vor Augen, aber sie sieht keine Möglichkeit, aus ihr herauszufinden.

Eine relationale Psychologie, die sich von der Literaturtheorie, den Einsichten der feministischen Literaturkritik und den praxisbezogenen Einsichten in psychodynamische Prozesse herleitet – also eine mit einer Stimme versehene, resonante, resistente Psychologie –, ist eine Chance und eine Möglichkeit, der relationalen Natur des menschlichen Lebens eine Stimme zu verleihen. Als Psychologinnen, die mit Menschen arbeiten und im Gegensatz zur Literaturkritik keine Texte interpretieren, müssen wir uns fragen, warum Neeti zwischen zwölf und dreizehn zunächst einfach und unverfälscht ausspricht, was sie in ihren Beziehungen fühlt und denkt, und warum dieses Sprechen dann viel schwieriger und gefährlicher für sie wird. Wie wir gesehen haben, kämpft Neeti darum, an ihrer Erfahrung festzuhalten – zu wissen, was sie weiß, und mit ihrer eigenen Stimme zu sprechen, ihr Wissen in die Welt eingehen zu lassen, in der sie lebt – trotz aller Autoritäten, Konventionen und Beziehungskonflikte, die sie dazu veranlassen könnten, ihre Stimme zu dämpfen und das zu begraben, was sie sich mehr als alles andere wünscht und woran sie glaubt: die Möglichkeit der authentischen oder echten Beziehung. Als Psychologinnen und Frauen, die auch einmal Mädchen waren, versuchen wir daran festzuhalten, was wir über Beziehungen und Gefühle wissen, über Psyche und Körper, über politische und soziale Wirklichkeiten und darüber, wie die Stimmen von Frauen trivialisiert, ignoriert und abgewertet worden sind. Wenn wir so vorgehen, setzen wir unseren beruflichen Status und die damit einhergehende Autorität und Macht in dem Sinne ein, daß Mädchen- und Frauenstimmen als beziehungsorientierte und in Beziehungen eingebundene Stimmen gehört werden. Wir wollen sie in ihrem öffentlichen Widerstand unterstützen: in ihrem Insistieren darauf, auch wirklich zu wissen, was sie eigentlich wissen, in ihrer Bereitschaft, direkt zu sein und sich nicht auf ein Verstummen und Vermeiden von Konflikten einzulassen; dadurch würde ein zermürbender Leidensprozeß als Teil des psychologischen Widerstands gefördert werden, und zwar dann, wenn sie davor zurückschrecken, auch wirklich zu wissen, was sie eigentlich wissen, und wenn sie Angst davor haben, daß die eigene Erfahrung, wenn sie ausgesprochen wird, Beziehungen gefährdet und ihr Überleben bedroht.

3

Mit Trillerpfeifen in der Beziehungswelt: Drei Mädchen führen uns durch die Kindheit

Anita ist acht Jahre alt. Sie trägt ein grün-blau-kariertes Trägerkleid und eine frische weiße Bluse. Sie ist gerade aus einer Freistunde zurückgekommen und hat ihren Mantel in ihren Schrank geworfen. Jetzt ist sie soweit, wir können mit dem Interview beginnen. Wir sitzen beide in einer Ecke vor ihrem Klassenzimmer; das Gemurmel von Mädchenstimmen dringt immer dann in unser Bewußtsein, wenn wir eine kurze Pause machen. Anita ist schüchtern, aber interessiert. Wir kennen uns noch vom letzten Jahr. Damals war ich in ihrer Klasse, um die Untersuchung zu beschreiben. Sie glaubt, sich an einiges aus den Geschichten in dem Interview zu erinnern. Trotzdem sind für sie einige Fragen schwer, sie fängt an und hält wieder inne, hin und wieder macht sie eine Pause oder sie sagt gar nichts. Als unsere Zeit fast um ist, fängt sie an, auf ihrem Stuhl hin und her zu rutschen, sie schaut auf den Bleistift, den sie in der Hand hält, und hört auf die Geräusche hinter der Tür. Sie fragt, ob sie ihre Stimme auf dem Band hören könne. Besser noch, ob sie das Band haben könne? Nachdem wir fertig sind, hören wir uns ein paar Minuten lang unsere Stimmen an. Das ist komisch und ein bißchen peinlich. Das klingt nicht nach uns.

Diese Erinnerungen an Anita beschreiben unsere Eindrücke von den sieben- und achtjährigen Mädchen, denen wir zugehört haben, recht treffend. Bevor wir mit allen Mädchen in der zweiten Klasse sprachen, beobachteten wir sie über einen kurzen Zeitraum. Wir sahen uns an, wie sie miteinander arbeiteten und sich auf die Freistunde und den Tanzunterricht vorbereiteten. Ihre mit leuchtenden Farben gemalten Bilder und die von ihnen angefertigten Projektarbeiten hatten in den Fluren des Gebäudes ihren Platz gefunden. Es erschien uns fast widernatürlich, diese kleinen Körper auch nur für eine kurze Zeit zur Ruhe zu bringen, so sehr hatten wir uns daran gewöhnt, sie in ständiger Bewegung zu sehen, nicht nur beim Spielen, sondern auch beim Arbeiten.

Anita und ihre Klassenkameradinnen sprechen sehr direkt über ihre Gedanken und Gefühle, die mit Beziehungen zu tun haben; dabei beschreiben sie auch ihre Bereitschaft, denjenigen gegenüber, zu denen sie eine Beziehung haben, sowohl verletzte Gefühle, Ärger, Ressentiments oder Frustrationen offen zum Ausdruck zu bringen als auch Gefühle wie Liebe, Zuneigung und Loyalität. Diese sieben- und achtjährigen Mädchen äußern ganz sachlich, daß Menschen verschieden sind, anderer Meinung sein können und deshalb manchmal auch verletzt werden. Wenn sie darüber sprechen, wie wichtig es ist, nett zu sein, geben sie offen zu, daß sie manchmal keine Lust haben, nett zu sein; sie wissen, daß sie andere verletzen können, und sie sprechen darüber, daß sie von anderen verletzt werden. In dieser Hinsicht sind ihre Beziehungen anscheinend echt oder authentisch.

Diese kleinen Mädchen erzählen Geschichten von Situationen, in denen sie ein Nein nicht einfach so hinnehmen. Wenn sie denken, jemand hört ihnen nicht zu, versuchen sie es noch einmal; klappt auch das nicht, sind sie in der Lage, kreative, manchmal durchaus unbequeme Möglichkeiten zu finden, um dann doch noch gehört zu werden. In diesem Kapitel hören wir jetzt auf die Stimmen achtjähriger Mädchen und auf die Geschichten, die sie über Beziehungskonflikte erzählen. Dabei fangen wir mit Diana an. Sie sagt, ihr gefalle es nicht, daß ihr Bruder und ihre Schwester beim Abendessen immer nur ganz allein mit ihrer Mutter sprechen wollen und Diana einfach unterbrechen, wenn sie etwas zu sagen versucht. Eines Abends reagierte Diana auf dieses Problem: Sie nahm zum Essen eine Trillerpfeife mit, und als sie dann unterbrochen wurde, hat sie dazwischengepfiffen. Mutter, Bruder und Schwester, sagt sie, hörten sofort auf zu reden und wandten sich ihr zu, woraufhin sie »mit ganz normaler Stimme« sagte: »So ist es viel schöner.«

Dianas Klassenkameradin Karin erzählt uns von einer Situation, in der sie so wütend auf ihre Lehrerin war, weil diese sie nicht aufgerufen hatte, daß sie aus der Klasse hinausgegangen ist. Sie erklärt:

Sie hat jemand anders drangenommen, und das gleiche ist gestern passiert, also bin ich rausgegangen... Ich konnte mich nicht mehr beherrschen, wahrscheinlich... Das mache ich nicht sehr oft.
Hast du dir dabei irgend etwas gedacht?
Wenn Leute reinkommen [in die Klasse] und mich sehen und denken, daß ich Schwierigkeiten bekommen habe und daß ich deshalb draußen war. Und ich hatte keine Schwierigkeiten. Ich konnte es einfach nicht mehr aushalten. Also bin ich

einfach so gegangen, wahrscheinlich... weil ich nicht wollte, daß die Leute über mich lachen. Ich wollte auf etwas antworten, weil sie immer jemand anders drannimmt, und einmal sollte sie dann auch mich drannehmen, bei einer wirklich schweren Sache.

Dann hast du also beschlossen, rauszugehen. Und denkst du, daß das richtig war?

[Ja]. Weil – wenn ich etwas machen möchte, sollte es auch möglich sein, daß ich es machen kann, und ich konnte mich eben nicht mehr beherrschen. Wahrscheinlich bin ich deshalb rausgegangen... Ich denke, ich sollte die Möglichkeit haben, eine... schwere Sache zu machen.

Weiß [die Lehrerin], warum du rausgegangen bist?

Sie hat mir ja nicht zugehört, aber ich habe es ihr gesagt, also weiß sie es wahrscheinlich auch.

Als würde sie einfache physikalische Gesetze erklären, sagt Karin, daß ihre Lehrerin, weil sie es ihr ja gesagt hat, wohl auch weiß, was Karin gedacht und empfunden hat – es möglicherweise aber auch überhört hat. Diese Mädchen glauben ganz fest daran, daß sie wissen, was in der Beziehungswelt passiert, und sie sind bereit, auf der Grundlage ihres Wissens zu handeln. Melissa macht darauf aufmerksam, daß es falsch sei, ihre Gefühle und Ideen zu ignorieren, »weil du vielleicht etwas Wichtiges zu sagen hast... und wenn sie nicht zuhören, dann verpassen sie vielleicht etwas«.

Diese sieben- und achtjährigen Mädchen reagieren auf Beziehungsverstöße – wie auf das Unterbrechen, das Ignorieren und das Verletzen von Gefühlen – mit der Trillerpfeife und setzen dadurch ihre Erfahrungen in Szene. Dianas Trillerpfeife läßt auch die anderen erleben, was sie empfindet, wenn sie unterbrochen wird. Wenn sie den Raum verläßt, zeigt Karin, daß sie eigentlich gar nicht am Unterricht teilzunehmen braucht, wenn ihre wiederholten Versuche, eine Frage zu beantworten, sowieso nicht beachtet werden.

Diese Mädchen brechen die ruhige Oberfläche des Alltagslebens auf, denn sie bestehen darauf, das zu sagen, was zwischen den Menschen passiert. Tracy versteht die Unaufmerksamkeit ihrer Eltern und ist manchmal sogar bereit, Entschuldigungen dafür zu finden, doch an einem bestimmten Punkt reicht es ihr. »Ich verstehe, daß sie viel zu tun haben, aber... wenn es wirklich wichtig wäre, müßte ich sie mir eben schnappen..., und wenn sie mir dann auch nicht zuhören würden, wäre ich wirklich sauer..., wenn es wirklich wichtig wäre.« Wenn »meine Mutter... mir nicht antwortet«, erklärt Lidia, »muß ich schreien. Dann hört sie mich auch. Ich meine, ich möchte, daß sie mich beachtet... Ich hätte nicht geschrien... wenn sie zugehört hätte.« Die Fähigkeit dieser Achtjährigen, sich ganz offen zu ärgern, »wirklich sauer«, unbequem und resistent zu sein, läßt sie mit einer noch nicht zensierten Autorität und Authentizität auftreten und zeigt ganz einfach und sehr direkt, daß sie in einer Beziehung sprechen und gehört werden möchten.

Es ist diesen Mädchen jedoch schon sehr bewußt, wie andere auf ihre Stimmen und ihr Handeln reagieren. Obwohl sie es war, die den Unterrichtsraum verlassen hat, ist für Karin völlig klar, was ihre Klassenkameradinnen über sie denken und sagen werden: Sie hat Angst, »daß jemand über sie lachen wird«, »über sie flüstern« oder sie »auslachen« wird; sie werden »denken, daß ich Schwierigkeiten hatte und deshalb draußen bin«. Obwohl Karin und ihre Klassenkameradinnen also indirekt miteinander sprechen und häufig auf der Grundlage ihrer intensiven Gefühle handeln, machen sie auch sehr schnell darauf aufmerksam, welches Risiko sie eingehen, wenn sie den Mund aufmachen oder spontan handeln. Sie wissen, daß sie, um anderen zu gefallen, um von ihnen akzeptiert oder integriert zu werden, auch »nette Mädchen« sein müssen, die auf ihre Lehrerinnen, Eltern und Freundinnen hören, wenn diese ihnen raten, »zu warten, bis sie dran sind«, »höflich zu sein« oder »Geduld zu haben«. Nette Mädchen »haben mehr Freundinnen«, vertraut Tina ihrer Interviewerin an. »Es ist besser, nett zu sein als nicht nett zu sein – man hat dann mehr Freundinnen... und Beziehungen.«

Diese Sieben- und Achtjährigen antizipieren die Reaktionen der Erwachsenen und beginnen, sich gegenseitig zu überwachen und »nichtnettes Benehmen« zu denunzieren. Ein Fehltritt oder eine »ungehörige« Bemerkung spricht sich unter den Mädchen schnell herum und enthüllt manchmal auch die Schattenseite ihrer Beziehungen. Denn die Forderung, nett und freundlich zu sein, kann auch eine Form der Unterdrückung sein, eine Methode, zu kontrollieren und kontrolliert zu werden. »Flüstern«, »etwas heimlich weitersagen«, »über andere lachen« und »andere auslachen« sind Mittel, Mädchen daran zu hindern, zuviel zu riskieren oder zu bedrohlich und verschieden zu agieren. Deshalb nehmen diese kleinen Mädchen unter dem Druck, etwas nicht zu wissen oder nicht zu sagen, manchmal ihre zunächst intensiven Gefühle zurück, anstatt sich mit den schmerzlichen Konsequenzen auseinanderzusetzen. Dann kommen Geschichten mit einem Happy-End ins Spiel; sie lassen erkennen, wie sehr das »Nette und

Höfliche« intensive Gefühle verdecken und Konflikte maskieren können. Lauren zum Beispiel fängt an, ihrer Interviewerin von einer Schulsituation zu erzählen, in der sie ungerecht behandelt wurde. »Ich hatte [den Computer] zuerst«, sagt sie, »und ich war nur kurz weggegangen, um mein Lesebuch wegzulegen oder so. Und als ich zurückkam, da war *sie* da.« »Ein anderes Mädchen?« fragt ihre Interviewerin.

Ja, aus meiner Klasse, und sie sagte: »Ich war aber zuerst hier.« Und ich habe gesagt: »Nein, ich.« Und dann hat unsere Lehrerin ... gesagt, so geht das nicht, wir sollen das beide zusammen machen, sonst können wir es eben gar nicht machen, dann haben wir uns entschlossen, es zusammen zu machen, und das war sehr wichtig für mich, also habe ich gesagt: »Danke, daß ich mit dir spielen kann.« Und ich war sehr froh, als wir dann nach Hause gegangen sind.

Eine Geschichte, in der es zunächst um eine Ungerechtigkeit und Laurens direkte Konfrontation mit dem Mädchen geht, die ihr den Platz am Computer weggenommen hat, wird zum Teil durch die Einflußnahme der Lehrerin abgeschwächt und zu einer Geschichte fröhlicher Zusammenarbeit. Lauren macht jedoch gleich deutlich, daß vieles davon, was sie der Interviewerin in diesem Bericht über ihr eigenes Handeln und das der Lehrerin erzählt hat, in Wirklichkeit in ihrer Gedankenwelt stattgefunden hat. Ihre Entscheidung zur Zusammenarbeit, erzählt sie der Interviewerin, sei aus einem inneren Dialog heraus entstanden; das zeigt einerseits ihr Bewußtsein dafür, daß sie einen positiven Eindruck macht, wenn sie etwas höflich sagt, andererseits läßt es auf ihre Einschätzung der Wünsche und der Macht ihrer Lehrerin schließen.

Ich sagte zu mir selbst: »Warum frage ich sie denn nicht, ob ich kann?« Und sie würde sagen: »Nein.« Und dann würde die Lehrerin kommen und zu uns sagen, daß – na ja und so – und darum habe ich mich entschlossen, daß wir es zusammen machen... weil ich keine Schwierigkeiten wollte, daß mich die Lehrerin dann vielleicht anschreien würde.
Meinst du, das andere Mädchen war zufrieden mit dieser Lösung?
Irgendwie schon ... aber hinterher, als ich gesagt habe: »Okay, jetzt kannst du allein weitermachen«, war sie sehr froh, und sie hat »Danke« gesagt.

Weil »sie keine Schwierigkeiten haben und von der Lehrerin nicht angeschrien werden wollte«, kapituliert Lauren vor den Erwartungen der Lehrerin, die sie antizipiert; sie hat jetzt nicht mehr den Wunsch, allein am Computer zu arbeiten. Folglich bedeutet das, was uns als höfliches und glückliches Ende erscheinen soll, letztendlich nur, daß das andere Mädchen froh ist, weil sie den Computer schließlich ganz für sich allein hat... und Lauren eigentlich nicht sagt, wie sie sich fühlt. Lauren, so scheint es, hat sich die Gelegenheit, allein am Computer zu arbeiten, entgehen lassen und gibt damit auch das Gefühl auf, daß sie den Computer hätte haben können oder haben sollen. Die Lehrerin macht es in diesem Fall für Lauren und ihre Klassenkameradin unmöglich, den Konflikt in einer Form zu lösen, die Laurens Wahrnehmungen und Gefühle berücksichtigt. Es sieht so aus, als ob das, was Lauren gesehen hat, nie passiert wäre, als ob ihre Gefühle nicht akzeptabel wären.

Solche Geschichten zeigen, daß die Zweitklässlerinnen den Druck, unter dem sie stehen, ganz deutlich erkennen: nämlich nicht zu wollen, was sie eigentlich wollen, wenn es zu einem Konflikt mit anderen führt. Doch unterhalb der Oberfläche dieses Geredes über Zusammenarbeit oder vielleicht auch trotz eines solchen Geredes sagt Lauren deutlich, was passiert ist: »Ich habe gesagt: ›Okay. Du kannst jetzt allein weitermachen.‹ Sie war sehr froh und hat ›Danke‹ gesagt.« Die Lehrerin, die sich insofern an dem Ganzen beteiligt, als sie eine glückliche Kooperation sicherstellen will und die Mädchen miteinander teilen läßt, hat gegen Laurens Entscheidung, den Computer aufzugeben und damit auch ihre intensiven Gefühle preiszugeben, vermutlich nichts einzuwenden, sie mischt sich nicht ein.

Nicht nur Lauren, sondern auch andere Mädchen reden über die Aufgabe ihrer intensiven Gefühle – Gefühle der Frustration, des Ärgers, der Angst vor dem Verlassenwerden – um des Happy-Ends willen. Sie äußern ihre Wünsche und nehmen sie wieder zurück, revidieren ihre Gefühle und Gedanken, tun sie ab oder formulieren sie um, so daß dadurch ihre ursprünglichen Reaktionen verdeckt werden. Sandra erzählt von ihren Gefühlen, als ihre Schwester geboren wurde. »Ich habe mich gefühlt, als ob ich aus der Familie ausgeschlossen wäre..., weil mich keiner mehr beachtet hat..., als meine Schwester geboren wurde... Sie ist drei.« Als Sandra ihren Eltern erzählte, wie sie sich fühlte, sagt sie, haben sie ihr entgegnet: »Du bist doch älter..., und du brauchst nicht so viel Beachtung..., weil du ja auch schon ganz andere Sachen darfst.« Daraus schließt Sandra: »Das stimmt schon..., man muß auch das Positive sehen.« Sandras Schlußfolgerung deutet darauf hin, daß in einer solchen Umformulierung kein Platz für ihre ursprünglichen Gefühle, Gedanken und Beobachtungen ist, nämlich daß sie manchmal aus der Familie ausgeschlossen wurde. Ihre Unterscheidung zwischen den Gefühlen der Ausgrenzung und der glatten Lösung, »das Positive zu sehen«, deutet darauf hin, daß sie in der Reaktion ihrer Eltern möglicherweise eine auf ihre Gefühle Bezug nehmende Botschaft hört – daß sie negativ, inakzeptabel oder ineffektiv sind, was vielleicht tatsächlich dazu führen könnte, daß sie aus der Familie ausgeschlossen wird, und das ist ihre größte Angst. Die Happy-Ends, die wir von anderen Mädchen gehört haben, enthüllen anscheinend mehr ein Wunschdenken, wie im Märchen, eine recht angenehme und akzeptable Hülle für die Erfahrung, sich ausgeschlossen zu fühlen, und die Angst, verlassen zu werden.

Diese jungen Mädchen sind sich ganz sicher darüber klar, mit welcher Macht Erwachsene auf ihr Leben Einfluß nehmen können – sie können sie kontrollieren, sie unterstützen oder sie bestrafen, sie lieben oder sie verlassen –, und oft reagieren sie auch so, daß sie ihre Wut darüber, was sie als Mißbrauch dieser Macht wahrnehmen, auch zum Ausdruck bringen. Dana war wütend, als ihre Balettlehrerin ihr sagte, sie solle sich hinsetzen, weil sie im Unterricht gesprochen hatte. Ihre dunklen Augen blitzen, als sie ausruft: »Also ich denke, sie hätte mir zuhören sollen... Das ist nicht fair... Ich denke, sie hätte mir zuhören sollen, denn es ist nicht fair, daß sie dem anderen Mädchen, das... im Unterricht gesprochen hat, zugehört hat, aber mir wollte sie nicht zuhören... Sie macht es immer so, daß sie deine Seite der Geschichte überhaupt nicht hört, das macht sie mit allen so. Deine Seite der Geschichte läßt sie dich einfach nicht erzählen.« »Was würde passieren, wenn sie deinen Teil der Geschichte hören würde?« möchte die Interviewerin wissen. »Na ja, ich glaube, daß sie dann vielleicht mehr verstanden hätte«, erwidert Dana, »und sie hätte vielleicht nicht – und ich hätte dann vielleicht nicht aussetzen müssen und so.« Frustriert, weil ihre Lehrerin nicht bereit war, ihr zuzuhören oder ihre Erklärung ernst zu nehmen, wird Dana durch das »immer so« unfähig gemacht – unfähig für sich selbst zu sprechen. Dana und ihre Klassenkameradinnen sind wütend darüber, was Erwachsene »immer so« zu machen scheinen – sie brechen eine Beziehung ab oder sorgen dafür, daß Mädchen in Beziehungen hilflos und machtlos sind, weil sie ihnen nicht zuhören; dadurch machen sie es den Mädchen unmöglich zu sprechen. Diese Mädchen wünschen sich immer wieder ein ehrliches Gespräch und einen aufrichtigen Dialog – ein Gespräch, das vielleicht nicht immer angenehm oder »nett« ist, aber voller echter Meinungsverschiedenheiten und echter Gefühle.

Diese sieben- und achtjährigen Mädchen sprechen deutlich und manchmal leidenschaftlich über ihre freundschaftlichen Gefühle. Die starke Loyalität und Liebe für ihre Freundinnen finden ihre Entsprechung nur noch in dem Ärger und dem Schmerz darüber, daß sie sich mit ihnen streiten und nicht mit ihnen übereinstimmen. Den direkten Konflikt mit Freundinnen zu erfahren, macht diese Mädchen häufiger »traurig« als jede andere Erfahrung, die sie beschreiben, ein Gefühl, das für die Verlustgefühle, über die sie sprechen, angemessen zu sein scheint. Diese Mädchen können nicht viel mehr tun, als vielleicht »unfair!« zu schreien, wenn sie von Erwachsenen nicht richtig behandelt werden, aber sie bringen ihre intensiven Gefühle dann zum Ausdruck, wenn es um ihre Freundinnen geht, sie stellen Fragen und protestieren laut. Obwohl sie uns von verletzten Gefühlen, Ausgrenzung, Wut und Frustration erzählen, sagen sie uns auch, daß sie wahrscheinlich weniger mit physischer Gewalt als mit verbalen Ausbrüchen reagieren. Worte sind für sie anscheinend irgendwie stärker.

Wenn diese Zweitklässlerinnen sich über Gewalttätigkeiten oder Schikanen beschweren, sprechen sie fast immer von Jungen, meistens von ihren Brüdern. Carrie erzählt von ihrer Beziehung zu ihrer Schwester und vergleicht den Streit, den sie mit ihrer Schwester hatte, mit dem Streit, den ihr Bruder mit ihrer Schwester hatte: »Und einmal, als mein Bruder sich mit meiner Schwester gehauen hat und er ihr wirklich sehr weh getan hat, wurde ich ganz sauer, und ich wußte nicht, was ich machen sollte... Ich war ziemlich sauer auf meinen Bruder, daß er sie geschlagen hat. Dann habe ich mich entschieden, daß ich es Mom sagen würde, weil er ihr mehr weh getan hat als bei unserem Streit, als sie und ich uns geschlagen hatten.« »Woher konntest du das wissen?« fragt die Interviewerin sie. »Weil sie geweint hat und so«, antwortet Carrie. »Ich bin froh, daß ich das gemacht habe, damit mein Bruder sie endlich losgelassen hat.« Carrie trifft die Entscheidung, es ihrer Mutter zu sagen, auf der Grundlage ihrer sinnlichen Wahrnehmung; das, was sie sieht und hört, veranlaßt sie zu der Entscheidung, daß die Verzweiflung ihrer Schwester größer ist als sonst. Andere Mädchen sprechen darüber, daß es wichtig ist, genau darauf zu achten und sorgfältig zu beobachten, ob und wie stark eine andere Person Schmerz empfindet. Ein Teil ihres Wissens, wie stark ein anderer verletzt ist, ist sowohl mit der Erinnerung an eigene schmerzliche Erfahrungen verbunden als auch mit dem Wissen über die andere Person, das mit der Zeit und in der Beziehung mit der Person erworben wird.

Tessa erzählt ihrer Interviewerin davon, wie ein paar Jungen aus ihrer Nachbarschaft sie und ihre Freundin ärgern, als sie von der Schule nach Hause gehen. »Das war eine ganze Gruppe«, sagt sie, »und ich und meine Freundin [kamen gerade] von der Schule. Die waren wirklich gemein..., und sie waren dann alle gegen uns... Wir haben denen gar nichts getan.« Sie wünscht sich, »wir könnten alle zusammen spielen, Fangen oder so etwas«, aber dann hätten die Jungen sagen müssen: »Es tut uns leid.« Das haben die Jungen nicht getan, und Tessa versucht dieses Verhalten zu verstehen, es sogar zu entschuldigen. »Vielleicht«, sagt sie, »vielleicht waren sie bloß neidisch, weil sie nicht noch mehr Freunde haben.« Sie ist zwar immer noch entrüstet, fühlt sich aber auch nicht ganz wohl. Sie kann sich nur noch ein Gespräch unter vier Augen vorstellen, um den Konflikt zu lösen: »Wir könnten mit einem von den Kindern allein reden, daß es sagen soll: ›Tut mir leid.‹« Dabei fühlt sich Tessa aber auch nicht ganz wohl, und vielleicht glaubt sie auch nicht so richtig an ein solches Gespräch. Also verlassen sie und ihre Freundin den Ort des Geschehens. »Wir haben einfach so getan, als ob wir sie gar nicht sehen... Wir sind reingegangen und haben gespielt«, erklärt sie, denn sie vermutet, ihr Bleiben hätte noch mehr Beschimpfungen provoziert. »Vielleicht wären sie dann noch ärgerlicher geworden, und dann hätten sie uns wieder beschimpft.«

Tessa ist durchaus bereit, den Jungen jede Gelegenheit zu geben, ihr Verhalten zu erklären; zuerst stellt sie sich noch vor, daß ein persönliches Gespräch am ehesten eine Wirkung haben könnte und sie dann die Gelegenheit hätte, mit einem der Jungen vernünftig zu reden. Aber nachdem sie die Situation noch einmal betrachtet und entschieden hat, daß aus dem Konflikt wahrscheinlich nur noch mehr Konfliktstoff entsteht, verlegen Tessa und ihre Freundin ihr Spiel nach drinnen. Wenn sie sich entschließen, so zu tun, als ob sie die Jungen nicht sehen – nicht wissen, was diese machen, lassen sie es zu, daß sie vertrieben werden. Und doch ist ihnen schon mit acht Jahren klar, was passiert ist und warum es passiert ist; sie wissen auch, wie sie sich dabei fühlen.[1]

Diese sieben- und achtjährigen Mädchen wissen, daß das emotionale Leiden anderer nicht immer auf den ersten Blick zu erkennen ist, und sie reagieren vielleicht ganz anders als ursprünglich vorgesehen, wenn sich herausstellt und ihnen bewußt wird, daß es sich um Geschichten des Leidens handelt. Sie verstehen, daß Menschen verschieden sind und daß die Differenz der Grund für echte Nichtübereinstimmung sein kann, aber sie erfahren die Differenz auch als Teil des Beziehungslebens. Die Bereitschaft der Mädchen, sich in einer Beziehung zu verändern, langsam an jemandem Gefallen zu finden, in Beziehungen eine gemeinsame Basis zu schaffen, damit ein Zusammenbleiben möglich ist, scheint widerzuspiegeln, was PsychologInnen und SoziologInnen in der Analyse von Mädchenspielen festgestellt haben: Sie sind eher bereit, die Spielregeln zu verändern als sich mit Differenzen auseinanderzusetzen.[2] Das bedeutet nicht, daß diese Mädchen sich vor offenen Auseinandersetzungen scheuen, sondern vielmehr, daß sie beurteilen, wo sich eine Auseinandersetzung lohnt. Sehen wir uns Mariannes Geschichte an:

> Da war eine Neue, und die ist bei jemand anders eingezogen..., und ich mochte sie eigentlich nicht so gern, aber meine Freundin mochte sie, und dann habe ich eben gelernt, sie auch zu mögen.
> *Wie hast du denn gelernt, sie zu mögen?*
> Och, ich habe einfach viel mit ihr gespielt. Es war so, daß sie immer alles bestimmen wolle, aber dann habe ich ihr gesagt: »Das gefällt mir nicht, daß du immer alles bestimmen willst.« Und dann auch: »Und ich kenne noch eine andere, die früher mit dir gespielt hat ... und der gefällt es auch nicht, daß du immer alles bestimmen willst.« Und dann hat sie damit aufgehört, und da mochte ich sie dann.

Marianne hat gute Gründe dafür, daß sie das neue Mädchen nicht mag und sagt, daß sie ihre Gefühle dem Mädchen gegenüber direkt und offen ausdrückt. Indem sie erklärt hat, was ihr nicht gefiel, war sie in der Lage, einen Veränderungsprozeß in der Beziehung in Gang zu setzen, der auch ihre Gefühle für das neue Mädchen verändert hat. Eine Auseinandersetzung gefährdet für diese Mädchen nicht unbedingt Beziehungen. Und Freundinnen können auch dann noch Freundinnen sein, wenn sie unterschiedlicher Meinung über jemanden sind, wie die achtjährige Lily erklärt:

> Verschiedene Menschen haben eben auch verschiedene Gefühle..., da gibt es ein paar Mädchen, die ich nicht mag, und meine Freundinnen, mögen das Mädchen, und ich mag es nicht. Ich habe eine Freundin, die kennt dieses richtig gemeine Kind, und sie – meine Freundin – mag ich eben einfach, und ich mag nur diese eine bestimmte Person nicht, aber sie mag diese Person. Dann kann die andere doch auch mit ihr befreundet sein, denn verschiedene Menschen haben eben auch verschiedene Gefühle.

Auch unabhängig von Differenzen, wird der Gebrauch von Schimpfwörtern, Getuschel, Heimlichtuereien, das Auslachen von anderen oder das Lachen über andere als gemein oder verletzend charakterisiert, eine Verhaltensstruktur, die schon viele über sich ergehen lassen mußten, was wiederum zeigt, daß es sich hier um ein Verhalten handelt, an dem sich auch viele beteiligen. Oft können diejenigen, die das tun, sich nur deshalb so verhalten, weil sie in irgendeiner Form einen Status- oder Machtvorteil haben, wie z.B. einige Mädchen in Danas Klasse, die, erklärt Dana, »viele FreundInnen haben. Ich meine, die sind dann älter als die meisten Kinder, und die denken dann wahrscheinlich, sie könnten oder sollten über die ganze Klasse bestimmen; sie sind richtig gemein, und beschimpfen alle anderen, und sie lachen über andere, nur weil sie älter sind.«

Darüber hinaus können diese Sieben- und Achtjährigen meisterhaft genau zwischen einer aufrichtigen oder unaufrichtigen Reaktion unterscheiden, denn sie beobachten und hören genau zu. Isabel erzählt von einer Situation, in der ihre Freundin Lori sie nicht beachtete: Lori half Isabels kleinem Bruder einen Ball zurückzuholen, den er auf das Garagendach geworfen hatte, während Isabel versuchte, ihr etwas zu erzählen, was für sie sehr wichtig war. »[Lori] war zu beschäftigt«, erklärt Isabel, »und ich wußte eben, daß sie mir nicht zugehört hat, weil ich ihr etwas Schlimmes erzählt habe und sie gesagt hat ›Schön‹. Und ich wußte, sie hat mich nicht beachtet... Ich habe ihr erzählt..., mein Hund war weg, ich hatte nämlich vergessen, ihr das zu erzählen, daß er weggelaufen war... Ich habe also [gesagt]: ›Lori, Stanley ist weggelaufen‹, und sie hat gesagt: ›Schön.‹« Isabel wußte, daß Lori »traurig gewesen wäre, wenn sie mir zugehört hätte«, denn »sie mochte Stanley auch, weil sie selbst mal einen Hund hatte, und er dann Krebs bekommen hat, und dann – mußten sie ihn einschläfern lassen«. Wenn Isabel gesagt hätte: »Du, ich muß dir etwas Schlimmes erzählen«, oder: »Hör mal zu, das ist nämlich ganz schlimm«, dann hätte Lori wirklich zugehört, da ist sie sich sicher: »Sie hätte gesagt: ›Was?‹, und dann wäre sie gekommen und hätte mir zugehört.«

Diese Sieben- und Achtjährigen funken dazwischen und machen auf Verstöße und Verletzungen, mit denen sie in Beziehungen konfrontiert werden, aufmerksam. In ihren Interviews sprechen sie klar und deutlich darüber, was in Beziehungen geschieht. Sie glauben, daß das, was sie erfahren und gesehen haben, auch passiert ist und gehört werden muß.

Finden ihre Wünsche, Ideen oder Gefühle keine Beachtung, können sie resistent, frustriert und sichtbar ärgerlich werden. Wenn sie dann sagen, was sie in Beziehungen als schlecht oder falsch empfinden, bedeutet das manchmal auch, daß sie Beziehungen aufs Spiel setzen;

trotzdem sagen sie es, und es ist ihnen bewußt und sie haben sogar Angst davor, daß sie für ihr Sprechen verletzt, ausgegrenzt oder verlacht werden.

Obwohl diese Mädchen in rührender Weise darüber sprechen, wie sie andere verstehen, sehen sie die Beziehungen weder romantisch, noch idealisieren sie sie. Tatsächlich weisen sie sehr schnell darauf hin, daß in ihrer Beziehungswelt Menschen durch Getuschel, Geheimnistuerei oder dadurch, daß sich andere über sie lustig machen, in hohem Maße verletzt werden können; Menschen können auf andere eingehen und liebevoll sein, aber auch gedankenlos und grausam. Diese Mädchen sprechen ganz nüchtern darüber, daß sich Menschen voneinander unterscheiden; sie erwarten ganz einfach, daß es Meinungsverschiedenheiten zwischen ihnen geben wird, denn sie haben ja auch unterschiedliche Gedanken und Gefühle.

Wenn sie jedoch offen darüber sprechen, was sie fühlen und denken, wenn es um sie selbst und ihre Beziehungen geht, geraten diese Mädchen in einen Konflikt mit Erwachsenen, insbesondere mit erwachsenen Frauen, die gelernt haben, ihre eigenen Gefühle zu verdrängen und so auch zu verbergen, was sie wissen. Wenn wir den sieben- und achtjährigen Mädchen zuhören, dann hören wir auch ein sich entwickelndes Bewußtsein dafür, daß ihnen von LehrerInnen und Eltern – und in einigen Fällen sogar von den Mädchen selbst – das »Nettsein« als Methode verordnet wird, um die Gefühle und Gedanken der Mädchen zu kontrollieren und ihr Verhalten auf diese Weise zu steuern und sie davon abzuhalten, zuviel zu sagen oder zu laut zu sprechen. Die Tatsache, daß diese Mädchen dennoch einem breiten Spektrum ihrer Gedanken und Gefühle eine Stimme verleihen und sich dabei an ihre Beziehungserfahrungen halten, deutet auf ihre psychische Gesundheit hin.

Zusammenfassend entsprechen die sieben- und achtjährigen Mädchen, denen wir zugehört haben, nur teilweise den allgemein verbreiteten Beschreibungen von Kindern ihres Alters: Sie können hinsichtlich ihrer Denkprozesse zwar egoistisch und konkret sein – das ist der in dieser Kultur von PsychologInnen am häufigsten vertretene Standpunkt –, doch lassen sie auch psychologische Fähigkeiten erkennen, die nur zum Teil erforscht sind.[3] Diese jungen Mädchen wissen, was sie fühlen und was sie wollen; sie wissen auch, was sie der Meinung anderer nach tun und sein sollen, und daher antizipieren sie die Reaktionen der anderen auf ihre Stimmen. Sie haben nicht nur die

Fähigkeit, anderen große Aufmerksamkeit und Anteilnahme entgegenzubringen, sondern auch starke Stimmen und einen ausgeprägten Sinn für die Freuden und Leiden von Beziehungen.

Nachdem wir diesem Chor von lebendigen, direkten, psychologisch einsichtigen Sieben- und Achtjährigen zugehört haben, widmen wir uns Jessica, Sonia und Lauren – drei Mädchen, die uns durch die Kindheit führen sollen. Wir haben diese Mädchen ausgewählt, weil sie uns drei ganz verschiedene Wege zeigen, drei unterschiedliche Reisen durch die Kindheit; und doch läßt sich bei ihnen, trotz ihrer Unterschiedlichkeit, eine in groben Zügen vorhandene Ähnlichkeit feststellen. Jessie ist Amerikanerin europäischer Herkunft; sie ist acht Jahre alt und ein bißchen schüchtern, aber mutig, wenn es für sie darum geht, sich auszudrücken; ihre intensiven Gefühle äußert sie direkt. Sonia ist Amerikanerin afrikanischer Herkunft; wenn sie mit einer Weißen darüber spricht, was in ihren Beziehungen passiert, ist sie vorsichtig und ruhig; kommt sie aber auf den Unterschied zwischen ihren eigenen Gefühlen und dem, was andere, auch ihre Interviewerin, von ihr zu erwarten scheinen, zu sprechen, wird sie deutlich. Lauren ist Amerikanerin europäischer Abstammung; sie ist lebendig und sehr direkt, eine Selbstdarstellerin; sowohl physisch als auch emotional kann sie sich mit ihrer geballten Energie nur schwer beherrschen; auch dann nicht, wenn sie vorwegnimmt, wie andere reagieren werden, und sie immer wieder versucht, sich zu kontrollieren. Wenn wir diesen drei Mädchen von einem Jahr ins nächste folgen, fragen wir uns, was sie im Laufe der Zeit über sich und ihre Beziehungen lernen werden, wie ihre Erfahrungen wohl zu unserem Verständnis der Entwicklung von Mädchen und Frauen beitragen können.

Jessie: die Tyrannei des Netten und Freundlichen

Jessie, acht Jahre alt, ist schlank, hat braunes welliges Haar und helle Haut; bestimmte Charaktereigenschaften der anderen achtjährigen Mädchen in dieser Studie treten bei Jessie besonders deutlich hervor, denn sie liefert uns eine rührende Beschreibung der Bereitschaft der Mädchen, schwierigen und schmerzlichen Gefühlen eine Stimme zu verleihen.[4] Jessie spricht mit ihrer Interviewerin über ihre Gefühle, wenn »meine Feundinnen, mit denen ich gerade spiele, manchmal auch noch andere Freundinnen bei sich zu Hause haben, und wenn ich mich dann ausgeschlossen fühle«. Sich so zu verhalten, daß andere ausgeschlossen werden, ist unfair, sagt sie, »weil du alle deine Freundinnen mögen solltest, wenn sie zusammen sind. Wenn eine Freundin bei dir zu Hause ist, solltest du nicht nur mit einer spielen und die andere ausschließen..., die ist dann traurig und kann nicht mitspielen.« Was könnte sie tun, um das zu verändern, möchte die Interviewerin wissen:

> Ich würde einfach zu meiner Freundin hingehen und ihr etwas ins Ohr sagen, ich würde mit ihr irgend woanders hingehen, wo die andere Freundin nichts hören könnte, und ich würde sagen: »Das macht mich ganz traurig, daß ihr mich ausschließt. Könnt ihr nicht auch mit mir spielen?« So ungefähr wie: »Ich gehe nach Hause, wenn ihr das nicht macht, weil es mir keinen Spaß macht, hier nur rumzusitzen.«
> *Hast du das versucht?*
> Ja, aber eine Freundin hat einfach gesagt: »Dann geh doch nach Hause.«

Jessie geht nach Hause, läßt aber die Angelegenheit nicht auf sich beruhen. »Ich brauchte ein paar Wochen, um das zu verstehen«, sagt sie, aber schließlich denkt sie sich einen genauen Plan aus, um ihrer Freundin einen relationalen Denkzettel zu verpassen; sie behandelt ihre Freundin genauso, wie sie von ihr behandelt wurde, damit die beiden, wie sie es ausdrückt, »wieder quitt« sind. »Dann«, erklärt sie, »war eine andere Freundin bei mir, und meine Freundin war auch bei mir..., ich habe ihr dann gezeigt, wie ich mich gefühlt habe.« »Quitt« zu sein bedeutet für Jessie, daß ihre Freundin auch die Erfahrung macht, wie schlimm es ist, ausgeschlossen zu werden. »Wenn wir wieder quitt sind«, sagt Jessie – und sie meint, die Freundin weiß dann auch, was sie selbst über das Ausschließen und das Verlassen weiß –, »dann können wir wieder Freundinnen werden.«

Wie wir gehört haben, beschreiben Jessie und ihre Klassenkameradinnen eine menschliche Welt, in der Gefühle offen ausgesprochen werden. Diese Achtjährigen drücken ein breites Spektrum von menschlichen Gefühlen und Gedanken aus. Was können wir daraus lernen, wenn wir hier mit Jessie, mit ihrer Direktheit, ihren intensiven Gefühlen und ihrem Gefühl für die eigene Souveränität den Anfang machen und wenn wir ihr dann in ihrer Entwicklung über einen Zeitraum von mehreren Jahren folgen, um zu sehen, was sie über sich selbst erfahren wird und wie sich ihre Beziehungen im Laufe der Zeit verändern?

Jessie ist sich, wie auch die anderen Achtjährigen in dieser Studie, dessen bewußt, daß Menschen verschieden sind, daß sie anderer Meinung sein können und deshalb manchmal auch verletzt werden. Jessie versteht, daß es Unterschiede gibt; dieses Verständnis wird in ihrer Reaktion auf ein allgemeines Beziehungsproblem deutlich. Es wurde ursprünglich von D. Kay Johnston in Form einer Aesopschen Fabel[5] formuliert – eine Geschichte über ein großes und eigensinniges Stachelschwein, das von einer Familie wohlmeinender Maulwürfe eingeladen worden ist, bei ihnen zu überwintern. Die Maulwürfe entdecken dann aber, daß es eigentlich unerträglich ist, mit einem Stachelschwein zusammenzuleben.

Es wurde langsam kalt, und ein Stachelschwein sah sich nach einem Zuhause um. Es fand eine sehr schöne Höhle, die es gern gehabt hätte, sah dann aber, daß eine Maulwurffamilie darin wohnte. »Könnte ich vielleicht den Winter über in eurer Wohnung wohnen?« fragte das Stachelschwein die Maulwürfe. Die Maulwürfe waren sehr großzügig, und sie hatten nichts dagegen, also zog das Stachelschwein ein. Aber die Höhle war klein, und jedes Mal wenn die Maulwürfe sich in ihr rührten, kratzten sie sich an den spitzen Stacheln des Stachelschweins. Die Maulwürfe ertrugen diese Strapaze, solange es ging. Dann nahmen sie schließlich all ihren Mut zusammen und gingen auf ihren Gast zu. »Bitte geh«, baten sie, »wir möchten unsere Höhle wieder für uns allein haben.« »Oh, nein!« erwiderte das Stachelschwein. »Das ist genau der richtige Platz für mich.«

Jessie sagt: »Der Maulwurf bittet das Stachelschwein darum, wegzugehen, aber das Stachelschwein möchte das nicht, weil es sich wohlfühlt; doch [der Maulwurf] läßt ihm keine Ruhe, und [das Stachelschwein] sagt immer wieder nein.« »Stachelschweine und Maulwürfe«, beschließt Jessie, »sollten nicht zusammenleben, weil das wirklich eine schlechte Kombination ist.« Und deshalb wäre es das Beste, sagt sie, die Höhle zu vergrößern und »breitere Gänge zu bauen«, wo die Tiere dann gehen können. Jessies Lösung würde also die Tiere zufriedenstellen und im Wald »Ordnung schaffen«; aber sie nimmt auch die Unterschiede zwischen den Tieren ernst und die Art und Weise, in der sie sich gegenseitig verletzen: »Sie könnten sich ihre eigenen Gänge bauen«, folgert sie, »sie könnten ihre eigenen Wege bauen.«

Ein ganzes Jahr später, mit neun, kommt Jessie wieder auf die Geschichte mit dem Stachelschwein und den Maulwürfen zurück. Wir hören jetzt, wie sie mit verschiedenen Stimmen darüber spricht, was sie denkt und fühlt; koexistierende Stimmen, die jedoch zu diesem Zeitpunkt nicht direkt miteinander verbunden sind: Mit der einen

Stimme sagt Jessie, die Maulwürfe sollten das Stachelschwein auffordern zu gehen: »Es tut mir leid, aber bitte geh. Das ist meine Wohnung. Ich laß dich nicht mehr rein, also geh jetzt.« Mit einer anderen, ganz unterschiedlichen Stimme denkt sie dann über die Situation nach: »Es ist doch der einzige Schutz, den sie haben. Wenn es schneit, wäre ihnen so kalt und sie würden erfrieren..., und so können sie eine Höhle haben, wo ihnen warm ist..., das ist so, als ob man ein Baby bei sich zu Hause hat.«

Jessies Welt ist eine Welt voller komplizierter Gefühle, in der das Gefühl des Ärgers und die Tatsache, daß sich jemand elend fühlt, ebenso ihren Platz haben wie das Gefühl der Liebe und Wärme – »als ob man ein Baby bei sich zu Hause hat« –, eine Welt der Gefühle, in der es einen Sinn für Grenzen, Farben und Differenzierungen gibt. Sie hat alle diese Gefühle, bewegt sich von einem zum nächsten, spricht zunächst mit einer Stimme und dann mit einer anderen. Zusammen mit diesen Stimmen hören wir das, was Jessie zu Ohren kommt und in ihre Welt eindringt, was sie wissen und nicht wissen soll, was sie sagen und nicht sagen soll; es klingt so, als wären es körperlose Worte von Eltern und LehrerInnen: »Sich zu verstehen ist besser, als sich zu streiten«, meint Jessie und bezieht sich dabei auf das Stachelschwein und die Maulwürfe. Mit diesem Pauschalurteil scheint sich die auf die Unterschiedlichkeit der Tiere bezogene Komplexität aufzulösen, die Jessies Fühlen und Denken bestimmt hatte. Zusammenfassend sagt sie schließlich: »Du solltest nett zu deinen Freundinnen sein und dich mit ihnen verstehen, und nicht ... einfach machen, was du willst.« Und für das Stachelschwein und die Maulwürfe wünscht sie sich, daß sie »zufrieden sind und sich nicht mehr streiten müssen. Sie könnten einfach nur Freunde sein und es dann auch für immer bleiben«.

Aber trotz dieser idealisierten Vorstellung, mit der die intensiven Gefühle und die früher vorhandenen Differenzierungen verdeckt werden, sind Konflikte und Meinungsverschiedenheiten etwas ganz Alltägliches und ganz Normales in Jessies Beziehungen. So berichtet Jessie über sich selbst und über ihre beste Freundin in der dritten Klasse: »Normalerweise fangen wir an, uns zu streiten, weil sie etwas machen will, und wir wissen nicht, was wir machen sollen, und dann langweilen wir uns unheimlich. Und dann sagt sie schließlich: ›Wir sind doch Freundinnen, oder nicht?‹ So ist es ja auch, und dann überlegen wir, was wir machen können.«

Bei Jessie lassen sich innerhalb eines Jahres, von der zweiten zur dritten Klasse, ganz feine Veränderungen beobachten. Wie zu vermuten war, kann sie sich jetzt besser artikulieren, und sie beschreibt ihre Gedanken und Gefühle viel lebendiger. Sie hat aber auch ein Bewußtsein für das Wissen und die Gefahren authentischer Begegnungen entwickelt. Nachdem sie die Botschaft, »sich zu verstehen ist besser, als sich zu streiten«, verinnerlicht hat, bedeutet Streit für Jessie jetzt Schwierigkeiten mit Autoritätspersonen; Streit bedeutet Ärger, Gemeinheit und Lärm, und Einverständnis bedeutet Lob, Nettigkeit, Gelassenheit und Ruhe. Sie erhält, so scheint es uns, ein wenig Ohren- und Stimmentraining. Obwohl sie behauptet, daß Menschen »ihre verschiedenen Vorstellungen behalten und... trotzdem Freunde sein können«, sind Meinungsverschiedenheiten für sie ein Problem, denn sie erkennt schon früh die Gefahren, die mit dem direkten Sprechen und dem Ausdruck von Ärger verbunden sind. Jetzt ist Jessie manchmal bereit, nett zu sein, damit die Beziehung »ruhig« ist und ihre Freundinnen zufrieden sind, denn dann spielen sie auch mit ihr; das bedeutet aber nicht, daß Jessie auch nett sein möchte. Es ist besser, »sich [so] zu verstehen«, führt sie aus, weil »es dann keinen Streit gibt; es ist ruhig, und es gibt kein Geschrei, und du kannst spielen«. Die Interviewerin bittet sie, das zu erklären:

Was ist für dich dabei so schlimm [wenn du dich streitest]?
Daß man eine Freundin verliert, und dann sind beide traurig.
Wenn du »nein« zu ihr sagen würdest, »das will ich nicht«, würdest du sie denn dann verlieren?
Ja.
Woher weißt du denn, daß sie dann vielleicht weggeht?
Weil sie immer, also, ich werde sie nicht für lange verlieren, weil wir uns am nächsten Tag in der Schule wieder in den Arm nehmen und sagen, es ist wieder in Ordnung, und wir sagen hallo, weil wir es beide vergessen haben. Ich glaube, ich würde sie verlieren, weil sie eben sehr leicht zu verlieren ist. Wenn ich nein sage und dann rausgehen würde, dann würde sie kommen und mich wieder hineinzerren, und sie würde mich anschreien. Und dann würde sie anfangen zu weinen, und das möchte ich nicht.

Die Ironie in dieser Geschichte liegt darin, so scheint es uns, daß Jessie hier überhaupt keine Freundin beschrieben hat, die »leicht zu verlieren« ist. Wenn Jessie tatsächlich nein sagen *würde*, würde ihre Freundin sie nicht gehen lassen; »sie würde kommen« und Jessie wieder ins Zimmer »hineinzerren« und sie »anschreien«. Jessie hat hier, wie es uns scheint, eine Beziehungsszene geschildert, die äußerst authentisch und spannend ist, und doch hat sie sie im gleichen Atemzug als Beispiel für eine Beziehung völlig ausgeschlossen. Aber wir können ihre Angst auch verstehen. Das Risiko, eine Freundin zu verlieren, ist für sie real und von großer Bedeutung, es ist »schrecklich«, äußert Jessie, »weil du dann keine beste Feundin hättest, mit der du immer spielen könntest..., und ich glaube nicht, daß du eine Freundin finden könntest, die genauso wäre wie sie«.

In ihrem dritten Interview, ein Jahr später, will Jessie dann wissen, was eigentlich eine Beziehung ist und was sie nicht ist. Ihre intensiven Gefühle, die sie offen und mit Leidenschaft ausspricht, können gefährlich sein, denn sie sind störend. Ärgerlich und laut zu werden, sich aufzuregen oder ängstlich zu sein – das alles sind Störfaktoren und die Ursache dafür, daß Jessie »ignoriert«, »ausgeschlossen«, oder »verlassen« wird. Immer wieder spricht Jessie darüber, daß Ärger, Lärm und Geschrei für sie mit einem unangenehmen Gefühl verbunden sind, daß es wichtig ist, »in Ruhe zu reden«, »gelassen« zu sein und Auseinandersetzungen unter sich auszumachen. »So mit Meinungsverschiedenheiten umzugehen, ist gut«, erklärt sie, »weil dann niemand böse wird..., niemand regt sich auf..., und dann bist du den ganzen Tag böse, und deine Mutter fängt dann an, dich anzuschreien, weil du so böse bist, und du wirst ängstlich und machst dann Sachen, die du eigentlich nicht machen sollst.« »Aus diesen Situationen«, führt Jessie weiter aus, »lerne ich, mich mit Leuten zu verstehen..., und ich werde nicht nervös und ganz aufgeregt, weil dann alles nur noch schlimmer wird.« So wird all das, was für Jessie früher einmal Anzeichen für eine authentische Beziehung waren – die Möglichkeit, den Schmerz und die Freude eines anderen Menschen zu empfinden, Unterschiede und Auseinandersetzungen zuzulassen –, jetzt zurückgenommen, weil es zu gefährlich und zu riskant ist.

Jessie ist elf und in der fünften Klasse, und sie geht auf die Fabel mit dem Stachelschwein und den Maulwürfen ein. Während sie mit acht überlegte, ob die Maulwürfe und das Stachelschwein nicht vielleicht eine »schlechte Kombination« wären, möchte Jessie mit elf die Höhle vergrößern, »weil es schön wäre, einen Nachbarn im Haus zu haben«. Es wäre möglich, meint sie, daß die Maulwürfe zu dem Stachelschwein sagen: »Ich möchte dich wirklich nicht hier haben...‹, und ihm dann einfach befehlen, wegzugehen«, aber das wäre »nicht so nett«..., »weil sich das Stachelschwein dann ausgeschlossen fühlen würde«. Was mit neun nach einem Ratschlag von Erwachsenen klang – »sich zu verstehen ist besser, als sich zu streiten« –, ist durch eine noch deutlichere, ähnlich klingende Botschaft ersetzt worden: »Sei immer nett zu einer Freundin.« Anders als mit acht oder neun, erwähnt Jessie mit elf jetzt nicht mehr die Strapaze für die Maulwürfe, wenn sie von den spitzen Stacheln des Stachelschweins gestochen werden; sie spricht nur noch über die Einsamkeit und die verletzten Gefühle des Stachelschweins. Die Maulwürfe wehren sich jetzt nicht mehr gegen Verletzungen oder Unachtsamkeiten; sie gehen nicht direkt auf das Stachelschwein zu und sind weder ärgerlich, noch sind sie entrüstet. Die Unterschiede und der potentielle Konflikt zwischen diesen Tieren, die einmal »ihre eigenen Gänge bauten«, werden jetzt von dem alleinigen Bemühen um Nettigkeit und Nachbarschaftlichkeit – den Voraussetzungen der Freundschaft – verdrängt.

Das Aussprechen ihrer Gefühle war für Jessie mit acht überhaupt kein Problem, mit neun war es für sie ein Grund zur Sorge, und mit elf ist sie jetzt ängstlich. Wenn ein Mädchen ein anderes Mädchen nicht mag, sagt Jessie, »sollte [sie] so tun, als ob [sie] sie mag«. Die Ursache dieser neuen Angst ist das »perfekte Mädchen«. In der weißen amerikanischen Mittelschicht ist sie diejenige, die keine schlechten Gedanken oder Gefühle hat, eine Person, mit der jeder zusammen sein möchte, diejenige, die – perfekt wie sie ist – Lob und Aufmerksamkeit verdient, Anerkennung und Liebe. Für Jessie ist sie die, die »so gut in Mathe« ist[6], für andere Mädchen die, die so perfekt zeichnet. Sie spricht ruhig und gelassen, ist immer nett und freundlich, niemals gemein oder herrschsüchtig. Sie ist diejenige, von der Jessie – das deutet sie an – zuweilen am liebsten sagen würde, daß sie sie haßt. Und manchmal, gesteht Jessie, »drehst du fast durch, weil du richtig eifersüchtig auf [sie] bist«.

Jessie hat intensive Gefühle und sagt: »Manchmal muß ich einfach meine ganze Wut aus mir rauslassen.« Hat sie aber das perfekte Mädchen vor Augen, kann Jessie nicht sprechen, denn wenn intensive Gefühle ausgesprochen oder ausgelebt werden, hat das ernste Konsequenzen. Etwas Falsches oder etwas in der falschen Form zu sagen, erklärt Jessie, ist »fürchterlich«. Als sie gebeten wird, von einer Situation zu erzählen, in der sie etwas sagen wollte und es dann aber nicht getan hat, erklärt Jessie:

> Wenn du wirklich sauer auf jemanden bist, und du etwas richtig Schlechtes sagen möchtest, und du kannst es nicht, kannst es einfach nicht. Es ist so, als ob es aus deinem Mund kommt, und du vergessen hast, was du sagen wolltest..., oder ich sage nichts, weil ... jemand etwas wirklich Gutes sagt, und alle sind damit ein-

verstanden, und ich denke genau das Gegenteil, und du willst nicht, daß du von allen ausgeschlossen wirst, wenn du sagst: »Oh, das ist ja schrecklich! Was soll das denn, das wollen wir doch gar nicht so machen.« Weil du dich irgendwie schlecht fühlst, wenn das passiert.

Kannst du noch mehr darüber sagen?

Manchmal hast du Freunde, und die sind dann auch wirklich nett zu dir. Du versuchst dann auch, nett zu ihnen zu sein, und normalerweise sind sie auch nett zu dir, wenn du nett zu ihnen bist. Manchmal, wenn andere Leute etwas sagen, was alle gut finden, und alle sagen: »Oh, das ist ja eine gute Idee«, und du denkst genau das Gegenteil, dann hast du eben das Gefühl: »Oh, oh, die wollen nicht, daß ich das so mache, oder die wollen mich nicht in ihrer Gruppe, denn ich habe ja keine guten Ideen«, und irgendwie hast du dann Angst, das auch zu sagen. Manchmal hast du Angst, Sachen zu sagen, wie zum Beispiel »Ich kann dich nicht leiden«, wenn du böse auf jemanden bist.

Warum hast du Angst, das zu sagen?

Weil sie dann oft wirklich böse werden, und das jagt dir so eine Angst ein, weil du das Gefühl hast, daß sie das jemandem erzählen werden, und die werden fast die ganze Klasse auf ihre Seite bringen, und das wäre eine gegen, ich weiß nicht, zehn.

Wie fühlst du dich in solchen Situationen?

Ich fühle mich nicht sehr wohl. Ich fühle mich so, als ob ich diesen ganzen Streit anfange, der dann zu einem einzigen Durcheinander wird.

Jessies Entscheidung zu sprechen wird also das ganze mißliche Szenario des »Netten und Freundlichen« bei ihren Freundinnen umstoßen – wird es als falsches Szenario entlarven, denn die anderen werden nicht nett zu ihr sein, wenn sie nicht nett zu ihnen ist, nämlich genau dann, wenn sie ausspricht, was sie denkt. Das ist für sie ein »merkwürdiges Gefühl«, es »verwirrt [sie] irgendwie« und »jagt [ihr] wirklich Angst ein«. Jessie, die mit acht Jahren zu ihrer Freundin sagte, »dabei fühle ich mich nicht wohl, ich gehe nach Hause«, hat mit elf Jahren »Angst zu sagen«, was sie denkt, findet es »furchtbar«, was passieren könnte, wenn sie ausspricht, was sie denkt.

Folglich hat das, was für Jessie mit acht Jahren ganz nüchtern zum normalen Leben zu gehören schien – Menschen spielen zusammen, sie haben intensive Gefühle, werden ärgerlich, möchten gern sprechen und erwarten auch, gehört zu werden –, für sie mit elf Jahren eine viel bedeutendere Dimension angenommen. Jessie sieht sich mit der Möglichkeit konfrontiert, »die ganze Klasse durcheinander zu bringen«, und hat Angst davor, ignoriert, in Verlegenheit gebracht und verlacht zu werden; deshalb wägt sie genau ab, wann sie etwas sagt. Als sie von einer Situation erzählt, in der »eine ganze Gruppe von Freundinnen böse auf eine wirklich gute Freundin von mir war«, veranschaulicht

Jessie den Konflikt, den auch andere Mädchen beschreiben: Sie weiß nicht, ob sie etwas sagen oder ob sie schweigen soll. Hält sie sich aus der Auseinandersetzung heraus, setzt Jessie sich selbst und ihre Gefühle aufs Spiel. Sie erzählt: »Normalerweise halte ich mich raus, und ich weiß, wie ich mich dann verhalte, in solch einer Situation, ich weiß es ganz genau ... Ich bin dann nicht mehr ich selbst. Ich weiß genau, wann ich nicht mehr ich selbst [bin].« Doch wenn sie zu sich selbst und zu ihren Gefühlen steht und dann in eine öffentliche Konfrontation hineingezogen wird, geht sie das Risiko ein, sich »furchtbar« zu fühlen und einen Streit anzufangen, den sie nicht mehr aufhalten kann.

Wann kann Jessie es sich leisten, zu sich selbst zu stehen und etwas zu sagen? Wann sollte sie sich distanzieren und »sich raushalten«, »etwas einfach vergessen«, sich entscheiden, »einverstanden [zu] sein«, damit die Beziehungen zu anderen möglich sind? Wie auch ihre anderen Klassenkameradinnen entwickelt Jessie offensichtlich einen Hang dazu, zwischen dem, was sie weiß und liebt, und dem zu trennen, von dem sie glaubt, sie sollte es tun, um für kooperativ, freundlich und gut gehalten zu werden – für ein Mädchen, mit der andere, denkt sie zumindest, zusammensein wollen. Steht sie zu dem, was sie eigentlich möchte, und sagt sie, was sie denkt, so fürchtet sie, ein soziales Chaos zu verursachen und mit ihren unerwünschten Gefühlen in diesem ganzen Durcheinander von den anderen alleingelassen zu werden. Wenn sie »so tut als ob«, »einverstanden« und nett ist, wenn sie eigentlich gar nicht nett sein will, gibt sie sich selbst und ihre Gedanken und Gefühle auf, und sie ist dann, wie sie selbst sagt, »nicht wirklich ich selbst«.

Jessie scheint ebenso wie die anderen Mädchen ihres Alters in dieser Untersuchung nicht mehr zu wissen, was sie tun soll: Soll sie sagen, was sie aus ihrer Erfahrung über Beziehungen weiß, oder soll sie dieses Wissen unter dem zunehmenden Druck negieren zugunsten eines idealisierten und verfälschten Blickwinkels auf sich selbst und ihre Beziehungen – ein Blickwinkel, der durch die Möglichkeit, ein perfektes Mädchen zu sein, an Glaubwürdigkeit gewinnt. In einer Welt von Cliquen und In-groups ist das Image des perfekten Mädchens äußerst eindrucksvoll; wenn sie ihm entspricht, sind ihr Anerkennung, Liebe und Wärme sicher. Der entsetzliche und terrorisierende Charakter dieses Vorbildes ist in seiner Macht begründet: Jessie wird darin bestärkt, ihre Wirklichkeit, ihre genauen Beobachtungen, wie sie sich selbst und die menschliche Welt um sich herum wahrnimmt, aufzugeben –, zumindest muß sie ihre Stimme modulieren, und sie kann nicht über das sprechen, was sie sieht und hört, fühlt und denkt und daher auch weiß. Ein Stimmen-Training durch die Erwachsenen, besonders die erwachsenen »guten Frauen«, unterminiert die Erfahrungen dieser Mädchen und stützt das Image weiblicher Perfektion; denn es setzt voraus, daß »nette Mädchen« immer gelassen, kontrolliert und ruhig sind, daß sie nie Theater machen, nie laut oder autoritär sind, sie sind weder aggressiv noch ärgerlich und machen keine Schwierigkeiten; es impliziert auch, daß es solche Mädchen gibt und daß es erstrebenswert ist, so zu sein. Deshalb beschäftigt sich Jessie so intensiv damit, was eine Beziehung ist und was sie nicht ist, deshalb konzentriert sie sich auf den Unterschied zwischen ihrem Erfahrungswissen und der Wirklichkeit, so wie sie von anderen Mädchen und Erwachsenen in ihrer Umgebung mehr und mehr als Realität verstanden wird.

Jessie steht vor einer drohenden Trennung: Sie muß das, was sie fühlt und denkt und daher auch weiß, von dem trennen, was Realität genannt wird; das führt dazu, daß sie genau aufpaßt und die Beziehungswelt wie eine Naturalistin beschreibt, daß sie sorgfältig darstellt, wie sich durch alles, was sie tut, etwas verändert, daß sie die Motive, die Intentionen und die Perspektiven anderer mit bemerkenswerter Deutlichkeit aufdeckt und auch hört, wie diese Welt genau bezeichnet und beschrieben wird. Und doch droht das Modell des perfekten Mädchens Jessie davon abzuhalten, das zu sehen, was sie vor sich sieht, und auf das zu hören, was sie tatsächlich hört.

Bei Jessie stellen wir also fest, daß sie in einem bestimmten Zeitraum etwas verliert und etwas dazugewinnt. Obwohl sie jetzt subtiler und intellektuell differenzierter ist im Hinblick auf das Verständnis ihrer eigenen Person und der sozialen Welt, neigt Jessie jetzt mehr dazu, das, was wirklich passiert ist, zu vergessen. Sie ist bereit zu sagen, daß das, was sie aus Erfahrung weiß, wahrscheinlich nicht passiert ist; sie ist jedoch weniger bereit, sich von der Wirklichkeit zu lösen, die von anderen als Realität bezeichnet wird. Jessie ist mit elf immer noch fähig, alle Gefühle zu benennen und Stimmen in ihrer ganzen Reichweite zu hören. Jedoch kann sie diese Stimmen und diese Gefühle jetzt auch in sich aufnehmen, wodurch sich ihre Unterschiedlichkeit verzerrt. Mit elf ist sie vorsichtiger, sie ist sich stärker dessen bewußt, was es bedeutet zu wissen, was sie weiß, und vielleicht mehr geneigt dazu, in Beziehungen zu bleiben, in denen sie verletzt wird und eher bereit, sich selbst zum Schweigen zu bringen, als den Verlust von Beziehungen durch eine offene Auseinandersetzung zu riskieren.

Sonia: echte Beziehung, wirkliches Gespräch

Während sie auf ihrem Stuhl herumwackelt und die Beine hin- und herbaumeln läßt, sieht die achtjährige Sonia zuerst auf ihre Hände, schaut sich dann im Klassenzimmer um und richtet ihre großen dunklen Augen schließlich auf die Frau, die ihr Fragen stellt. »Kannst du mir von einer Situation erzählen, in der du nicht wußtest, was du machen solltest?« fragt ihre Interviewerin sie. »Das kapier' ich nicht«, erwidert Sonia. »Irgendwelche Situationen, in denen du nicht wußtest, was du machen solltest, was da richtig gewesen wäre?« Nach einer kurzen Pause fängt Sonia an: »Wenn ich mir jemanden aussuche, so, um etwas zu machen, weiß ich nicht, wen ich mir aussuchen soll ... Manchmal suche ich einfach aus ... Ich weiß nicht ... Manchmal suche ich mir einfach Leute aus, die ich eigentlich gar nicht mag, dann brauche ich nicht zu entscheiden, wen ich mir aussuche.« »Warum machst du das denn?« möchte die Frau wissen. »Ich weiß nicht«, antwortet Sonia. Ihre Interviewerin fragt sie, ob andere Mädchen es auch schwer finden, zwischen Freundinnen auszusuchen. »Ich weiß nicht«, erwidert Sonia wieder. »Ich achte nie auf sie.«

So beginnt Sonia ihr Interview. Sie ist eines der beiden afroamerikanischen Mädchen in ihrer zweiten Klasse mit 27 Mädchen, und die Frau, die bei ihr sitzt, ist, wie das gesamte Lehr- und Verwaltungspersonal, weiß. Sonia ist im Vergleich zu ihren Klassenkameradinnen sehr klein; in ihrer ziemlich schüchternen und ruhigen Art läßt sie, wenn ihr Fragen gestellt werden, eine Spur von Skepsis und Widerstand erkennen. »Das kapier' ich nicht«, antwortet Sonia auf die erste Frage, und als die Interviewerin weitermacht, bringt sie in dem Interview immer wieder Sätze an wie »Ich weiß nicht... Ich weiß nicht« oder »Ich versteh' die Frage nicht«. So schafft sie in ihrer leise-sprechenden, aber bestimmten Art ein Gefühl des Abstands, der Distanz zwischen ihr und der Frau, die sie interviewt.

Beim Zuhören finden wir jedoch heraus, daß Sonia sehr wohl etwas weiß, obwohl sie unsicher zu sein scheint, ob oder wieviel sie dieser Frau erzählen möchte. Dann erklärt sie, wie verwickelt ihr Dilemma ist: Wen soll sie sich aussuchen, wenn sie sowieso nicht davor geschützt ist, daß die anderen Mädchen in der Klasse sie ausschließen, daß die anderen über sie reden. »Sie erzählen sich Geheimnisse, so gemeine Sachen über mich, also darum such ich mir einfach keine von denen aus«, sagt sie. »Und wenn ich mir keine von ihnen aussuche, reden sie auch heimlich über mich.« »Und das sind gute Freundinnen von dir? Was denkst du denn darüber?« fragt sie ihre Interviewerin; sie versucht den Charakter solcher Freundschaften zu verstehen, aber sie schreckt vielleicht auch vor den sich daraus ergebenden Fragen zurück: »Warum behandeln sie dich so? Warum sind sie so gemein, und was sagen sie über dich?« – Fragen, die schmerzliche Gefühle wachrufen und das an die Oberfläche bringen könnten, was Sonia als schwarzes Kind an einer vorwiegend weißen Schule erfährt und weiß. »Also«, antwortet Sonia – und damit deutet auch sie nur leise an, was mit diesen sogenannten Freundinnen los sein könnte, möglicherweise weist sie aber auch auf ihre Mittel des Selbstschutzes hin –, »das sind nicht wirklich ganz ganz gute Freundinnen.«

Als Sonias Interviewerin ihr die Fabel mit dem Stachelschwein und den Maulwürfen vorliest – eine Geschichte über Unterschiede, und für die, die es hören wollen, eine Geschichte darüber, wie Menschen darunter leiden, wenn sie verletzt oder ausgeschlossen werden –, rutscht Sonia wieder auf ihrem Stuhl herum, hört zu und ist doch sichtlich beunruhigt. »Was meinst du, was ist hier wohl das Problem?« fragt die Interviewerin, wobei sie sich auf den Konflikt zwischen den Tieren bezieht. Sonia, die sich mit den Maulwürfen identifiziert und in einer offenen und direkten Art spricht, die an andere achtjährige Mädchen in ihrer Klasse erinnert, antwortet: »Ich würde [dem Stachelschwein] einfach die Wahrheit sagen, daß seine Stacheln mich kratzen, und das gefällt mir nicht.« »Und ... wenn das Stachelschwein erwidert: ›Nein, ich werde nicht gehen?‹« fragt die Interviewerin. »Ich würde einfach sagen: ›Dann schubsen wir dich eben raus.‹«

Im Schutz dieser fiktiven Fabel spricht Sonia direkt und offen, vielleicht läßt sie die Tiere das sagen, was sie selbst gern sagen würde, aber sie fühlt, daß sie es nicht zu den Mädchen in ihrer Klasse sagen kann, die flüstern und heimlich über sie reden: »Ich würde [ihnen] einfach die Wahrheit sagen, daß mich das [was ihr sagt, verletzt] und [mir] das nicht gefällt.« Für Sonia, die die Rolle der Maulwürfe übernimmt, die sich unwohl fühlen und auf engem Raum mit einem aggressiven Stachelschwein zusammenleben, gibt es eine Grenze für den Schmerz, den sie ertragen wird. Wenn nötig, würde sie den Eindringling aus der Höhle hinausschubsen und ihn wegen seiner Kurzsichtigkeit tadeln. »Du hättest im Frühling ein Zuhause für dich finden sollen, wo du im Winter hättest bleiben können.« Sich vielleicht an ihre eigenen Erfahrungen des Ausgeschlossenseins erinnernd, würde Sonia das Stachelschwein jedenfalls mit einem gewissen Maß an »Freundlichkeit« behandeln: »Ich würde ihm eine Decke und etwas zu essen geben.« Aber dann hält Sonia inne, und mit einer Stimme, die nicht das widerzuspiegeln scheint, was sie über ihre Gefühle und ihre Erfahrung gesagt hat – die für uns wie ihre Über-Stimme klingt, eine Stimme, die auch Jessie verinnerlicht hat und die von nettem und selbstlosem Verhalten spricht –, mit dieser Stimme also sagt Sonia zu ihrer Interviewerin: »Denn wenn du nicht freundlich zu anderen Leuten bist, wirst du auch keine Freundinnen mehr haben.« Das wirkliche Leben ist für Sonia vergleichbar mit dem Leben, das sie sich in der Fabel vorstellt. manchmal sind Leute freundlich, und sie hören zu, manchmal verletzen sie andere, und sie sind unfair. »Manchmal«, teilt Sonia vertraulich mit – und fragt sich vielleicht, ob die Frau, die bei ihr sitzt, ihren genauen Beobachtungen in der Beziehungswelt zuhören wird –, »manchmal bekomme ich mit anderen Leuten Streit, und die Lehrerin gibt mir die Schuld, wenn andere Kinder eigentlich angefangen haben.« Wieder bietet die Interviewerin Sonia nicht an, das Unausgesprochene auszusprechen – zu sagen, wie sie sich dabei fühlt oder warum die Lehrerin ihrer Meinung nach so reagiert. Anstatt bei Sonias Erfahrung zu bleiben, trägt die Frau – die eine gute Frau und eine gute Forscherin ist – pflichtbewußt die nächste Frage vor, so wie sie vor ihr auf dem Papier steht. »Kannst du mir von einer Situation erzählen, in der das passiert ist?« Sonia spürt vielleicht, daß diese Erfahrung sich möglicherweise nicht sehr stark von der Erfahrung unterscheidet, die sie mit ihrer Lehrerin gemacht hat, daß vielleicht auch hier ihre Gefühle nicht gehört werden oder nicht auf sie eingegangen wird, und sie erwidert ganz einfach: »Ich kann mich nicht daran erinnern.«

Statt dessen beschwert sich Sonia jetzt nicht mehr über ihre Lehrerin, sondern über ihre Klassenkameradinnen, und sie setzt in einem sowohl kreativen als auch scharfsinnigen Schachzug das Wort ein, von dem sie weiß, daß es die größte Autorität hat, wenn sie den Frauen von dieser privaten Mädchenschule gefallen will: »nett«. Wenn andere Mädchen gemein zu ihr sind oder wenn sie einen Streit anfangen, erklärt Sonia: »Ich streite nicht weiter.« Statt dessen sagt sie »auf nette

Weise«: »Ich streite nicht gern, können wir also bitte aufhören zu streiten.« Wenn Leute dann weiter »gemein« sind oder weiter streiten, dann sagt Sonia – die vorher meinte, sie würde das aufsässige Stachelschwein lieber aus der Höhle schubsen, als diese Strapaze ertragen –: »Ich würde sie einfach ignorieren und einfach woanders hingehen.« Sich nach außen hin an den Autoritäten orientierend – an ihrer Interviewerin, ihren Lehrerinnen, dem ungeschriebenen Gesetz vorteilhaften Benehmens in ihrem Klassenzimmer –, verschafft sich Sonia die Anerkennung Erwachsener, in diesem Fall der weißen Frauen, die in ihrem Leben Macht haben. Geschickt im Lesen von subtilen Beziehungsstichworten, lernt Sonia, daß sie, will sie diesen Frauen keinen guten Grund zur Unzufriedenheit mit ihr geben, schweigen muß, wenn ihre Lehrerin ihr die Schuld an Dingen gibt, die sie nicht getan hat; und sie muß ignorieren – das heißt, daß sie nicht mehr weiß oder wenigstens nicht darüber spricht –, was wirklich um sie herum passiert und was sie wirklich fühlt und denkt.

Ein Jahr später hören wir, wie die Patina der Nettigkeit, die sich schon in der zweiten Klasse über Sonias Interview gelegt hatte, ihre Antworten in der dritten Klasse scheinbar völlig durchdringt. Jetzt ist sie neun Jahre alt, sie hält ihre schwarzen lockigen Haare mit lila Spangen zurück und spricht wieder mit einer Weißen, und immer noch kämpft sie darum, ihr Gefühl, daß sie ausgeschlossen wird, auszudrücken. In diesem Jahr ist Sonia ein Teil eines Dreiecks; sie und zwei Mädchen aus ihrer Klasse handeln ihre Freundschaft täglich neu aus. »Also letzte Woche waren wir im Bus, und Julie wollte mit mir zusammen sitzen, und dann wollte Melissa mit mir zusammen sitzen«, erklärt Sonia, »und ich wußte nicht, mit wem ich nun zusammen sitzen sollte.« Melissa »wollte nicht, daß wir alle drei zusammen sitzen«, fügt Sonia hinzu. »Dann... wollte ich, ich weiß nicht, ich habe mit beiden zusammen gesessen ... Ich habe gesagt, warum sitzen wir nicht alle zusammen?« »Und was haben sie gesagt?« fragte die Interviewerin. »Also, die eine hat ›nein‹ gesagt, und die andere hat ›okay‹ gesagt, und ich habe gesagt: ›Ich kann in der Mitte sitzen, und dann könnt ihr beide neben mir sitzen, wenn ihr nicht zusammen sitzen wollt, dann braucht ihr die andere nicht zu sehen und auch nicht mit ihr zu reden.‹« Wenn sie sich selbst in die Mitte setzt und sowohl der Kern dieser Beziehung als auch die Grenze für Sicht und Klang wird, versucht Sonia alles, damit keine »allein sitzt« oder die Gefühle von keiner verletzt werden, denn »du könntest eine Freundin verlieren, und dann könnten sie sich dabei schlecht fühlen«, oder im schlimmsten Fall »könnten sie allen anderen erzählen, was du gemacht hast ... Dann würde es ein Gerücht geben«, antwortet Sonia. »Das würde mich dann verletzen... Weil sie gesagt hat, sie würde ein Gerücht verbreiten.« Sonia ist immer noch terrorisiert von dem Geflüster und den Heimlichtuereien des Vorjahres, sie hat Angst, daß jemand – voraussichtlich eine dieser beiden Freundinnen – »ein Gerücht verbreiten« und »allen erzählen« wird, wie Sonia sie verletzt hat oder wie es ihr nicht gelungen ist, sie zufriedenzustellen. Und wenn Sonia dann sagt: »Ich fühlte mich merkwürdig ... Ich wußte nicht, was ich machen sollte«, scheinen ihre Gefühle der Verwirrung eine realistische Reaktion auf eine wirklich verblüffende Beziehungsszene zu sein, eine Szene, in der die Dinge nicht so sind, wie sie genannt werden: Freundinnen sind keine wirklichen Freundinnen, denn sie verbreiten Gerüchte; Beziehungen sind keine wirklichen Beziehungen, denn ein falscher Schritt gefährdet sie schon. Unfähig sich auf solch einer glatten Oberfläche zu bewegen, erinnert Sonia an Jessie, wenn sie feststellt: »Es ist zum Verrücktwerden.« Dieses ganze Szenario treibt Sonia zur Verzweiflung; sie würde wohl am liebsten frustriert die Hände recken, denn sie ruft jetzt aus: »Ich setze mich zu allen! Alle können mit mir zusammen sitzen... Ich will nicht, daß sie sich mit mir streiten.«

Sonia, die im vorangegangenen Jahr ihre intensiven Gefühle über das Stachelschwein und die Maulwürfe deutlich und direkt auszusprechen schien, verbindet ihre Reaktion auf die Fabel jetzt mit ihren Aussagen, die sie über ihre Beziehungen gemacht hat. »Das Stachelschwein«, erklärt sie, »sollte versuchen, sich nach einem anderen, eigenen Platz umzusehen, weil das dann keinen stören würde.« »Ist das denn so wichtig?« fragt ihre Interviewerin. »Ja«, antwortet Sonia, »weil dann keiner böse auf dich wird, sie beschweren sich nicht über dich. Und du kannst dein schönes kleines Zuhause haben.« Sonia möchte selbst keinem zur Last fallen, möchte nicht, daß sich jemand über sie beschwert, daß Leute böse auf sie werden; und sie scheint bereit zu sein, zumindest im Beisein der Frau, die sie interviewt, das Nette und Freundliche zu verkörpern.

Aber Sonia scheint in dieser Schule auch den Druck zu spüren, der in ihrer eigenen Unterschiedlichkeit begründet liegt. Das Stachelschwein, schlägt sie vor, könnte »zu anderen Stachelschweinen gehen, dann könnten sie sich nämlich gegenseitig kratzen, weil sie ja alle Stacheln haben, dann wäre das kein Problem«. Das, was sie über die Gefahren, anders zu sein, weiß, deutet Sonia an, wenn sie ihrer Interviewerin erzählt, wie wichtig es ist, daß die Tiere »sich auf eine Sache einigen«, dann »brauchen sie sich auch nicht darum zu streiten«, denn wenn das Stachelschwein »wirklich böse« werden würde, wäre es stärker als die Maulwürfe. Wenn sie ihre eigene Unbequemlichkeit ignorieren und sich in dieser Weise darauf einlassen würden – vielleicht wie Sonia sich darauf einläßt, daß alle mit ihr zusammen sitzen können –, dann »hätten [die Maulwürfe] ihre Ruhe«.

Unterschiedlichkeit ist für Sonia eine Beziehungsangelegenheit, die sich ganz konkret auf ihr Leben auswirkt. Wie das Stachelschwein und die Maulwürfe stimmen auch Menschen nicht darin überein, wie sie verschiedene Dinge und verschiedene Menschen empfinden, aber, äußert Sonia gegenüber der Frau, die sie interviewt, mit Bestimmtheit, niemand sollte eine Person danach beurteilen, »wie sie aussieht«. »Es spielt keine Rolle, wie du aussiehst, es spielt nur eine Rolle, wie nett du bist«, sagt Sonia. Die Unterschwelligkeit der Rasse, die unter dem Zuckerguß des Netten und Freundlichen gut versteckt ist, kommt jetzt an die Oberfläche. Aber die Gelegenheit für ein wirkliches Gespräch ist im gleichen Moment auch schon wieder vorüber. Die Interviewerin fragt das, was im nachhinein so offensichtlich erscheinen würde, nicht: Wenn es keine Rolle spielt, »wie du aussiehst«, sondern »nur ... wie nett du bist«, warum muß Sonia, die immer so nett und freundlich ist, sich dann um Gerüchte und Geflüster Gedanken machen? Wenn sie so nett ist und das Aussehen keine Rolle spielt, warum sind dann die anderen Mädchen gemein zu ihr? Warum »fühlt [sie sich] merkwürdig«, könnte sie »verrückt werden« in ihren Beziehungen mit ihren sogenannten Freundinnen? Ist es möglich, daß nett und freundlich sein nicht genug sind, oder schlimmer noch, daß damit unbequeme Gefühle und gefährliche Gedanken überdeckt werden? In diesem Interviewkontext – einem Gespräch, in dem es auf mehreren Ebenen Machtunterschiede gibt – ist die neunjährige Sonia bereit, sich zu perfektem netten Verhalten zu bekennen. Sogar wenn jemand böse sei, sagt Sonia weiter zu ihrer Interviewerin, sollte sie »immer noch versuchen, auszugleichen, versuchen, die andere dazu zu bringen, daß sie sie mag«; sogar dann, wenn jemand denkt, eine andere Person ist »nicht nett, sollte sie immer noch nett zu ihr sein«.

Aber das Überdecken von wirklichen Gefühlen und Gedanken kann extrem schwierig sein, wie auch Sonia bestätigt. Mit ihrem trockenen Humor beschreibt Sonia eine andere Klassenkameradin,

Wendy, die »mir jeden Tag eine halbe Stunde lang eine Geschichte erzählt, und ich versuche es ja, ich höre ihr ja zu, ich höre halb hin, denn sie erzählt mir diese Geschichten, bei denen ich gar nicht weiß, wovon sie überhaupt redet; dann höre ich also hin, aber wenn ich sie dann irgend etwas frage, dann erzählt sie mir die ganze Geschichte noch einmal von vorn«. Wendy redet nicht nur ununterbrochen, noch schlimmer ist, sagt Sonia, daß sie »nuschelt« und Sonia sich wie eine Gefangene in diesen unverständlichen Tiraden fühlt. Es ist schwierig, »weil ich nicht hören kann, was [Wendy] sagt«, erklärt Sonia, »ich versuche zuzuhören..., weil, wenn ich [sie ignoriere] und sie mit mir redet, dann könnte sie böse auf mich werden, weil ich nicht zuhöre, und sie könnte zum Beispiel sagen, daß sie mir auch nicht mehr zuhört oder so ... oder sie hört dann nur zu, um nett zu sein«. Eingebunden in eine Fahrgemeinschaft, in der Wendys Mutter fährt, ist Sonia tatsächlich eine Gefangene in Wendys Geschichten. Wendy würde nicht nur böse werden, wenn Sonia sagen würde: »Ich kann dich nicht hören, du nuschelst« – »Ich habe das schon zu ihr gesagt, und sie ist böse geworden« –, sondern auch Wendys Mutter würde es hören, und sie könnte vielleicht auch böse werden, wie Sonia betont, »sie möchte nicht, daß irgend jemand [Wendy] Vorschriften macht«. Und deshalb quält sich Sonia durch die Geschichten ihrer Freundin hindurch und »tut so, als ob ich zuhöre«, denn sie weiß etwas über ein nettes Auftreten und möchte auch nicht wirken, als wäre sie nicht nett.

Damit weist Sonia mit acht und neun, wenn sie mit weißen Interviewerinnen von den Tugenden des Nett- und Freundlich-Seins spricht, auch auf die Schwierigkeit hin, selbst dann noch nett zu ihren Freundinnen zu sein, wenn sie weiß, was sie weiß, ausspricht, was sie fühlt und denkt, und anspricht, was um sie herum passiert. In einer überwiegend weißen Schule deutet Sonia ihre Gefühle an, die die Unterschiedlichkeit betreffen, aber eigentlich fühlt sie sich dem Image des »netten Mädchens« verpflichtet, auf das ihre Interviewerinnen, Lehrerinnen und ihre Freundinnen einzugehen scheinen. Aber immer nett zu sein, scheint Sonia auch sehr anzustrengen, denn sie empfindet die Verrücktheit von »Feundinnen«, die gemeine Dinge sagen, die damit drohen, Gerüchte zu verbreiten oder die mit ihr streiten, wenn sie sagt, was sie fühlt und denkt. Weil sie niemanden stören möchte und nicht will, daß jemand böse auf sie ist, bewegt sich Sonia auf einem schmalen Grat; aus dieser Position heraus kann sie nur darauf anspielen, was sie über Machtunterschiede und Konsequenzen der Nicht-übereinstimmung weiß.

Zwei Jahre später sitzt Sonia, die jetzt in der fünften Klasse ist, ihrer Interviewerin gegenüber; sie spielt an den silbernen Armbändern herum, die sie am Handgelenk trägt. In diesem Jahr wird Sonia von einer afroamerikanischen Frau interviewt, und ihre Stimme klingt mit elf Jahren selbstsicher, klar und zuversichtlich. Während sie in ihren früheren Interviews immer wieder Sätze wie »Ich weiß nicht« oder »Das ist mir egal« oder »Daran kann ich mich nicht mehr erinnern« benutzte, zögert oder wehrt sich Sonia jetzt nicht mehr – solche Sätze sind in ihren Reaktionen in diesem Jahr fast gar nicht mehr zu finden.

Wenn sie zum Beispiel über die Fabel mit dem Stachelschwein und den Maulwürfen spricht, läßt Sonia die Maulwürfe jetzt direkt zu dem penetranten Stachelschwein sagen: »Hau ab! Denn wenn es nicht hören will, mußt du irgend etwas machen.« Wenn das Stachelschwein dann immer noch nicht hört, fügt Sonia hinzu, dann hätten die Maulwürfe »das Stachelschwein mitten in der Nacht ... rausschmeißen kön-nen ..., dann kann es nicht mehr zurückkommen«. Anders als die früheren Interviewerinnen schreckt die Frau, die in diesem Jahr mit Sonia spricht, nicht vor dieser Antwort zurück, sie setzt auch nicht voraus, daß diese Art der Lösung seitens der Maulwürfe, ausgeführt in der Sicherheit der Dunkelheit, unsäglich oder unfaßbar ist: »Also mit-ten in der Nacht einfach so verfahren?« fragt sie Sonia. »Ja«, erwidert Sonia.

Als sie über Beziehungen zwischen Freundinnen reden, die unter-schiedlicher Meinung sind, entwickelt sich zwischen Sonia und ihrer Interviewerin in diesem Jahr ein Dialog, der alle Anzeichen eines wirklichen Gesprächs hat, ein Gespräch, in dem zwei Menschen ein genuines Interesse aneinander zu haben scheinen. Sonia erklärt, daß Menschen »unterschiedliche Gefühle haben«, weil sie unterschiedliche »Persönlichkeiten« haben, und ihre Interviewerin fragt: »Woher weißt du das denn?« »Weil jeder Gefühle hat«, sagt Sonia, und damit bringt sie das, was sie mit Bestimmtheit weiß, in das Interview ein. Später dann, als Sonia auf die Frage »Wer hat Recht, wenn zwei Leute unter-schiedlicher Meinung sind?« kaum reagiert, fragt sich ihre Interviewe-rin laut: »Ist das überhaupt eine gute Frage, die hier gestellt wird?« Daraufhin erwidert Sonia »Ja«, womit sie ihr Schweigen erklärt und der Frau vielleicht ihr Interesse versichert, »weil sie dich zum Nach-denken bringt«.

In diesem Jahr ist Sonia bereit, über Unterschiede zu reden und darüber, was passiert, wenn Leute unterschiedlicher Meinung sind; sie ist durchaus bereit, sich selbst, ihre Gedanken und Gefühle in diese Beziehung einzubringen. »Es gibt wohl keine hier in dieser Schule, die alle mögen«, sagt sie mit einer Art von Selbstsicherheit, die in den vorangegangenen Jahren nicht vorhanden gewesen war, »die Menschen sind unterschiedlich und mögen eben auch unterschiedliche Menschen.« »Wenn Menschen sich nicht darüber einig sind, wen sie mögen, können sie sich denn dann überhaupt einigen?« fragt ihre Interviewerin. »Nur manche Menschen«, erklärt Sonia, »deshalb gibt es doch Kriege.« »Sag doch noch mehr dazu«, drängt die Frau. »Warum hast du das gesagt?« »Weil«, sagt Sonia, »Leute auf der einen Seite nicht mit den Leuten auf der anderen Seite einverstanden sind.«

Für Sonia, ein afroamerikanisches Mädchen, die in einer weißen Gesellschaft aufwächst, hat Uneinigkeit etwas mit Krieg zu tun; so wird die Uneinigkeit zu einer Frage, in der es um Leben oder Tod geht, um Gewalt und um Kontrolle.

Sonia spricht offen über Nichtübereinstimmung und Verletzung, wenn sie über die Ungerechtigkeit in ihrem Leben erzählt. Es sei unfair, sagt Sonia und spricht jetzt aus, was sie früher nur angedeutet hatte, »wenn jemand, eine Freundin eben, wenn sie andere Leute besser behandelt als dich«. Sie spricht über eine Situation, als »meine beiden Freundinnen ... zusammen gespielt haben und ich nicht mitspielen durfte« und »ich wollte aber auch spielen«; jetzt erzählt Sonia, daß sie sich geweigert hat, sich angesichts einer solchen Ungerechtigkeit zurückzuziehen. »Ich habe angefangen, mit ihnen zu spielen«, und dabei hat sie sich vorgestellt, wenn »ich mit ihnen spielen [würde] ... dann [würden] sie auch anfangen, mit mir zu spielen«. Das klappte, aber Sonia, die jetzt über die Szene nachdenkt, ist sich dessen bewußt, daß es auch eine andere Möglichkeit gegeben hätte, das Problem zu lösen. »Jemand hätte doch in dieser Situation, wenn jemand ausgeschlossen wird, auch sagen können: ›Ihr spielt ja überhaupt nicht mit mir.‹« »Wer denn zum Beispiel?« fragt ihre Interviewerin und drängt Sonia wieder dazu zu sagen, was sie über die Vorteile von Macht und Privilegien weiß. »Jemand«, wiederholt Sonia, »jemand könnte doch auch sagen: ›Ihr spielt ja überhaupt nicht mit mir.‹« Vielleicht schlägt Sonia selbst, weil sie die Erfahrung gemacht hat, zu sprechen und nicht gehört zu werden, zu sagen, was sie fühlt, und immer noch ausgeschlossen zu sein, den anderen Weg ein, vielleicht spürt sie, daß sie nicht eine dieser »Jemands« ist.

Diese Geschichte, in der es um Ungerechtigkeit geht, in der jemand ausgeschlossen wird, sagt die Interviewerin später auf das Band, als Sonia nicht mehr im Zimmer ist, habe sie wirklich bewegt. Und es scheint, daß auch Sonia das Gefühl des Aufeinandereingehens, der Vertrautheit mit dieser Frau empfunden hat, denn sofort nachdem die Geschichte, in der sie ausgeschlossen worden war, zu Ende ist, bietet sie ihr gleich noch zwei weitere Geschichten an. Sonia scheint jetzt von einer aufmerksamen Zuhörerin bestärkt zu werden, und sie erzählt die Geschichte, die sie vor einem Jahr angefangen, aber nicht beendet hatte – die Geschichte darüber, daß ihr für etwas zu Unrecht die Schuld zugeschoben wurde: »Einmal stand ich in der Nähe von den Leuten, die immer nur Blödsinn machen..., und [meine Lehrerin] dachte, ich war's, und ich habe nichts gesagt.« Aus Angst, daß diese Lehrerin, die, gesteht sie, »wirklich gemein ist«, sie »anschreien [würde], wenn ich das dann in der Klasse anspreche«, und ihre Version der Geschichte überhaupt nicht hören will, sagt Sonia, hat sie sich dann entschlossen, zu schweigen. »Was hättest du denn gesagt, wenn du deine Meinung ausgesprochen hättest?« fragt die Interviewerin. »Ich hätte gesagt: ›Ich war das nicht‹, und daß sie mir nicht die Schuld geben solle, bevor sie nicht weiß, wer es wirklich war.« Obwohl Sonia durch das, was nach demselben alten Dilemma klingt, zum Schweigen gebracht wird – »Wenn ich etwas gesagt hätte, dann hätte sie die anderen angeschrien und nicht mich«, und dann wären ihre Freundinnen am Ende noch böse auf sie –, hören wir sie zum ersten Mal sagen, was sie möchte und was sie gesagt hätte, wenn sie den Eindruck gehabt hätte, jemand würde zuhören.

Sonia erzählt ihrer Interviewerin die dritte Geschichte in ihrer Trilogie, eine Geschichte, die endlich ganz offen den Kampf verdeutlicht, den sie in verschiedenen Formen erfahren hat, seit sie acht Jahre alt war: Wie sie mit sich selbst – mit dem, was sie fühlt und denkt, was sie aus Erfahrung weiß – verbunden und gleichzeitig auch mit anderen in Beziehung bleiben kann. »Die Lehrerin«, beginnt Sonia, »hat zu mir gesagt, ich könnte ein bestimmtes Buch nicht lesen .., weil sie nur [Bücher] gut findet, [die einen Preis bekommen haben].« Sonia klingt fast genauso wie die achtjährige Karin, die das Gefühl hat, sie sollte eigentlich die Gelegenheit haben, auf eine schwere Frage zu antworten, wenn sie es gern möchte, und sie fügt hinzu: »Ich wollte nicht, daß sie meine Bücher aussucht, ich wollte selbst etwas aussuchen.« Im Konflikt mit ihrer Lehrerin fragt sich Sonia: »Sollte ich meiner Mutter über dieses Buch erzählen, das ich gern lesen möchte, und [über] die Lehrerin, [oder] sollte ich es ihr lieber nicht erzählen?« »Es war nicht richtig von ihr, meine Bücher auszusuchen«, sagt Sonia, aber »ich hatte auch keine Lust dazu, daß meine Mutter dann irgend etwas an die Lehrerin schreibt oder so«. »Das ist verständlich«, antwortet ihre Interviewerin. »Wie hast du dich denn damals dabei gefühlt?« »Ich war irgendwie sauer auf die Lehrerin«, erklärt Sonia, »weil sie ein Buch für mich ausgesucht hat... Es wäre besser gewesen, wenn wir alle unser eigenes Buch gelesen hätten, ein Buch lesen und entscheiden, und nicht so, daß es die ganze Klasse lesen muß ... Und ich denke, es ist wichtig zu wissen, welche Bücher du lesen willst, weil ich denke, es ist wichtig, daß du selbst aussuchen solltest, welche Bücher du lesen willst, denn manchmal gefällt dir ja eins vielleicht nicht.«

Obwohl Sonia ihrer Interviewerin nicht erzählt, welches Buch sie nicht lesen wollte oder warum, scheint ihr Widerstand gesund, wenn nicht sogar bewundernswert zu sein, wenn wir davon ausgehen, daß Preise und Auszeichnungen in dieser Kultur in der Regel in einer Weise vergeben werden, die den Status quo mit all seinen Privilegien nicht nur wiederspiegelt, sondern auch erhält.[7]

Sonias Kampf jedoch konzentriert sich weniger auf das Aussuchen des Buches als vielmehr darauf, ob sie ihrer Mutter von dem Konflikt mit ihrer Lehrerin erzählen soll oder nicht: Auf der einen Seite, erklärt sie, »wollte ich selbst etwas aussuchen, ... und es ist nicht richtig, daß ich dann dieses Buch über mich ergehen lassen muß«; auf der anderen Seite »wollte ich nicht, daß meine Mutter es erfährt ..., denn sie könnte sich über die Lehrerin ärgern, und ich wollte nicht, daß sie böse wird«.

Sonia würde ihre Mutter in dieses Beziehungsdrama hineinziehen müssen, um auszusprechen, was sie weiß, und um gehört zu werden – um in Beziehung mit sich selbst zu bleiben. Aber ihre Mutter, erzählt Sonia ihrer Interviewerin, »hat sich früher schon mal über die Lehrerin geärgert«, und wenn sie ihre Mutter in den Konflikt hineinzieht, kommt Sonia in eine schwierige Situation: »Meine Mutter wird nicht wirklich böse, aber sie würde die Lehrerin anrufen, und das wäre mir dann peinlich, denn die Lehrerin erwähnt so etwas dann gern, die würde etwas darüber erzählen.«

Aus Angst davor, daß die Lehrerin etwas vor der ganzen Klasse sagen würde, kämpft Sonia nicht nur mit der potentiellen Peinlichkeit, sondern auch mit der Möglichkeit, daß in der Gruppe ihrer Freundinnen noch mehr Gerüchte entstehen. Die Lehrerin zu verärgern, könnte auch »schlechte Noten« bedeuten und aufs Spiel setzen, was sie und ihre Mutter sich für Sonia am meisten wünschen, daß sie schließlich »auf das beste College in den Vereinigten Staaten« geht, wo sie »die beste Ausbildung« bekommen kann. Wenn Sonias Mutter nicht hineinzogen wird, wird Sonias Stimme vielleicht übertönt; aber wenn ihre Mutter reagiert und ihre Gefühle zum Ausdruck bringt, wird Sonia nicht mehr mit ihrer Lehrerin und ihren Klassenkameradinnen übereinstimmen; denn wenn ihre Mutter dann weggeht, ist Sonia allein mit dem Ärger ihrer Lehrerin und dem Geflüster ihrer Klassenkameradinnen.

»Ich habe es meiner Mutter gesagt«, bekennt Sonia schließlich, »und sie hat an die Lehrerin einen kurzen Brief geschrieben, in dem stand, daß das ein schönes Buch sei ... und daß ich noch ein anderes Buch gelesen habe, das mir auch gefällt.« Mit zwei Stimmen und aus zwei verschiedenen Blickwinkeln erzählt Sonia ihrer Interviewerin, daß sie zwei Dinge aus dieser Erfahrung gelernt hat: etwas über den öffentlichen Bereich der Schule – im Unterricht dieser Lehrerin, sagt sie, »muß ich immer Bücher aussuchen, die Preise bekommen haben« – und etwas über sich selbst, was auf die Unterstützung durch ihre Mutter zurückzuführen ist: »Ich sollte die Lehrerin nicht aussuchen lassen, was ich eigentlich will.«

Obwohl Sonia im Vergleich zu Jessie und den meisten anderen weißen Mädchen in ihrer Klasse ihr Interview im Alter von acht Jahren weniger offen und kühn beginnt, ist sie dennoch bestimmt und resistent. Durch ihr Schweigen und Zögern gelingt es Sonia, eine Distanz zwischen sich und der Frau, die sie interviewt, zu schaffen. Diese Frau, vielleicht aufgrund ihres eigenen Unbehagens mit Sonia oder damit, was dieses kleine Mädchen alles anspricht und sagt, fragt Sonia nicht, was sie empfindet, wenn über sie geflüstert oder wenn sie ausgeschlossen wird; sie scheint es nicht zu bemerken, wenn Sonia grausames Verhalten bewußt ignoriert und sich selbst angesichts eines Konfliktes bewußt zum Schweigen bringt; sie sagt nichts dazu, wenn Sonia, um nett und freundlich zu sein, ihre Gedanken und Gefühle nicht aussprechen will.

Als Sonia mit neun nicht mehr so gern öffentlich darüber sprechen möchte, was wirklich in Beziehungen passiert, beginnen Begriffe wie Freundschaft und Beziehung ihren Sinn zu verlieren. Wie das Stachel-

schwein und die Maulwürfe wird sie, wenn sie »ihre Ruhe« will, ignorieren, was passiert, zustimmen; sie wird nett zu Leuten sein, die nicht
nett zu ihr sind, so tun, als ob sie langen und langweiligen Geschichten
zuhört, die ihr vorgenuschelt werden, sie wird keinen Streit anfangen
und sich nicht wehren. Aber Sonia weiß auch, daß sie auf diese Weise
verrückt werden könnte, nämlich dann, wenn sie vorgibt, nicht zu
wissen, was sie aus ihrer Erfahrung heraus genau weiß.

Es ist nicht ganz klar, ob Sonia mit elf einfach offener geworden ist,
ob der Wechsel von einer weißen zu einer schwarzen Interviewerin
Sonia so stark beeinflußt hat, wie es scheint, oder ob beides der Fall
war. In jedem Fall hört sich die elfjährige Sonia sicher und deutlich an.
Wenn sie mit einer Afroamerikanerin spricht, die ihr, wie ihre Mutter
auch, zuhören wird – mehr auf sie als auf ihre Standardfragen auf dem
Papier eingehen wird –, sagt Sonia, was sie will und was sie aus Erfahrung weiß. Obwohl Sonia und ihre Interviewerin nicht explizit über
Rassenfragen sprechen, nicht darüber, was für ein Gefühl es ist, wenn
jemand aufgrund der Hautfarbe ausgeschlossen oder übertönt wird,
ist in diesem Punkt, so scheint es uns, eine greifbare Kommunikation,
ein gemeinsames Wissen vorhanden. Sonia und ihre Interviewerin sind
voneinander angetan, sie haben eine gemeinsame Sprache und eine gemeinsame Erfahrung, und wenn ihre Interviewerin von der Interview-
struktur abweicht, um auf Sonias Gefühle und Gedanken einzugehen,
wenn sie ein wirkliches Gespräch und eine echte Beziehung zuläßt, erzählt Sonia mit kühnen und direkten Worten eine Geschichte, in der es
um Mut und Widerstand geht.

Lauren: Spiel und Mut

Als wir Lauren treffen, kniet sie auf ihrem Holzstuhl, ihre Knöchel
und Füße ragen zwischen den Stäben der Rückenlehne hervor, ihr
Oberkörper liegt faul auf der Tischplatte, ein langer roter Zopf schlän-
gelt sich auf dem Tisch, und ihren Kopf hat sie auf ihren ausgestreck-
ten Arm gelegt. In dieser Gruppe von Zweitklässlerinnen nimmt
Lauren einen beträchtlichen Raum für sich selbst ein. Während dieses
einleitenden Gruppeninterviews spielt sie fast die ganze Zeit mit einem Bleistift – sie rollt ihn hin und her, läßt ihn fallen, klopft damit auf
den Tisch, zuerst direkt vor ihrem Platz, später kommt sie mit dem

Bleistift dann immer näher an das Mikrofon heran, das mitten auf dem Tisch steht; sie sieht verschmitzt dabei aus. Lauren strahlt, rollt mit den Augen, rutscht hin und her und stößt ihre Nachbarinnen an, sie hält alles in Trab.[8]

Später zeigt die achtjährige Lauren ihren wachen und kreativen Verstand, als sie mit deutlicher, fast abrupter und direkter Stimme mit ihrer Interviewerin spricht. Lauren redet über ihre Beziehung zu ihrer Mutter, sie erzählt von einem ständigen inneren Dialog, in dem sie zu antizipieren versucht, wie ihre Mutter auf ihre direkten Fragen reagieren könnte: »Ich entscheide mich, bevor ich frage«, erklärt Lauren. »Ich sage zu mir selbst ›ja‹ und ›nein‹, weil ich denke, vielleicht wird sie etwas sagen..., wenn ich dann zu mir selbst sage ›nein‹ oder so, dann gehe ich normalerweise zu meiner Mutter und frage sie, und wenn sie dann ›vielleicht‹ sagt, dann erwarte ich schon, sie sagt ›nein‹.«

Lauren, entdecken wir, ist von ihrer Mutter darin bestärkt worden, sich in dieser Weise selbst zu befragen, die Reaktionen anderer auf ihre Stimme zu antizipieren, nachzudenken, bevor sie spricht oder handelt. Lauren beschreibt, wie das funktioniert, nämlich dann, wenn sie dafür verantwortlich ist, »ihre Schwester herumzukommandieren«. »Manchmal sind meine Großmutter und meine Mutter und mein Vater nicht da«, erklärt sie, »und [meine Schwester] geht gern dorthin, wo sie nicht hingehen soll, und ich sage: ›Nein, das darfst du nicht‹, und dann sage ich zuerst zu mir selbst: ›Also ich weiß nicht, ich muß mir das mal überlegen.‹« Aber für Lauren spielt nicht nur das »Nachdenken« eine Rolle, bevor sie handelt; sie erzählt ihrer Interviewerin von einem Buch, auf das sie zurückgreift, eine wahre Fundgrube für ihre sich ununterbrochen entwickelnden Beobachtungen und Eindrücke davon, was richtig oder falsch, gut oder schlecht ist: »Also sehen Sie, ich schreibe eben ein Buch für mich selbst, wenn ich etwas machen soll und meine Eltern weggehen, und meine Großmutter auch..., was ich dann mache, ist, ich lese einfach in dem Buch, und ich rede eine Weile mit mir selbst, und wenn dann meine Schwester etwas macht..., finde ich die richtige Seite, und dann mache ich das, was ich dort aufgeschrieben habe, weil meine Mutter mir geholfen hat, das Buch zu schreiben.«

Gemeinsam mit ihrer Mutter schreibt Lauren ein Buch »darüber, was ich machen soll, wenn meine Eltern nicht da sind«, ein Buch, in das sie schreibt: »Entscheide dich zuerst, was du machen wirst, bevor du jemandem erzählst, was du denkst oder was du machen solltest.«

Laurens innerer Dialog, den sie ihrer Interviewerin so deutlich macht, zeigt, wie zuverlässig sie die Stimme ihrer Mutter verinnerlicht hat – ihren Rat, nachzudenken (darüber, was ihre Mutter von ihr verlangt), bevor sie handelt.[9]

Aber Lauren bleibt auch in hohem Maße sie selbst – lebhaft, witzig, dramatisch. Sie schwingt im Rhythmus des Gesprächs ihre Beine hin und her, sie erzählt davon, wie sie »so schnell wie ich konnte« hinter ihrer Schwester hergelaufen ist: »Und dann habe ich gesagt: ›Halt!‹, und da ist sie ganz stillgestanden, wie eine Statue.« Später entwirft sie ein lebendiges Bild von sich, ihrer Schwester und ihrer Großmutter bei einem Gewitter, »draußen mit unserem Regenschirm... haben wir dann unter der Veranda gesessen, und das hat so viel Spaß gemacht, wir haben gespielt und so«. Lauren hat Spaß an sich selbst und an anderen Menschen, sowohl physisch als auch auf der Beziehungsebene. Aber ihre Stimme, die fest in ihrer Erfahrung und ihren Gefühlen verankert ist, ist vielleicht zu kühn und zu ungehemmt, als daß sie von den Menschen um sie herum geduldet werden könnte; wir fragen uns jetzt langsam, ob Lauren mit diesem »Buch« zu sich selbst finden soll, ob es ihr dabei helfen soll, an ihren Gedanken und Gefühlen festzuhalten, oder ob Lauren über das Buch mit den Wünschen ihrer Mutter verbunden bleiben soll; das wäre eine Möglichkeit, ihre lebhafte und impulsive Ausdrucksweise zu bändigen. Wird es für Lauren möglich sein, fragen wir uns, mit sich selbst verbunden zu bleiben – mit ihren eigenen Gedanken und Gefühlen –, wenn ihr gleichzeitig von ihrer Mutter und anderen Frauen beigebracht wird, wie sie die Beziehungswelt, die sie betritt, lesen und antizipieren soll?

Sowohl Laurens Vergnügen an ihrer eigenen Stimme und Phantasie, ihr Insistieren, die Beziehungswelt zu benennen, wie sie sie erfährt, als auch die Reaktion, die ihre respektlose Ausgelassenheit bei anderen hervorruft, werden offensichtlich, wenn sie und die Interviewerin über die Fabel mit dem Stachelschwein und den Maulwürfen reden. Das Stachelschwein, wie auch der »Bleistifthalter«, den Lauren zu Hause hat, hat spitze Stacheln, ist stachelig und, erklärt Lauren, »er sticht« die Maulwürfe, »verletzt sie mit seinen Dingern«. Wir sind erstaunt, daß Lauren, wie auch schon Sonia und Jessie, deutlich darüber spricht, daß in dieser Geschichte jemand physisch verletzt wird. Die Fabel mit dem Stachelschwein und den Maulwürfen beschreibt eine Szene in einem häuslichen Konflikt – möglicherweise eine Szene der Gewalt. Und die achtjährige Lauren spricht, ebenso wie viele andere

Mädchen ihres Alters in dieser Untersuchung auch, die physische Verletzung an, die die Maulwürfe erfahren – daß sie von den Stacheln des Stachelschweins gestochen werden.

Die Maulwürfe, die »sich nicht wohlfühlen«, sagt Lauren ihrer Interviewerin, »hätten ausziehen können«, so hätten sie auf das ständige »Stechen« reagieren können. »Aber«, fügt sie hinzu, »weil sie kleine Maulwürfe hatten ..., konnten sie das nicht.« Die Interviewerin geht auf Laurens Darstellung dieser unerträglichen Situation, in der sich die Maulwürfe mit ihren Kindern befinden, nicht ein, sondern verhält sich genau so wie Laurens Mutter, wenn diese Lauren daran erinnert, was sie wissen sollte – in diesem Fall sind es die Einzelheiten der Geschichte, die ihr erzählt worden ist: »Woher weißt du denn, daß sie kleine Maulwürfe haben?... Ich glaube nicht, daß [das] gesagt wird«, sagt sie zu Lauren. Aber Lauren hält an ihrer Position fest. »Weil sie Junge haben!« ruft sie aus und fährt fort: »Wenn ich Babies hätte, würde ich auch nicht wollen, daß sie gezwickt werden..., dann würde ich einfach ausziehen.«

Lauren, die sich die Mutter, den Vater und die kleinen Maulwürfe vorstellt und daran interessiert ist, verschiedene Lösungsmodelle durchzuspielen, stellt sich auch vor, daß die Stacheln des Stachelschweins entfernt werden können, so wie die Stacheln ihres Bleistifthalters, nämlich die Bleistifte. »Das Stachelschwein könnte doch, wenn es ins Bett geht, seine Stacheln in die Erde tun«, schlägt sie vor. »Oh«, antwortet ihre Interviewerin, die offenbar auf diese etwas unorthodoxe Idee nicht gefaßt gewesen war. »Seine Stacheln in die Erde stecken!« kreischt Lauren immer lauter; sie ist begeistert von diesem Gedanken, und auch das Zögern der Interviewerin kann sie nicht erschüttern. Im Gegenteil: Je zögernder die Interviewerin reagiert, desto überschwenglicher wird Lauren, und als ihre Interviewerin sie nach der einzig richtigen Lösung dieses Problems fragt, leistet Lauren Widerstand: »Ich würde ›ja‹ und ›nein‹ dazu sagen [daß es weggehen soll]«, erwidert sie. »›Nein‹ würde bedeuten, daß es weggehen soll, und ›ja‹ bedeutet, daß das nicht sehr freundlich wäre, weil es im Winter so kalt ist.«

Obwohl sie sich bemüht, nicht unfreundlich zu sein, konzentriert sich Lauren auch nicht darauf, nett und höflich zu sein; sie ist nicht unbedingt daran interessiert, in ihrem Interview einen liebenswürdigen Eindruck zu hinterlassen. Menschen können anderer Meinung sein, denn, ruft sie aus: »Wir leben doch in einer freien Welt!« Sie berichtet ihrer Interviewerin, daß sie einen Teil der Fabel mit dem Stachelschwein und den Maulwürfen zufällig am gleichen Tag auf der Toilette mitgehört hat, »als ich mich umgezogen habe«, und wir hören in Laurens Stimme eine Mischung von Ehrlichkeit und Verspieltheit. Lauren genießt es, ihre Gedanken und Gefühle zu präsentieren, testet verschmitzt die Grenzen angemessenen Verhaltens aus, und es scheint ihr enormen Spaß zu machen, interviewt zu werden – oder einfach nur, sie selbst zu sein und ihre Gedanken und Gefühle auszusprechen.

Aber bis zu diesem Punkt scheinen die Frauen, auf die Lauren stößt, vielleicht mit Ausnahme ihrer Großmutter, nicht bereit zu sein, mit Lauren zu spielen, sich auf ein Gespräch einzulassen, in dem es keine festen Regeln gibt, auf eine Beziehung, die der Phantasie ihren freien Lauf läßt. Anders als ihre Großmutter, die bei einem Gewitter mit Lauren und ihrer Schwester draußen spielt, entscheiden sich ihre Mutter und die Interviewerin dafür, sich an die Spielregeln zu halten, anstatt mit Lauren zu spielen. Wenn Lauren mit Hilfe ihrer Mutter ein Buch darüber schreibt, was sie wissen sollte, und ihre Interviewerin ihre Stimme blockiert, indem sie ihr noch einmal die Geschichte ins Gedächtnis zurückruft, dann reagiert die achtjährige, ein bißchen wilde und nur schwer zu bändigende Lauren auf diese Versuche, sie zu kontrollieren – vielleicht neigt sie von Zeit zu Zeit sogar zu einer Überreaktion.

Wenn wir von Laurens Fröhlichkeit und Ehrlichkeit – und der Reaktion darauf – ausgehen, scheint die Geschichte mit der Lehrerin und dem Computer, die wir oben beschrieben haben, ein Schlüssel für das Verständnis der Veränderungen zu sein, die wir bei Lauren sehen; Lauren hat erkannt, daß manche Frauen sich vielleicht unwohl fühlen, wenn sie so direkt ist, doch diese – sowohl ihre Lehrerin als auch ihre Mutter – verschließen auch die Augen, wenn Lauren sich entschließt, das aufzugeben, was sie eigentlich will. Wenn Lauren lernt zu antizipieren, was ihre Mutter sagen wird – sich die Antwort ihrer Mutter im Kopf zurechtlegt –, hat sie auch gelernt zu überlegen, wie ihre Lehrerin auf sie reagieren wird, wenn sie sagt, was sie zu einem bestimmten Zeitpunkt empfindet. Weil sie aus Erfahrung weiß, daß lautes Sprechen mit Sicherheit bedeutet, daß sie »Schwierigkeiten bekommen [wird], und die Lehrerin sie ausschimpft«, bringt sich Lauren im Endeffekt selbst zum Schweigen – »entscheidet [sie], bevor [sie] fragt«; anstatt zu fragen, findet die Auseinandersetzung mit ihrer Lehrerin in ihrem Kopf statt. Dieses Mädchen, das so offen war, redet jetzt darüber, ihre Gedanken und Gefühle zu verbergen. Und die Lehrerin, wie ihre Mutter und die Interviewerin auch, belohnt Laurens Schweigen, nennt es gutes Benehmen – »Kompromiß«; sie scheint nicht zu bemerken, was Lauren aufgibt, wenn sie sich an diese Spielregeln hält.

Ein volles Jahr später ist Lauren neun und in der dritten Klasse; es ist ihr immer noch bewußt, wie ihre Aktionen mit den Reaktionen anderer zusammenhängen, und obwohl sie immer noch sehr kreativ und wach ist, scheint sie sich mehr und mehr damit zu beschäftigen, wie andere, besonders Erwachsene, auf sie reagieren werden. Sie erzählt ihrer Interviewerin eine Geschichte, die, oberflächlich gesehen, einfach zu sein scheint, in der etwas aufgeschoben wird, »als ich etwas nicht rechtzeitig fertig hatte«. Lauren weist auf einen tieferen, inneren Kampf hin, das Suchen nach einer Möglichkeit zu sagen, was sie denkt und fühlt, wenn sie antizipiert, wie andere auf sie reagieren werden.

Ich hatte ein Referat zu schreiben, und ich habe es nicht rechtzeitig abgegeben. Und ich war in Schwierigkeiten, weil das an einem Sonntag war, und am nächsten Tag mußte ich es abgeben, und es war Zeit für mich, ins Bett zu gehen, und … ich habe es meiner Schwester erzählt, und sie hat es meiner Mutter erzählt, und da habe ich Schwierigkeiten gekriegt. Meine Mutter wollte mich nämlich ausschimpfen und anschreien. Dann habe ich angefangen, daran zu arbeiten, aber… Ich konnte es einfach nicht, ich wollte es eben einfach in diesem Moment nicht, weil ich wirklich müde war, und es war für mich wirklich schwer, ihr zu sagen, warum ich es nicht am Wochenende gemacht habe.

Lauren, die es »wirklich schwer« findet, ihrer Mutter zu erklären, warum sie ihre Hausaufgabe vor sich hergeschoben hat, findet auch für ihre Interviewerin immer wieder Ausreden: Ihre Mutter, sagt sie, »wollte, daß ich das ganze Wochenende lese … weil sie gern möchte, daß ich Biographien lese«. Lauren fügt noch schnell hinzu: »Ich hatte es ganz vergessen.« Außerdem, klagt sie, »wenn ich damit anfange…, kommt nichts richtiges dabei raus, egal was mir einfällt«. Aber nach dieser Reihe von Ausreden macht Lauren einen plötzlichen Sprung; jetzt erklärt sie das Aufschieben ihrer Hausaufgabe mit einer direkten Stimme, die echter, einfacher und deshalb vielleicht auch überzeugender klingt: »Es ist so, ich wollte es eben einfach nicht gerade dann machen … nicht gerade in dem Moment; ich fand es irgendwie blöd, das zu machen, und ich hatte eigentlich keine Lust dazu.«

In diesem Moment ist Laurens Widerstand gegen etwas, was sie als »wirklich blöde« Aufgabe ansieht, klar, und sie überlegt, ob sie ihre Gefühle gegenüber ihrer Mutter offen ansprechen soll, ob sie vielleicht sogar ihrer Lehrerin sagt, was sie ihr eigentlich sagen will: »Ich habe jede Woche so viel Unterricht, es könnte sein, daß ich etwas später abgebe.« Aber, fügt Lauren hinzu und antizipiert jetzt auch die Reaktion ihrer Lehrerin, wie sie es auch vorher schon bei ihrer Mutter getan hat: »Ich weiß, daß sie dann kommen und sagen würde: ›Du mußt es aber schon rechtzeitig abgeben‹, also sage ich nichts und versuche, das rechtzeitig abzugeben.« Aus früherer Erfahrung zieht Lauren den Schluß, daß es sinnlos ist zu sagen, was sie fühlt und denkt, also sagt sie nichts. Sie weiß auch, was es für sie bedeutet, wenn sie die Aufgabe trotz ihrer eigenen Gefühle und Gedanken rechtzeitig fertig hat: daß sie dann keine »schlechte Note bekommt« und »ihre Eltern dann stolz auf sie sind«; es bedeutet: »Ich kann dann irgendwohin gehen, wo ich gern hin möchte, zum Burger King oder zu Wendy's oder so.« Vor lauter guten Noten und Hamburgern scheint niemand zu bemerken, daß Lauren nicht sagt, was sie eigentlich will; niemand scheint zu wissen, was sie nicht gesagt hat – letzten Endes, nehmen wir einmal an, noch nicht einmal Lauren selbst. Wenn sie ihre Gefühle über die »blöde« Aufgabe begräbt, ebenso wie ihren zunehmenden »Ärger« über ihre Schwester, weil diese es ihrer Mutter erzählt hat, beschreibt Lauren eine Wirklichkeit, in der sich Selbstlosigkeit wieder einmal auszahlt, wie auch schon bei dem Computer – wenigstens soweit sie es aus den Reaktionen der Erwachsenen auf ihr Verhalten beurteilen kann.

Aber Laurens Kapitulation, die Tatsache, daß sie sich selbst zum Schweigen bringt, scheint nicht sehr tief zu gehen. Auch wenn sie unfähig ist, direkt und offen zu sprechen, weil es für sie im Moment gerade äußerst schwer und aufwendig wird, ihren eigenen Standpunkt zu vertreten, so bleibt Lauren doch bei ihren Gefühlen und Gedanken; sie findet andere, weniger direkte Mittel, sich auszudrücken, zum Beispiel durch das Aufschieben ihrer Hausaufgabe. Am Anfang ist sie »wirklich schockiert« über die Indiskretion ihrer Schwester, unfähig, ihre Gefühle direkt auszudrücken, dann ärgert sie ihre Mutter und ihren Vater damit, daß sie das, was sie machen soll, nur sehr langsam macht, und später »schüttelt« und »kneift« sie ihre Schwester heimlich. Auch wenn sie ihre Aktionen und ihre Stimme verdeckt, wenn sie den Eindruck zufriedener Kooperation zu erwecken versucht, so scheinen Laurens wahre Gefühle doch durch.

Es ist vielleicht nicht überraschend, daß Lauren sich selbst im weiteren Verlauf des Interviews so charakterisiert, wie sie ihrer Vorstellung nach vielleicht von anderen charakterisiert wird, wenn sie darauf besteht, ihre Gedanken und Gefühle auszudrücken: als Unruhestifterin. Sie redet jetzt mit neun Jahren über die Fabel mit dem Stachelschwein und den Maulwürfen, und sie beschließt, daß das Stachelschwein »unter den Maulwürfen so viel Unruhe gestiftet hat«. Als Lauren die Geschichte auf sich bezieht und sagt: »Ich würde auf die Maulwürfe hören und ihnen dabei helfen auszuziehen, wenn sie das wollen«, wird ihre Interviewerin neugierig. »Wer bist du denn?« fragt sie. »Das Stachelschwein«, antwortet Lauren. »Und für die Maulwürfe wäre es unbequem, und sie würden ausziehen wollen, nur um da wegzukommen, weil sie nämlich schon wissen, daß er spitze Stacheln hat, und ich würde sie kratzen, und alles machen, nur damit sie [nicht] in seiner Nähe liegen oder neben ihm sitzen müßten.«

Lauren identifiziert sich mit dem Stachelschwein – »weil«, gibt sie zu, »ich normalerweise manchmal wirklich unausstehlich bin, genau wie das Stachelschwein« –, und scheint sich selbst als Nervensäge, Unruhestifterin zu sehen, buchstäblich als diejenige, die immer stichelt. Überraschenderweise bezieht sie sich auf das Stachelschwein auch mit dem Pronomen »er«. Sie denkt nicht daran, daß das Stachelschwein seine Stacheln abnehmen oder ausziehen soll – jetzt soll der Unruhestifter lieber bleiben als gehen. Doch kämpft Lauren noch damit, was es mitten in einem Beziehungskonflikt bedeutet, zu ihren Gedanken und Gefühlen zu stehen. »Auch wenn die Maulwürfe unglücklich wären, mir ginge es jedenfalls gut«, beginnt sie. Aber wie sie es gelernt hat, hält sie sich dann zurück, vielleicht, weil sie die Reaktion der Interviewerin antizipiert, und sie rezitiert, was nach einem Satz aus dem Buch klingt, das sie mit der Hilfe ihrer Mutter geschrieben hat: »Ich würde einfach ein bißchen überlegen und zu mir selbst sagen: ›Warum höre ich nicht einfach damit auf, so unausstehlich zu sein, und warum behandele ich diese Person nicht, wie sie mich behandeln würde?‹«

Wenn sie sie selbst ist, in einer echten Beziehung bleibt und sich vor einem Konflikt nicht scheut, sondern ausspricht, was sie fühlt und denkt, hat Lauren allen Grund dazu, zu glauben, daß andere sie aggressiv, unausstehlich und unsensibel finden werden, weil sie nicht auf die Bedürfnisse der anderen eingeht. Und die Menschen scheinen zufriedener zu sein, wenn Lauren nicht sagt, was sie fühlt – das Mädchen, das ihr den Platz am Computer weggenommen hat, ihre Lehrerin, ihre Eltern, sogar ihre Interviewerin. Doch Lauren findet es schwierig, ihre Gedanken und Gefühle über Bord zu werfen. Angesichts eines solchen Drucks und des ständigen Wechsels in der Identifikation mit sich selbst und mit dem Stachelschwein wird Lauren zur Verteidigerin, was den Fall des »unausstehlichen« Stachelschweins betrifft: »Ich hätte ausziehen können, aber dann wäre ich in der Kälte und würde da im Schnee sitzen oder so, und ich würde frieren, und ich würde sterben, weil ich glaube, Stachelschweine sind Kaltblüter ... ich würde mich zu Tode frieren und vielleicht würde ich sterben.« Mitten in diesem Beziehungskonflikt in der Höhle zu bleiben, scheint für Lauren und das Stachelschwein jetzt zu einer Überlebensfrage geworden zu sein. Doch um bleiben zu können, geht Lauren das Risiko ein, »unausstehlich«, »Unruhestifterin« und »er« genannt zu werden; so nennt sie sich ja auch selbst. Der Druck, weniger Schwierigkeiten zu machen, scheint jedoch immer noch groß zu sein. »Ich habe mir gerade gedacht«, fügt Lauren hinzu und greift dabei schutzsuchend auf die moralische Sprache zurück, um den Konflikt, den sie gerade so lebendig beschrieben hat, zu verdecken: »Ich habe gerade an eine Möglichkeit gedacht, wie wir beide zufrieden sein und so überwintern könnten, wie es am besten für uns alle wäre.« Bei diesem – plötzlich so netten und freundlichen – Sinneswandel fragen wir uns, ob das kleine Stachelschwein auch gelernt hat, was Lauren weiß und was Jessie und Sonia im Alter von neun Jahren ebenfalls vermuten: Daß es besser ist, nicht zu sprechen, so zu tun, als sei alles in bester Ordnung, wenn es eigentlich nicht so ist, so zu tun, als sei nichts passiert – vielleicht besonders als Mädchen.

Zwei Jahre später sitzt die elfjährige Lauren mit einer anderen Interviewerin zusammen. Ihr dickes rotes Haar hat sie jetzt zu einem Pferdeschwanz zusammengebunden, ihre Socken sind um die Fußgelenke gebauscht. Sie spielt mit einer Plastikblume, nimmt sie auseinander und setzt sie wieder zusammen – sie beginnt ihr Interview sofort damit, daß sie über das Stachelschwein und die Maulwürfe spricht. Die Maulwürfe »brauchen ihren Platz«, um zu »essen und sich zu bewegen«, erklärt sie ihrer Interviewerin jetzt, so »könnten [sie] entweder [das Stachelschwein] rauswerfen«, daß »es allein wohnt«, oder »sie könnten sagen ›raus aus meiner Wohnung‹«. Sicher, sagt Lauren, es wäre »schlimm«, wenn die Maulwürfe »es einfach rausschmeißen würden ... ins Freie, wo es sich halbtot friert«, aber, fügt sie hinzu – wobei sie in dem Gespräch ihrer eigenen Stimme Raum verschafft –, »das wäre mir egal«. »Das wäre dir egal?« fragt die Interviewerin. »Also, das ist so«, erklärt Lauren, »ich bin kein Tier..., und ich sehe noch nicht einmal Stachelschweine, weil es dort, wo ich wohne, nämlich überhaupt keine gibt... Ich weiß noch nicht mal, wie eins aussieht.«

Lauren, die mit acht das Stachelschwein mit ihrem Bleistifthalter verglichen hat und sich ein Jahr später mit diesem Tier, das immer nur Schwierigkeiten bereitet, identifizierte, die erst ganz kurz vorher diese Tiere als »sehr stachelig« und »fett« mit »vorstehenden Spitzen« beschrieben hat, behauptet jetzt, nicht zu »wissen, wie eines aussieht«. Laurens Antwort ist ein Signal für einen Bruch in dem Interview, für einen Moment des Widerstands, ein deutlicher Ausbruch aus diesem vorstrukturierten Auftritt. Aber anstatt auf Lauren einzugehen, stellt die Interviewerin die nächste Frage: »Fällt dir noch eine andere Möglichkeit ein, um das Problem zu lösen?« Noch einmal unterbricht Lauren den Interviewfluß. »Im Moment nicht«, antwortet sie und bestimmt damit nun selbst, ob und wann sie etwas anbieten wird: »Vielleicht in einer Stunde oder so.«

Als ihre Interviewerin pflichtbewußt bei den Spielregeln dieses Pseudo-Gesprächs bleibt, leistet Lauren immer noch Widerstand. Lauren wird gefragt, ob »ihr eine Regel, die dieses Problem für alle Beteiligten lösen würde«, einfällt, und sie zweifelt, ob eine Beziehung zwischen diesen unterschiedlichen Tieren überhaupt möglich ist. »Ich weiß überhaupt nicht, wie ein Stachelschwein mit Maulwürfen zusammenleben kann, weil sie Feinde sind. Ich habe [das] in einem Buch gelesen.« Und dann stellt sie die Vorstellung ganz allgemein in Frage, daß Tiere überhaupt denken und reden und sich erinnern können. »Nein [eine Vorschrift würde nicht funktionieren], weil sie sich nicht daran erinnern können mit ihrem Spatzenhirn.«

Aber Lauren ist genau über Vorschriften informiert und auch darüber, wie sie gerechtfertigt werden, wenn sie der Frau erklärt: »Wie hier, hier haben wir Vorschriften, zum Beispiel die Vorschrift auf dem Flur nicht zu laufen. Sie ist dazu da, damit wir nicht hinfallen.« »Vorschriften und Regeln« – wie auch das Buch, das Lauren früher führte – sind eben eine Art Kontrolle für das eigene Leben. »Sie langweilen einen vielleicht«, fügt sie hinzu – so wie sie vielleicht dieses Interview, das, solange es sich an feste Spielregeln hält, sie zu langweilen beginnt. »Ich weiß es nicht. Wenn sie eine Regel hätten, dann würde auch alles reibungslos gehen, dann hätten sie auch keinen Streit oder so.« Lauren hält sich an die Spielregeln dieses strukturierten Interviews und impliziert, keiner würde »hinfallen«, es gäbe »keinen Streit«, die Dinge würden unter »Kontrolle« bleiben, »reibungslos« laufen, aber Dinge waren auch »langweilig«, es gäbe keinen lebendigen Austausch, keine Entwicklung, keinen Raum für echte Beziehung. Was würde also passieren, wenn jemand gegen diese Regeln verstoßen will, fragt die Interviewerin plötzlich – vielleicht spürt sie, daß sie kurz davor ist, das lebendige, offene Mädchen, mit dem sie in den ersten paar Minuten des Interviews gesprochen hat, zu verlieren. »Wäre das in Ordnung?« »Na ja, wenn sie es keinem sagen würden«, antwortet Lauren, und weist damit auf den Untergrund und die Möglichkeit eines richtigen Gesprächs hin. »Aber«, fügt sie hinzu – vielleicht unsicher, was diese Frau und ihre Bereitschaft, etwas zu wissen, betrifft –, »aber ... irgendwie kommt immer jemand dahinter.«

Als dieses Gespräch auf das Thema Freundschaft und Meinungsverschiedenheit kommt, scheint Lauren bereit zu sein, über die Grenzen dieses Interviews hinauszugehen, wenn ihr die Möglichkeit dazu gegeben wird. »Alle haben ihre eigene Meinung über alle anderen«, sagt sie und erklärt, wie Menschen zwischen Sympathie und Antipathie hin und her schwanken. »Was würden denn zwei FreundInnen, die anderer Meinung wären, zueinander sagen?« fragt die Interviewerin. »Na ja, das würde wahrscheinlich ungefähr so gehen wie ... sollte ich das sagen?« fragt Lauren. Sie kann es fast nicht glauben, daß diese Frau jetzt von ihren Fragen abweicht und ihr die Führung überläßt. »Ja«, antwortet ihre Interviewerin, »wenn ich den Faden verliere, frage ich dich einfach.« Mit dieser Perspektive für die beiden fängt Lauren sofort an, ein Dreiergespräch zu simulieren; sie übernimmt die Rollen von zwei Freundinnen, die ihre Gefühle über ein anderes Mädchen abklären. Bei der Beschreibung dieses Dialogs zwischen zwei Freundinnen ist Laurens Mimik sehr lebendig, sie verändert ihren Gesichtsausdruck und wechselt die Position auf ihrem Stuhl:

Okay. Also. Hhm, erstes Mädchen: »Eigentlich dachte ich, sie wäre wirklich nett, und ich dachte, sie könnte vielleicht mal wieder rüberkommen.« Zweites Mädchen: »Ich mochte sie eigentlich nicht so gern, lad sie doch nicht mehr zu dir ein.« Erstes Mädchen: »Was war es denn genau, was du bei ihr überhaupt nicht leiden kannst?« Zweites Mädchen: »Na ja, sie hat mich eben herumkommandiert.«

Plötzlich wird das dritte Mädchen Teil der ganzen Szene. Das zweite Mädchen, die, die sie nicht leiden kann, spricht sie an:

Zweites Mädchen: »Wie ist denn deine Familie so?« Drittes Mädchen: »Also ich bin ein Einzelkind, meine Mutter ist 22, mein Vater 58, und ich bin 12. Ich habe ein Haustier. Das ist ein Vogel, und er heißt Duster.« Zweites Mädchen: »Also ich habe auch ein Haustier, und das ist auch ein Vogel, und der heißt... Sky.« Drittes Mädchen: »Bring den doch mal irgendwann mit zu mir nach Hause.« Zweites Mädchen: »Ist deiner ein Männchen oder ein Weibchen?« Und dann unterbricht Mädchen Nummer eins: »Moment, ich habe auch einen Vogel.« Zweites Mädchen: »Warum holen wir nicht alle hierher, in zwanzig Minuten, okay?« Erstes Mädchen: »Das ist eine gute Idee.« Und dann die Erzählerin: Sie fangen an, über die Vögel zu reden, und jetzt mag sie das Mädchen, das sie vorher überhaupt nicht leiden konnte.

Lauren hat ihre Interviewerin für dieses Drama interessiert, sie hatte Erfolg, denn die Frau ist jetzt wirklich neugierig, und sie beginnt, echte Fragen zu stellen. Wenn das »erste Mädchen« und das »zweite Mädchen« ganz offen anderer Meinung sein können, was passiert denn dann, als das dritte Mädchen auftritt? Warum unterhalten sich die Mädchen lieber über Vögel als über das wirkliche Problem, das doch eigentlich darin bestand, daß das »zweite Mädchen« das »dritte Mädchen« herrschsüchtig fand? »Warum hat sie ihr das nicht einfach gesagt?« fragt die Frau. »Ich weiß es nicht«, antwortet Lauren, »vielleicht fand sie es irgendwie gemein, das zu sagen... Am Anfang weißt du eben nicht wirklich, wie diese Person eigentlich ist. Aber nach einer Weile, wenn du sie dann kennenlernst, können sich die eigenen Gefühle über sie vielleicht ja auch ändern.«

Lauren weiß, daß »es die Gefühle anderer« verletzt, das Gesicht zu verziehen, sie auszulachen oder sogar »gemeine« Sachen zu sagen, und wie wir gesehen haben, versucht sie, keine Probleme zu machen – besonders dann nicht, wenn sie zu dem Schluß kommt, daß sie nicht gehört werden kann oder gehört werden wird. Aber in Gegenwart einer Person, die zuhört, tritt in dieser Elfjährigen wieder die achtjährige Lauren in Erscheinung – verschmitzt und verspielt und auch direkt und offen. Sie wird gebeten, zu sagen, was sie wirklich fühlt und denkt, und Lauren erzählt dann von einer Situation in der Schule, als sie versucht hat, in der Gruppe ihre Gedanken zu einem Projekt einzubringen und keiner ihr zugehört hat, »weil sie es so machen, wie sie es eben wollen«. Ärgerlich sagt Lauren: »Ich bin weggegangen... Ich bin nicht zurückgekommen und habe einfach ein Buch gelesen... Ich habe mich einfach in Ruhe hingesetzt und angefangen, mein Buch zu lesen. Und ich habe es ganz durchgelesen.« Lauren, die mit neun darum gekämpft hatte, ihre Gedanken und Gefühle direkt auszusprechen, die zu schweigen begann, weil sie antizipiert hat, was andere sagen oder tun könnten, erzählt ihrer Interviewerin jetzt, vielleicht weil ihre Interviewerin jetzt auch zuhören und mitspielen wird, daß sie sich weigert, ihre Gedanken für eine falsche Beziehung über Bord zu werfen, daß sie sich weigert, so zu tun, als sei es in Ordnung, daß niemand zuhört. »Warum soll ich denn jemandem helfen, wenn ich nicht einmal die Zeit habe zu sagen, was ich denke?« fragt sie. »Ich will ihnen nicht helfen, wenn sie mir nicht zuhören.«

Vielleicht weil sie ihrer Interviewerin darüber erzählen möchte, was für sie eine echte Beziehung ist – eine angenehme und wechselseitige Beziehung, beschreibt Lauren dann ihre »beste Freundin«, Nina. Nina ist expressiv und komisch, »und wenn sie etwas Witziges hört, macht sie immer irgendwie so ein merkwürdiges Gesicht ... und wenn etwas riecht, verzieht sie immer [das Gesicht]«. Die Freundschaft zwischen Lauren und Nina entstand, als sie anfingen, zusammen im Bus zu fahren, und »einmal in der Woche haben wir uns immer gestritten«. Wenn sie sich jetzt täglich streiten und wieder vertragen, fühlen sich Nina und Lauren sicher, daß sie sagen können, was sie denken und fühlen und voneinander brauchen, und Lauren hat, so ironisch das auch klingen mag, das Vertrauen, daß Nina sie nicht verlassen wird, weil sie sagen kann, was sie denkt und fühlt. Lauren selbst empfindet für Nina eine tiefe Loyalität. »Ich habe versprochen, es nicht zu erzählen«, sagt Lauren über ein Geheimnis, das Nina ihr erzählt hat, »und ich werde es nie irgend jemandem erzählen«.

Wenn dann die »coolen« Mädchen, das sind die, die »immer angeben«, Nina nicht ernst nehmen, wird Lauren ärgerlich, und sie unterstützt Nina vor allen anderen:

Wir waren in einer Gruppe zusammen mit Ellen [ein cooles Mädchen], und als dann alle ihre Ideen gesagt hatten, sagt Nina, ihr habt [mein] Argument noch nicht gehört, und Ellen dann also, na ja, ist doch egal, laß uns das jetzt jedenfalls so machen..., und ich dann: »Entschuldigung, ihr habt eine vergessen, und sie hat eine gute Idee.«

Ellen hat Nina nicht ernst genommen, und Lauren war »irgendwie traurig« für ihre Freundin, sie »hatte Angst, daß sie vielleicht anfangen könnte zu weinen«. »Ich würde sie trösten, wenn sie anfangen würde zu weinen«, erklärt Lauren. »Ich würde ihr helfen, und dann wäre schon irgendwann alles in Ordnung.« Lauren macht den Mund auf, um Nina in Schutz zu nehmen, und glaubt, daß sie, Lauren, einen ziemlich großen Einfluß in ihrer Klasse hat: »Manchmal hören mir die Leute dann einfach zu, weil ich hier ziemlich beliebt bin«, erklärt Lauren. »Ich bin eben ziemlich schlau in Mathe, und ich bin gut in der

Schule, und wahrscheinlich denken sie, daß ich schlau bin, und sie hören mir eben wirklich zu.« Lauren weiß durchaus, daß, wenn sie laut sagt, was sie denkt, »ich vielleicht eine Freundin verliere«; trotzdem gibt ihr die vertrauensvolle Beziehung zu Nina den Mut, die anderen Mädchen in ihrer Klasse direkt anzusprechen – »Ich sage: ›Entschuldigung‹. Ich sage nicht: ›Seid ruhig‹, sondern ich sage eben: ›Entschuldigung, ihr habt eine vergessen...‹, damit die Leute zuhören, Leute, die sich keine Gedanken machen, [die] andere Leute einfach vergessen.«

Aber Lauren, die sagt, daß sie sich den »coolen Mädchen« gegenüber behauptet, kämpft immer noch darum zu sagen, was sie fühlt und denkt, nämlich dann, wenn sie mit Erwachsenen zusammen ist, besonders mit ihrer Mutter. Manchmal verheimlicht sie immer noch, daß sie etwas falsch macht, tut so, als ob »ich nicht wußte, daß ich das gemacht habe«. Sie orientiert sich daran, was »sie sagen«, und damit hält sich Lauren an die Spielregeln, wenigstens an der Oberfläche, denn »Eltern haben diesen Instinkt dafür, etwas rauszukriegen«. »Meine Mutter kriegt alles aus mir raus. Ob etwas stimmt oder nicht, sie kriegt es raus. Sie weiß, wann ich lüge.« Lauren hütet sich zwar vor dieser Allwissenheit, aber die Belohnungen dafür, wenn sie artig erscheint, sind für sie auch eine Versuchung; deshalb verlegt Lauren ihre Gedanken und Gefühle in den Untergrund; manchmal sagt sie vor den anderen, was die anderen auch hören wollen, um ihr privates Wissen zu schützen, doch wartet sie auch auf eine Person, die sich für die lebendige und kreative Lauren interessiert und selbst auch auf eine Person wartet, mit der sie spielerisch zusammensein kann, eine Person, die ihr dann auch wirklich zuhört.

In der Computer-Geschichte erzählt die achtjährige Lauren, daß sie sich selbst, ihre Gedanken und Gefühle, aus der Beziehung herausnimmt, um andere zufrieden zu stellen. Aber mit elf Jahren verweigern sowohl Lauren als auch Sonia in Gegenwart einer Interviewerin, die ihnen zuhört, klar und deutlich das, was sie bis zu diesem Zeitpunkt akzeptiert haben – »in Beziehungen zu sein, die keine echten Beziehungen sind«. »Ich will euch nicht helfen, wenn ihr mir nicht zuhört«, sagt Lauren jetzt, und dadurch daß sie ihre Verweigerung, in Beziehungen zu bleiben, in denen sie nicht sprechen kann, dann zum Ausdruck bringt, weist Lauren auch auf einen Prüfstein für die psychologische Gesundheit von Frauen hin. In Gegenwart einer Frau, die Lauren ernster nimmt als die Spielregeln, verkörpert Lauren das, was

Annie Rogers die selbstverständlichste und eine ganz normale Form der Courage nennt.[10]

»Was all diese Worte bedeuten, verstehen wir nicht, das können wir auch nicht verstehen, wir sind ja erst neun und zehn Jahre alt. Deshalb sehen wir auf ihre Gesichter, ihre Hände, ihre Füße, und hören auf die Wahrheit in ihrem Tonfall.«[11] Wie Claudia und Frieda in Toni Morrisons *Sehr blaue Augen,* lernen Jessie, Sonia und Lauren zu antizipieren, was die Erwachsenen in ihrem Leben – einschließlich der Frauen, die sie interviewen – hören und sehen wollen. Mit acht Jahren sind sie bereit, bei Beziehungsverstößen die Trillerpfeife zu benutzen, ihre intensiven Gefühle zu dramatisieren, das höfliche Schweigen mit ihren Beobachtungen aus der Beziehungswelt zu stören; diese drei kleinen Mädchen erzählen den Prozeß, in dem sie langsam beginnen, ihre eigenen Stimmen gegen die fremden Über-Stimmen der Erwachsenen und ihre eigenen Gefühle und Wünsche gegen die Bedürfnisse und Erwartungen anderer einzutauschen.

Die elfjährige Jessie erzählt der Frau, die sie interviewt, davon, wie entsetzt sie ist, als sie erfährt, wie die Beziehungswelt ihrer Kindheit verschwindet, die Welt, in der Mädchen sagten »geh nach Haus« und es auch meinten; in der es möglich war, dem ganzen Spektrum menschlicher Gefühle eine Stimme zu verleihen – Ärger, Verletzung, Trauer und Eifersucht, Trost, Freude, Spaß und Liebe. Jessie befürchtet, daß sie, wenn sie ihren Gedanken und Gefühlen eine Stimme verleiht – so handelt, wie sie es möchte und sich auf diese Weise selbst in Beziehung mit anderen setzt –, die menschliche Welt, in der sie lebt, stören, vielleicht sogar zerstören wird. Und doch bedeutet es, sich selbst aufzugeben, wenn sie vorgibt, einverstanden zu sein, wenn sie es nicht ist, nett zu sein, wenn sie sich nicht danach fühlt; es bedeutet auch, sich aus der Beziehung mit anderen herauszunehmen und nicht »wirklich ich« zu sein.

Sonia beginnt ihr Interview mit acht Jahren ruhig und mißtrauisch, unsicher, ob sie ihrer Interviewerin gegenüber gefahrlos das aussprechen kann, was nach ihrem Erfahrungswissen passiert. Doch ganz subtil bringt sie immer wieder zum Ausdruck, daß sich ihre eigenen Gefühle und Gedanken von dem unterscheiden, was in Beziehungen angeblich passieren soll. Sie antizipiert die Macht des Netten und Freundlichen in der Welt ihrer privaten Mädchenschule, sie ist, zumindest für dieses Interview, bereit, »so zu tun, als ob« sie nett ist, gemeines Verhalten »zu ignorieren«, zu schweigen, wenn ihr die Schuld zugeschoben wird für etwas, was sie nicht getan hat. Doch hat sie im Alter von elf Jahren eine volle Stimme, sie ist offen und direkt, und das deutet anscheinend auf die Macht des wirklichen Gesprächs hin, mit einer Frau, die sich wirklich für ihr Fühlen und Denken interessiert, eine Frau, deren eigene Erfahrungen übereinstimmen mit der Ungerechtigkeit, der Ausgrenzung und schließlich auch der Loyalität in den Geschichten, die Sonia erzählt.

Lauren ist mit acht Jahren die lebendige und verschmitzte Widerständlerin. Obwohl sie außergewöhnlich detailliert zeigt, wie sie die erwachsenen Stimmen um sich herum aufnimmt, wie gut sie lernt zu antizipieren, was andere wollen, genießt sie auch ihre eigene Kreativität, ihre Verspieltheit. Wir hören, wie ihre Stimme gegen das Fragengerüst ihrer Interviewerin stößt, gegen eine Wand von konventionellem weiblichen Verhalten, wo es gut und auch richtig zu sein scheint, intensive Gefühle aufzugeben, und das, was sie selbst möchte, über Bord zu werfen. Wie auch schon bei Sonia, offenbart sich bei der elfjährigen Lauren die Macht einer Beziehung zu einer Frau, einer Beziehung, in der sie sagen kann, was sie fühlt und denkt; das ist eine Erfahrung, die ihr das Vergnügen und die Gefahr ins Gedächtnis zurückruft, als sie bei einem Gewitter mit ihrer Großmutter und ihrer Schwester draußen gespielt hat.

Mit acht und neun Jahren sprechen Jessie, Sonia und Lauren mit einem Spektrum und einer Polyphonie von Stimmen, die einander ergänzen und sich auch widersprechen. Lauren steht nicht unter dem Druck, ihr eigenes Lösungsmodell in die Fabel einzubringen – es scheint ihr völlig logisch, die Frage, ob das Stachelschwein weggehen sollte, mit »ja« und mit »nein« zu beantworten. Sonia ist trotz einiger Frustrationen, doch ohne große Schwierigkeiten, bereit, ihre Stimme und Vorstellung zu spalten, wenn es um ihre Beziehungen geht, in denen sie nur halb zuhört und lediglich vorgibt, nett zu sein. Und Jessie findet einfach Gefallen an den Unterschieden zwischen dem Stachelschwein und den Maulwürfen, sie überträgt zwei deutliche, aber auch gegensätzliche Blickwinkel eines Beziehungskonflikts auf die Tiere. Aber mit der Zeit, wenn die Gedanken und die Gefühle dieser drei Mädchen subtiler werden, wenn sie die Fähigkeit erwerben und den Wunsch entwickeln, die verschiedenen – gedanklich und emotional – verinnerlichten Stimmen zu integrieren, beginnen sie, ihre Stimmen in einem Spannungsverhältnis mit anderen zu empfinden, die relationalen Konsequenzen zu verstehen, wenn sie ihre Meinung deutlich vertreten, zu bemerken, wie andere ihre relationalen Wahrheiten aufnehmen werden. Sonia und Lauren, die anfangen, ihre Gedanken und Gefühle zu verdecken, scheinen mit elf als Widerständlerinnen aufzutreten, in einer wechselseitigen Beziehung mit einer Frau, die auf ihre Lebendigkeit und ihre Offenheit eingeht und bereit ist, mit ihnen während der Interviewsitzung zu spielen. Aber Jessie scheint sich, wenn sie mit ihrer Interviewerin spricht, von der Beziehung zu sich selbst zu entfernen, von dem, was sie sieht und hört, fühlt und denkt. Mit elf Jahren lenkt Jessie die Aufmerksamkeit nicht mehr auf die Unbequemlichkeiten oder das Leiden der Maulwürfe, hinsichtlich der Unnachgiebigkeit und Grausamkeit des Stachelschweins benutzt sie ihre Trillerpfeife nun nicht mehr. Diese Veränderung im Laufe der Zeit – Jessies ursprüngliche Bereitschaft, über die Gefühle der Maulwürfe und die Mißhandlung seitens des Stachelschweins zu sprechen, die sie später im Namen der »Kooperation« oder netten Beziehung aber nicht mehr erwähnt –, ist unserer Meinung nach mit der Tendenz einiger Frauen verbunden, emotionale oder physische Mißhandlung in bestimmten Situationen zu ertragen. Was Jessie mit zehn und elf lernt, scheint uns eine Rechtfertigung dafür zu sein, an solchen Beziehungen festzuhalten, eine Lektion, die sie vielleicht ins Erwachsenenalter hineinträgt.

Alle drei Mädchen bringen zum Ausdruck, daß sie die Psychologie von Beziehungen genau verstehen, sie zeigen uns, wo sich eine Welt, die sie kennen, aufzulösen scheint; alle drei lernen zu antizipieren, was andere sagen oder denken werden, falls sie ihre intensiven Gefühle zum Ausdruck bringen; alle drei kennen den Unterdrückungsmechanismus des Netten und Freundlichen, die Macht des perfekten Mädchens (es ist weiß und gehört der Mittelschicht an). Jessie, Sonia und Lauren nehmen die Beziehungswelt um sich herum auf – mit der Botschaft, ihre eigenen Gefühle und Gedanken zurückzuhalten, um als artiges Mädchen angesehen zu werden. Sie machen in dieser Beziehungswelt aber auch angenehme Erfahrungen, dann, wenn sie mit Frauen zusammen sind, die sie wirklich kennenlernen wollen, denen es Spaß macht, mit ihnen zusammen zu sein und die sogar dann mit ihnen zusammen bleiben, wenn sie stören. Der Druck, ihr reiches emotionales Leben in die engen Vorstellungen des Netten und Freundlichen zu integrieren, läßt die Mädchen allein in ihrem verzweifelten Versuch, zwischen richtigen und falschen Beziehungen zu unterscheiden. Wenn wir diesen elfjährigen Mädchen zuhören und uns ihre Stimmen und die ihrer Klassenkameradinnen mit acht Jahren ins Gedächtnis zurückrufen, beginnen wir uns zu fragen, was in der Phase der Adoleszenz genau passiert, was einen solchen Widerstand hervorruft, und was diesen Widerstand am Leben erhält.

4

Sie nähern sich einer Wand:
Drei Mädchen führen uns in die Adoleszenz

Susan ist elf und in der fünften Klasse. Da mein vorheriges Interview etws länger gedauert hatte als geplant, gehe ich in ihre Klasse, um ihr zu sagen, daß ich jetzt soweit bin. Als wir den Flur entlanggehen, sehe ich, daß ihre Segelschuhe hinten ganz zertreten sind, sie sehen jetzt aus wie Pantoffeln. Ich frage sie, wie es ihr so geht, wie ihr die Schule gefällt, und sie antwortet leise und einsilbig. Obwohl sie auch schon im letzten Jahr interviewt wurde, begegnen wir uns heute zum ersten Mal. Ich erfahre bald, daß sich für sie in diesem Jahr vieles verändert hat. Sie ist jetzt in der fünften Klasse, in der Welt der Mittelschule; das bedeutet, der Unterricht findet in wechselnden Klassenzimmern statt, der Stoff wird schwieriger, die Ansprüche werden höher. Die Schule ist für sie ernster geworden. Aber sie erzählt mir auch, daß sie und ihre Klassenkameradinnen diese Veränderungen überstanden haben; Beziehungen haben überlebt.

Nachdem wir von Jessie, Sonia und Lauren bis zur fünften Klasse geführt worden sind, begegnen wir jetzt Susan und ihren Klassenkameradinnen, die nach Ansicht ihrer Lehrerinnen außergewöhnlich aufgeweckt und sensibel sind, eine Gruppe, die zusammenhält. Diese Beschreibung ist leicht nachzuvollziehen, wenn wir sie beobachten: Sie beteiligen sich lebhaft an Diskussionen, brüten über naturwissenschaftlichen Arbeiten, lesen sich gegenseitig selbstgeschriebene Geschichten laut vor, lachen herzhaft und werfen ihren besten Freundinnen quer durch den Raum vielsagende Blicke zu.

In unseren Interviews wird uns klar, wieviel diese zehn- und elfjährigen Mädchen über Menschen und Beziehungen wissen, wie tief sie Beziehungskonflikte empfinden. Ihre Neugier auf die menschliche Welt, in der sie leben, ist offensichtlich; sie scheinen immer zuzuhören und zu verfolgen, was zwischen Leuten passiert. Sie sind offen für Beziehungen und sprechen ohne Schamgefühle über Verletzbarkeiten –

ihre Freude an der Intimität, ihren Spaß an menschlicher Verbundenheit (connection), aber auch über die Möglichkeit, in Beziehungen verletzt zu werden. Sie erfahren die Wechselhaftigkeit von Beziehungen und sprechen über die Feinheiten relationaler Konflikte und die Politik relationaler Erfahrungen – dabei betonen sie besonders die schmerzhaften Konsequenzen der Cliquenbildung, ein soziales Phänomen, das bei Mädchen in dieser Altersgruppe so weit verbreitet ist. So denkt Noura zum Beispiel über die Konsequenzen nach, wenn sie ihren Freundinnen gegenüber anspricht, wie sie mit anderen Menschen umgehen:

Ich fürchte, die Freundinnen, die immer über Leute geredet haben – reden manchmal vielleicht einfach immer so weiter, und irgendwann reden sie dann auch über mich..., und sie erzählen dann irgend etwas herum, daß mich dann auf einmal niemand mehr mag, oder die andere, über die sie geredet haben, mag mich dann vielleicht auch nicht. Manchmal denken sie vielleicht auch: »Na ja, das war zwar richtig von dir, aber ich mag dich trotzdem nicht«, oder so ähnlich, sie sagen dann zwar: »Ich mag dich«, aber sie sind dann auch nicht gerade meine besten Freundinnen, und dann weiß ich nicht, was ich machen soll..., weil dann meine anderen Freundinnen mich vielleicht auch nicht mehr so gern mögen.

Aus dieser Situation, in der sie es zwar »richtig« machen könnte und dennoch fürchten muß, nicht gemocht zu werden, lernt Noura, »wie ich mich selbst fühlen würde..., ich habe gemerkt, daß es nicht schön ist [über Leute zu reden], und ich habe gemerkt, was für ein Gefühl das ist, wenn du diejenige bist, die niemand mag«. »Wie hast du das denn bemerkt?« fragt die Interviewerin. »Also«, erklärt Noura, »du merkst das einfach vom Gefühl her, ob etwas richtig oder falsch war..., und wie ich dann selbst reagiere, wenn die alle über die anderen reden oder so, und du merkst das, weil du weißt, daß es dir auch nicht gefallen würde, wenn dir so etwas passieren würde. Das weißt du dann, und dann merkst du irgendwie, wie du mit anderen zusammen eine Lösung finden und auch mit ihnen zurechtkommen kannst.«

Noura, die weiß, was sie fühlt, die »vom Gefühl her etwas merkt«, kämpft dennoch damit, das zu sagen, was sie weiß. Sie weiß aus eigener Erfahrung, daß sich das Verhalten ihrer Freundinnen nicht unbedingt verändert, wenn sie sagt, was sie denkt. Tatsächlich kann das auch alles nur noch verschlimmern – »Die Freundinnen, die nicht wirklich deine Freundinnen sind, reden dann vielleicht immer so weiter, und irgendwann reden sie dann auch über mich.« Sogar die Mädchen, die sie verteidigt, mögen sie vielleicht nicht mehr, wenn sie sagt, was sie fühlt. Wenn sie jedoch zu ihren Gefühlen steht und auf ihre eigenen »Reaktionen« achtet, weiß Noura auch, was für ein Gefühl es wäre, ausgestoßen zu sein – »diejenige zu sein, die niemand mag«. Sie weiß das alles, und genau wie Lauren antizipiert sie die Folgen ihres Verhaltens. Nouras Gefühle und ihr Wissen sind eng miteinander verwoben und machen ihr die Komplexität der Beziehungswelt bewußt. Aber wenn sie nicht sagt, was sie fühlt, geht Noura das Risiko ein, daß ihr das, was sie aus Erfahrung weiß, fremd wird.

Diese zehn- und elfjährigen Mädchen, die die Tiefe der Gefühle und die Komplexität von Beziehungen erfahren, wehren sich mit Händen und Füßen gegen den Druck, den sie empfinden, genau das nicht auszusprechen, was sie aus Erfahrung wissen; wenn es darum geht, was wirklich passiert, versuchen sie verzweifelt an ihren Sinneswahrnehmungen festzuhalten. Wenn sie jedoch auf den entweder versteckten oder ganz offenen Druck eingehen und ihre intensiven Gefühle mit »gelassenem« und »ruhigem« Verhalten verdecken, verschwimmen Begriffe wie »Freundin«, »Liebe« und »Beziehung«; sie verlieren langsam ihre Bedeutung. Wenn es falsch ist zu wissen, was passiert, und intensive Gefühle auch auszudrücken, und wenn dann fälschlicherweise auch noch jede als Freundin bezeichnet und behauptet wird, daß sie wirklich an der Beziehung interessiert ist, versuchen die Mädchen verzweifelt, ihre eigenen Erfahrungen nicht aus den Augen zu verlieren, um so zwischen echten und falschen oder idealisierten Beziehungen unterscheiden zu können.

Das allgemeine Verbot für Mädchen, zu sagen, was sie fühlen und denken, macht die Beziehungswelt, die von ihnen sehr genau wahrgenommen wird, für sie komplex und schwer verständlich. Auch die Sprache der Moral kann sie in ihrer Verhaltensweise verwirren, nämlich dann, wenn diese Mädchen zu trennen lernen: zwischen dem, was sie wissen, und dem, was artige Mädchen wissen sollten; zwischen dem, was sie tun, und dem, was Mädchen eigentlich tun sollten; zwischen dem, was sie fühlen und denken, und dem, was nette Mädchen fühlen und denken sollten. Die Mädchen, die versuchen, sich mit der Welt des Sollens der Erwachsenen zu verbinden, interpretieren – wenn sie sich dieser Welt anschließen – ihr Verhalten um; ihre Erfahrungen nehmen doppelte Bedeutungen an, sie beginnen, doppelt zu sehen. Gail zum Beispiel ist mit ihrem Leben im letzten Jahr zufrieden und sieht es als eine Zeit, in der »ich mich, denke ich, besser mit Leuten verstanden habe.. Ich bin nicht mehr so oft ganz anderer Meinung...

Ich streite mich auch nicht mehr so oft, mit meinen Freundinnen meine ich.« »Was denkst du denn, wie es dazu gekommen ist?« fragt ihre Interviewerin. »Vielleicht kann ich jetzt verstehen, wie sie denken, und sie akzeptieren... akzeptieren, was sie denken, anstatt nur in eine Richtung zu denken«, erwidert Gail. »Dann kann ich auch verstehen, wie sie denken, und auch, was ich denke.« »Früher«, sagt Gail weiter, »habe ich mich mehr gestritten, und ich hatte öfter Streit. Dann habe ich gemerkt, daß ich das einfach so mitgemacht habe, und ich habe gemerkt, ich hatte da wohl schon mehr Erfahrungen, weil ich bemerkt habe, daß ich auch verstehen *sollte* – was sie denken.« (Betonung wurde hinzugefügt) Auf diese Weise, sagt Gail, habe sie langsam verstanden, »daß ich nicht immer recht habe, sie hätten genauso gut recht haben können, und sie haben auch ihre Gedanken«.

Die Veränderungen in ihr, die Gail hier beschreibt, sind scheinbar deutliche Anzeichen für ihre zunehmende Fähigkeit, die Differenz als Tatsache anzunehmen und anderen Menschen zuzuhören. An ihren eigenen Gedanken festzuhalten und mit ihren Freundinnen häufig nicht übereinzustimmen, wie es sich in der Vergangenheit für sie darstellte, bedeutete, sagt Gail, »nur in eine Richtung zu denken« und führte nur zu unnötigem Streit. Jetzt versteht und akzeptiert sie ihre Freundinnen, sie ist aufgeschlossen, weil sie »verstehen [kann], wie sie denken, und auch, was ich denke«. Dieser Schritt, zu akzeptieren und zu verstehen, hält ihr den Kopf frei, »um etwas Konstruktives zu tun« und reduziert die Zahl »sinnloser« Auseinandersetzungen. Aber um diesen Schritt zu tun, muß Gail das außer Kraft setzen, was sie wirklich fühlt, wozu sie jetzt mit elf Jahren zwar eher fähig ist, was sie im Endeffekt aber von echter Beziehung wegführt. »Denkst du denn, daß ein Streit oder eine Auseinandersetzung sinnlos sind?« fragt ihre Interviewerin. In einer verwirrenden Stellungnahme, die zunächst in die eine und dann in eine andere Richtung führt, bejaht Gail im Prinzip diese Frage – daß ein Streit sinnlos ist und sie, seit sie aufgehört hat zu streiten, nun nicht mehr darüber »nachdenken muß«:

Es ist [sinnlos]..., wenn es um etwas geht, was nicht wichtig ist, wie Kleinigkeiten... daß [eine Freundin] etwas gemacht hat, was du nicht richtig findest. Wenn sie etwas von dir verloren hat und du deswegen wirklich böse auf sie bist, ist das irgendwie sinnlos..., weil das kein Ende hat und doch nichts dabei rauskommt.

Und du hast gesagt, seitdem du [zu streiten aufgehört hast], hast du viel weniger Sachen im Kopf, an die du denken mußt?

Ja, weil du dann nicht mehr darüber nachdenken mußt, und du mußt nicht versuchen, dieser Person aus dem Weg zu gehen, und es gibt nichts mehr, worüber du nachdenken mußt, wenn du das bedauerst, was du gemacht hast, dann mußt du darüber nicht so viel nachdenken.

Hast du denn vorher etwas bedauert?

Ja, denn... du hättest dann ja eine Freundin verlieren können.

Gails Antwort auf die Frage ihrer Interviewerin, in der es um Auseinandersetzungen geht, verdeutlicht den engen und subtilen Zusammenhang zwischen Gails sich entwickelnder Fähigkeit, Standpunkte, die von ihren eigenen abweichen, zu verstehen, und der Angst davor, daß sie die Beziehung zu ihren Freundinnen dann verlieren wird, wenn sie trotz dieser Abweichung immer noch sagt, was sie denkt. Gail beschäftigt sich mit einer sich lohnenden und einer »sinnlosen« Auseinandersetzung; diese Sorge wird jedoch durch die Beziehung außer Kraft gesetzt, die sie zwischen einer Auseinandersetzung und dem Gefühl des »Bedauerns« herstellt – Gefühle, die dann ihre Fähigkeit beeinträchtigen, andere und »konstruktivere« Dinge zu tun. Indem sie die Auseinandersetzung an den Verlust von Beziehungen koppelt, verbindet Gail das »Denken« und »Verstehen« von anderen mit dem »Akzeptieren«; sie deutet damit an, daß sie, wenn sie ein feineres Gespür dafür entwickelt, wie andere sehen und denken, immer weniger sagen kann, was sie eigentlich denkt und fühlt. Deutliche Anzeichen für eine solche voranschreitende Entwicklung gehen Hand in Hand mit dem Gefühl des echten Verlusts. Mit dieser Umformulierung in ihrem Denken und dem willentlichen Ausgrenzen ihrer Gefühle »akzeptiert« Gail die Ansichten anderer, sie »muß nicht darüber nachdenken« und braucht nicht mehr mit den komplizierten Gefühlen umzugehen, die bei Auseinandersetzungen entstehen können: der Wunsch, Leute zu meiden; das Gefühl, daß sie mehr über Dinge nachdenken muß; das Schreckgespenst des Bedauerns, das über all diesen Gefühlen schwebt. Die Übereinstimmung ist leichter und sauberer, aber sie entsteht auf Kosten echter Beziehungen – das sind Beziehungen, in denen Gail sagen kann, was sie richtig findet, in denen Konflikte, Meinungsverschiedenheiten und intensive Gefühle vorkommen können. Wenn sie Auseinandersetzung mit Unverbundenheit (disconnection) und Bedauern assoziiert und Beziehung für sie bedeutet, »sich besser mit Leuten zu verstehen«, gibt Gail den feinen Grat zu erkennen, auf dem sie sich bewegt: zwischen echter Beziehung, in der sie sprechen, anderen zuhören und von ihnen lernen kann, und falschen Beziehungen, in denen sie sich zum Schweigen verurteilt, weil sie Angst davor hat, was passieren und wie sie sich fühlen wird, wenn sie zum Ausdruck bringt, was sie wirklich denkt.

Wenn wir diesen zehn- und elfjährigen Mädchen zuhören, wie sie verzweifelt versuchen zu wissen, was sie eigentlich wissen, und zu sagen, was sie fühlen, beginnen wir ihre Verwirrung zu verstehen: Das, was sie sehen und hören, was sie über Beziehungen und Gefühle aus Erfahrung wissen, steht im Widerspruch dazu, wie die Beziehungswelt und Gefühlswelt von ihnen gewußt und gesehen werden soll. Mit zunehmendem psychologischen Scharfsinn fesselt sie dieser Widerspruch zwischen ihren eigenen Erfahrungen und dem, was sie Erwachsene sagen, hören und tun sehen, er fasziniert und frustriert die Mädchen. Sie beginnen zu beobachten und konzentriert zuzuhören, wie andere – besonders erwachsene Frauen in ihrem Leben, die Menschen, auf deren Hilfe und Anleitung sie sich bei der Orientierung in der Beziehungswelt noch am ehesten verlassen haben – fühlen und denken, wie sie ihre Gefühle und Gedanken ausdrücken, wie sie Beziehungen benennen und warum sie so handeln, wie sie handeln. Und mit einem unglaublichen Einfühlungsvermögen beschreiben diese Zehn- und Elfjährigen, was sie sehen und hören.

Allison beschreibt, wie sehr ihre Großtante, die auf sie und ihre Schwester bei Abwesenheit ihrer Mutter aufpaßt, sie frustriert. Diese Tante »schreibt sich Sachen auf und erzählt meiner Mutter alles, was passiert ist«, und »manchmal erklärt sie die Sachen ganz anders«, sagt Allison. »Manchmal ist in ihrem Kopf etwas ganz anderes passiert. Ich meine, es ist zwar geschehen, was sie erzählt, aber nicht, wie sie es sich denkt, es läuft bei ihr anders ab als bei uns..., sie denkt nicht so wie wir.« Das Problem für Allison ist, daß sich ihre Mutter nur die Version ihrer Tante anhört, anstatt sich »beide Seiten« anzuhören. »Es würde vielleicht nichts ändern [wenn sie sich beide Seiten anhören würde]«, überlegt Allison, »aber wenigstens würde sie es verstehen..., wir wollen ja nicht, daß sie nicht auf unsere Großtante hört, aber sie soll auch auf uns hören.«

Allison ist klar, daß die Geschichte, die ihre Tante ihrer Mutter erzählt, anders ist als das, was sie und ihre Schwester erleben, was sie wahrgenommen haben, sei passiert. Obwohl Allison weiß, daß die Geschichte zwei Seiten hat, es mindestens zwei verschiedene Interpretationen oder Anschauungen gibt, hält sie, wie auch Noura, daran fest, was sie aus Erfahrung weiß – was für sie Realität ist. Allison möchte das Problem nicht so lösen, daß die Version ihrer Tante beiseite geschoben oder ignoriert wird, aber sie möchte auch ihre eigene Version einbringen. Auf diese Weise kann ihre Mutter »ein besseres Gefühl dafür bekommen, was passiert ist«. Doch Allison und ihre Schwester erklären ihrer Mutter das nicht, weil ihre Mutter nicht zuhört, sie weiß »es irgendwie schon«:

Also... es ist nicht so wichtig für sie. Es ist zwar wichtig für sie, was wir machen, aber sie wird nicht böse auf uns, sie regt sich nicht auf..., und so lange sie nicht sauer wird, ist es auch nicht so wichtig, ob sie unsere Seite hört. Wir regen uns zwar auf, aber es ist eigentlich nicht so wichtig. Aber wenn sie sich dann aufregt... Es nicht so wichtig, solange sie – sie es irgendwie weiß – für sich – sie hört uns ja nicht zu, weil sie weiß, was sie sich denkt... in ihrem Kopf, denkt sie sich, daß sie weiß, was wir uns so denken, weil sie uns kennt, also muß sie nicht zuhören, was wir sagen, weil sie es irgendwie im Gefühl hat.

Ihre Mutter, erklärt Allison, weiß, was ihre Töchter sich denken, hat »es im Gefühl«. Doch Allison bemerkt auch, daß ihre Mutter nicht zuhört; obwohl das bedeutet, daß sie nicht wütend wird, bedeutet es auch, daß ihr Gefühl für die Situation »in ihrem Kopf« ist und daß sie Allisons Wirklichkeit nicht reflektiert. Also macht Allison zwei Erfahrungen – sie regt sich auf, weil ihr nicht zugehört wird, und doch »ist es eigentlich nicht so wichtig«, daß sie sich aufregt oder daß ihre Mutter »sich nicht unsere Seite anhört«, solange sich ihre Mutter nicht aufregt oder böse wird. Indem sie dieses merkwürdige Zusammenspiel von Liebe (für ihre Mutter ist es zwar wichtig, aber auch »nicht wirklich wichtig«) und Autorität (sie weiß es, obwohl »sie nicht zuhört«) feststellt, fragt sich Allison ganz offen, was mit ihrer Mutter los ist. Was Allison hier beschreibt, ähnelt dem, was auch andere Mädchen genau beobachtet haben: Was nämlich in Beziehungen wirklich passiert; es beschreibt auch die zumindest ansatzweise vorhandene Tendenz dieser Mädchen, ihre Version der Realität aufzugeben oder über Bord zu werfen, für diejenigen, die die Macht haben, ihre Erfahrung zu benennen oder umzugestalten.

Allison kämpft genauso wie Noura mit den Widersprüchen zwischen dem, was sie fühlt und denkt, was sie aus Erfahrung weiß, und dem, was nach ihren Beobachtungen andere – in diesem Fall ihre Mutter – tun und positiv bewerten. Für Allison ist eine Mutter, die etwas vom »Gefühl« her weiß, es aber, ohne zuzuhören ja auch »in ihrem Kopf« weiß, verwirrend; das verschlägt ihr die Sprache und gibt ihr das Gefühl, unfähig zu sein. »Ich sage nicht, ›das ist unfair‹«, erklärt Allison, wenn ihre Mutter sich in Auseinandersetzungen auf die Seite ihrer Schwester stellt, »weil dann meine Mutter immer sagt... ›Das Leben ist unfair‹... Ich kann daran nichts ändern, wenn meine Eltern das denken, was sie eben denken, und sogar dann, wenn es nicht stimmt, kann man daran eigentlich nichts ändern, es ihnen nur sagen, und wenn sie mit dir nicht einverstanden sind, hat es keinen Sinn, darüber zu streiten.«

Gail beschreibt ein ähnliches Gefühl der Hilflosigkeit, wenn sie nicht gehört oder ihr nicht zugehört wird, nämlich dann, wenn ihre ältere Schwester allein ins Kino gehen darf, und Gail nicht. Wenn Gail dagegen protestiert, daß ihre Schwester Sonderrechte hat, sagt (auch) ihre Mutter hier: »Das Leben ist immer unfair.« »Und was meinst du dazu?« fragt ihre Interviewerin. »Es stimmt wahrscheinlich, daß das Leben nicht immer fair ist«, antwortet Gail:

[Meine Mutter hat] wahrscheinlich recht, und ich habe es wahrscheinlich angesprochen, weil meine Schwester das gemacht hat. Ich wollte das dann wahrscheinlich auch. Wahrscheinlich war ich eifersüchtig oder so, deshalb. Damals habe ich wahrscheinlich gedacht, das ist unfair, und dann habe ich gemerkt, daß es eigentlich nicht unfair war, weil sie nicht wollte, daß ich mich verlaufe, und ich wollte mich ja eigentlich auch nicht verlaufen.
Hättest du das lieber angesprochen, oder bist du froh, daß du das nicht gemacht hast?
Na ja, ich bin eigentlich froh darüber, daß ich das nicht gemacht habe, weil das vielleicht nur Theater gegeben hätte, und ich hätte ja wahrscheinlich nochmal die Gelegenheit gehabt.

Gails wiederholter Gebrauch des Wortes »wahrscheinlich« läßt vermuten, daß die Übereinstimmung mit ihrer Mutter nicht so vollkommen ist, wie sie voraussetzt. Was sie anfänglich als unfair bezeichnet hat, beschreibt sie jetzt als ihr Problem: »Ich war wahrscheinlich eifersüchtig.«

Gail hält nicht an ihren Gefühlen über die Situation fest, wenn sie die Sorge ihrer Mutter zu ihrer eigenen macht – »Ich wollte mich ja eigentlich auch nicht verlaufen.« Hätte sie es angesprochen, überlegt sie, »hätte es vielleicht nur Theater gegeben«, und so bekommt Gail – wie auch schon Allison – die ausschlaggebende Autorität der Mißbilligung und Ermahnung von seiten der Erwachsenen zu spüren. Gail schließt daraus, daß ihr Ärger und ihre intensiven Gefühle nicht nur ineffektiv, sondern auch störend und nicht willkommen sind.

Während Allison frustriert beschließt, »es hat keinen Sinn [mit ihren Eltern] zu streiten«, »denn man kann eigentlich nichts daran ändern«, und Gail anstatt »Theater zu machen« lieber den Standpunkt ihrer Mutter übernimmt, beschreibt Edie nun die Sackgasse, in der sie mit ihren Gefühlen steckt, ihren Ärger darüber, was sie bei ihrer Mutter einerseits als Ungerechtigkeit und andererseits als Wohlwollen erfährt. Was Edie zunächst als unfairen Gebrauch von Autorität beschreibt, wird bei ihr später zu einem Beispiel der Fürsorglichkeit ihrer Mutter, ihrer selbstlosen Liebe.

Kannst du mir von einer Situation erzählen, in der du dich unfair behandelt gefühlt hast?

Unfair? Okay, da gibt es eine, wo ich denke, es ist unfair, aber vielleicht ist es das ja auch nicht. Es ist mir gegenüber unfair irgendwie.

Als du selbst den Eindruck hattest, etwas war unfair, darüber möchte ich etwas wissen.

Also, manchmal, wenn ich zu einer Party will und dann dort übernachten will, und meine Mutter dann nein sagt, weil sie vielleicht den Leuten nicht traut oder so. Und dann denke ich, das ist unfair. Aber ich weiß auch, daß sie sich Sorgen um mich macht, wissen Sie, sie liebt mich eben und sorgt sich um mich, und das macht sie, damit mir nichts passiert oder so, sie will nur mein Bestes, das weiß ich dann hinterher, aber damals, als das passiert ist, bin ich sauer geworden, aber nicht lange. Besonders, wenn alle anderen dann hingehen.

Was wäre denn fair gewesen in dieser Situation?

Ich weiß nicht, vielleicht wenn sie gesagt hätte, also ich denke, es war eigentlich doch irgendwie fair, wenn ich jetzt so darüber nachdenke, sie hatte eben recht damit, sie hat das richtig gemacht.

Edie wird sauer, sagt sie, »aber nicht lange«. In schneller Abfolge wird das, was sie »für mich unfair« nennt, »eigentlich doch fair« und dann »richtig«, dann »weiß« Edie, daß das, was sie selbst als unfair empfunden hat, in Wirklichkeit die Liebe und Fürsorge ihrer Mutter war, »die das macht, damit mir nichts passiert, ... die immer nur ihr Bestes will«.

Edies Ringen darum, es als unfair zu bezeichnen und damit bei ihren Gefühlen und Gedanken zu bleiben, wenn es darum geht, daß ihre Mutter sie kontrolliert, wird scheinbar von der selbstlosen Liebe und Fürsorge ihrer Mutter überschattet. Durch diese Rekonfiguration bleiben letztendlich sowohl Edie als auch ihre Mutter ohne Stimme und außerhalb jeglicher Beziehung (out of relationship) zurück.

Bei Allison, Gail und Edie wird ein verwickeltes Beziehungswissen erkennbar, ein Bewußtsein dafür, was zwischen Menschen passiert. Wenn sie beschreiben, wie andere – hier zum Beispiel Allisons Mutter –

auf das, was die Mädchen wirklich fühlen, denken und wollen, reagieren, bleibt uns kaum verborgen, daß sie ihre Gefühle und Gedanken beiseite schieben. Sie wünschen sich eine Verbundenheit mit der Welt um sie herum – mit der Welt ihrer Mütter – und sprechen davon, daß sie ihre Gefühle und Gedanken aus der Beziehung herausnehmen für etwas, das als Beziehung bezeichnet wird.

Wir hören immer wieder die Verzweiflung dieser Mädchen in ihren Interviews, wenn ihre intensiven Gefühle sich einer Wand nähern, die ihre Erfahrungen aussperrt und ihre lauten Stimmen ausschließt, eine Wand des Sollens, wo Anerkennung ihr Schweigen voraussetzt und Liebe mit Selbstlosigkeit und Beziehung mit dem Nichtvorhandensein von Konflikten assoziiert werden. Hier werden ihr Ärger und ihre intensiven Gefühle zur Gefahr und zum Störfaktor. Unsere Interviews lassen vermuten, daß den Mädchen diese Beziehungssackgasse, der Schritt in die Richtung falscher oder idealisierter Beziehungen – zumindest mit zehn oder elf Jahren – bewußt und klar ist.

Weil sie sich Verbundenheit und Anerkennung wünschen, beginnen Mädchen also, ihr eigenes Handeln und ihre Beziehungen zu anderen Mädchen zu idealisieren, indem sie leugnen, was sie aus Erfahrung über Konflikte, über Gemeinheiten und Unfreundlichkeiten wissen; wenn sie nämlich davon wissen, sind sie auch Teil eines solchen Verhaltens, vielleicht vor allem aus der Sicht der Frauen, die sie interviewen. Suzanna verkündet zum Beispiel stolz, daß es in ihrer Klasse überhaupt keine Gemeinheiten gibt. Als ihre Interviewerin, die auch die Geschichten anderer Mädchen gehört hatte und überrascht über diese Bemerkung ist, sie bittet, das genauer auszuführen, antwortet Suzanna: »Also wir machen alles zusammen, und keine wird ausgeschlossen.« Suzannas Aussage steht in direktem Widerspruch zu ganz klaren Aussagen, die das Gegenteil behaupten, denn sehr viele andere Mädchen in ihrer Klasse beschreiben äußerst detailliert Situationen, in denen andere über sie geflüstert, sie nicht einbezogen, gemeine Dinge über sie gesagt oder sie ausgeschlossen haben. Suzanna ist anscheinend nicht in Beziehung mit dem, was um sie herum passiert, oder sie entscheidet sich einfach dafür, ihrer Interviewerin gegenüber das, was ihres Wissens passiert, nicht auszusprechen; sie entscheidet sich dafür, nicht zu sagen, was für sie und auch für ihre Klassenkameradinnen sehr schnell unsagbar wird.

Andere Mädchen verharmlosen ihre Erfahrungen, wenn sie ausgeschlossen werden oder über sie geredet wird, mit einer so leicht durchschaubaren Schönfärberei, daß unter all dieser Nettigkeit und Freundlichkeit immer noch Spuren ihrer wirklichen Gedanken und Gefühle durchscheinen. Wenn Madeline zum Beispiel von ihrer Erfahrung mit den Cliquen und »Clubs« erzählt, die es in ihrer Klasse gibt, benutzt sie die fast unglaubliche Macht des höflichen Verhaltens, um auch noch die gemeinsten Bemerkungen zu verdecken, zu begraben:

Letztes Jahr haben die Leute gedacht, na ja, sie mochten mich eben nicht so gern und haben sich dann immer in Clubs gegen mich zusammengetan und gesagt: »Wir machen jetzt einen Club gegen sie, weil wir sie nicht mögen«, aber dann habe ich das herausgekriegt, und dann haben sie gesagt: »Das tut mir leid«, und so war dann am Ende alles okay.
War das hier an der Schule?
Ja, aber vielleicht nur den ersten Monat, später waren wir dann alle befreundet, und am Ende ging dann alles wieder sehr gut.
Wie hat sich das denn so ergeben?
Ich weiß nicht, ich habe das eben irgendwie rausgekriegt, und ich habe dann die eine gefragt, warum sie das machen, ich habe das eben sehr nett gesagt, nicht: »Warum habt ihr das gemacht?« Ich habe einfach gesagt: »Warum habt ihr denn gestern einen Club gemacht?« und sie haben mir dann erzählt warum und gesagt: »Das tut mir leid«, und dann war alles wieder wie vorher.

Der Schlüssel dazu, daß »alles wieder wie vorher war«, so gibt Madeline zu erkennen, ist die höfliche, aber indirekte Konfrontation. Obwohl sie sagt, daß sie die Leute, die einen Club gegen sie gebildet haben, darauf ansprechen würde, weiß sie auch, es ist wichtig, *wie* sie das macht. Folglich modifiziert Madeline ihre Frage – »Ich habe das eben sehr nett gesagt: ›Warum habt ihr denn gesten einen Club gemacht?‹« Ihre Frage, die »nett« gestellt ist, stößt anscheinend bei den Clubmitgliedern auf Wohlwollen, und »so ging dann am Ende wieder alles sehr gut«. Doch verdeckt dieses glückliche Ende wohl kaum die verletzten Gefühle Madelines, als sie von dem gegen sie gebildeten Club erfahren hat; dieses glückliche Ende scheint auch nicht genauer zu erklären, wie die so grundsätzliche Abneigung und Ausgrenzung seitens der Mädchen plötzlich so leicht zu echter Freundschaft wird. Und wir fragen uns auch, wenn doch alles ein so gutes Ende nahm, warum diese Erfahrung der Ausgrenzung Madeline noch ein Jahr später so lebendig im Gedächtnis geblieben ist.

Wie Madeline reden auch andere Mädchen, nämlich so, als ob »Das tut mir leid« oder andere einfache Ausdrücke der Entschuldigung die

Macht haben, grausames oder gemeines Verhalten zu verdecken oder grundsätzliche Meinungsverschiedenheiten zu bereinigen. Geschichten, in denen um Entschuldigung gebeten wird, nehmen ein schon fast märchenhaft glückliches Ende, und die intensiven Gefühle des Schmerzes oder der Entrüstung lösen sich in Wohlgefallen auf. Weil diese Mädchen mit erwachsenen Frauen sprechen, fragen wir uns, ob sie selbst tatsächlich glauben, was sie sagen. Oder erzählen sie einfach das, was die Frauen, mit denen sie zusammensitzen, ihrer Meinung nach hören möchten oder gutheißen werden? Nur wenn sie ihre Geschichten ein so »nettes« Ende nehmen lassen, können die Mädchen vielleicht auch über die Grausamkeit, die Wut und die Trauer sprechen, die sie erfahren haben; sie können vielleicht Dinge sagen, vor denen Frauen ansonsten zurückschrecken würden.

Wie Jessie, die sagt, daß sie »vorgibt«, nett zu sein, und Sonia, die weiß, daß Leute »nur aus Nettigkeit zuhören« können, erkennen diese Zehn- und Elfjährigen die Schönfärberei der Beziehungswelt, und sie sprechen sogar darüber. Sie sind einerseits fähig, an ihren eigenen Erfahrungen festzuhalten, andererseits in einer Art und Weise zu handeln, von der sie immer wieder gesehen haben, daß andere sie billigen und daß sie auf sie eingehen werden; sie kennen den Nutzen, den sie daraus ziehen können, wenn sie das perfekte, glückliche Mädchen sind, wenn auch nur an der Oberfläche. Aber was am Anfang vielleicht nur eine klägliche Tarnung ist, kann später nur allzu real werden. Einige Mädchen fragen sich, wie das perfekte Mädchen überhaupt möglich sein soll, geschweige denn, ob es erstrebenswert sein kann; sie fragen sich auch, wie Erwachsene und andere Mädchen auf das, was sie selbst als klaren Betrug entlarven, hereinfallen können. Andere Mädchen schienen von der Vorstellung des perfekten Mädchens fasziniert zu sein. Die Mädchen stehen vor diesen Fragen und vermuten, daß das »perfekte« Mädchen dem wirklichen vorgezogen wird; daher experimentieren sie mit diesem Image, dem Schutz, der Sicherheit und dem Glück, das ihnen das »perfekte« Mädchen verspricht.

Da das vollkommen nette Mädchen bei Erwachsenen und bei anderen Mädchen an Beliebtheit zu gewinnen scheint und viele Mädchen auch so werden wollen, brechen Eifersüchteleien und Rivalitäten aus. Die Cliquen und Clubs, die in diesem Alter so verbreitet sind, scheinen also eine Reaktion auf diesen Kampf zu sein – sie geben den Mädchen, die die Perfektion akzeptieren und ihr Bestes dafür tun, die

Möglichkeit, sich untereinander oder um ein »perfekt« erscheinendes Mädchen herum zu gruppieren; auch ermöglichen sie den ganz klar nicht perfekten Mädchen gegenseitige emotionale Unterstützung. »Ich denke, Freundschaft ist sehr wichtig«, schreibt Victoria, ganz sicher kein perfektes Mädchen, im Englischunterricht:

> Einige Mädchen, die nicht so beliebt waren, wie zum Beispiel ich, haben einen Club aufgemacht. Seitdem weiß ich ganz sicher, daß ich auf diese drei Mädchen zählen kann, wenn ich traurig oder deprimiert bin. Vorher wußte ich nicht, was passieren wird ... Obwohl wir in der Cafeteria der Laurel-Schule Übriggebliebene sind, weiß ich, daß ich gemocht werde. Das ist ein wunderbares Gefühl.
> Mit freundlichen Grüßen
> Eine Übriggebliebene

Die Beobachtung eines intriganten Beziehungsszenarios und das Sammeln von Indizien für die Gefahren, wenn sich jemand zu sehr unterscheidet oder nicht hineinpaßt, veranlaßt Madeline dazu, vehement gegen ihre Unterschiedlichkeit zu protestieren: »Ich war irgendwie sauer, weil sie dachten, ich wäre anders als sie, aber das bin ich nicht!«

Aber wenn die Mädchen zu sehr versuchen hineinzupassen, kann das auch ins Auge gehen. Noura erklärt, daß ihre Freundinnen über andere Mädchen in ihrer Klasse reden, die »ihnen immer hinterherlaufen... Manchmal wird es einfach zu viel, und sie laufen immer hinter dir her und versuchen, alles mit dir zusammen zu machen, und dann hast du nie die Gelegenheit, mit deinen anderen Freundinnen zusammen zu sein. Viele Leute sind einfach so, sie laufen anderen Leuten immer hinterher.« Solche Mädchen wissen nicht, wie sie den richtigen Eindruck machen können, sie können die ungeschriebenen sozialen Gesetze nicht lesen, wissen nicht, was sie nicht sagen und tun sollten; sie sagen einfach, was sie wollen und fühlen; Noura sagt dazu, sie »lassen einfach alles raus«.

Überall sehen die Mädchen in diesem Alter die Instabilität von Beziehungen. Abgrenzungen und Cliquen erinnern deutlich an die potentielle Gefahr, zu unterschiedlich, nicht hübsch genug, nicht nett genug, nicht raffiniert oder klug genug zu sein. Die »beliebtesten« Mädchen in der Klasse zeigen jedoch ein selbstsicheres Verhalten, sie fühlen sich wohl mit der Autorität, die ihnen verliehen wird, mit dem Image, das sie darstellen. Oft sind sie am direktesten von allen – wenn auch nicht immer in der Gegenwart von Erwachsenen –, und sie haben die Macht, einige Mädchen um sich herum zu versammeln und andere nicht einzubeziehen. Es liegt also nahe, daß diese Mädchen das Zentrum großer Aufmerksamkeit, starker Kritik und Eifersucht werden. Madeline erklärt:

> Okay. Es gibt hier ein Mädchen..., und sie hat diese Gruppe, und sie denkt: »Ich bin so hübsch, alle sollten mich eigentlich mögen, und ich bin wirklich beliebt, und ich werde es schon schaffen, daß alle mich mögen.« Also sie hat diese Gruppe mit all diesen Leuten, von denen sie denkt, sie sind sehr hübsch und sehr klug, und sie nimmt sie in ihre Gruppe auf und bringt ihnen bei, bestimmte Leute nicht zu mögen, und dann benutzt sie andere Leute, um aus einigen Leuten Informationen herauszubekommen, das – das denken jedenfalls einige Leute, daß sie das macht, das denken einige Leute, die sie nicht mögen; jedenfalls ist sie ganz einfach gemein, sie denkt: »Ich bin so hübsch, und die ist so häßlich, warum sollte ich sie also mögen?« Das sagt sie dann auch noch. Sie ist einfach nicht gern mit anderen Leuten zusammen. Sie kann auch ganz nett sein, aber immer wieder dieses »Ich bin so hübsch«, und sie sitzt da so rum und wirft ihre Haare nach hinten und so.

Verständlicherweise werden beliebte Mädchen nach außen hin umschwärmt, während sie im Geheimen gleichzeitig beneidet oder verachtet werden. Manchmal gibt es Versuche, diese Mädchen zu kontrollieren, um sie wieder in die Gruppe einzugliedern; wie Edie anmerkt: »Manchmal werden Leute sauer auf die Leute, die zu beliebt sind und so, und dann fangen wir an, uns zu streiten und so.« Andere Mädchen beobachten das Mädchen, das beliebt ist, sehr genau, denn ihr ist es möglich, andere »zu benutzen« oder sie zu verletzen, und sie kann ihnen auch bei Erwachsenen Respekt verschaffen. Die Mädchen fragen sich, mit wem sie sich zusammenschließt und warum – gibt sie an, sucht sie die Anerkennung Erwachsener oder ist sie mit anderen Mädchen wirklich in Beziehung, eine Kollaborateurin hinter den Kulissen?

Sie wissen sehr genau, daß das, was Menschen denken, und das, was sie sagen, zwei ganz verschiedene Dinge sind – denn dementsprechend handeln sie ihrer Beschreibung nach auch selbst –, deshalb beobachten diese zehn- und elfjährigen Mädchen die anderen sehr genau; sie fragen sich, wer echt ist, wessen Motive ehrlich sind. Sie unterscheiden zwischen »sehr sehr guten« Freundinnen, Freundinnen, denen sie vertrauen können, die hinter ihrem Rücken nicht über sie flüstern oder reden, und »eben nur« Freundinnen. Sie unterscheiden zwischen Menschen, die wie ein Chamäleon sind, die sich auf verfälschte Beziehungen einlassen, und Menschen, die wirklich an ihnen interessiert sind, die wirklich nett sind. Sie kennen den Unterschied zwischen

Menschen, die nur so tun als ob, und Menschen, die es wirklich so meinen.

Obwohl Mädchen in Freundschaften mit intensiven Gefühlen und Meinungsverschiedenheiten experimentieren, schmerzliche Gefühle empfinden und Wahres und Falsches überprüfen können, ohne ein zu großes persönliches Risiko einzugehen, beschreiben diese Mädchen auch, wie erwachsene Frauen – Mütter und Lehrerinnen – bei relationalen Konflikten und Meinungsverschiedenheiten der Mädchen anscheinend vermitteln wollen, um so die Gefühle der Mädchen zu schonen. Margaret klingt fast wie Sonia, wenn sie ihrer Interviewerin erzählt, wie schwierig es für sie ist, sich im Sportunterricht eine Partnerin auszusuchen. »Wenn ich mir das Falsche Mädchen aussuche, dann wird die andere vielleicht nicht unbedingt sauer auf mich, doch sie würde sich schon etwas darüber aufregen«, erklärt Margaret, »und wenn ich es anders herum mache, dann wird sich vielleicht das andere Mädchen aufregen.«

Margaret erzählt auch, daß sie von ihrer Lehrerin erlöst wird, bevor sie selbst mit diesem Dilemma umgehen kann. Sie sagt, daß »sich alle das ganze Jahr über nur ihre besten Freundinnen ausgesucht haben und nichts mit den anderen gemacht haben« und daß »es vielen so gegangen ist, nicht nur mir«; ihre Lehrerin, sagt sie, habe dann bestimmt, »wer wohin geht«. Obwohl Margaret »irgendwie ... froh ist, daß die Lehrerin es bestimmt hat«, erzählt sie ihrer Interviewerin, daß sie, hätte sie die Möglichkeit gehabt, allein damit zurechtzukommen, überlegter in ihrer Wahl gewesen – und nicht zufällig in einer Gruppe »gelandet« wäre, die die Lehrerin für sie ausgesucht hatte; vielmehr hätte sie »eine andere Gruppe [gewählt], die mich nicht gefragt hätte oder nicht fragen würde, so wie die anderen«. Obwohl »es schwer für eine Person ist, zu entscheiden«, erklärt Margaret, »wenn [nächstes Mal] jemand keine Partnerin hat, dann werde ich wahrscheinlich zu ihr gehen«.

Aus Margarets Sicht benutzt ihre Lehrerin ihre Autorität, um einem laufend vorkommenden Phänomen ein Ende zu bereiten – nämlich den sich abgrenzenden Cliquen, die für andere in der Klasse verletzend und verunsichernd waren. Obwohl Margaret aus dieser unangenehmen Situation erlöst wird, wird es ihr unmöglich gemacht, ihre eigene Geschichte so zu beenden, wie sie es sich vorstellt – eine Lösung zu finden, die nicht nur durchdacht, sondern auch psychologisch klug ist. Wenn es ihr überlassen wäre, wüßte Margaret zwar, daß »es schwer ist« und auch riskant, doch würde sie sich der Schwierigkeit stellen und sich jemanden aussuchen.

Wie Margaret befand sich auch Allison in einer schwierigen Situation, als ihre »Klasse sich in zwei Gruppen teilte« und »einige Leute mit ihren Freundinnen auf der einen Seite waren, und die anderen waren mit ihren Freundinnen auf der anderen Seite«. Als sie ihre Geschichte erzählt, sagt Allison, daß sie befürchtet hatte, sie selbst sei eigentlich »ein Teil« des Konflikts gewesen: »Ich habe vergessen, worum es ging«, erklärt sie, »aber [die eine] hatte viele Freundinnen, und die andere Person hatte auch viele Freundinnen, und ein anderes Mädchen war irgendwie – sie ging irgendwie von einer Gruppe zur anderen, und dann ging sie also zu einer Gruppe und hörte dort etwas, und dann ging sie zur anderen Gruppe und hat es erzählt.« »Und hat es erzählt?« fragt ihre Interviewerin.

Ja... und deshalb wollte ich überhaupt nichts damit zu tun haben, denn dann verlierst du viele Freundinnen, und dann kommen wieder andere dazu, aber wenn du einfach mit allen befreundet bist, und nicht auf einer Seite bist, dann behältst du alle deine Freundinnen.

Was hast du denn nun gemacht?

Also, ich habe mich da einfach rausgehalten – einige haben mich gefragt, aber ich habe einfach gesagt: »Ich möchte mich da lieber raushalten.«

Denkst du, daß deine Entscheidung richtig war?

Ja... sich bloß raushalten... Wenn du dich darauf einläßt, dann sind andere verletzt, und dann werden sie vielleicht böse auf dich..., und dann würdest du ... dann, wenn sie denken würden, daß sie nicht mehr deine richtig guten Freundinnen sind..., weil wir anfangen würden, uns zu streiten, und du hättest dann gar keine Freundinnen mehr, also ist es einfach besser, alle deine Freundinnen zu behalten und daß sie nicht böse auf dich werden ... Es ist eben auch besser, sich rauszuhalten, denn wenn du genau dazwischen stehst, weißt du am Ende nie, ob einige dich jetzt trotzdem nicht mehr mögen.

Die Ursache für den Streit ist schon lange vergessen, doch Allison erinnert sich an jedes Detail des Beziehungsdramas. Sie habe sich entschlossen, sagt sie, »neutral« zu bleiben; in ihrer Kosten-Nutzen-Analyse scheint sich, wenn es um den Verlust und den Gewinn von Freundinnen geht, eine Beteiligung nicht zu lohnen. Aber Allison läßt auch erkennen, wie komplex das Beziehungswissen der Elfjährigen ist; sie befürchtet etwas Schlimmeres. Wenn sie sich beteiligen und sich auf eine Seite stellen würde, könnte sie am Ende »genau dazwischen stehen«, zwischen Freundinnen, unsicher, wann der Streit vorüber ist, welche eine »richtige« Freundin ist und welche nicht. Und doch wäre es wenigstens authentisch, sich auf eine Seite zu stellen, auch dann, wenn es sich nicht lohnt und vielleicht gefährlich ist. Die Mädchen, die sich auf eine Seite gestellt haben, verfälschen wenigstens nichts, sie sind nicht so wie das scheinheilige Chamäleon, das »immer zu einer Gruppe geht und etwas hört und dann zu der anderen Gruppe geht und es erzählt«.

Als Allison ihre Geschichte weitererzählt, hören wir wieder, welches Bild Mädchen in solchen Situationen von den erwachsenen Frauen in ihrem Leben haben – sie sind diejenigen, die sich einschalten und Konflikte ausräumen, um den Mädchen emotionales Leiden zu ersparen:

> Dann wollten die Lehrerinnen, daß wir in Reihen hintereinander hergehen, und sie sind immer mit uns zusammen gegangen, damit keine sich schlecht fühlt ... damit niemand beleidigt war, und dann war das nicht mehr so...
> *Das verstehe ich nicht.*
> Na, wenn wir in einer geraden Reihe hintereinander hergegangen sind, sind die Lehrerinnen mit uns in die verschiedenen Klassen gegangen, da war es dann nicht mehr möglich, zusammen zu reden oder andere zu beleidigen, weil wir in so einer Reihe nicht mehr in Gruppen mit den anderen zusammen sein konnten.

Das Schwierige an diesem Konflikt war, sagt Allison, daß »ich die Mädchen auf beiden Seiten mochte, weil ich alle in der Klasse mag«:

> Und meine Mutter hat mir immer gesagt, ich soll keine beste Freundin haben, weil du dann nur mit anderen Probleme bekommst. Andere hatten dann eine beste Freundin, dann wollten sie einfach nur..., sogar wenn sie nicht gedacht haben, was ihre Freundin dachte, wollten sie zusammenhalten, und sie haben sich gegenseitig gesagt, daß sie das auch denken..., und es war schwierig, weil du alle mochtest, und wenn du dich dann auf die eine Seite stellst, wird die andere Seite böse; wenn du dich dann auf die andere Seite stellst, dann wird die erste Seite böse, das war also schwer.

Nach Allisons Darstellung greifen ihre Lehrerinnen und ihre Mutter in einer Form ein, die Allison darin bestärkt, sich keinen Gruppen anzuschließen. Die Lehrerinnen, die offensichtlich Zeuginnen dieser lästigen Gruppenbildung in der Klasse sind, versuchen das Reden und das rein physische Zusammensein zu eliminieren, die solche Gruppen am Leben erhalten. Sie verlangen von den Mädchen, immer in Reihen hintereinander herzugehen, in Begleitung einer Lehrerin – die sie ganz deutlich an ihr inakzeptables Verhalten erinnert. Die Lehrerinnen rechtfertigen auf diese Weise Allisons Entscheidung, unbeteiligt zu bleiben – denn jetzt muß jedes Mädchen allein gehen, für keines der Mädchen besteht die Gefahr, dadurch verletzt zu werden, weil es ausgeschlossen wird. Darüber hinaus erinnert sich Allison an den Rat ihrer Mutter, »keine beste Freundin zu haben, weil man dadurch nur mit anderen Probleme bekommt«.

Aber Allison hat ein Problem, unabhängig davon, ob sie nun eine beste Freundin hat oder nicht; sie ist auch dann ein Teil dieses Konfliktes, wenn sie sich nicht auf eine Seite stellt. Wenn die Lehrerinnen die Mädchen mit Erfolg davon abhalten, öffentlich zu streiten, haben sie den Konflikt vielleicht nur in den Untergrund verlegt. Die Lösung ihrer Mutter mag Allison zwar einige Probleme ersparen, doch werden auf diese Weise auch wieder andere geschaffen. Allison weiß, daß sie mit ihrem Entschluß, sich herauszuhalten, Gefahr läuft, als nicht loyal, unehrlich, oder schlimmer noch, als Spionin bezeichnet zu werden. Allisons Freundinnen, die wollen, daß sie sich auf ihre Seite stellt, warnen sie vor diesem Risiko: »Einige Leute dachten, daß es besser wäre, mitzumachen – in eine Gruppe zu gehen –, denn ich könnte ja einfach nur so tun, als ob ich in keine Gruppe gehen wollte, aber in Wirklichkeit bin ich doch in einer Gruppe, und dann weiß ich auch, was andere Leute sagen.«

In einem Beziehungsklima, in dem Leute sich vormachen, sie denken, was ihre Freundinnen denken, in dem Worte psychologische Verletzungen und psychologischen Schmerz heraufbeschwören können, Cliquen oder Gruppen oder »Seiten« damit drohen, Mädchenstimmen zum Schweigen zu bringen, scheint Allisons Widerstand Mut zu beweisen. Aber Lösungen, die dazu bestimmt sind, die Gefühle der Mädchen so zu schützen, daß sie einem öffentlichen Konflikt ein einfaches Ende bereiten, drängen intensive Gefühle in den Untergrund und hinterlassen einen brodelnden Rest an Nichtübereinstimmung, Ärger und Trauer, der unausgesprochen bleibt und außerhalb jeglicher Beziehung steht. Was dann noch sichtbar bleibt, sind die netten Gefühle, die höflichen Gespräche. Das führt dann dazu, daß Mädchen es immer schwerer finden, zwischen echter und scheinbarer Freude und Liebe in Beziehungen zu unterscheiden.

Margaret, Allison und ihre Klassenkameradinnen sind reifer als die Achtjährigen, die dazwischenpfeifen; sie sind in komplexere Freundschaften einbezogen, können verschiedene Perspektiven einnehmen, und sie beschreiben den Unterschied zwischen dem, was sie aus Erfahrung wissen, und dem, was nach Meinung anderer geschehen sollte.

Ihr intensiver Wunsch, mit denen um sie herum verbunden zu bleiben, veranlaßt sie manchmal dazu, ihre eigenen Erfahrungen zu verdecken und zu beschönigen, denn sie möchten akzeptiert werden, für die anderen akzeptabel sein. Wir hören sie erzählen, daß sie nicht mit sich selbst verbunden sind (disconnection), wenn sie ihre intensiven Gefühle außer Kraft setzen, um mit anderen in Beziehung bleiben zu können.

Während einige Mädchen sich ihre Meinungsverschiedenheiten sorgfältig und durchdacht aussuchen und bestimmen, wann es in Ordnung ist, »Theater zu machen«, sind andere offen; sie geben die Komplexität und Tiefe ihrer Sorge erst dann zu erkennen, wenn sie tatsächlich versuchen, Beziehungen auch als das, was sie sind, zu benennen, sich durch die Oberflächlichkeiten hindurchzuarbeiten und dorthin zu gelangen, wo zwischen den Menschen wirklich etwas geschieht. Diese Mädchen scheinen dann in einer Zwickmühle zu sein: Einerseits wollen sie darüber sprechen, was sie über Beziehungen wissen – ein differenziertes Wissen von Gedanken und Gefühlen –, andererseits stehen sie unter dem Druck, ihr Wissen zu leugnen und damit ein Idealbild von sich und ihren Beziehungen zu schaffen. Wenn Frauen in Mädchengeschichten als Beschützerinnen erscheinen – sie vor den potentiellen Gefahren des offenen Konfliktes schützen – oder als idealisierte Modelle selbstloser Liebe und perfekter Freundlichkeit, bringen Mädchen ihr wachsendes Mißtrauen darüber zum Ausdruck, daß Frauen dann nicht mit ihnen zusammen sein wollen, wenn die Mädchen offen über ihre negativen Gefühle sprechen.

Genau die Zeit, in der sich das Reale und das Ideale voneinander trennen, scheint für Mädchen eine kritische Phase zu sein. Bewegen sie sich auf das Ideal zu, laufen die Mädchen Gefahr, ihre relationale Wirklichkeit zu verlieren – eine Wirklichkeit, an der sie unbedingt festhalten müssen, denn sobald sie die Fähigkeit verlieren, relationale Verletzungen auch zu benennen, werden sie für andere Arten des Mißbrauchs verletzbar – sowohl psychisch als auch physisch. Wenn wir den Mädchen zuhören, wie sie das benennen, was bei ihnen das Gefühl einer Beziehungssackgasse hinterläßt, wenn wir ihnen zuhören, wie sie von ihrer Unverbundenheit (disconnection) mit ihrer Gefühlswelt erzählen – wie sie sich selbst um der Beziehung willen aus der Beziehung herausnehmen –, beginnen wir uns zu fragen, ob wir Zeuginnen für den Anfang von psychologischen Brüchen und Beziehungskämpfen werden, für die es in der Psychologie von Frauen genügend Belege gibt.

Nachdem wir eine Anzahl von Stimmen der fünften Klasse gehört haben, wenden wir uns jetzt den Geschichten von drei Mädchen genauer und konzentrierter zu, drei Informantinnen, die uns durch die späten Jahre der Kindheit führen werden, durch die Veränderungen der Pubertät und in die frühe Adoleszenz. Noura, Judy und Victoria beschreiben ihren verzweifelten Versuch, angesichts einer Beziehungssackgasse mit sich selbst, mit ihren Gedanken und Gefühlen verbunden zu bleiben. Noura ist Syrerin und aus der Mittelschicht; sie bringt ihre intensiven Gefühle und ihre laute Stimme in ihre Beziehungswelt ein. Die Kindheit ist für sie ein Erwachen von neuen Gedanken und Gefühlen gewesen, und sie hat in ihrer Familie gelernt, daß sie sich selbst ausdrücken kann, daß sie sich den Spielraum schaffen und die Zeit nehmen kann, um schwierige Beziehungsprobleme zu verarbeiten. Aber sobald Noura sich der »Wand« der guten Mädchen und der perfekten Noten nähert, setzt sie außer Kraft, was sie über die Schwierigkeiten und über die Freuden in ihren Beziehungen erfahren hat, und sie gerät in einen lähmenden Kreislauf guter Gefühle und perfekter Beziehungen. Sogar wenn sie die Heuchelei einer Doppelmoral beschreibt, wenn andere sprechen können und sie nicht, und wenn sie ihre Sehnsucht nach echten Beziehungen zum Ausdruck bringt, bekommt Noura solche Angst davor, was sie in Beziehungen fühlen, denken und sagen könnte, daß sie sich von ihren Gefühlen löst und nicht in der Lage ist zu sprechen.

Judy ist Amerikanerin europäischer Herkunft und kommt aus der Mittelschicht. Über den Zeitraum der Studie hinweg erzählt sie von dem allmählichen Bruch zwischen dem, was sie einerseits tief in ihrem Innern fühlt und mit ihrem Verstand wahrnimmt, und andererseits dem, was ihr ins Gehirn gestopft wird. Sie spürt die Gefahren, denen Mädchen ausgesetzt sind, die sich an ihrem Gefühlsleben orientieren und ihre intensiven Gefühle ausdrücken; trotzdem kämpft Judy darum, zu sich selbst und ihren Gefühlen zu stehen. Durch die Scheidung ihrer Eltern gerät Judy in eine andere Form der Beziehungskrise, in der Konflikt und Unterschiedlichkeit mit realen Verlusten und drohenden weiteren Trennungen verbunden sind. Judy ist unfähig zu sagen, was sie wirklich fühlt, und im Namen der Beziehung schützt sie sich selbst und andere vor ihren eigenen Gefühlen. Indem sie darüber spekuliert, wie Menschen ihren Verstand verlieren, womit sie ihr inneres Wissen meint, beschreibt Judy die von ihr so tief empfundenen Verluste sehr genau.

Victoria, die auch Amerikanerin europäischer Herkunft ist und der Mittelschicht angehört, beschreibt, wie quälend es sein kann, in einem bedrohlichen und gewalttätigen Elternhaus aufzuwachsen, in dem ihre Proteste »auf taube Ohren stoßen«. Einige Zeit kämpft sie offen darum, ihre Gefühle der Wut und der Trauer auszudrücken, um das, was sie erfährt und um sie herum passiert, zu benennen und zu verurteilen. Aber Victoria kann anscheinend nicht an einer Welt festhalten, es nicht in einer Welt aushalten, in der Beziehungen unzuverlässig und nicht vertrauenswürdig sind; deshalb versucht sie, an ihrer eigenen Stimme festzuhalten, und verliert die Beziehung zu anderen. Victoria behauptete, unabhängig von allen anderen zu sein, sie schwankt zwischen den Gefühlen, »verrückt« zu sein, intensiver Wut und der Loslösung von ihren Gefühlen, um letztendlich Trost in den Idealen von Liebesgeschichten zu finden.

Drei Mädchen übernehmen die Führung und erzählen uns drei unterschiedliche Geschichten über ihren Kampf: Sie stehen unter dem Druck, nicht zu wissen und nicht zu sprechen.

Noura: Wissen und Nicht-Wissen

Die neunjährige Noura beugt sich über das weiße Zeichenpapier und zeigt mit dem Finger auf jede Figur auf dem Familienbild, das sie gezeichnet hat: Ihre geraden, schulterlangen, schwarzen Haare fallen nach vorn, sie streifen das Papier, als sie ganz versunken die Menschen und die Tiere anschaut, die sie in den Grundfarben gemalt hat. »Das ist mein Bruder, und er mag Tiere gern«, fängt sie an. »Eine Katze und ein Hund und ein Vogel und ein Fisch?« beobachtet ihre Interviewerin. »Ja«, antwortet Noura, »und mein Vater ist Arzt, und meine Mutter und ich malen viel. Früher war meine Mutter Kunstlehrerin, und ich glaube, deshalb macht sie das immer noch gern. Und ich weiß nicht, aber ich glaube, ich bin ihr ähnlich, weil ich auch gern Kunst mag. Und das ist ein Bild von meiner Schwester in ihrem Abschlußballkleid..., sie sah schön aus damit.« »Könntest du mir eine Geschichte über die Leute in der Zeichnung erzählen?« fragt ihre Interviewerin. Noura erzählt folgendes:

Einmal war mein Bruder auf einem Ausflug, und sie sind in den Wald gegangen, und er hat einen Hund gesehen, und der war ein bißchen verletzt, und ein paar andere Tiere auch. Dann ist er nicht mit den anderen weitergegangen, sondern er ist einfach allein weitergegangen, und er hat den Tieren geholfen. Und dann, als er etwas gefunden hat, um ihnen einen Verband zu machen, hat er den Ausflug ganz vergessen, und alle haben bemerkt, daß er weg war. Und dann ist er einfach losgegangen und hat versucht, einen Weg da raus zu finden, und dann hat er einen Weg gefunden, und da gab es ein Restaurant, und das war zufällig genau das McDonalds, wo sie alle essen wollten ... Aber er war ein bißchen zu früh da, dann hat er gewartet und beschlossen, sich etwas zu essen zu bestellen, weil er Hunger hatte, und dann haben sie sich da wieder getroffen, und der Rest des Tages war dann ganz normal.

Noura sagt, daß diese Geschichte »erfunden« ist. Aber das Bild von ihrem Bruder, der zwei Jahre älter ist als sie, der sich durch die Welt schlägt, anhält, um verletzten Tieren zu helfen, der von der Gruppe getrennt wird, und seinen eigenen »Weg da raus« findet, Hunger hat, etwas zu essen bestellt und dann die anderen wiedertrifft und zu einem »normalen« Tagesablauf zurückkehrt, erinnert an Themen, die in diesem Lebensabschnitt der Mädchen immer wieder anklingen werden: Trennung und Beziehung, Verletzungen und Hilfe, Hunger und Sättigung; und die Sorge darüber, was normal und was nicht normal ist. »Du hat eine Geschichte von deinem Bruder erzählt. Was ist dir an deinem Bruder wichtig?« fragt ihre Interviewerin. »Also«, antwortet Noura, »wir streiten uns normalerweise viel, aber manchmal kann er auch ganz nett sein... Wir ziehen uns einfach ganz gern auf.« »Oft?« fragt ihre Interviewerin. »Ja«, sagt Noura.

Für die neunjährige Noura besteht das Leben daraus, zu spielen, zu streiten, sich gegenseitig aufzuziehen und nett zu sein; und wie wir es von einem Leben mit einem älteren Bruder und einer älteren Schwester vielleicht auch erwarten, ist ihr Leben voller Stimmen, die ihr sagen, wie das alles zu meistern ist. »Weil mein Bruder und ich uns oft streiten, sagen immer alle, daß wir fair sein sollen«, erklärt sie ihrer Interviewerin. Regeln, fügt sie hinzu, »gleichen alles aus«, während intensive Gefühle – »sauer« oder »durcheinander« zu sein, sich sehr zu freuen und glücklich zu sein – Nouras Leben die Leidenschaft und den Sinn geben.

Noura ist syrischer Herkunft; ihre dunkle Haut und ihre schwarzen Augen heben sie ab von dem Meer hellhäutiger Mädchen in ihrer vierten Klasse. Doch, wie Noura sagt, »ist jede anders«. »Es gibt eben verschiedene Meinungen«, erklärt sie verständnisvoll, und manche Leute

»denken [einfach] anders«. Von Verschiedenheiten fasziniert, läßt sich Noura auch nicht von Auseinandersetzungen beirren. »Mit einigen Leuten komme ich nicht aus«, sagt sie, und das ist für sie völlig verständlich, denn ob Leute sich verstehen, »hängt davon ab, was sie denken, und davon, wie andere Menschen ihrer Meinung nach sein sollen«. Noura, wie auch andere gleichaltrige Mädchen in dieser Untersuchung, beschreibt ihr Beziehungsleben in den gleichen Grundfarben, mit denen sie auch ihre Bilder malt, in mutigen Farben, die Grenzen und Kontraste betonen.

Wie die anderen neunjährigen Mädchen hört aber auch Noura, daß erwachsene Frauen sie darin bestärken, überlegter auf Verschiedenheiten zu reagieren, mehr zu bedenken als nur das, was sie sieht und hört, fühlt und denkt. Sie, sagt Noura, »sagen immer, du solltest versuchen, andere zu mögen... Und wenn du sie dann nicht magst, na schön, aber versuch wenigstens, mit ihnen auszukommen.«

Noura scheint sich diesen Rat zu Herzen genommen zu haben. Ein Jahr später erscheinen die Grundfarben, die ihr Wissen über sich selbst und ihre Beziehungen so lebendig wiedergegeben haben, weniger klar zu sein, sie sind feiner geworden. Als sie darüber redet, was für sie im vergangenen Jahr außergewöhnlich war, berichtet die zehnjährige Noura mit beachtlichem Stolz: »Ich habe aufgehört, soviel mit meinem Bruder zu streiten.« »Und wie ist es dazu gekommen?« fragt ihre Interviewerin. »Ich weiß nicht«, erwidert Noura. »Ich glaube, weil ... wir werden eben einfach älter, und wir streiten uns nicht mehr immer über diese kleinen blöden Dinge und so.« Anstatt ihren Bruder auch aufzuziehen, wenn er sie aufzieht, erklärt Noura jetzt: »Ich versuche, das dann einfach zu ignorieren, ich denke einfach überhaupt nicht mehr darüber nach.«

Durch diese Veränderung innerhalb des letzten Jahres besteht Nouras Beziehung zu ihrem Bruder nun weniger aus einem lebendigen Austausch, gegenseitigen Neckereien und Aufziehereien; sie versucht jetzt vielmehr »zu ignorieren«, will nichts davon wissen und nicht über das Verhalten ihres Bruders »nachdenken«. Damit geht dann auch eine Verschiebung in Nouras Sprache einher. Mit zehn klingt Noura zögernder als mit neun, weniger sicher, was sie fühlt und denkt; gleichzeitig wird ihr auch bewußter, wie sie von anderen wahrgenommen wird. Sie will sich nicht weiter »über diese kleinen blöden Dinge streiten«, denn wenn ihr Bruder sie jetzt aufzieht, ist ihr das »peinlich«; für sie ist jetzt wichtig, was »gesagt und was nicht gesagt werden sollte«. Im gleichen Maße, wie sich die Sprache der Moral in die Fragen ihrer Interviewerin und in das, was Noura sagt, einschleicht, wird Noura auch von einer Unsicherheit befallen, die sich auf den Wert und die Wichtigkeit dessen, was sie zu sagen hat, bezieht: Als ihre Interviewerin sie bittet, eine Situation zu beschreiben, in der sie nicht wußte, was sie machen sollte, antwortet Noura: »Ich weiß nicht, das ist auch nicht so wichtig ... Ich denke, wir könnten über ... sprechen. Ich weiß nicht, nicht über irgend etwas Großes oder so... Ich weiß nicht... Also ich weiß eben nicht, weil manchmal, ich weiß nicht, weil ich kann einfach nicht ...« Als ihre Interviewerin, wie auch schon andere Frauen in Nouras Leben, Noura bittet, darüber nachzudenken, wie sie sich verhalten sollte, anstatt ihre Gedanken- und Gefühlswelt zu beschreiben, beginnt Noura mit einem schwierigen Prozeß: Sie versucht herauszufinden, was sie wissen kann oder sollte und was sie tatsächlich weiß; Noura beginnt, so scheint es, sich von ihren Gefühlen und ihrem Wissen zu lösen (disconnect), um zu versuchen, sich mit dem zu verbinden (connect), was andere wollen.

Nouras erhöhte Sensibilität für soziale Signale, wenn es darum geht, was gewußt oder gesagt werden sollte und was nicht, macht sie in den Beziehungen zu den Mädchen in ihrer Klasse überlegen. Noura beobachtet und hört, wie ihre Freundinnen über die Mädchen reden, die zu sehr darauf aus sind, daß alle sie mögen und sie dann auch damit aufziehen; diese Mädchen nämlich, die »es einfach übertreiben und immer hinter dir herlaufen und alles mit dir zusammen machen wollen«; doch sie ärgert sich selbst auch über diese populären Freundinnen, die »wirklich klug [sind] oder wirklich gut in Sport«, aber die »so tun, als ob sie sonstwas wären«, die »angeben« oder »nur darüber lachen, wie andere den Tennisball werfen und schlagen«. Innerlich wehrt sie sich gegen diese Mädchen, doch weiß sie auch genau, was für ein Gefühl es ist, aufgezogen und in eine peinliche Situation gebracht zu werden, und Noura weiß überhaupt nicht mehr, was sie tun soll, wenn diese Freundinnen, die über andere reden, ihr sagen, »daß sie eine bestimmte Person nicht mögen soll oder so«:

Na ja, manchmal sage ich einfach [zu ihnen]: »Ja, aber das ist doch nicht so wichtig«, weil sie doch gar nichts Schlimmes gemacht haben, dann sage ich manchmal einfach: »Ja, und das ist doch gar kein Problem mit der.« Und manchmal muß ich dann auch entscheiden, was ich sagen soll... also wenn zum Beispiel jemand eine Party macht, zu der nicht alle eingeladen werden, und die sagen dann so was wie »Na ja, die andere ist so blöd, und sie hat überhaupt keine Ahnung, und sie lernt nie für Prüfungen, und sie redet so komisch, und sie ist häßlich« und solche Sachen ... Manchmal mache ich da ein bißchen mit, aber manchmal sage ich auch »Ich weiß nicht«, nur um nicht zu zeigen, daß ich nicht weiß, was ich sagen soll..., aber dann denke ich normalerweise: »Na ja, die können doch nichts dafür, daß sie manche Sachen nicht so gut können und so.«

Ist das Problem für dich dann, ob du vor allen anderen laut sagen sollst, was du über dieses Mädchen denkst?

Ja. Und manchmal auch, wenn du eine Person magst, und wenn du denkst, daß das eigentlich nicht stimmt, was die anderen sagen, na ja, manchmal sage ich dann eben: »Also, das stimmt aber nicht immer«, aber ich sage dann auch nicht einfach das Gegenteil – ich sage dann normalerweise: »Na ja, manchmal stimmt das, aber auch nicht immer«, und wenn du das Positive daran siehst, dann siehst du auch, was sie nicht machen, was andere aber machen und was dich nervt und so.

Was macht diese Entscheidung für dich so schwierig?

Ich weiß nicht ... Ich weiß nicht ... Ich glaube, daß – also ich mag beide – ich mag meine Freundinnen, und na ja, das sind alles meine Freundinnen, aber ich mag auch die andere, über die geredet wird, und manchmal, wenn du dann sagst: »Also das stimmt aber nicht«, und dann manchmal weißt du eben auch nicht, ob diese Freundinnen vielleicht sagen: »Na klar stimmt das, weißt du das denn nicht?« Und wenn dann eine andere sagt: »Weißt du was? Ich habe gehört, wie [das Mädchen] über dich geredet hat«, und dann wird sie sauer ... und dann weiß ich eben manchmal einfach nicht, was ich sagen soll, es ist eben schwierig, etwas zu sagen.

Wenn Noura sagt, was sie denkt, und mit ihren Freundinnen nicht übereinstimmt, geht sie das Risiko ein, daß die anderen sich über sie lustig machen, über sie reden und sie ablehnen; wenn sie das, was sie fühlt und denkt, zurückhält, wird sie zur Verbündeten bei einem Verhalten, von dem sie aus Erfahrung weiß, daß es andere verletzen wird, daß es den Tatsachen nicht entspricht oder falsch ist. Im eigentlichen Sinne ist das ein Kampf um Beziehung und um Wissen – was kann Noura wissen und sagen und dabei immer noch mit anderen verbunden (in connection) sein? Was sollte sie um der »Beziehungen« willen ignorieren und nicht wissen? Wenn wir dem Meinungsaustausch oben noch einmal zuhören und dabei genauer auf Nouras Sprache achten, hören wir diesen Kampf deutlicher:

Na ja, eine andere ist blöd, und *sie weiß überhaupt nichts...,* manchmal mache ich da ein bißchen mit, aber *manchmal sage ich »Ich weiß nicht«,* nur um nicht zu zeigen, daß *ich nicht weiß, was ich sagen soll ... Ich weiß nicht ... Ich weiß nicht...,* und manchmal *weißt du eben auch nicht ...,* ob diese Freundinnen vielleicht sagen: »Na klar stimmt das, *weißt du das denn nicht?«* Und dann, wenn eine andere sagt: *»Weißt du was?* Ich habe gehört, wie [das Mädchen] über dich geredet hat.« *... Und dann weiß ich eben manchmal einfach nicht, was ich sagen soll.*

Die beiden schlimmsten Dinge, die Nouras Freundinnen ihr vor-
werfen können, scheint es, sind entweder nicht zu wissen und etwas
Falsches zu sagen oder es aber doch zu wissen und etwas Falsches zu
sagen. Wenn Noura sich für die Mädchen einsetzt, über die geredet
wird, offenbart sie ein Wissen, das andere versteckt halten wollen, und
sie hat Angst davor, daß ihre Freundinnen sie dann nicht mögen oder
sie tadeln werden: »Manchmal habe ich das Gefühl, daß meine
Freundinnen mich dann nicht mögen oder daß sie dann sagen: ›Na
und?‹« Darüber hinaus hat Noura Angst, daß diese »Freundinnen, die
über andere geredet haben«, dann vielleicht auch »über mich reden«.
Noura vermeidet diese Risiken, indem sie bedächtig spricht und ihre
Gedanken und Gefühle manchmal qualifiziert – »nicht einfach das
Gegenteil sagt« – und manchmal das, was sie fühlt und denkt, unter
dem Vorwand versteckt, es nicht zu wissen. »Manchmal sage ich: ›Ich
weiß nicht‹, nur um es nicht zu zeigen.« Auf diese Weise, findet Noura, kann sie sich selbst schützen: Wenn sie etwas denkt und etwas anderes sagt, wenn sie ihre Stimme verdoppelt und irgendwie zu zwei
Personen wird – von denen die eine privat und ehrlich, die andere öffentlich und akzeptabel ist. Noura kann dann zwar einen Kompromiß
machen, der es ihr erlaubt, im Privatbereich zu sich selbst zu stehen,
ohne sich aus der Sicht ihrer Freundinnen in Gefahr zu begeben – »Ich
würde zu ihnen sagen«, erzählt sie, »manchmal stimmt das, aber nicht
immer« –, doch gelangt sie durch das »Mitmachen« mit diesen
Freundinnen gefährlich nahe an den Punkt, an dem sie sich von sich
selbst entfernt (disconnecting) und davon, was sie wirklich fühlt und
denkt.

Erstaunlich jedoch für uns ist, wie deutlich die zehnjährige Noura
diesen Kompromiß artikuliert, wie sehr sie sich ihrer Gefühle bewußt
ist – und auch der Risiken, die sie eingeht, wenn sie diese Gefühle auch
ausspricht – und wie bewußt sie sich schützt, wenn sie ihre Gedanken
hinter der Phrase »Ich weiß nicht« verbirgt. Sie erinnert sich an ihre eigenen Gefühle in Situationen, in denen sie aufgezogen oder über sie
geflüstert wurde, und sie lernt dabei, wie sich andere in ähnlichen Situationen fühlen: »Ich lerne einfach dadurch..., wie du dich selbst
fühlst... und wie du reagierst, wenn alle über dich reden.« Und obwohl
sie gezwungen wird, das, was sie fühlt und denkt, zu qualifizieren
oder zu verbergen, denkt Noura in der Privatheit ihres Interviews immer noch laut darüber nach, warum die anderen nicht einfach »zu dieser Person, [die angibt] und andere verletzt, hingehen und... sagen:

›Warum machst du das eigentlich immer?‹«, anstatt hinter ihrem Rücken darüber zu reden. »Wenn ich diese Person wäre«, fügt Noura hinzu, »hätte ich ... es nicht gern, wenn Leute über mich reden. Ich hätte es lieber, wenn sie sagen würden: ›Hör auf mit der Angeberei‹ oder ›Warum gibst du eigentlich immer so an?‹«

Obwohl Noura fühlt, was sie wirklich fühlt, und weiß, was sie wirklich denkt, kapituliert sie dann doch vor dem Druck ihrer Freundinnen, es nicht zu wissen und es auch nicht zu sagen. Sie möchte »das Richtige tun«, niemanden »verletzen«, »Leuten immer helfen, wenn sie Hilfe brauchen«. Noura macht auf uns den Eindruck, daß es für sie ein Balanceakt ist, sich behutsam durch diese Mädchen hindurchzulavieren, die »alle meine Freundinnen sind«, die aber dennoch ihre Gedanken und Gefühle kontrollieren, wenn sie ihr nämlich damit drohen, daß sie über sie reden, falls sie sagt, was sie fühlt; sie fordern sie dazu auf, zwischen dem, »was ich denke«, und dem, was »ich sage«, zu trennen, Noura soll sich um der Beziehung willen aus der Beziehung zu sich selbst herausnehmen. Sie weiß, was für ein Gefühl es ist, »diejenige zu sein, die niemand mag«, und das hält Noura einerseits davon ab, über Leute zu reden; andererseits hält es sie aber auch davon ab, ihren »Freundinnen« zu sagen, was sie denkt und fühlt, wenn die Freundinnen über andere reden. Wie es auch schon bei ihrem Bruder der Fall war, findet es Noura leichter, so zu tun, als ob sie nicht weiß, was sie weiß, wenn sie mit ihren Freundinnen zusammen ist; ganz sicher ist es weniger gefährlich, wie Noura es ausdrückt, »Sachen für sich zu behalten«.

Als Elfjährige und in der sechsten Klasse klingt Noura jetzt im wahrsten Sinne des Wortes selbstbeherrschter. Als ob sie sich selbst vor den Urteilen und Erwartungen ihrer Freundinnen schützen wollte, untermauert Noura in diesem Jahr ihre Überzeugungen mit dem Wissen, daß »alle ihre eigenen Gefühle haben können, und das kannst du auch nicht ändern, was sie fühlen, du kannst nicht sagen ›Doch, ich weiß das besser‹, weil du nicht ganz genau weißt, was sie denken«. Wenn es darum geht, was wahr ist, beharrt sie auf ihrem Erfahrungswissen, und ihre Beziehungen haben sich verändert. Wenn ihr Bruder sie jetzt zum Beispiel aufzieht und sie damit zur Verzweiflung treiben will, schreit Noura: »Halt den Mund! Das interessiert mich nicht!« Und wenn sie dann Probleme bekommt, weil sie das zu ihm sagt, und zwar laut, beklagt sie sich, gerüstet mit ihrer neuentdeckten Verteidigungsstrategie, empört bei ihrer Mutter – daß sie die Dinge anders sieht, daß sie und ihr Bruder ganz andere Gefühle haben. Sie weiß, daß »immer zwei ganz verschiedene Dinge stattgefunden haben« und daß für eine möglichst faire Lösung bei einem Beziehungskonflikt »beide Seiten der Geschichte« gehört werden müssen. Noura scheint sich die Freiheit zu nehmen, ihre intensiven Gefühle und klaren Meinungen auszudrücken. Als sie darum gebeten wird, von einer Situation zu erzählen, in der sie eine Entscheidung treffen mußte und sich nicht sicher war, was sie machen sollte, sagt Noura dann auch offen ihre Meinung. Sie beginnt ohne Bedenken und ohne Einschränkung mit einer langen und komplizierten Geschichte über einen Beziehungskonflikt.

Also, ich glaube, es war letztes Wochenende, als [meine Freundin China] bei mir war, und da haben wir mit [Mia] gesprochen [am Telefon]..., und da haben wir gehört, daß [Heather] bei ihr am anderen Telefon war und einfach zugehört hat. Und sie haben uns das nicht gesagt, daß sie da war, und deswegen haben wir dann einen Riesen-Krach gekriegt..., und dann fing China an zu weinen, und dann, ich weiß nicht, warum sie angefangen hat zu weinen, aber ich glaube, mir war dann auch danach zumute, also fing ich auch an zu weinen, und dann haben wir beim Telefonieren einfach immer wieder den Hörer aufgelegt und später dann wieder angerufen..., und China wollte ihnen dann einfach alles sagen, aber das wollte ich auch nicht, daß sie das macht..., das sollte sie nicht machen, weil ich wußte, daß die anderen dann einfach auflegen würden. Die würden nie mit uns reden... Zuerst habe ich ihnen dann all diese Fragen gestellt, weil ich wissen wollte, warum sie das gemacht haben, und am Ende habe ich dann gesagt: »Ich habe eine Idee, wir fangen einfach mit Heather an, und sie kann dann sagen, was sie an China und mir am meisten stört«, und dann ging es mit Mia weiter, und dann mit China und dann mit mir. So haben wir das einfach gemacht... und dann haben wir beschlossen, daß wir immer Freundinnen bleiben, auch wenn wir wirklich böse aufeinander sind.

Als China entdeckt, daß Heather in der Leitung ist, weint sie; vielleicht ist sie dabei erwischt worden, als sie gerade über Heather gelästert hat. Noura setzt sich dann für China ein:

Und ich habe dann [zu Mia und Heather gesagt]: »China weint ganz doll..., und sie will mit euch reden.« Und die haben dann gesagt: »Glaub bloß nicht, daß sie uns jetzt auch noch leid tut.« Und ich dann: »Sie soll euch ja gar nicht leid tun. Ihr sollt einfach nur wissen, daß es ihr schlecht geht.« Und dann, glaube ich, ist die Verbindung wieder unterbrochen worden, und ich habe ins Telefon geschrien, als sie schon gar nicht mehr dran waren. Ich hab' mir dann gesagt: »Das ist mir doch egal.« Und zuerst haben wir ein bißchen darüber gelacht, und dann haben wir uns wieder aufgeregt.

Noura und ihre drei Freundinnen durchlaufen eine ganze Palette von Gefühlen – sie schimpfen, schreien, weinen und lachen, sie fühlen sich schlecht, etwas tut ihnen nicht leid, oder sie kümmern sich umeinander. Aber mitten in all diesen Gefühlen, so beschreibt es Noura, »haben wir immer noch weitergeredet – darüber eben, warum wir sauer waren«. Sie rufen an und legen wieder auf, aber letztendlich streiten sie weiter; die vier Mädchen arbeiten sich Schritt für Schritt durch ihren Beziehungskonflikt hindurch.

Wenn wir der elfjährigen Noura zuhören, wie sie ihre Rolle in diesem Drama beschreibt, beeindruckt uns ihre Rücksicht, ihre Vorsicht, ihre Geistesgegenwart und ihre Fähigkeit, in dieser emotionsgeladenen Situation zu ihren Freundinnen und zu ihren eigenen Gefühlen zu stehen. Noura, so scheint es, möchte die Ebene der Theatervorstellungen durchbrechen – die Geheimnisse, das Aufhängen und das Weinen, möglicherweise um »beachtet« zu werden. Sie möchte zur Sache kommen und wissen, was Menschen wirklich fühlen und denken: »Ich habe mich entschlossen«, sagt sie, »nicht wirklich sauer darüber zu werden. Ich wollte einfach reden ... Ich will das einfach wissen ... Einfach nur aus Neugier, ich muß das einfach wissen, ich weiß auch nicht.« Dabei orientiert sie sich daran, wie ihre Eltern Familien-Konferenzen organisieren und Beziehungskonflikte lösen. Noura schlägt vor, daß die Mädchen einander sagen, »was uns wirklich stört« und »was uns bei den anderen nicht gefallen hat«, so daß dann auch alle »wissen, wie die anderen sich fühlen. Es war dann einfach so, daß wir uns gegenseitig nicht unterbrochen haben.«

Die Ergebnisse ihres Gesprächs unterstreichen, was Noura vermutet: daß »die Geschichte [tatsächlich] zwei Seiten hat«. Heather und Mia, sagt Noura, haben einerseits ihr Vertrauen mißbraucht und andererseits ihre Privatsphäre verletzt, als sie heimlich zugehört haben: »Das ist so, als ob sie mir nicht vertrauen, und ich wollte nicht, daß sie dachten, daß ich etwas sagen: würde und daß sie dann einfach in Panik geraten und sagen: ›Na ja, dann muß ich mal zuhören‹ oder ›Erzähl doch mal‹. Und manchmal möchte ich auch einfach nicht, daß irgend jemand anders das weiß, es sei denn, sie sagen: ›Das kannst du Heather ruhig erzählen, das macht mir nichts.‹ Irgendwie ist das ein Eindringen in die Privatsphäre.« Aber Noura erkennt und versteht auch Heathers starkes Bedürfnis, etwas zu erfahren und heimlich zuzuhören. Heather fühlt sich als Außenseiterin, erklärt Noura, und deshalb »hat [sie] immer Angst, daß wir über sie reden«, und sie denkt immer: »Ich hab Angst, daß sie über mich redet, also höre ich mir das mal am Telefon an.« Aber zu ihrer Überraschung entdeckt Noura auch, daß Mia einen

Grund dafür hatte, mit Heather gemeinsame Sache zu machen. Von dem Moment an, als Noura auch mit Jungen zu tun hatte, fühlte sich Mia »ignoriert«, und sie war eifersüchtig: »Mia hat gesagt, daß ich [einen Jungen] lieber mochte als sie, und da hab' ich gesagt: ›Wie könnte ich ihn denn lieber mögen als dich, ich kenne dich doch schon seit der dritten Klasse?‹ ... Ich glaube, sie hat sich ausgeschlossen gefühlt.«

Im nachhinein, sagt Noura und offenbart dabei ihr ausgeprägtes Beziehungswissen, hatte sich dieser Streit schon länger angestaut. »Ich meine, wenn ich jetzt daran zurückdenke, dann glaube ich, daß das etwas war, was wir eigentlich schon länger rauslassen mußten, weil wir immer diese kleinen Streitereien hatten.« Und es war wichtig, fügt sie hinzu, daß sie sich ohne die Erwachsenen über ihre Gefühle klar geworden sind, denn die hätten lediglich verlangt, daß die Mädchen ihre Gefühle beherrschen und sich beruhigen. »Wir waren zu Hause. Kein anderer war da«, erklärt Noura. »Ich bin froh darüber..., denn ich dachte, dann konnten wir so laut sein, wie wir wollten, und ich konnte mir Zeit lassen.« Wenn sie nicht die Zeit und den Freiraum gehabt hätte, um ihre Probleme zu lösen, erklärt Noura, »wäre nichts gelöst worden, und irgendwie würde es am Ende die ganze Klasse wissen, und unsere Lehrerin würde sich einmischen und sagen, wie können wir das denn jetzt lösen und all das, und ... ich wollte einfach, daß es unter uns bleiben würde«.

Noura sieht diesem Beziehungskonflikt mit einer Klarheit und einem Mut ins Auge, die atemberaubend sind; sie schlägt ein Verfahren vor, bei dem jedes Mädchen, auch Noura selbst, ihre tiefsten Gefühle über die anderen und über die Situation zum Ausdruck bringen kann – sie konnten so laut sein, wie sie wollten, und sich die Zeit nehmen, die sie brauchten, um sich durch alles hindurchzuarbeiten. Noura sagt zwar, »ich wollte einfach nur ruhig bleiben..., denn das sagt meine Mutter immer: ›Mach keine große Sache daraus ... Alle reden viel [über Leute], sogar dann, wenn sie es gar nicht so meinen‹«, doch hat sie nicht so gehandelt. Dieses Beziehungsproblem mit ihren Freundinnen hat ihr wirklich Angst gemacht und sie aus der Fassung gebracht – das war ein »Riesenstreit«, sagt sie; viel stand auf dem Spiel. Und das wäre alles gar nicht nötig gewesen, wenn sie und ihre Freundinnen sich gegenseitig einfach direkt sagen würden, was sie wirklich denken und fühlen, erklärt Noura, und sie beschließt, »nächstes Mal sage ich das einfach«, schon lange bevor sich alles angestaut hat.

Zwei Jahre später hat sich Nouras Stimme dramatisch verändert; sie ist jetzt dreizehn und in der achten Klasse. Am auffälligsten für uns ist, wie aus ihrer intensiven, lebendigen Beziehungswelt und dem scharfsinnigen Verständnis, das sie mit elf zeigte, die ständige Sorge um ihre eigene Perfektion geworden ist, diese scheint sie zu verschlingen und zu erschöpfen. »Ich habe ständig das Gefühl, daß ich zuviel zu tun habe«, beklagt sich Noura jetzt bei ihrer Interviewerin. »Meistens sind es einfach nur kleine, unwichtige Dinge, die sich ansammeln, ... das macht mir ein bißchen Angst, aber dann denke ich wieder, ich muß eben nur lernen, alles etwas langsamer angehen zu lassen ... Wenn ich wenigstens mehr schlafen könnte.« Die Noura, die bei ihren Freundinnen laut wurde und sich die nötige Zeit nahm, um zusammen mit ihnen Konflikte zu lösen, ist nirgends mehr zu sehen – zumindest nicht an der Oberfläche.

In diesem Jahr versucht Noura zu verstehen, wie sie mit dem zunehmenden Druck, den sie empfindet, umgehen kann; sie hat das Gefühl, daß sie alles gut machen muß. »Ich stehe ständig unter Druck«, erklärt sie, »ich kriege zwar gute Noten und so, aber wenn das so weitergehen soll, muß ich immer weiter so viel arbeiten wie bis jetzt.« »Aber«, fügt sie hinzu, »mir wird klar, daß ich das nicht alles kann..., weil ich ständig so müde bin.« Als Noura ihrer Interviewerin die Stunden, die sie mit dem Lernen verbringt, ausführlich beschreibt, die späten Abendstunden und frühen Morgenstunden, fragt eine kleine Stimme in ihrem Inneren, »[ob] es [vielleicht] in Ordnung ist, manchmal in Verzug zu geraten und nicht in allem perfekt zu sein«. Als würde sie mit dieser Möglichkeit bereits zuviel verraten, verdrängt Noura diese Stimme schnell, und eine andere Stimme kommt zum Vorschein: »Nur ... so lange eben, bis ich es noch aufholen kann.«

Tatsächlich scheint Noura in diesem Jahr die meisten ihrer Gefühle zu verdrängen und sie außer Kraft zu setzen; pflichtbewußt reißt sie sich zusammen und ist in einen Teufelskreis von Erwartungen verstrickt. Wenn sie sich doch nur noch etwas mehr bemühen könnte, einfach »organisierter wäre – ich glaube, das ist schwierig, ich bin schon so gut organisiert, wie ich kann –, oder wenn ich mich bemühen könnte, mir einfach Grenzen zu setzen«, dann könnte sie vielleicht all den Ansprüchen, die Schule, Sport und Freundinnen an sie stellen, gerecht werden.

Doch während sich Noura daran mißt, »wie gut ich in der Schule bin« und »wie gut ich in allem bin«, weiß sie, was passiert, wenn sie diesem inneren Druck, alles gut zu machen, nicht entrinnen kann:

»Das bringt mich noch um, ich kriege nicht genug Schlaf.« Dennoch macht sie sich große Sorgen. Wenn ihr Bruder zu ihr sagt, daß sie paranoid ist, sagt sie in diesem Jahr nicht, er soll den Mund halten; statt dessen sagt sie jetzt: »Ich stimme mit ihm überein.«

Ich bin wirklich nervös und mache mir einfach so viele Sorgen über alles, ganz allgemein eben, und dann sagen die Leute: »Warum machst du das denn nicht einfach so? Was soll denn das?« ... Sie sagen dann: »Warum machst du dir darüber so viel Sorgen?« Und dann habe ich eben das Gefühl... Ich kann nichts dagegen machen, was ich denke, weil das, was sie sagen, nicht das ist, was ich eigentlich denke, aber dann will ich auch nicht so klingen, als ob ich mir ständig Sorgen mache..., als ob ich immer perfekt sein muß. Sie denken das ja nicht, aber ich möchte eben auch nicht so klingen. Ich weiß nicht, dann habe ich das Gefühl, daß sie wahrscheinlich denken, ich bin komisch, ich bin schon fast völlig paranoid.

Was Noura fühlt und denkt, was andere über sie denken und wie sie klingt, das alles scheint durcheinander geraten zu sein, bis nicht mehr zu erkennen ist, wer was denkt und was Noura eigentlich will. Dieser ganze Druck, perfekt zu sein, die Gefühle der Paranoia, die Sorgen, die Schlaflosigkeit und die Erschöpfung, all das kommt für Noura zusammen. Obwohl sie sich durch den inneren Druck, daß sie den hohen an sie gestellten Ansprüchen gerecht werden muß, wie in einer Falle fühlt, kann Noura weder ihre Angst noch ihre Erschöpfung zeigen. Sie möchte nicht besorgt oder nervös »klingen«; sie möchte nicht, daß andere sie komisch oder paranoid finden oder sagen, daß sie »völlig perfekt« ist. Obwohl Noura nach Perfektion strebt, möchte sie die emotionalen und relationalen Konsequenzen nicht in Kauf nehmen, wenn es darum geht, das perfekte Mädchen zu sein. Während sie vorher ihre Eltern aus dem Haus haben wollte, damit sie und ihre Freundinnen so laut sein konnten, wie sie wollten, scheint sie jetzt die Fähigkeit verloren zu haben, sich diesen Freiraum für sich und ihre Freundinnen auch nur vorzustellen, geschweige denn ihn zu schaffen.

Als Noura über ihre Erschöpfung und ihre Unzufriedenheit spricht, bemerkt sie langsam, wie wenig diese Welt der perfekten Noten, perfekten Beziehungen und perfekten Menschen eigentlich mit ihr selbst zu tun hat. »Ich glaube, jetzt fange ich an, mehr aus meinen Erfahrungen zu lernen«, sagt Noura zu ihrer Interviewerin, »etwas passiert vielleicht immer und immer wieder, bis du dann schließlich feststellst, da stimmt doch etwas nicht.« Als sie sich selbst hört, fragt sie sich noch einmal, ob der Druck nicht zu groß ist und ob der Kampf sich wirklich lohnt. Beziehungen können entweder »perfekt« oder

»deprimierend« sein, sagt sie. In perfekten Beziehungen haben Menschen »nie Streit..., und sie sind immer zusammen... zu perfekt... so nie zu streiten, so wie ›Oh ja, ich stimme völlig mit dir überein‹«. In deprimierenden Beziehungen ist jemand »richtig eifersüchtig und fängt an, richtig gemein zu werden..., wo zwei, die wirklich gut befreundet sind, sich dann trennen«. Irgendwo zwischen diesen Extremen von Perfektion und Depression stellt sich Noura einen Ort vor, wo sie einmal gelebt hat, den sie aber nicht mehr bewohnt, ein Ort, wo Menschen anderen Menschen »eine Chance [geben], und das ist alles, was sie tun können«; wo Menschen alles versuchen, um einen Weg zu finden, der »sie irgendwie glücklich zu machen scheint, denn ... das wollen doch alle, glaube ich«.

Mit dreizehn beginnt Noura zu hinterfragen, was unter der Fassade der Perfektion und Unverletzbarkeit passiert, sie sucht nach Zeichen, daß andere sich auch so fühlen, wie sie sich fühlt, und wissen, was sie weiß, – daß andere auch verletzbar sind, auch in echten Beziehungen sein möchten, hinter dem äußerlichen schönen Schein auch Fehler verbergen. Noura sucht nach Zeichen, die auf Leben hindeuten, ist auf ihre eigenen Erfahrungen eingestellt und sieht und hört überall nur Heuchelei: bei den Erwachsenen, die »nur Erwartungen an dich haben, du sollst immer ganz höflich sein und so«, die aber nicht »höflich zu dir« sind; bei ihrem Lehrer, der von ihr erwartet, daß sie eine vorbildliche Schülerin ist, »der dann aber auch Sachen macht, über die sich alle ärgern«. Noura beschreibt ihre Entrüstung und ihre Wut darüber, daß ihr Lehrer sie aus der Klasse wirft, weil sie ein bißchen gelacht hat: »Ich war unheimlich sauer... Das ist doch einfach blöd... So perfekt ist er ja nun auch nicht... Das ist so ein Heuchler..., denn er macht auch Sachen, über die sich alle ärgern.« Sie beobachtet Risse in der glänzenden Fassade, die die Menschen ihr präsentieren, und das nimmt sie zum Anlaß, um ihre eigene Verletzbarkeit zum Ausdruck zu bringen.

Doch fällt es Noura schwer, zu dem zu stehen, was sie sieht und hört, zu sagen, was sie fühlt und denkt; sie läßt sich immer wieder dazu verleiten, sich selbst und andere Menschen mit dem Maßstab der Perfektion zu messen – Menschen und Beziehungen entweder als »perfekt« oder »furchtbar« und »deprimierend« zu bezeichnen. Obwohl sie sich wirklich darüber ärgert, was ihr Lehrer gemacht hat, kämpft sie doch darum, zu ihren eigenen Gefühlen zu stehen, dann nämlich, wenn sie antizipiert, welche Konsequenzen ihr Ärger haben könnte:

Ich traue mir nie, zu [sagen, was ich fühle], weil es dann wahrscheinlich nur noch mehr Streit gibt oder noch eine Auseinandersetzung... und ... dann sagen sie vielleicht nur irgend etwas Gemeines über mich..., ich weiß nicht. Es würde dann nur noch eine Auseinandersetzung geben, und dazu habe ich keine Lust, ich habe keine Lust, damit meine Zeit zu verschwenden, und ich möchte auch nicht, daß meine Gefühle dabei verletzt werden... Es ist sowieso nicht gut zu streiten, du wirst nur sauer, und du hast ja überhaupt keine Lust zu streiten. Aber dann würde ich ihm auch am liebsten zeigen, daß er nicht der Größte ist..., ich wollte ihm einfach zeigen, daß er zu mir nicht einfach sagen kann, was er will... Er sollte wissen, daß das wirklich unfair gewesen ist und daß ich glaube, er war einfach dumm, einfach unfair und albern... Aber der wäre einfach... so sauer geworden, und dann habe ich eben nichts gemacht... Ich wollte nichts riskieren.

Noura fühlt ihre Wut und weiß, was sie von der Ungerechtigkeit ihres Lehrers hält, und dennoch denkt sie, daß sie die Konsequenzen nicht in Kauf nehmen kann, wenn sie etwas sagt und damit ihren Lehrer auch wissen läßt, wie sie sich fühlt. Anders als mit zehn, als sie ihre Gefühle für sich behielt und sie bewußt mit der Phrase »Ich weiß nicht« verdeckte, oder mit elf, als sie sich und ihren Freundinnen eine Möglichkeit geschaffen hat, einander zu zeigen, wie sie sich wirklich fühlten und was sie wirklich wußten, sieht Noura mit dreizehn keine Möglichkeit, offen mit ihrem Lehrer zu sprechen. Angesichts dieser Beziehungssackgasse schwankt Noura hin und her: zwischen dem Wollen und dem Nicht-Wollen, dem Wissen und dem Nicht-Wissen. Sie wird schnell unsicher, wie sie darüber, was ihr Lehrer gemacht hat, wirklich denkt und fühlt und was ihrer Meinung nach passieren sollte:

Er hätte einfach versuchen können, [mein Lachen] zu ignorieren, weil wir auch viele Dinge ignorieren müssen, die viele von unseren LehrerInnen machen..., wenn sie zum Beispiel wirklich gemein sind..., nicht unbedingt gemein, aber wenn wir es eben unfair finden. Aber wahrscheinlich ist es irgendwo auch fair..., es ist seine Klasse, und er kann oder alle LehrerInnen können einfach alles verlangen, was sie wollen, aber ich meine, uns erscheint das unfair... Ich kann das überhaupt nicht ab... Ich werde sauer, wenn sie von dir wollen, daß du, ich meine, ich nehme an, auf lange Sicht ist das wohl auch gut, aber ich weiß nicht.

Sie spricht ihre Gefühle aus und nimmt sie wieder zurück (»sie sind wirklich gemein..., nicht unbedingt gemein«; »wir finden es eben unfair..., es ist irgendwo auch fair«); sie ist sich ihrer Gefühle sicher (»Ich kann das überhaupt nicht ab... Ich werde sauer«) und dann wieder unsicher (»auf lange Sicht ist das wohl auch gut, aber ich weiß nicht«). Wie jemand, der aus dem hellen Sonnenlicht in einen dunklen Raum kommt, tastet sich Noura behutsam durch das Interview hindurch.

Es gibt jedoch keinen Zweifel daran, daß Noura in diesem Jahr ärgerlich ist. Sie spricht darüber, daß sie sich mit ihrem Bruder streitet; es bringt sie zur Raserei, daß er »physisch« zwar präsent ist und ihr zuhört, aber »geistig« nicht, wo sie doch selbst so viel in die Beziehung einbringt. Sie erklärt, wie sie sich aufregt, wenn ihre Freundinnen – Mia und China sind da keine Ausnahme – sie aufziehen, doch bringt sie die Tiefe ihrer Gefühle jetzt nicht zum Ausdruck, obwohl sie sich das mit elf noch geschworen hatte: »Ich sage nur ganz wenig... und dann nichts mehr..., ich will einfach nur... eben, vorsichtig sein... Ich denke dann einfach nicht mehr daran.« Noura, so scheint es, hat die »einfache« Wahrheit vergessen, die sie nach so vielen Schwierigkeiten und soviel Schmerz vor zwei Jahren gelernt hatte: Wenn Dinge ungesagt bleiben, werden sie ungeheuer groß, und »nächstes Mal sage ich das einfach«.

»Es einfach zu sagen«, ist jetzt so schwierig für Noura, daß sie nicht mehr zu wissen scheint, was sie fühlt; daher findet sie es anscheinend auch schwer zu sagen, was passiert. Wenn ihre Freundinnen böse auf China sind, weil »sie an einem Tag wirklich nett ist und dann am nächsten Tag... nicht so viel mit dir zusammen ist«, ist Noura verwirrt, und sie weiß nicht, wie sie darauf reagieren soll. »Ich weiß nicht... Ich weiß nicht, was ich sagen soll, normalerweise sage ich nur sowas wie ›ich weiß nicht, alle machen so etwas mal‹.« Als sie zehn war, wußte Noura, wie sie sich fühlte, auch wenn sie ausgewählt hat, was sie gesagt und wann sie etwas vertuscht hat. Mit dreizehn scheint sie nun sowohl zu wissen als auch nicht zu wissen, wie sie sich fühlt; und daher ist sie unsicher, wie sie das, was China macht, genau verstehen soll. »Ich weiß wirklich nicht, ob sie das nur aus Spaß macht oder nicht«, erklärt Noura, und obwohl »ich manchmal denke, [China ist] ein bißchen gemein zu den anderen, ist das Problem ganz einfach verwirrend«. »Ich bin irgendwie gespalten«, gesteht Noura schließlich. »Ich weiß nicht, was ich denken soll... Ich weiß darauf keine endgültige Antwort.«

Noura ist nicht mit sich selbst verbunden (out of connection) – mit dem, was sie weiß. Sie findet ihre Beziehungswelt unzuverlässig und undurchsichtig und bekommt Angst davor, was sie fühlen und denken könnte. Während sie sich in einem Augenblick selbst davon überzeugt, daß das, was China macht, »natürlich« und »normal« ist, gibt sie im nächsten Augenblick zu:

Manchmal denke ich, es ist einfach zu verwirrend, darüber nachzudenken, und ich sollte es eigentlich nicht tun... Manchmal habe ich Angst davor, nur in einer Richtung zu denken. Davor habe ich eigentlich Angst. Daß ich auf einmal jemanden nicht mehr ausstehen kann, und ich weiß, daß das ja gar nicht stimmt, daß ich jemanden nicht ausstehen kann oder einfach gar nicht mag..., deshalb habe ich irgendwie Angst davor, was ich denken könnte, glaube ich.

Noura ist nicht mit ihren Gedanken und Gefühlen verbunden und verwirrt. Sie hat Angst, daß sie ihre Gefühle nicht mehr beherrschen kann. Wenn sie ihre Gefühle zunächst ausspricht und sie dann wieder zurücknimmt, fürchtet Noura, daß sie mit ihrem Denken (und Fühlen) entscheiden könnte, »daß die Gedanken und Gefühle berechtigt sind, und dann [würde ich] einfach die Sicht der anderen Seite vergessen«. Daher bleibt Noura in einem Sicherheitsbereich – »in der Mitte«; sie hat Angst, sich dem, was sie fühlt und denkt, zu sehr zu nähern; sie ist sich nicht sicher, ob sie sich noch weiter auf Beziehungen einlassen will, denn sie weiß, daß das mit Schwierigkeiten und Heucheleien verbunden sein kann, oder ob sie sich von allen anderen distanzieren soll. Noura kann sich nicht entscheiden, hat keine Beziehung zu sich selbst und auch nicht zu anderen, und sie versucht verzweifelt, sich an das »es« ihrer Gefühle zu erinnern und es zu benennen.

Ich versuche, nicht daran zu denken, daß es mir nicht gefällt. Nur damit es irgendwie nicht zu dominierend wird oder so... Ich habe ein bißchen Angst davor, daß es passiert, aber es ist etwas, was ich unbewußt tue..., ohne daß ich es wirklich weiß und ehh, ich wollte noch etwas sagen. Scheibenkleister, jetzt habe ich einfach vergessen, was ich sagen wollte.

Sie »hat Angst, daß es passiert« – vielleicht davor, daß sie tief denken und fühlen wird und folglich wissen muß –, also hört Noura von selber auf, »wenn alles noch logisch ist..., bevor ich mich selber wieder ganz konfus mache«. Es ist wie bei einem »Mathe-Problem«, wo »ich denke, okay, ich verstehe, warum das so geht, und dann denke ich nicht mehr darüber nach, nur damit ich nicht noch einen anderen Punkt hineinbringe, der noch logischer ist«. Noura stoppt ihre Gefühle, und hört sogar auf, über ihre Gefühle »nachzudenken«. »Immer werden Vorsichtsmaßnahmen getroffen«, dagegen, daß sie zu heftig fühlt oder zu viel denkt, zu laut ist oder zu viel Zeit braucht; die von tiefen Gefühlen geprägte direkte Welt der Beziehungen, die die elfjährige Noura und ihre Freundinnen mit offenen Armen angenommen haben, wird auf diese Weise von der dreizehnjährigen Noura durch die zur Losgelöstheit (dissociation) gehörende Amnesie verdrängt oder isoliert. Wir sind beeindruckt von der Klarheit und Genauigkeit, in der Noura diesen Prozeß beschreibt, und ebenso beeindrucken uns die Fragen, vor denen wir jetzt stehen: Wie werden wir auf Noura eingehen? Was werden wir angesichts dieser Unverbundenheit (disconnection) sagen und tun?

Judy: den Verstand verlieren

Die neunjährige Judy hört konzentriert zu, als ihre Interviewerin über die Untersuchung, an der sie jetzt teilnimmt, und über die Fragen, die ihr in den nächsten eineinhalb Stunden gestellt werden, spricht.[1] »Es gibt keine richtigen oder falschen Antworten«, sagt die Frau zu ihr, »eigentlich sind wir daran interessiert, wie du wirklich denkst und fühlst.« Trotzdem beginnt Judy ihr erstes Interview mit einem Dementi. »Ich kann nicht sehr gut zeichnen«, erklärt sie, als sie ihr kompliziertes Familienbild beschreibt: »Okay, das bin ich... Ich habe einen Hamster, er heißt Fred. Und das ist meine Mutter, und das ist mein kleiner Bruder, er ist sieben, und meine Schwester, sie ist vier. Meine Eltern sind geschieden, und ich lebe bei meiner Mutter. Und hier ist mein Vater, und das ist meine Stiefmutter, und das ist meine Halbschwester.«

»Kannst du mir eine Geschichte über die Leute auf diesem Bild erzählen?« fragt ihre Interviewerin. Judy, die in ihrer voneinander getrennten Familie etwas über Beziehungen erfahren hat – über Verbundenheiten und Unverbundenheiten, Liebe und Wut, Nähe und Rückzug –, hält einen Moment inne und beginnt dann mit voller Stimme eine Geschichte über ihren Bruder und sich selbst zu erzählen:

Okay, also. Es gibt da einen Jungen, der heißt [Johnny], und er ist da so lang gegangen, und dann hat er seine Schwester mit ihrem Hamster gesehen. Er wollte den Hamster sehen, und sie wollte das nicht, und er wurde ganz sauer und fing an, sie anzuschreien, und dann war der Hamster tot.

»Oh nein!« ruft ihre Interviewerin aus. »Warum ist denn der Hamster so gestorben?« »Ich weiß nicht«, antwortet Judy. »Das ist bei vielen von meinen Hamstern so.«

Judy geht nicht weiter darauf ein, womit diese Geschichte, die sie erzählt, verbunden ist. Einerseits ist der Tod des Hamsters zwar ein trauriges, doch auch nicht zu vermeidendes Ereignis, etwas ganz Natürliches in der Landschaft der Fakten und Gefühle, die sie in ihrem Leben erfährt. Zu ihrem Leben gehören auch der Schmerz, die Wut und die Eifersucht ihres Bruders, worauf sie in ihren Interviewerzählungen immer wieder zurückkommt. Hier in dieser angeblich imaginären Familiengeschichte verbindet Judy die von ihr immer wieder beschriebene Wut ihres Bruders mit dem Tod ihres Hamsters – einem Familienmitglied. Und diese Verbindung kann wenigstens auf zwei verschiedene Arten gelesen werden – als scharfsinnige Bemerkung zu einer Beziehungsrealität, in der die männliche Gewalt explosiv ist, und als noch persönlichere Bemerkung zu der Gefahr, in der sie sich fühlt, und zu ihren Ängsten, was ihr oder anderen Familienmitgliedern passieren könnte, wenn sie ihre intensiven Gefühle ausdrückt – besonders dann, wenn sie sich den Wünschen ihres Bruders widersetzt.

Beziehungskonflikte, das hat Judy möglicherweise aus den nicht zu vereinbarenden Unterschieden ihrer Eltern gelernt, sind explosiv – an ihnen zerbrechen Beziehungen, sie machen es notwendig, daß andere ihre Kontroversen »vor Gericht« lösen, »... eine Entscheidung vor Gericht wäre am besten«. Wenn Leute im Beziehungskonflikt leben, das ist Judys Erfahrung, »werden sie nach einer Zeit mürrisch, und sie fühlen sich nicht gut. Sie werden böse«. Die Wut und die Unnachgiebigkeit, die sie in ihrer Familie mit eigenen Augen gesehen und empfunden hat, veranlaßt sie scheinbar dazu, Beziehungskonflikte mit nicht zu bewältigenden negativen Gefühlen oder mit dem Tod zu assoziieren.

Für Judy und einige der anderen Mädchen in dieser Untersuchung hat der Beziehungskonflikt mit den Geschlechtern zu tun: Brüder und Schwestern, Mütter und Väter, Jungen und Mädchen. Daß Jungen und Mädchen sich unterscheiden und nicht einer Meinung sind, ist für Judy anscheinend eine Tatsache. Judy sagt, sie weiß das, »weil ich das einfach mit meinem Bruder erlebt habe«, der anders ist als sie, der, berichtet sie, »nur noch wütend und ganz aufgedreht ist«, der ihr sagt, was sie machen soll, und der das, was er macht, so vertuscht, indem er ihre Mutter einfach belügt.

Aber Judy versucht auch verzweifelt, sich den Konflikt und den ständigen »Wechsel« unter ihren Freundinnen zu erklären. Wie können Menschen einer Meinung sein, fragt sich Judy – sie redet jetzt über Freundinnen, reflektiert jedoch auch den Kampf in ihrer Familie –, wenn beide das, was sie empfinden, ganz stark empfinden?« Wie von einer Wolke werden Judys Reaktionen immer wieder von der Frage überschattet, wie es möglich ist, intensive Gefühle zu haben und immer noch in Beziehung zu sein.

Wie andere Neunjährige auch, nimmt Judy die Welt mit ihren Sinnen wahr; ihre Kenntnisse der Beziehungswelt sind darauf zurückzuführen, was sie erfährt, sieht, hört und fühlt. Gefühle und Gedanken sind von der Erfahrung durchdrungen, in einem Körper zu sein, der fühlt und Gefühle kennt, der an Zeit und Raum gebunden ist. Folglich kommt es Judy besonders unsensibel vor, wenn eine Person ihre beste Freundin einfach so stehen läßt, sie ganz allein läßt, und die Freundin dann »einfach in den Raum hinein redet«. Judy sagt, sie weiß dann genau, daß ihre Freundin sich schlecht fühlt, weil »mein Verstand mir das einfach sagt«. Als ihre Interviewerin sie darum bittet, das zu erklären, hat Judy einige Schwierigkeiten zu artikulieren, was sie meint: »Du kannst dir doch einfach vorstellen, daß sie dann weggehen oder traurig werden oder so, du weißt es zwar nicht genau in dem Moment, doch dann ist sie auf einmal verletzt oder irgend so etwas, aber das fühlst du eben einfach. Es ist schwer zu erklären.« Judy scheint zu sagen, sie spürt und fühlt, daß ihre Freundin traurig ist, obwohl sie nicht bewußt denkt, »meine Freundin wird verletzt«, also kennt sie diese Traurigkeit. Ihr Verstand weiß, was sie in ihrem Körper fühlt – und ihr Körper ist voller Mitgefühl für andere.[2]

Folglich hat Judys Wissen über die Beziehungswelt seinen Ursprung in ihrem Körper: in ihren Sinnen, ihren Gefühlen und ihren Erfahrungen mit dem Leben in Beziehungen. Mit dieser Erfahrungsgrundlage nimmt sie die Welt so, wie sie sich für sie darstellt: Hamster sterben, Brüder werden wild, Eltern trennen sich, Freundinnen werden verletzt und sind traurig, und sogar ihre besten Freundinnen, sagt sie, sind manchmal langweilig. Die Unterschiedlichkeiten, die Judy sehr schnell bemerkt, führen bei Menschen zu unterschiedlichen Perspektiven, unterschiedlichen Meinungen und manchmal zum Konflikt. Gefühle sind für Judy einerseits ein Mittel, etwas zu wissen und sich mit anderen zu verbinden, andererseits behindern sie den Kommunikationsprozeß – Menschen haben manchmal so intensive Gefühle, daß sie nicht sprechen, sondern nur noch schreien können; dann kann, wie auch schon in ihrer Geschichte, etwas oder jemand sterben. »Was passiert, wenn Wut zur Sturheit oder zur Gewalt wird?« scheint Judy zu fragen. Gefühle machen ihre Welt anscheinend farbig, gleichzeitig werfen sie aber auch ihre Schatten.

Im Alter von zehn Jahren hören wir, daß sich Judys Stimme, ihre Beziehung zu sich selbst und ihre Beziehung zur Welt leicht verändert haben. In diesem Jahr antwortet Judy sehr schnell, ihre Stimme geht immer wieder in ein Kichern über, das dem, was sie zu sagen hat, ganz subtil den Ernst oder die Wichtigkeit zu nehmen scheint. In ihrem Interview mit neun Jahren dachte Judy vor jeder Antwort nach und sagte viermal »Ich weiß nicht« – nachdem sie beispielsweise den Zusammenhang zwischen der Wut ihres Bruders und dem Tod ihres Hamsters angedeutet hatte. In einem Interview von vergleichbarer Länge sagt sie jetzt vierundzwanzigmal »Ich weiß nicht«. Judy hat sich innerhalb eines Jahres verändert, und mit diesen feinen Veränderungen scheint ihr die Grundlage ihres Wissens zu entgleiten.

Meinungsverschiedenheiten und Konflikte, die für Judy mit neun Jahren gleichzeitig so natürlich und so traurig zu sein schienen, sind für sie wie für viele andere Zehnjährige auch jetzt durch die Anordnung, nett zu sein, obskurer geworden. »Ich streite mich fast nie mit meinen Freundinnen«, berichtet Judy jetzt stolz, »weil uns beiden normalerweise genau die gleichen Sachen gefallen und wir genau die gleichen Sachen machen.« In einem Jahr, zwischen neun und zehn haben sich Unterschiedlichkeiten und Meinungsverschiedenheiten in Luft aufgelöst, es sind »genau die gleichen Sachen« daraus geworden.

Wenn den Mädchen genau die gleichen Sachen gefallen und sie genau das gleiche machen, scheint das Judy tatsächlich vor der Gefahr zu schützen, intensive Gefühle zu haben, denn sie weiß, daß solche Gefühle Beziehungen stören und zerstören können. Das Gefühl, mit ihren Freundinnen oder ihrer Familie in eine Krise zu geraten, die Angst, daß jemand weggehen oder »ausziehen« könnte, haben für Judy einen Kampf zur Folge: Einerseits versucht sie, an ihren eigenen verkörperten Gefühlen und an ihrer Sinneswahrnehmung festzuhalten, andererseits möchte sie sie der »Beziehungen« zuliebe nicht beachten. Aufgrund ihrer Gefühle ist sie einerseits zwar verletzbar, aber auch offen für die Freude und den Schmerz von Beziehungen, etwas, wonach sich Judy sehnt, wovor sie aber auch Angst hat.

Dieses Gefühl der schwebenden, aber auch unbestimmten Gefahr kommt zum Vorschein, wenn Judy verzweifelt versucht zu wissen, was sie fühlt, vor allem in dem Moment, als sie ihrer Interviewerin von einer Erfahrung erzählt, an die sie sich nicht ganz genau erinnern kann, obwohl sie sich daran erinnert, daß »es etwas Gefährliches war«:

[Meine Freundin und ich] haben überlegt, ob wir etwas machen sollten oder nicht, und ich weiß nicht, es könnte, ich glaube, es war irgendwie gefährlich, weil wir beide nicht sicher waren, ob wir es machen sollten oder nicht.

Du kannst dich nicht daran erinnern, was es war?

Nein, ich habe ein schlechtes Gedächtnis. Es ist auch noch nicht lange her. Und dann haben wir uns am Ende überlegt, es nicht zu machen, weil wir dachten, wir brauchten diese Sache eigentlich nicht zu machen, es war ja auch gefährlich, dann also lieber nicht. Wir haben das nur gemacht, um zu sehen, ob es Spaß machen würde oder so, und dann haben wir beschlossen, es nicht zu machen.

Als sie sich allmählich wieder erinnern kann und das provokative »es« Gestalt anzunehmen beginnt, erklärt Judy, daß sie und ihre Freundin

dieses Ding gefunden haben, das normalerweise nicht im Wald ist... Es war aus Metall oder so, wie eine Maschine oder etwas, aber ich weiß nicht mehr, was es war. Aber es war ganz groß und ganz breit. Und da war ein Motor drin, und der war ganz groß. Es war kein Traktor oder so etwas... es sah so aus, als ob es auch scharfe Klingen oder so etwas hatte. Da war noch mehr, aber ich kann mich nicht daran erinnern, was noch.

Judy kann sich nicht genau daran erinnern, was das Ding war – »es ist nicht deutlich«, sagt sie, doch sie entsinnt sich, daß sie und ihre Freundin beide Angst hatten, daß »wir uns verletzen würden«, daß sie sich zu ihm hingezogen fühlten, auf ihm spielen und versuchen wollten, es in Gang zu setzen, weil »das bestimmt großen Spaß gemacht hätte«. »Anfangs begeistert«, reagierten sie auch körperlich, aus ihrem Inneren heraus, auf die Gefahr des Ganzen, und deshalb haben sie beschlossen, »sich zurückzuziehen«.

Judy beantwortet acht verschiedene Fragen zu dieser Erfahrung und spricht davon, daß sie sich beim Spielen auf »dem Ding« nicht verletzen wollte – sie könnte sich zum Beispiel »ein Bein brechen«. Sie ist verblüfft, daß sie gerade dieses Erlebnis auswählt, als ihre Interviewerin sie nach einer Situation fragt, in der sie einen Konflikt erlebt hat. »Ich wußte ja irgendwie, daß [ich nichts machen sollte, wobei mir etwas passieren könnte]«, sagt sie, »also war es irgendwie klar.« Aber für Judy scheint es ein Kampf zu sein, daß sie sich zu beeindruckenden, angenehmen Erfahrungen hingezogen fühlt – wie dieses Ding, das groß und breit war, das sie »in Gang setzen« könnte, auf dem es sicher Spaß gemacht hätte zu spielen –, auch wenn sie weiß, daß solche Dinge für Mädchen gefährlich sein sollen, daß sie sich »zurückziehen« und nach Hause gehen sollte, wo sie dann in Sicherheit ist.

Indem Judy von unbestimmten Gefahren spricht, körperlichen Gefahren, die für sie sowohl aufregend als auch furchterregend sind, und indem sie sich langsam darauf konzentriert, welche Konsequenzen es haben könnte, wenn sie impulsiv handelt, scheint sie sich von ihren heftigen Gefühlen zurückzuziehen und sich mehr auf ihre sich entwickelnden kognitiven Fähigkeiten zu verlassen, Fähigkeiten, die es ihr ermöglichen, »auf...zupassen«, etwas anders zu erfahren, als sie es früher erfahren hat. Und auch ihre Interviewerin zieht sich zurück. Diese beginnende Trennung zwischen Kognition und Emotion, Denken und Fühlen, scheint Judy dabei zu helfen, die Welt um sie herum besser zu verstehen; aber, wie sie selbst feststellt, distanziert sie sich mit dieser Trennung auch von ihrer Angst (und ihrer Attraktion), sie macht es ihr unmöglich, sich an das zu erinnern, was sie in gewissem Sinne weiß. Judy reagiert also auf die Gefahr, daß sie ihre intensiven Gefühle zu stark empfindet, und trennt sich von ihrem körperlichen Wissen; und indem sie Wissen nur noch mit ihrem Intellekt assoziiert, damit, was in ihrem Kopf vorgeht, verliert sie die Grundlage für empfundene Erfahrung. Sie beginnt, über ihre Gefühle zu reden, anstatt aus ihren Gefühlen heraus zu sprechen. Kurz bevor ihr Interview beendet ist, hören wir, welche gravierenden Konsequenzen dieser Verlust hat, als nämlich Judy ihrer Interviewerin anvertraut: »Ich weiß nicht, was los ist, ich stottere hier herum, es war anstrengend..., ich wußte, was die Frage war, aber als Sie mich dann gefragt haben, ist mir überhaupt nichts mehr eingefallen.« Judys Loslösung (dissociation) und ihre damit einhergehende Fähigkeit, auf eine neue Art und Weise zu denken, kommt deutlich zum Vorschein, wenn sie zunächst zwar etwas weiß und dann erlebt, daß ihr aber nichts mehr einfällt.

Die Formel »Ich weiß nicht« deutete darauf hin, daß sich für die zehnjährige Judy die Grundlage ihres Wissens verschoben hatte; mit elf zieht sich durch Judys Interview jetzt die Formel »Ich meine«. Wie Elizabeth Debold anmerkt, geht das Verb »meinen« nach dem *Oxford English Dictionary* auf das althochdeutsche ›im Sinn haben, beabsichtigen, bedeuten, bekannt machen‹ zurück. Wenn Judy in das, was sie sagt, immer wieder »Ich meine« einfließen läßt, hat sie anscheinend das Bedürfnis, ihrer Interviewerin ihre Gedanken, ihr Wissen und ihre Gefühle mitzuteilen.

Und tatsächlich klingt Judys Stimme in diesem Jahr erstaunlich erwachsen, als hätte sie das, was sie sagt, ganz bewußt einstudiert, abgesehen von den Momenten, in denen sie in ihrem Gespräch mit ihrer

Interviewerin auf ihre Gefühle zu sprechen kommt. In diesen Augenblicken verschiebt sich Judys Stimme und enthüllt eine andere, weniger glänzende, unsichere Judy – sie ringt nach Worten, um ihre Erfahrungen zu erklären. Gleichzeitig mit ihrer sich verändernden Beziehung zu ihrem körperlichen Wissen versucht Judy anscheinend verzweifelt, ihre Gedanken und Gefühle auf einen gemeinsamen Nenner zu bringen.

Obwohl Judy mit elf nicht über die in ihrem Körper stattfindenden physischen Veränderungen spricht, deutet sie schon früh in ihrem Interview einen Zusammenhang zwischen den Veränderungen in ihrem Körper und der Veränderung in ihrer Welt an. Als sie danach gefragt wird, was für sie im letzten Jahr besonders war, sagt Judy: »Na ja, in diesem Jahr habe ich zum ersten Mal Jungen getroffen, erst vor kurzem, weil jemand eine Party für Mädchen und Jungen gegeben hat, und ich habe angefangen, mich mit Jungen zu treffen.« Diese Kategorie von »Jungen« ist neu in Judys Welt: eine Kategorie, die sich von all den anderen Jungen, die sie gekannt hat, auch von ihrem Bruder, abhebt. Doch sind Jungen nicht das Wichtigste in Judys Leben. Immer noch kämpft sie mit den Trennungen, die sie in den Beziehungen in ihrer Familie erlebt.

»Viele Entscheidungen sind wirklich ganz einfach«, fängt Judy an, als ihre Interviewerin sie nach einer Situation fragt, in der sie eine Entscheidung treffen mußte und nicht wußte, was sie tun sollte. Aber die Entscheidung, über die Judy gern reden möchte, ist alles andere als einfach. »Meine Eltern sind geschieden, und nächstes Jahr kann ich mir dann aussuchen, bei wem von den beiden ich leben möchte«, erklärt sie, »und darüber habe ich in letzter Zeit viel nachgedacht. Ich habe mich noch nicht richtig entschieden, aber bin mehr oder weniger entschlossen, hier [bei meiner Mutter] zu bleiben.«

Judys verzweifelter Versuch, für ihre Gedanken und Gefühle einen gemeinsamen Nenner zu finden, wird auch wieder in der Beschreibung ihres Konflikts erkennbar. Sie steht vor einem emotionalen Dilemma, denn: »Ich würde zwar unheimlich gern für immer bei meinem Vater wohnen, aber ich wohne auch unheimlich gern immer bei meiner Mutter.« Judy möchte gern vernünftige Gründe für die ausstehende Entscheidung finden: »Ich glaube, ich bekomme eine wirklich gute Ausbildung, und die Ausbildung ist jetzt wichtig für mich. Es gefällt mir auch, wo ich jetzt wohne, wo meine Mutter wohnt, und die Gegend gefällt mir ... und mir gefällt auch, wie ich jetzt lebe.« Judy versucht, Abstand zu gewinnen von dem, was sie liebt und was ihr gefällt, und diese Gefühle an der Norm »des ganz normalen, typischen Leben eines Kindes« zu messen, was bedeutet, »einfach mit einer normalen Familie aufzuwachsen, und ich denke eben, ich hätte dann eine normale Familie bei meinem Vater, weil da zwei Eltern sind, das ist eine Familie mit zwei Elternteilen, und sie haben schon zwei Kinder«.

Dieses Konzept von »einer normalen Familie«, in der sie das »ganz normale, typische Leben eines Kindes« lebt, negiert Judys Erfahrung, daß sie gern bei ihrer Mutter lebt, daß es ihr dort auch gefällt; es deckt die komplexen Gefühle zu, die sie allen gegenüber empfindet, zu denen sie einen Bezug hat – Fred, Mutter, Vater, Bruder, Stiefmutter und jetzt auch zwei Halbschwestern. Neben dem Ideal der typischen Familie hat sie auch ihre eigenen Gefühle: »Mir gefällt es besser hier, einfach weil es normal ist, und ich bin daran gewöhnt, und dort sehne ich mich dann auch nach den Sachen, die ich mache und die mir gefallen, hier kann ich fast alles machen, ich kann fast alles machen, was ich will.« An dieser Stelle verwendet Judy das Wort »normal« (regular) in einer anderen Bedeutung, sie bringt damit mehr ihre eigenen Erfahrungen des Alltags als die kulturellen Normen der »Familie« zum Ausdruck.

Vielleicht greift ihre Interviewerin auf, daß »normal« beides bedeuten kann: das, was Judy fühlt und weiß, und das, was nach Meinung anderer so sein sollte, denn sie fragt sie: »Wie fühlst du dich denn dabei?« »Ich weiß nicht«, fängt Judy unsicher an. »Ich habe das Gefühl, dann wird sich entweder meine Mutter oder mein Vater schlecht fühlen, egal wie ich mich entscheide.« Was Judy »fühlt«, ist ihre Antizipation der Gefühle ihrer *Eltern,* und während sie weiterredet, scheint sie sich von ihren eigenen Gefühlen mehr und mehr zu entfernen, bis sie am Ende zu einer Stellungnahme kommt, die fast banal klingt:

Meinem Vater würde es nicht gut gehen, weil er das Gefühl hätte, daß ich tatsächlich nicht bei ihm wohnen will. So schlimm wäre es nicht, wenn ich von meiner Mutter weggehen und nicht bei ihr wohnen bleiben würde; nur die Gefühle, glaube ich, die ich dann für meine Eltern hätte, wären anders, und es ist schwer, sich zu entscheiden. Jedenfalls hängt das, was ich mache, ganz davon ab, wie ich mir meine Zukunft vorstelle.

Judy erwähnt weder ihre eigenen Gefühle, noch die Gefühle ihrer Mutter, sondern »die Gefühle«. Tatsächlich wird ihre Bereitschaft, sich von ihren Gefühlen zu distanzieren oder sie zu verdecken, offensichtlich, wenn sie sagt, »so schlimm wäre es nicht, wenn ich von meiner Mutter weggehen würde«. Judy spricht nicht über ihre eigene Traurigkeit, ihre Liebe, ihre Angst, ihren Schmerz oder sogar ihren Wunsch wegzugehen. Statt dessen stellt sie die Gefühle ihres Vaters an die erste Stelle, nicht ihre Gefühle, sondern ihre Gedanken stehen jetzt im Vordergrund – »nur die Gefühle, denke ich, wären anders«. Auf einer Ebene scheint Judy jedoch zu wissen, was sie tut und fühlt. Judy denkt über ihre Gefühle nach und spricht aus ihren Gefühlen heraus, wenn sie sagt, wie sehr es ihr gefällt, mit ihrer Mutter zusammen zu sein, doch ihre komplizierteren Gefühle begräbt sie unter einem leblosen »es«: »So schlimm wäre es nicht..., es ist schwer, sich zu entscheiden..., es hängt ganz davon ab, wie ich mir meine Zukunft vorstelle.« Judys Gedanken filtern ihre Gefühle und Wünsche, und sie objektiviert sich selbst und ihr Wissen über Beziehungen; damit distanziert sich Judy davon, was sie fühlt und weiß, und statt dessen beginnt sie, diese Trennung zu rechtfertigen.

Und doch bemerken wir, daß Judy tatsächlich tut, was sie möchte, auch wenn sie findet, daß das schwer zu erklären ist: »Ich denke, daß ich wahrscheinlich wohl hierbleiben werde..., ich denke, ich wäre dort genauso zufrieden, aber es ist schwer zu erklären. Ich denke eben einfach, das möchte ich machen, und dann denke ich, wenn ich das machen möchte, kommt auch das Richtige dabei raus, weil es da keine wirklich falsche Antwort gibt, nur wenn ich eine falsche draus mache.« Judy möchte auf keinen Fall falsch machen, was für sie vom Gefühl her das Richtige ist, nämlich bei ihrer Mutter, bei ihrem normalen Leben zu bleiben, auch wenn sie dann keine normale Familie hat. Angesichts dieser Sackgasse zwischen dem, was sie fühlt und dem, was andere sagen, leistet Judy Widerstand, und dieser Widerstand ist so intensiv, daß er sie ständig beschäftigt:

Dann lerne ich also hier, mir alles genau zu überlegen und darüber nachzudenken, was ich mache, und ich denke dann abends darüber nach; ich denke andauernd über etwas nach, normalerweise vor dem Einschlafen. Darüber, was ich machen muß, ich denke über den Tag nach und über meine Zukunft und über meine Vergangenheit und all diese Sachen.

Liegst du dann wach?

Ja, manchmal, wenn ich nicht einschlafen kann, manchmal denke ich immer weiter über alles nach, und dann ist es schon elf oder so, und dann sage ich mir: »Oh, Mensch«, weil ich immer so um neun oder halb zehn ins Bett gehe. Ich brauche nämlich viel Schlaf.

Die Notwendigkeit, spät nachts wach im Bett zu liegen, um sich alles ganz genau zu überlegen, wird noch klarer, als die elfjährige Judy beginnt, über sich und ihre Gefühle in einer Art zu sprechen, die nach den Stimmen ihrer Eltern klingt: Sie und ihre Geschwister sind Querulanten, »kindisch« mit ihren Streitereien. Wenn Judy und ihre Mutter anderer Meinung sind und Judy dann »wirklich sauer wird«, sagt ihre Mutter, daß sie »eine unmögliche Haltung hat«, und sie bekommt Hausarrest. Sie wird auf ihr Zimmer geschickt, und dort muß sich Judy allein über ihre Gefühle klar werden, und reuevoll denkt sie dann: »Hätte ich bloß meinen Mund gehalten und gar nichts gesagt..., damit wäre es dann wenigstens gut gewesen.« Obwohl Judy sagt, »innerlich war ich immer noch böse«, merkt sie, es ist besser »gar nichts« zu sagen, denn wenn ihre Mutter »sich etwas in den Kopf setzt, hat es gar keinen Zweck, mit ihr darüber zu streiten«. Judy verinnerlicht, was ihre Mutter sagt – daß sie eine »Querulantin« und »kindisch« ist, eine »unmögliche Haltung hat« –, und kämpft gleichzeitig darum, daran festzuhalten, was sie selbst fühlt, und es auch zu benennen, nämlich daß sie »innerlich immer noch böse« war. Bei ihrem Versuch, sowohl an ihrem Ärger festzuhalten als auch Vorwürfe und noch mehr Schwierigkeiten zu vermeiden, lernt Judy, nichts mehr zu sagen. Statt dessen liegt sie nachts wach und denkt »über den Tag und meine Zukunft und meine Vergangenheit und all diese Sachen« nach.

Nicht nur zu Hause, sondern auch in der Schule kämpft Judy darum, bei ihren Gefühlen »in meinem Innern« zu bleiben – trotz der Stimmen der anderen und obwohl ihr bewußt ist, was passiert, wenn sie etwas sagt. Wir stellen fest, wie genau sie diese Stimmen verfolgt, wie sorgfältig sie beobachtet, was andere tun. Judy nimmt zum Beispiel wahr, wie andere Mädchen in ihrer Klasse reagieren, wenn »irgendein Schüler kommt und ein Referat hält [vor allen]«. Ihnen »gefällt dann das Thema nicht, und sie gucken alle nach unten«, erklärt sie. »Und manchmal geben sich ein paar Leute auch Zeichen.« Auch wenn Judy mit den Mädchen möglicherweise darin übereinstimmt, daß mit den SprecherInnen »etwas nicht in Ordnung ist«, ist sie der Meinung, daß wenigstens der Schein des Interesses gewahrt bleiben muß: »Ich denke, daß du den Leuten wenigstens zeigen solltest, daß du sie beachtest ... Ich meine, wie würdest du dich denn fühlen, wenn du da vorn stündest und vielleicht etwas wirklich Gutes geschrieben hättest ... und niemand hört zu? Ich meine, ich würde mich wirklich schrecklich fühlen.« Judy findet ihre Klassenkameradinnen »unhöflich« und »egoistisch«, weil sie »nur an sich selbst denken, andere sind ihnen egal«. Aber sie weiß auch, daß diese Mädchen genauso wie sie »das Referat eigentlich nicht hören wollen« und daß sie indirekt auf Gefühle und Meinungen reagieren, die – wie sie aus Erfahrung weiß – nicht so leicht ausgesprochen werden können.

Letztendlich wird es für Judy dann unangenehm, wenn ihre Freundinnen sie auf ihr vorgetäuschtes Interesse ansprechen. Oft fragen sie sie: »›Hast du das wirklich gut gefunden?‹, oder alle sagen eben: ›Das war langweilig, hast du da zugehört?‹; manchmal fühlst du dich dann besser, wenn du wirklich nicht zuhörst, anstatt das dann nur so zu sagen.« Judy kämpft darum, nicht unhöflich und egoistisch, sondern auch ehrlich zu sein, und ist nun hin- und hergerissen: zwischen den Konventionen netten Benehmens und ihren wirklichen Gefühlen, ein Bereich, in dem die Wahrheit zu einer heiklen Angelegenheit wird. »Ich meine, ... wenn mich dann jemand fragt: ›War das nicht langweilig?‹ Ich meine, dann antworte ich nicht direkt, weil ich es nicht sagen will, ich will nicht, daß Leute dann sagen: ›Uuhh! Das fandest du gut?‹ Aber ich sage dann auch nicht einfach ›Nein‹. Ich meine, einige Leute sagen vielleicht, das ist eine Lüge, aber wenn du nicht direkt antwortest, dann denke ich nicht, daß das wirklich eine Lüge ist.« Um nicht zu lügen oder damit andere sich nicht über sie lustig machen, schützt Judy dann ihre Gefühle und ihre Einstellung vor ihren Freundinnen, und sie erklärt das Verhalten ihrer Freundinnen genau wie ihre Mutter auch einfach mit ihrer »unmöglichen Haltung«: »Ich meine, sie haben schon von Anfang an eine unmögliche Haltung dazu, und dann haben sie bei der ganzen Sache diese unmögliche Haltung ... Wenn sie von Anfang an sagen: ›Oh, das könnte wirklich ganz gut sein‹, dann wird das ganze auch wirklich gut.«

Judy kämpft also weiter darum, das Wahre und das Unwahre, das, was in Beziehungen richtig oder falsch ist, voneinander abzugrenzen; sie wird anscheinend hin- und hergerissen von den unterschiedlichen Beziehungen, in denen Leute »wirklich interessiert« sind oder in denen »sie wenigstens interessiert aussehen sollten, sogar wenn es ihnen keinen Spaß macht«. Da die Beziehungsrealität für Judy oft eine Sache der »Haltung«, und nicht der Erfahrung zu sein scheint, besteht die Gefahr, daß das, was Judy selbst weiß – nämlich das, was die Beziehung zwischen ihren Gedanken und Gefühlen ausmacht –, nicht standhält.

Zwei Jahre später bemerkt Judys Interviewerin, wie »traurig« Judy

aussieht. Judy hat im Alter von dreizehn Jahren eine tiefe und klang-
volle Stimme, in der auch ihre Traurigkeit zu hören ist. Judy sagt jetzt
immer wieder »Ich weiß nicht« – das Erkennungsmerkmal der Loslösung – und »Ich meine« – ein Signal für ihren verzweifelten Versuch,
sich selbst mit ihrem Wissen zu verbinden, ihren eigenen Verstand in
die Beziehung einzubringen. Auch wenn wir berücksichtigen, daß das
Interview in der achten Klasse länger ist, sagt Judy jetzt fast sechzig-
mal häufiger »Ich weiß nicht«; fast doppelt so oft wie vor zwei Jahren
leitet sie ihre Gefühle und Gedanken mit »Ich meine« ein.

Judys psychologischer Scharfblick ist jedoch immer noch deutlich
sichtbar, als sie sich an die Reihe von Ereignissen erinnert, die im letzten Sommer im Hause ihres Vaters zur Explosion führten:

> Den ganzen Sommer über war schon alles irgendwie ganz verkrampft, weil alle
> die ganze Zeit versucht haben, ganz besonders nett zu den anderen zu sein. Ich
> habe versucht, wirklich nett zu meiner Stiefmutter zu sein, weil wir uns alle ir-
> gendwie nicht wohl fühlten, und am Ende hatten wir keine Lust mehr, nett zu
> sein. Da ist dann alles explodiert, und wir haben uns unheimlich gestritten.

Ihre Stiefmutter, erklärt Judy, »hat ein bißchen Angst davor, was
[ich und mein Bruder] vielleicht machen, weil sie vorher nie ältere
Kinder hatte«, also mußten Judy und ihr Bruder »sich an andere Vorschriften im Haus gewöhnen..., wir mußten uns anpassen«, sie hatten
weniger Freiheiten. Judy hatte auch ein »komisches Gefühl dabei«,
wenn sie Freundinnen mit nach Hause brachte, »weil ich nicht das
Gefühl hatte, daß es bei mir zu Hause war«. Dann »hatte [ihr Vater]
einen totalen Ausraster«; sie hat »ihn um Geld gebeten, weil ich mit
meiner Freundin ins Kino gehen wollte«. Judy und ihr Bruder sollten
unangekündigt auf ihre kleinen Halbschwestern aufpassen, und »eine
Dreijährige und eine Fünfjährige können einem nach einer Zeit ganz
schön auf die Nerven gehen«. Darüber hinaus schien ihre Stiefmutter
sich nie zu bedanken oder das, was Judy und ihr Bruder unternahmen,
um ihr zu helfen, auch nur irgendwie zu honorieren. All das spitzte
sich eines Abends beim Essen zu, als ihre achtjährige Schwester ihr
Gemüse nicht essen wollte. »Aber«, sagt Judy wissend, »das ganze
hatte mit den Karotten nichts zu tun, das hatte mit all dem anderen etwas zu tun, und dann fingen sie einen Riesenstreit an ..., und danach
schien nichts mehr so richtig zu funktionieren... Ich weiß nicht.«

Judy weiß, was ihre Stiefmutter dazu gebracht hat, »in ihrem Schlaf-
zimmer zu weinen, und ich habe in meinem Zimmer geweint, und

meine Schwester in ihrem Zimmer, und mein Vater ist rumgelaufen und hat versucht, alles in Ordnung zu bringen..., und er hat keine Ahnung, worum es geht. Er wußte überhaupt nicht mehr, was los ist.« Sie ist sich der Gefühle bewußt, die sich den Stimmen widersetzen, die ihr sagen, sie soll »ganz besonders nett sein«: Da ist ihr Ärger über ihre Stiefmutter, ihre Frustration mit ihren Halbschwestern, ihr Schreck darüber, daß ihr Vater »sich so anstellt«. Der Druck, nett zu sein, den sie (wie vermutlich auch die anderen) empfunden hat, führte bei allen dazu, daß »wir überfordert waren..., wir konnten es nicht mehr aushalten«. Judy weiß, was auch Noura weiß: Wenn du deine Gefühle zurückhältst, überwältigen sie dich, sie explodieren.

Als ihre Interviewerin Judy fragt: »Gibt es vielleicht irgendeine Möglichkeit für dich, über diese Dinge zu sprechen, ohne daß alle sich gleich aufregen und am Ende dann explodieren?« zieht sich Judys Kehle zusammen, und ihr versagt fast die Stimme: »Es wäre mir so unangenehm, das zu tun. Einfach zu sagen, was mich gestört hat. Ich würde mich schlecht dabei fühlen«, erklärt sie mit Tränen in den Augen. »Ich weiß, was Sie mich fragen, aber ich weiß nicht, ich versuche gerade darüber nachzudenken.« Judy versucht verzweifelt, darüber nachzudenken, was sie fühlt; sie hat das Gefühl, daß die Frage etwas mit ihr selbst zu tun hat und daß sie selbst auch mit der Frau, die diese Frage stellt, verbunden ist; sie möchte auf diese Verbundenheit reagieren und versucht zu erklären: »Du kannst nicht verlangen, daß sich jemand deinetwegen ändert... Ich kann doch [von meiner Stiefmutter] nicht verlangen, daß sie anders sein soll, als sie ist oder so etwas.« Und hier gerät Judy ins Stocken; sie weiß, was ihre Interviewerin sie fragt, und sie fühlt die Kluft zwischen dem, was sie will und was ihr möglich zu sein scheint. »Ich denke nicht, ich meine, das klingt so – ich meine, als Außenstehende, die das sieht, würde ich wahrscheinlich denken, sie sollten einfach darüber reden, das wäre das beste. Aber das kommt für mich gar nicht Frage.« »Warum nicht?« fragt ihre Interviewerin weiter.

Ich weiß nicht, weil ich ... nicht – Ich weiß nicht. Ich meine, ich weiß es schon. Ich ... – Ich kann es nur nicht erklären. Ich weiß nicht, was es ist, wie ich es beschreiben soll.

Was für ein Gefühl hast du dabei, oder wie erscheint dir das?

Ich weiß nicht, es ist so als ob – Ich weiß nicht, es ist so, ich weiß nicht, ich weiß nicht mal, wie ich anfangen soll, es zu erklären, weil ich nicht mal weiß, ob ich weiß, was es ist. Dann kann ich es auch nicht richtig erklären. Weil ich es nicht weiß. Ich weiß noch nicht mal, was ich wirklich fühle, vom Kopf oder vom Gefühl her. Ich meine, ich weiß nicht, ob es weh tut oder ich mich darüber aufrege oder ob ich traurig bin – Ich weiß es nicht.

Judy kommt dem, was sie fühlt, sehr nahe, sogar dann, wenn sie verzweifelt versucht, ihre Gefühle zu lokalisieren – »vom Kopf oder vom Gefühl her«. Wenn Judy auf die Frau, die bei ihr sitzt, so reagiert, daß sie sich jetzt in eine Beziehung zu sich selbst begibt mit dem, was sie weiß und wie sie sich fühlt, dann weiß Judy auch, was passiert, wenn sie ihrer Stiefmutter oder ihrem Vater gegenüber Gefühle wie »Schmerz, Aufregung und Trauer« ausdrückt. Drückt sie aus, was sie fühlt, stört das das Familienleben, das die anderen anscheinend aufrechterhalten wollen. Als die Interviewerin Judy anbietet, sich mit ihren Gefühlen zu verbinden, kommen sowohl die von Judy empfundenen Losgelöstheiten zum Vorschein als auch ihre Erfahrung mit Beziehungsackgassen:

Ich versuche gerade, darüber nachzudenken. Weil wir es einfach nicht so machen, ich bin nicht sicher, ich weiß nicht. Es ist nur so – Ich meine, ich weiß eigentlich nicht warum. Es ist nur so ein Gefühl, das ich habe, daß ich eigentlich nicht darüber sprechen will. Ich kann aber auch nicht erklären warum. Einfach deswegen, weil wir sie nicht wirklich kennen. Besonders deshalb, weil es eigentlich nicht nur [meine Stiefmutter] ist, sondern auch mein Vater. Ich meine, wir möchten uns unsere Ferien möglichst schön machen, und dann tun wir etwas, was vielleicht alles kaputt macht. Ich weiß nicht, das würde irgendwie einfach die ganze Sache mit den Ferien bei meinem Vater verderben. Und dann vermeide ich das eben und denke nicht dran und mache mir darüber keine Sorgen, weil das die einzige Zeit ist, die wir zusammen haben.

Obwohl sie sagt, »das ist die einzige Zeit, die wir zusammen haben«, ist Judy mit ihrer Familie nicht wirklich zusammen. Judy verdrängt ihre Gefühle um der schönen Ferien willen und kann gar kein enges Verhältnis zu ihrer Stiefmutter oder ihrem Vater haben, und diese wiederum haben auch keinen engen Kontakt zu ihr. Sie sind anscheinend nur in solchen Augenblicken echt miteinander verbunden, wenn ihre Gefühle, die sie unabhängig voneinander haben, sie überwältigen, nicht mehr zu kontrollieren und daher destruktiv sind. Das führt dann dazu, daß Judy eine Woche, bevor sie wieder alle zu ihrem Vater gehen, um Thanksgiving bei ihm zu verbringen, eine qualvolle Auseinandersetzung erwartet und ihre Schwester »ein bißchen Angst davor hat, dahinzugehen«.

Judy spricht davon, daß sie ihre schlechten Gefühle besser »vermeidet ... und nicht daran denkt«, denn sie versucht, »nicht bis ans Ende ihres Lebens deprimiert zu sein«, so wie ihr Bruder.³ Und dennoch haben wir das Gefühl, daß genau das Gegenteil stattfindet – sie spricht ihre Trauer nicht aus, und deshalb besteht für Judy die Gefahr der Depression. Judy versucht, sich nicht »stören zu lassen«, über die ständigen Feindseligkeiten zwischen ihren Eltern »eigentlich nicht nachzudenken«, und sie bemüht sich, die schlechten Gefühle von sich fern zu halten, ihren Schmerz, ihre Aufregung oder ihre Trauer nicht zu fühlen, sich statt dessen zum Schweigen zu bringen. »Das macht nichts«, sagt Judy zu ihrer Interviewerin; damit artikuliert sie im wesentlichen diese Losgelöstheit, und sie tut das, was sie gerade erklärt hat, einfach ab: »Ich rede einfach zuviel.«

Mit dreizehn sind Fühlen und Wissen für Judy »zwei verschiedene Dinge geworden«:

Das Wissen kommt eben irgendwie aus dem Kopf, es ist Teil der Intelligenz. Wie schlau oder wie klug du bist oder der Teil, der zur Ausbildung gehört; und das Fühlen ist etwas, wo es nichts macht, ob du eine Ausbildung hast oder nicht, es ist einfach etwas, was sich mit Worten nicht beschreiben läßt. Was du eigentlich nicht erklären kannst, aber es ist nicht, ich weiß nicht, es ist einfach eine Art tieferes Wissen als das Wissen von der Intelligenz. Denn die Intelligenz sagt dir »nein«, »schlecht«, »ja«, »gut« und all das.

Wenn sie sich auf diese Art »tieferes Wissen« bezieht, sagt Judy, »zeige ich auf meinen Bauch«, der das körperliche Zentrum dieses wissenden Gefühls zu sein scheint. »Immer wenn ich das Gefühl habe, daß irgendwie etwas Schlimmes oder Furchtbares passiert, oder wenn ich Angst habe, dann kann ich das in meinem Bauch fühlen... so ein Gefühl im Bauch, daß du etwas nicht richtig machst oder daß du etwas machst, was dich eigentlich gar nicht interessiert ... egal, ob es richtig oder falsch ist.« »Dieses Gefühl«, sagt Judy weiter, »ist irgendwie eine Art inneres Wissen, es hat einfach nichts mit deinem Kopf zu tun, sondern mehr mit deinem Geist, deinem Verstand«:

Im Verstand sind irgendwie deine wirklichen Gedanken, und der Kopf hat irgendwie die Intelligenz..., was du in der Schule lernst, alle diese Sachen wie Physik und Statistik und so, aber dein Verstand ist mit deinem Herzen und deiner Seele und deinem inneren Gefühl und deinen wirklichen Gefühlen verbunden.

Und es ist auch so, daß »kein anderer gegen die Gefühle, die du gehabt hast..., wirklich etwas tun kann..., weil keiner sagen kann, du fühlst das nicht, du fühlst es nämlich doch«. Menschen, erklärt Judy,

»können kontrollieren, was sie dir beibringen, und sagen: ›Das ist richtig, und das ist falsch‹, das ist so eine Kontrolle, die in deinen Kopf hinein kommt. Aber das Gefühl bleibt einfach; [das Gefühl] kann nicht von jemandem verändert werden, der es anders haben will. Es kann nicht dadurch verändert werden, daß man sagt: ›Nein, das ist falsch, das ist richtig, das ist falsch.‹« »Manche Leute können ... ganz verschiedene Dinge ganz anders nennen, du nennst zum Beispiel etwas ›Unschuld‹, und du kannst es ›falsch‹ nennen, und auf diese Weise hat es mir dann jemand in den Kopf gesetzt.« »Doch«, sagt sie weiter, »es kommt immer noch genauso aus deinem Inneren.«

Dann, wenn Judy genau diesen Prozeß des Wissens beschreibt – was sie von ihren Gefühlen her weiß, die mit anderen Namen versehen werden oder damit verdeckt werden, was »Leute mir ... in den Kopf setzen«, »ringe ich auf einmal nach Worten, von denen ich gar nicht weiß, ob es sie gibt, oder meine Gefühle, die ich nicht einmal benennen kann, so etwas eben, ich weiß nicht«. Judy weiß allerdings, daß das mit ihr gemacht worden ist, denn sie sagt, »wenn wir größer werden, vergessen wir unseren Verstand irgendwie, und wir kommen nicht nach ... Und dann, wie eben jetzt, wenn ich versuche, etwas zu erklären, kenne ich [meinen Verstand] nicht, weil ich diesen Teil von mir vergessen habe, dann ist es zu schwer, etwas mit Worten zu beschreiben.« In einem ungewöhnlichen Augenblick denkt und fühlt sich Judy langsam durch ihre Erfahrungen hindurch und kommt dabei zu ihrer eigenen Theorie der Entwicklung:

Ich denke, daß ganz kleine Kinder mehr ... [Verstand] haben als irgend jemand anders, weil, ich weiß nicht, sie haben nicht so viel Gehirn ..., und ich denke, dann bekommst du all dieses Verstandzeug, weil das das einzige ist, was du dann wirklich hast, weil du dann ... einen Teil von dem Verstandzeug ins Gehirn verlegst, und dann bildet sich das heraus, und das ist irgendwie die Art, wie du erzogen wirst. Und ich denke, nach einer Zeit hast du deinen Verstand dann irgendwie einfach vergessen, weil dir alles ins Gehirn gestopft wird.

»Ich meine«, sagt Judy weiter, und sie benutzt dabei genau die Sprache, die ihren eigenen Verlust und ihr eigenes Vergessen erkennen läßt, »das ist irgendwie etwas, was allmählich passiert. Und ich meine, ich weiß nicht, es ist irgendwie so, ich meine, manche Leute, ich meine, alle haben das, ein bißchen davon, aber sie können nicht ... ganz genau erkennen, was es ist. Ich meine, sie wissen einfach nur, daß es da ist.« Im Rückblick auf ihr eigenes Leben verfolgt Judy ihre Erfahrung, wie »du einfach irgendwie deinen Verstand vergißt«:

Wie bei ganz kleinen Babys, sie können nichts verstehen..., sie haben... eigentlich nichts..., weil sie gerade erst anfangen, aber dann... mit ungefähr sieben... haben sie am meisten Verstand, aber dann verlieren sie ihn eigentlich langsam wieder.

Mit dem, »was man in der Schule lernt« und allem, was »dir ins Gehirn gestopft wird«, erklärt Judy,

scheinen Leute das einfach ganz langsam zu vergessen, und dann machen sie sich nur Sorgen darüber, was sie alles auf ihrem Konto haben und so, und das ist dann schon alles... Ich meine, sie haben eben einfach andere Dinge im Kopf und wollen sich keine Gedanken darüber [das Gefühl] machen..., oder es kann auch sein, daß sie vielleicht nicht wissen, was es ist, darum brauchen sie sich dann auch keine Gedanken darüber zu machen..., sie wissen eigentlich gar nicht, daß sie es gar nicht richtig verstehen. Aber sie haben es immer irgendwie.

Judy schlägt eine andere Richtung ein und spricht über das »es«; dabei verfolgt sie, wie Menschen ihren Verstand verlieren, und sie geht weiter in die Zukunft, bis zum Lebensende: »Wenn du erstmal merkst, daß du bald sterben wirst, ich denke, dann bekommen es einige Leute vielleicht wieder zurück, weil sie irgendwie genug von all diesem Zeug im Kopf haben..., vielleicht verstehen sich Großeltern deshalb so gut mit Enkelkindern, weil sie ganz alt sind, und die sind ganz jung, und sie fühlen sich irgendwie miteinander verbunden.«

In einem wehmütigen Augenblick sagt Judy dann: »Mein Großvater, vor ihm habe ich wirklich Respekt..., er weiß viel... in seinem Bauch... Ich meine, er hat wirkliche Gefühle, er versteht alles gleich.« Dennoch beobachtet Judy von außen, wie dieser Mann, der »Menschen ... versteht, ihr Inneres ... das Innere von ihren Gefühlen«, »im Sommer eine Reise« mit »allen seinen männlichen Enkeln« macht, »wenn sie ungefähr zehn sind«. Judy fügt hinzu: »Ich bin nie dabei gewesen, weil er nur die Jungen mitnimmt.« Obwohl Judy sagt, daß sie »versteht, was da wahrscheinlich los war«, drückt sie keinerlei Gefühle darüber aus, daß sie nicht mitgenommen wird.

Judy geht nicht weiter darauf ein, was ihre Erfahrung mit ihrem Großvater für sie bedeutet – dieser Mann, der seine Enkelsöhne bevorzugt behandelt, den sie als jemanden beschreibt, der »richtige Gefühle« hat und der »Menschen versteht«, der beim Verstehen ihrer Gefühle aber zu versagen scheint. Sie stellt jedoch eine Theorie darüber auf, »warum es nicht so schön ist, auf der Welt zu leben«. Durch all dieses Hineinstopfen von Dingen ins Gehirn »geht irgendwie die Schönheit der Dinge verloren«, sagt sie. »Jemand sieht etwas, einen

Sonnenaufgang oder so, und sagt dann etwas wie: ›Na ja, das ist eben die Sonne.‹ Warum können Menschen nicht das Schöne daran sehen?« Der Sinn, den jemand für die Schönheit hat, sagt Judy, ist »irgendwie wie dein Bauch. Das ist so etwas, was dich zum Nachdenken bringt, es ist so etwas Geheimnisvolles.« Vielleicht, fragt sie sich laut im Beisein der Frau, mit der sie zusammensitzt, »werden die Leute kriminell, weil sie die Schönheit im Leben vergessen haben«:

> Vielleicht ... ist vielen Leuten diese Art von Schönheit verlorengegangen, weil sie sie mit diesen Gehirnsachen vollgestopft haben, und niemand kann diese Art von Gefühl bemerken, und wenn sie es versuchen und darüber nachdenken, ist es einfach zu viel für sie, weil sie nie darüber nachdenken konnten, diesen Teil mit Worten zu beschreiben. Ich weiß es nicht.

Judy versucht selbst, an diesem Gefühl festzuhalten, und wenn sie dann da steht und eine untergehende Sonne ansieht, »möchte ich sie am liebsten schütteln und sagen: ›Seht euch das an. Seht euch an, wie schön das ist!‹« Während sie selbst auf dem besten Wege ist, sich »um alles, was auf dem Konto ist«, zu sorgen, versucht Judy noch verzweifelt, »die Schönheit an etwas zu sehen und es so schön zu lassen«.

Mit dreizehn spricht Judy von einer empfundenen Wirklichkeit, die ihr langsam entgleitet – eine Wirklichkeit, die Geist (mind) und Körper, Gedanken und Gefühle, Vernunft und Leidenschaft zusammenhält. Der Geist verbindet sich für Judy mit den ursprünglichen Bedeutungen des Wortes: mit der tiefsten und frühesten Erinnerung, Gefühlen, die sich integrieren, der Wahrnehmung und dem Denken – mit der Absicht und aus dem Wunsch heraus, das geistige Leben zu verkörpern. Wenn sie ihren Verstand (mind) an die Stimmen verliert, die ihr ins Gehirn gestopft werden, verdrängt Judy auch körperliche Bedürfnisse und sexuelle Gefühle zugunsten romantischer Ideale. Judy spricht über eine Freundin, die »mit Typen weggeht« und dabei »mehr mit ihnen macht als die meisten anderen«; deshalb findet sie das Verhalten dieser Freundin »widerlich«, und damit sieht Judy ihren eigenen Platz mitten in den Konventionen des Liebesromans:

> Weil niemand das macht, nur sie, alle möchten eine wirklich gute Beziehung mit jemandem. Ich meine, wir sind eben dreizehn, und du möchtest eben romantisch sein... Wenn ich so was gemacht hätte, würde ich mir wie der letzte Dreck vorkommen und total wertlos, und sie ist noch stolz drauf. Ich weiß überhaupt nicht, wie sie so etwas machen konnte. Niemand würde darauf kommen, so etwas zu tun – das hat nichts mit Romantik zu tun, das ist einfach nur widerlich, und nichts anderes.

Wie auch bei anderen Gefühlen wie Wut und »Ärger ... kann [Judy] nicht wissen«, wie ihre Freundin überhaupt sexuelle Bedürfnisse haben konnte, es ist unvorstellbar für sie, selbst solche Gefühle zu haben. Statt dessen sucht Judy in der Liebesgeschichte nach »einer wirklich guten Beziehung mit jemandem«.

Judy beschreibt also ihre Ausbildung als einen Prozeß, in dessen Verlauf ihr Informationen »ins Gehirn gestopft« werden, und sie definiert die sogenannte Realität so, wie sie die Welt kennen und sehen sollte. Sie ist sich dessen bewußt, daß sie die Realität ihrer Gefühle »vergißt«, und es beschäftigt sie, etwas sehr Wertvolles zu verlieren. Wenn sie sich die »normale« Familie, eine Liebesgeschichte ohne Sexualität, »ganz genauso« wie ihre Freundinnen zu sein wünscht, fühlt sie den Druck von Normen und Konventionen, besonders die, die aus Frauen gute Frauen machen. Werden sie verinnerlicht, entstehen Vorstellungen von der Wirklichkeit, die nicht mit ihren Erfahrungen übereinstimmen, nämlich mit dem Verstand und dem Körper fühlend zu leben. Das »tiefere Wissen«, das Judy erwähnt, das verkörperte Wissen, das sie als Neunjährige dazu brachte, »mit ihrem Verstand zu fühlen«, ist von Stimmen und Liebesgeschichten verdrängt worden, die sie jetzt in ihrem Kopf hat.

Victoria: ein Schutzschild bauen

Das Image des perfekten Mädchens spielt für die zehnjährige Victoria eine große Rolle. Nachdem sie ein Bild von ihrer Familie gezeichnet hat, beschreibt sie ihr Bild als »ganz schrecklich« und vergleicht es mit dem Bild ihrer Klassenkameradin, die »alles gut kann«, die »alles perfekt kann«. »Wie fühlst du dich denn dann?« fragt ihre Interviewerin. »Schlecht«, erwidert Victoria.

Victorias Familienbild ist tatsächlich weder perfekt noch schön; ganz unten auf dem Blatt drängen sich kleine, düstere, mit Bleistift gezeichnete Strichmännchen: »Das ist meine Mutter, das ist mein Vater, das ist mein Bruder, das ist meine Schwester, das ist meine Katze, das ist meine andere Katze, das ist mein Hund, das ist meine Chefin, und das ist mein Pferdestall.« »Und wo bist du?« fragt ihre Interviewerin. »Ich habe mich nicht draufgemalt«, erwidert Victoria. Aber wenn sie sich auf das Bild gemalt hätte, erklärt Victoria, hätte sie sich »mit einem Pferd« an das andere Ende des Blattes gemalt, weit weg von den anderen.

Victoria arbeitet manchmal in einem Stall – für sie ist das ihr »zweites Zuhause«, ein Ort, wo sie oft das Wochenende verbringt. Sie ist selbständig und direkt, aber anscheinend auch einsam und traurig; sie macht sich keine Illusionen über die Menschen in ihrem Leben. Tiere »sind besser als Menschen«, erzählt sie ihrer Interviewerin. »Sie sind angenehmer..., denn wenn du ihnen etwas erzählst, werden sie nicht böse auf dich, und sie hören dir zu.« Zu Hause hat Victoria das Gefühl, daß ihr nicht zugehört wird, sie fühlt sich vielmehr, sagt sie, »genau in der Mitte« zwischen ihrer jüngeren Schwester und ihrem älteren Bruder, die »verwöhnt« sind – die eine verhält sich wie »ein Baby«, sagt sie, und der andere will alles »bestimmen«. Victoria ist ein Mädchen, das sich und ihre beiden Freundinnen im sozialen Schulleben der Cafeteria als »Übriggebliebene« beschreibt. In der Schule »hacken sie immer auf dir herum«, erzählt sie ihrer Interviewerin. Leute »werden sauer« und »[dieses Gefühl] überträgt sich dann vielleicht auf andere, und das geht dann so weiter, und schließlich können dann alle auf irgend etwas herumhacken«.

Das soziale Leben in der Schule ist zwar schwierig für Victoria, doch konzentrieren sich ihre Enttäuschung und ihr Ärger zum großen Teil auf das Leben zu Hause. Oberflächlich gesehen, führt Victoria das Leben eines »typischen« Kindes, wie Judy es sich so sehr wünschte – eine weiße Familie der Mittelschicht in der Vorstadt, der Vater ist Richter, die Mutter ist hauptsächlich zu Hause. Aber von innen sehen die Dinge ganz anders aus, als sie von außen erscheinen.

Victoria zufolge ist ihr »herrschsüchtiger« Bruder nicht nur rücksichtslos, sondern auch brutal; er »läßt sich nichts sagen«, sagt sie, und »gibt auch [ihrer Mutter] freche Antworten«. Victorias Wut wird konkret, als sie sich daran erinnert, daß ihr Bruder eines Abends den Hund aus dem Haus gelassen hat und der Hund dann von einem Auto überfahren wurde. »Das war noch ein ganz kleiner Hund«, erklärt sie. »Das war *so* traurig.« »Ich bin sauer auf ihn«, sagt Victoria dann zu ihrer Interviewerin, »immer wenn er ein Tier gehabt hat, bei dem Vogel und bei dem Hamster..., hat er's geschafft, daß sie am Ende dann gestorben sind, und deshalb will meine Mutter nicht, daß er einen Hund oder eine Katze kriegt ... [Er] hat [meine Katze] immer an ihrem Schwanz aufgehängt, er hat ein Seil um ihren Schwanz gewickelt und sie aufgehängt und so. Und darum will meine Mutter nicht mehr, daß er ein Tier hat.«

Jetzt ist Victoria ein neuer Hund versprochen worden, und sie weiß, daß sie ihn eigentlich mit ihrem Bruder teilen »sollte«. Dazu sagt sie: »Manche Sachen sind zwar nett, aber nicht fair.« Aber um nett zu sein, müßte Victoria das unverantwortliche und rücksichtslose Verhalten ihres Bruders ignorieren; sie müßte so tun, als wüßte sie nicht, wozu er fähig ist; sie würde ihren Hund in Gefahr bringen. Gegen diese Vorstellung sträubt sie sich, und sie sagt: »Ich teile ihn nicht mit ihm.« Victoria ist zwar bereit, anzunehmen, daß ihrem Bruder vielleicht »nicht klar« ist, was er macht, doch sie ist nicht gewillt, seine Rücksichtslosigkeit zu vertuschen oder ihre eigenen intensiven Gefühle der Trauer und des Ärgers zu begraben.

»Bei einigen Sachen«, als ihr Bruder zum Beispiel ihre Katze gequält hat, kann sich Victoria auf ihre Mutter verlassen, sie ist der gleichen Meinung wie Victoria und unterstützt sie dann auch. Häufiger jedoch muß sie sich mit ihrem Vater auseinandersetzen, der »eigentlich gar nichts sagt«, wenn sie sich beschwert, und, so Victoria, zu ihrem »unerträglichen« Bruder hält. »Ich denke, das ist nicht richtig«, sagt Victoria zu ihrer Interviewerin, womit sie die auf ihren Bruder bezogene Loyalität ihres Vaters meint. »Sagst du denn manchmal etwas dazu?« fragt ihre Interviewerin. »Ja, schon«, erwidert Victoria. »Mein Vater wird dann einfach nur sauer auf mich.«

Victoria weiß aus eigener Erfahrung, daß »jeder verschieden ist«. In den meisten Dingen unterscheidet sie sich selbst sehr stark von ihrem Vater und ihrem Bruder. Sie weiß auch aus Erfahrung, daß eine Person »sich über eine Sache aufregen [kann] ... und eine andere diese Sache vielleicht ganz einfach übersieht«. Sie weiß, daß Menschen die Dinge »aus ihrem Blickwinkel heraus sehen«, und trotzdem weigert sich Victoria, ihren eigenen Blickwinkel zu verändern. Statt dessen sagt sie, was sie fühlt und denkt, sogar dann, wenn sie mit dem Zorn ihres Vaters und ihres Bruders konfrontiert wird. »Es ist nicht falsch zu sagen, was du denkst«, sagt sie zu ihrer Interviewerin, und auch dann, wenn es zu riskant ist, es zu sagen, »kann ich es mir immer noch denken«. In solchen Momenten verlagern sich Victorias Gefühle von ihrem Körper in ihren Kopf.

Ein Jahr später beschreibt Victoria, die jetzt elf ist, ihr Leben: »Ich arbeite in einem Stall, und ich arbeite da schon lange, jedes Wochenende. Ich habe noch einen Bruder und eine Schwester, und ich hasse –

meinen Bruder, er ist ein richtiger Blödmann ... er versucht, einen zu schikanieren, und wenn meine Mutter dann zum Beispiel zu ihm sagt, er soll den Geschirrspüler ausräumen, kommt er an und sagt *dir* dann, du sollst es machen. Oder er sagt einfach: ›Victoria, ich verprügele dich jetzt‹, und ich sage dann: ›Mach doch‹, und er macht es dann auch, ohne irgendeinen Grund, einfach so. Er ist einfach völlig chaotisch und tyrannisiert andere nur.«

Ihr Bruder ist jetzt dreizehn und, sagt Victoria, »wirklich groß« – »er ist größer als mein Vater«. Sie ist erschrocken darüber, daß ihr Bruder so schnell gewachsen ist, und hat Angst davor, was er jetzt anstellen könnte, deshalb fühlt sich Victoria vor ihm nicht sicher:

Meine Mutter hat gesagt, wir sollten alle das Wohnzimmer aufräumen, auch mein Vater. Mein Bruder hat ein Handtuch vom Boden aufgehoben und damit nach mir geschlagen, nur so aus Spaß; dann habe ich mich hingesetzt, und mein Vater hat mich am Handgelenk gepackt. Er hat mir nicht weh getan oder so, er hat mich einfach gepackt und mich hochgezogen und gesagt: »Räum' jetzt sofort das Wohnzimmer hier auf.« Dann hat er sich wieder hingesetzt, und ich habe gesagt: »Dad, warum hörst du nicht zu, wenn ich etwas sagen will?« Und er hat gesagt: »Räum sofort das Zimmer hier auf.« Und ich habe ihn angeschrien: »Hör doch endlich mal zu, was passiert ist!« Und er dann noch einmal: »Räum' jetzt sofort das Wohnzimmer hier auf!« Schließlich hat er mich ins Zimmer geschickt, weil ich es nicht gemacht habe. Nach fünf Minuten ist er hoch gekommen und sagte: »Geh runter und räum das Wohnzimmer auf, und geh dann wieder hoch.« Aber er hat mir einfach nicht zugehört, und als ich das dann meiner Mutter erklärt habe, hat sie das auch gesagt... Es ist eben einfach so, daß sie immer auf meiner Seite ist, scheint es mir..., und sie hat auch gesagt, er hätte mir zuhören sollen, weil er nicht das Recht dazu hatte, mich einfach zu packen und durch den Raum zu zerren, wenn mein Bruder eigentlich die Schuld hatte.

Victoria spielt in solchen Dramen keine passive Rolle – sie schreit, um gehört zu werden, sie weigert sich zu tun, was ihr befohlen wird, sie beklagt sich bei der einzigen Person im Hause, die ihr zuhören wird. Aber obwohl ihre Mutter »immer auf meiner Seite ist« und sich mit ihr verbündet, wenn die beiden unter sich sind, bemerkt Victoria, daß ihre Mutter oft ihrem Vater zustimmt, »wenn er im Zimmer ist‹. Sie spürt, warum das so ist, als sie über die Machtunterschiede zwischen ihrer Mutter und ihrem Vater nachdenkt. Ihr Vater, erklärt sie »weiß genau, wieviel Geld [meine] Mutter hat, aber [meine Mutter] weiß nicht, wieviel Geld er hat«. Victoria hört und sieht die stürmische Beziehung ihrer Eltern und beginnt sich Sorgen zu machen, daß ihre Mutter im Falle einer Scheidung kein Geld hätte. Da ihre Mutter vor ihrer Heirat »gearbeitet und selbst Geld verdient hat«, jetzt aber zu Hause ist, hätte sie keine Arbeit, »auf die sie zurückgreifen könnte«.

Mit zunehmender Sorge, daß die Ehe ihrer Eltern kaputtgehen könnte, beobachtet Victoria ihre Mutter und ihren Vater dabei, wie sie – so nennt es Victoria – Mr. und Mrs. Schock spielen; sie sagen dann Dinge, die sie gar nicht meinen, nur um sich gegenseitig zu verletzen; dazu bemerkt Victoria: »Langsam weiß ich gar nicht mehr, was ich eigentlich glauben soll.« Da sich Victoria auf die Seite ihrer Mutter stellt, sieht sie auch, wohin diese Gespräche bei ihrer Mutter führen. »Er macht sie seelisch völlig fertig«, sagt Victoria und bezieht sich dabei in einem Beispiel auf eine Situation, in der ihr Vater plötzlich damit drohte, das Haus zu verkaufen, weil sie kein Geld hätten, und ihnen im nächsten Moment versicherte, daß sie viel Geld hätten. »Wir wissen nicht genau, ob er das einfach nur so dahin gesagt·hat oder nicht«, erklärt Victoria, »oder ob er wirklich gemeint hat, daß wir jetzt etwas unternehmen müßten.«

Victoria macht sich solche Sorgen, weil sie lebhaft vor Augen hat, was zwischen ihren Eltern passiert. »[Meine Mutter] macht [aus ihren Gedanken und Gefühlen] mir gegenüber kein Geheimnis«, sagt sie, und sie erzählt Victoria auch, »worüber sie sich streiten, wieviel Geld sie hat, und was passieren würde, wenn sie sich scheiden lassen würden oder so«. Durch ihre Mutter bekommt Victoria einen Einblick in die Konflikte ihrer Eltern, und sie reagiert besonders sensibel, wenn das, was ihre Eltern öffentlich tun und sagen, etwas anderes ist als das, was ihre Mutter empfindet und worüber sie spricht, wenn Victoria und sie unter sich sind. Victoria sieht die Dinge genauso wie ihre Mutter und registriert ärgerlich die höflichen Spiele, die ihr Vater spielt, wenn er beispielsweise jeden Abend zu ihrer Mutter sagt: »Das war das beste Essen, das du je gemacht hast.« »Er sagt das immer, egal wie es war«, sagt sie, »auch wenn es furchtbar ist…, und er übertreibt dabei so, und das treibt mich fast zum Wahnsinn … Ich nehme an, er möchte, daß sie sich freut, aber es treibt sie auch zum Wahnsinn.«

Victoria hat ein Gefühl für die Machtunterschiede zu Hause, die geschlechtsspezifisch sind und mit Geld zu tun haben; diese Unterschiede findet sie auch an anderen Orten in ihrem Leben wieder. So bemerkt sie zum Beispiel, daß die Frau, für die sie manchmal arbeitet, »Jungen lieber mag als Mädchen«, denn sie zahlt Victoria weniger als den Jungen, mit denen sie zusammenarbeitet. Aufgebracht erzählt Victoria ihrer Mutter davon, und ihre Mutter »hat auch gesagt, daß das ungerecht wäre, aber wir könnten eben nichts dagegen machen«. Auch hier wird Victoria mit den verschiedenen Blickwinkeln ihrer Eltern konfrontiert: »Mein Vater sagt..., das war nur aus Versehen, daß sie das gemacht hat, sie hat das nicht so gemeint, und meine Mutter ist meiner Meinung, daß sie es mit Absicht gemacht hat.«

Mitten in diesen verschiedenen Konstruktionen psychologischer und sozialer Wirklichkeit kämpft Victoria darum, bei dem zu bleiben, was sie aus Erfahrung weiß. Die Frau, die sie interviewt, scheint sich wirklich dafür zu interessieren, was Victoria weiß. Und vielleicht ist es ihr Interesse, ihre Bereitschaft zuzuhören und auf sie einzugehen, die Victoria dazu veranlassen, über die Auswirkungen dieser Machtunterschiede zwischen Frauen und Männern zu sprechen. Ihrer Ansicht nach haben genau diese Unterschiede einen Einfluß darauf, daß ihre Mutter die Dinge umdefiniert, und sie, wie Victoria es ausdrückt, »pumpen das, was in ihr steckt, aus ihr raus«.

Am Anfang des Interviews hast du erwähnt, daß es unfair ist, daß deine Mutter und dein Vater Mr. und Mrs. [Hanson] genannt werden. Möchtest du mir das erklären?

Da steht immer Mr. und Mrs. [Jim Hanson], und das ist, na ja, was ist denn nun mit der Frau, die ist auch noch da. Und dann steht da Mrs. und nicht ihr Name, sondern der Name meines Vaters, Mrs. [Jim Hansen]. Aber da steht nie Mrs. Elaine oder Ms. Elaine oder so etwas, ihr Name eben, da steht nur Mrs. und dann sein Name, und das ist unfair, weil es dann so aussieht, als ob sie nicht einmal da ist.

Warum stört dich das?

Na ja, weil meine Mutter eben gut ist, und sie ist klug, und sie ist verständnisvoll, aber das ganze mit diesen Namen und so, das pumpt sie irgendwie aus, es pumpt das, was in ihr steckt, aus ihr raus und so.

Warum wegen des Namens?

Einfach weil, weil eben alles immer auf den Mann ausgerichtet ist, der Mann ist eben am wichtigsten, und die Frau ist noch nicht mal da..., also als ob die Männer die wichtigsten Menschen sind. So eben. Wie ein Gott, das ist nicht in Ordnung.

Victoria setzt sich leidenschaftlich dafür ein, was sie fühlt und denkt, sieht und hinterfragt die Konsequenzen einer sozialen Norm, die davon ausgeht, daß ihre Mutter wegen »des ganzen mit diesen Namen und so« weniger ist, als sie sein könnte, der Konvention zufolge »nicht einmal da« ist. Doch scheint Victoria in der Zwickmühle zu sein zwischen ihrem persönlichen Wissen über ihre Mutter – ihren eigenen Beziehungserfahrungen, die ihr sagen, daß ihre Mutter »gut«, »klug« und »verständnisvoll« ist – und einem wachsenden Bewußtsein dafür, daß, »wenn [ihre Eltern] sich scheiden ließen und [ihre Mutter] arbeiten müßte, niemand wüßte, wer sie wäre«. Es gehört nicht zum öffentlichen Wissen, was Victoria und ihre Mutter ganz privat für wahr halten; dieses private Wissen, so scheint es, ist nicht willkommen in der Welt, und darum wird es dort auch nicht hochgehalten – noch nicht einmal von ihrer Mutter selbst. Vielleicht ist ja auch nicht alles so, wie es zu sein scheint. Was bedeutet es wohl für Victoria, daß diese Person, zu der sie die engste Bindung hat und der sie das größte Vertrauen entgegenbringt, die sie am meisten schätzt, dazu gebracht wird, daß sie »noch nicht einmal da zu sein scheint«? Was bedeutet es, daß ihre Mutter mit diesem Bild, das von ihr konstruiert wird, einverstanden ist – privat die eine Sache sagt und öffentlich dann etwas anderes? Woran kann Victoria wirklich glauben, wem kann sie gefühlsmäßig vertrauen?

Die eigene Meinung zu sagen, beobachtet Victoria, kann gefährlich und störend sein. Wenn sie direkt und offen darüber spricht, was sie sieht und hört, wird sie von ihrem Vater ermahnt – und ihre Mutter stimmt zumindest nach außen hin zu und sagt, daß »die Leute denken, du bist dumm, wenn du das sagst«, oder daß es »den Leuten nicht gefällt, daß du ihnen das erzählst; sie denken, du bist dumm«. Victoria versucht verzweifelt, für alle sichtbar zu bleiben, während die anderen anscheinend wollen, daß sie nicht beachtet und nicht gehört wird; deshalb empfindet Victoria dann langsam den Druck, nicht zu wissen, was sie eigentlich weiß, oder es zumindest nicht zu sagen. Und ebenso wie Jessie, die in der fünften Klasse genau überlegt, wann sie bei ihren Gefühlen bleibt, wann sie etwas sagt und wann sie »so tut, als ob« sie »zustimmt, weil sie nett sein will«, versucht Victoria wie viele andere Mädchen in dieser Untersuchung auch, ihre Gedanken zuzulassen und ihrem Wissen eine Stimme zu verleihen, trotz des Drucks, höflich, präsentabel, gut und nett zu sein.

Wenn die Leute um sie herum etwas sagen, bemüht sich Victoria darum, die verschiedenen Bedeutungen und die versteckten Andeutungen zu verstehen; sie versucht zu antizipieren, wie das, was sie sagt, gehört und wie darauf reagiert werden wird; sie versucht herauszufinden, wie die Menschen sich unter der Oberfläche dieser netten Dinge, die sie zueinander sagen, wirklich fühlen. Wenn einerseits ihre Mutter mit ihr redet, sich ihr anvertraut, ihr Selbstbestätigung gibt, ihre Meinung teilt, wenn sie unter sich sind, und dann andererseits vor allen anderen ihren Vater unterstützt, fühlt sich Victoria verraten und ganz allein. Wenn ihr Vater seine Komplimente so übertreibt, daß sie keine

Bedeutung mehr haben, und wenn ihre Eltern, anstatt zu sagen, was sie fühlen und wollen, Mr. und Mrs. Schock spielen, hat Victoria ein bißchen das Gefühl, »verrückt« zu sein. Angesichts dieser extremen Unverbundenheiten möchte die elfjährige Victoria zu Hause in ihrer Familie unbedingt »ehrlich« und »zuverlässig« sein, doch möchte sie auch mit ihrem Wissen in Beziehung bleiben. Aber in dieser Familie des Richters gibt es keine Regeln für die Beweisführung, es gibt nichts, worauf sie zählen kann, und niemanden, auf den sie sich verlassen kann. Und wenn Victoria in diesem Jahr am Anfang ihres Interviews sagt: »Ich weiß nicht, was ich glauben soll«, haben wir das Gefühl, daß ihre »Konfusion« eigentlich eine unglaublich deutliche und äußerst scharfsinnige Bemerkung zu ihren relationalen Erfahrungen ist.

Ein Jahr später ist Victoria zwölf und in der sechsten Klasse, und jetzt versucht sie verzweifelt, ihre Gefühle zu kontrollieren, sie zu beherrschen. Wenn das, was in Beziehungen wirklich passiert, sich so stark davon unterscheidet, was die Beziehungen an der Oberfläche zu sein scheinen, dann ist es vielleicht sinnvoll, sich mit der Welt zu verbünden, die alle anderen auch sehen – zumindest wird sie dann nicht allein sein, zumindest wird sie dann ZeugInnen haben. Aber in ihrem Leben kann Victoria ihrer Darstellung nach keine Loyalität erwarten – weil ihre Zeugin, nämlich meistens ihre Mutter, öffentlich nicht zu ihrer Verteidigung aussagen wird. Vielleicht ist diese Feststellung der Grund dafür, daß sich Victoria in diesem Jahr verändert hat, denn der Ärger und die Traurigkeit aus dem Vorjahr scheinen jetzt tiefer zu gehen, sie scheint jetzt bitter und verzweifelt zu sein. »Das Leben stinkt mir«, sagt sie zu ihrer Interviewerin. »Mein Leben stinkt mir.«

Wenn sich Menschen nicht auf andere Menschen verlassen können, erklärt Victoria, »dann haben sie Probleme«. Und in diesem Jahr scheint Victoria ein Mensch mit Problemen zu sein. Entweder ist die körperliche Gewalt in ihrer Familie eskaliert, oder Victoria hat sich entschlossen, offener über ihre Erfahrungen zu sprechen, weil sie durchhalten will. Victoria scheint jedoch verwirrt zu sein und nicht zu wissen, wie sie auf die Ereignisse um sie herum reagieren soll, was sie fühlen und denken soll – manchmal lehnt sie sich dagegen auf, manchmal leugnet sie die Gewalt, manchmal haßt sie die Täter, und dann idealisiert sie sie wieder. Als sie zum Beispiel über eine Situation spricht, in der sie versehentlich etwas kaputt gemacht hat, leugnet Victoria, daß sie jemals »geschlagen« worden ist, obwohl sie selbst dieses Wort benutzt und das Erlebnis, wie ihr Vater sie schlägt, ganz detailliert beschreibt: »Ich war irgendwie überrascht, ganz durcheinander, und ich hatte Angst, daß ich ausgeschimpft werde. Obwohl ich lange keine Schläge bekommen hatte, ich meine, ich bin nie geschlagen worden oder so, aber ich habe manchmal einen Klaps bekommen, und ich hatte immer dieses Bild vor Augen, wie diese Hand auf mich einschlägt.«

Victoria beschreibt bis ins kleinste, wie gefährlich ihr vierzehnjähriger Bruder und seine Freunde geworden sind. »Er hat die schlimmsten Freunde überhaupt ... Einer ... war schon im Gefängnis..., weil er einem Mädchen ein Bein gebrochen hat, als er ... sie über einen Zaun geworfen hat«, und »[mein Bruder] hat einen Turnschuh von mir genommen... und hat angefangen, mich damit zu schlagen, auf mein Bein, und ich habe geschrien.« Und trotzdem wird aus dieser Beschreibung ihrer Mißhandlung plötzlich eine Idealisierung; sie sagt nämlich zu ihrer Interviewerin: »Ich wollte meinem älteren Bruder immer gefallen, für mich ist er wie ein Gott.« Victoria sagt immer wieder, daß ihr niemand zuhört: »Bei mir zu Hause hört überhaupt keiner hin, wenn ich etwas anderes sage, wenn ich schreie oder wütend werde.« Als sie dann immer wieder Szenen beschreibt, in denen sie verletzt oder mißhandelt worden ist, und all das sofort wieder leugnet oder rechtfertigt, wissen wir, daß sie große Probleme hat.

Victoria ist nicht nur dem körperlichen Schmerz von gewalttätigen Beziehungen ausgesetzt; jetzt kommt noch hinzu, daß auch ihre Gefühle verletzt werden, denn ihre Mutter wendet sich jetzt von ihr ab. Es widert sie an, wie sich die Beziehung zwischen ihrer Mutter und ihrem Bruder entwickelt. Ihre Mutter versucht, ihm Grenzen zu setzen und ihm zu sagen, was er zu tun hat, und »er redet meiner Mutter einfach alles aus« – auch daß sie mit Victoria zusammen ist. Diese Familiengeschichte, die Victorias Mutter dann an Victoria weitergibt, führt dazu, daß sich Victoria noch mehr von der Beziehung zwischen ihrer Mutter und ihrem Bruder distanziert: »Er ist der Älteste..., er ist immer richtig unausstehlich gewesen..., sogar als ich noch ein Baby war, war sie nur mit mir zusammen, wenn sie mich gefüttert hat; und wenn ich krank war, hat er sie nachts, wenn er noch wach war, nicht in meine Nähe gelassen, weil er immer richtig eifersüchtig war.« Victoria hat das Gefühl, daß ihre Mutter nicht für sie da ist, auch dann nicht, wenn sie sie am dringendsten braucht. Ihr Bruder ist in ihren Augen nicht nur die Ursache dafür, daß ihre Mutter für sie nicht erreichbar ist, sondern sie sieht auch die Nachgiebigkeit ihrer Mutter, wenn es um ihren Bruder geht.

Wenn sie von ihrem Bruder geschlagen wird, sagt Victoria in diesem Jahr, dann reagiert ihre Mutter mit den Worten: »Dann hast du es wohl verdient«; sie behandelt Victoria im wesentlichen so, wie sie selbst behandelt wird. »Das Leben ist ungerecht«, schließt Victoria daraus, und sie benutzt die gleichen Worte, die ihre Mutter so oft zu ihr sagt – »Es ist eben Glückssache«. Von Victorias Standpunkt aus gesehen, wo »direkt [zu sein] ... mir Probleme gebracht hat« und wo »immer wenn ich etwas sage, überhaupt keiner hinhört«, scheint es wirklich absurd zu sein, sich auf Menschen zu verlassen. Darum sagt Victoria: »Es ist mir egal ... Die einzige Person, auf die du dich verlassen kannst, bist du selbst.« »Es gibt ein paar Leute auf dieser Welt, denen ich wirklich vertraue, denen ich auch wirklich alles erzählen würde«, fügt sie hinzu, »aber die meisten sind Hunde.«

Die bittere Enttäuschung und die innere Gespaltenheit, die wir bei der elfjährigen Victoria gehört haben, ist bei ihr mit zwölf Jahren immer noch vorhanden. Aus ihrem Ärger und ihrem Mißtrauen ist, was ihren Bruder betrifft, ein tiefer Haß geworden, seit er sich immer stärker in ihr Leben einmischt. »Er hat herausgefunden, wie er mein Tagebuch aufmachen kann«, erzählt sie ihrer Interviewerin. »Er hat die Kombination herausgefunden.« Sein Eindringen in ihre Privatsphäre nimmt langsam einen sexuellen Charakter an, wenn sich Victoria, die jetzt schon fast eine junge Frau ist, beklagt, daß »er herausgefunden hat, wie er meine Tür aufmachen kann, und dann mache ich gerade irgend etwas, ich ziehe mich um oder so, und er kommt mit einem Freund einfach rein«. Mit seinem Voyeurismus und der Tatsache, daß er ständig ihre Privatsphäre verletzt, bringt ihr Bruder Victoria dazu, sich physisch und emotional zurückzuziehen. »Ich will nur meine Ruhe haben und in Frieden gelassen werden«, sagt sie zu ihrer Interviewerin. »Ich will nur allein sein und in Frieden gelassen werden.«

Doch Victoria ist wütend und verletzt, und sie sehnt sich nach Beziehungen, die authentisch sind, in denen sie anderen vertrauen kann. Richtige Freundinnen, sagt sie, »müssen einander vertrauen können, und sie müssen zuverlässig sein und zueinander halten, egal was passiert. [Du mußt] mit ihnen über deine Gefühle sprechen können, ohne dir Sorgen zu machen, daß sie losgehen und jemand anders etwas davon erzählen.« Obwohl sie das Gefühl hat, daß sie zu Hause verraten worden ist, hofft sie immer noch auf Loyalität; sie verehrt ihre wenigen »besten Freundinnen«, die »mir bei allem, was ich sage, immer genau zuhören«.

Victoria ist zwar immer noch verletzbar, doch auch immer noch offen dafür, sowohl Freude als auch Wut und Trauer zu empfinden; dennoch ist sie mißtrauisch. Sie sieht sich die Menschen um sich herum ganz genau an und kommt zu dem Schluß, daß »offensichtlich« niemand von ihnen perfekt ist. Sie klingt sarkastisch, als sie die Veränderungen in ihrem Leben erklärt. »Als Kind«, erklärt sie »war ich idealistisch.« »Ich habe immer versucht, gute Noten zu kriegen, einfach zu machen, was meine Mutter und mein Vater wollten, und wenn sie geschimpft haben, bedeutete das, daß ich das nicht geschafft habe, ich war nicht perfekt, und dann war ich deprimiert... Jetzt mache ich Sachen, die mir gefallen, und nicht meinen Eltern, ... und wenn sie dann alle mit mir schimpfen, ist es mir eigentlich egal, denn sie sind ja offensichtlich auch nicht perfekt.«

Die Feststellung, daß sie sich selbst gefallen kann, wurde für Victoria zu einer Offenbarung, und sie hat es ganz plötzlich von ihrer Musiklehrerin gelernt, die nach einem Konzert zu ihrer Klasse sagte: »Leute, ihr wart wunderbar... aber ich hoffe, ihr habt es gemacht, um euch zu gefallen und nicht mir.« Jetzt hat Victoria drei verschiedene Jobs, sie ist stolz darauf und will sich ihre Kleidung unbedingt selbst kaufen, sie kann es nicht »ertragen..., Geld von ihrem Vater zu nehmen«. Victoria erklärt ihre »Unabhängigkeit ... meine Unabhängigkeit von allen«.

Aber »Unabhängigkeit« hat für Victoria viele unterschiedliche Bedeutungen. Dieses Wort wurde von einer Generation von Frauen an die nächste weitergegeben – auch an ihre Mutter und von ihrer Mutter an sie:

Ich schreibe jetzt meine Autobiographie, und ich habe meine Mutter gefragt, ob es eine bestimmte Charaktereigenschaft auf ihrer Seite der Familie gibt, und sie hat gesagt, es gebe eine, nämlich Unabhängigkeit, denn in den letzten fünf Generationen waren die Männer der Frauen entweder totale Alkoholiker, oder sie haben sich nicht mit ihnen verstanden, und die Männer haben sie dann sitzenlassen. Deshalb denkt sie, die Mütter haben den Kindern dann beigebracht, von den Männern irgendwie unabhängig zu sein, und ich bin auch unabhängig von Männern.

Doch hinter dieser Geschichte über unabhängige Frauen verbirgt sich noch eine ganz andere Geschichte – eine Geschichte, in der geheuchelt und immer wieder dasselbe gemacht wird –, denn wie würden die Frauen wohl sonst dazu kommen, sich in jeder Generation wieder die gleiche Art von Mann auszusuchen? Haben diese Frauen nicht mit ihren Töchtern geredet? Sie gewarnt? Waren sie blind? Die Erfahrungen, die Victorias Mutter in ihrer Ehe gemacht hat, verdeutlichen sehr genau das scheinbar zwangsläufige Ergebnis der Geschichte – ein Resultat, das mit Wahrscheinlichkeit auch auf Victoria zukommen wird, wenn sie denselben Weg der Unverbundenheit einschlägt, der in ihrer Familie »Unabhängigkeit« genannt wird. Wie kompliziert diese Unabhängigkeits-Geschichte ist, wird daran deutlich, wie Victoria ihre Mutter in der Beziehung mit Männern einschätzt: »Ich denke, [meine Mutter] hat erwartet, ihren Traum-Typen zu heiraten und daß sie dann immer glücklich ist ... Mein Vater hat ihr Schokolade gekauft und alles..., [aber] in Wirklichkeit ist er eine ganz andere Person. Und ihr Leben ist dann nicht so geworden, wie sie wollte... Sie hat die Welt um sich herum irgendwie ausgesperrt.« Und deshalb sagt Victoria dann schließlich: »Ich nehme es ihr nicht übel, [daß sie mir manchmal nicht zuhört], ihr Leben ist ganz schrecklich, ich meine, ihr Leben ist noch schlimmer als meins.«

Victoria ist der Ansicht, daß ihre Mutter vielleicht in der Lage gewesen wäre, ihr zuzuhören und glücklich zu sein, wenn sie »den Mann ihrer Träume [hätte] heiraten [können]«. Aber als Victoria dann in ihrer Autobiographie die Geschichte ihrer Mutter zu schreiben beginnt – »das, was sie am meisten bedauert hat«, sagt ihre Mutter zu ihr, sie soll die Wahrheit mit einer Lüge kaschieren, »für den Fall, daß mein Vater es lesen würde«. Victoria erfährt die Heuchelei und möchte immer noch das, worauf ihre Mutter einmal gehofft hat. Wie in den Liebesromanen, die sie und ihre Mutter lesen, sagt Victoria: »Ich hoffe, daß ich mich irgendwann in einen Mann verliebe, und wir sind glücklich und leben immer so glücklich weiter.« »Aber«, fügt Victoria zögernd hinzu, denn sie will nicht den gleichen Fehler machen, den ihre Mutter aus ihrer Sicht gemacht hat, »wenn das nicht passiert, möchte ich ein Kind, hoffentlich ein Mädchen, und dann möchte ich nicht verheiratet sein, denn wenn ich jemanden nicht liebe, heirate ich ihn auch nicht.«

Das, wonach sich Victoria sehnt, unterscheidet sich nur gering von der »idealistischen« Vorstellung, die sie als Kind hatte, als sie »an die Märchenprinzessin, die bis ans Ende ihres Lebens glücklich war«, glaubte. »Ich habe eine Beziehung zu diesem romantischen Zeug«, gesteht Victoria. Und wir hören diese Beziehung, wenn sie den Mann beschreibt, den sie einmal lieben wird: »Er ist mindestens einsachtzig groß und hat einen Bart, einen Schnurrbart, und er ist ganz nett und liebevoll und... der perfekte Prinz. Er ist auch reich. Er hat viel Geld, und alles ist dann ganz seltsam.« Es ist seltsam, so erscheint es uns zumindest, wenn wir hören, wie Victoria zunächst über ihre Unabhängigkeit von allen spricht und immer noch an ihrem Wunsch nach dem »perfekten Prinzen« festhält, der sie anscheinend emotional und ökonomisch unterstützen wird.

Auch wenn Victorias Wünsche problematisch sind, so sind sie doch verständlich – ihre Hoffnung auf die romantische Liebe scheint direkt mit dem Verrat und den Verlusten, die sie erlitten hat, verbunden zu sein, und ihr ausdrücklicher Wunsch nach Unabhängigkeit hängt anscheinend mit ihrer Enttäuschung und Mißhandlung in Beziehungen zusammen, mit ihrer Angst davor, isoliert und verlassen zu werden. Die romantische Vorstellung Victorias ist abhängig davon, daß sie nicht weiß, was sie aus ihrer Erfahrung aber eigentlich doch weiß – daß »niemand perfekt ist«, daß ihr »perfekter Prinz« »als Person in der Wirklichkeit« durchaus widerlich oder zum Alkoholiker werden könnte, so wie ihr Vater. Aber anstatt zu begreifen, daß ihre eigene Wut und Trauer über die Frustration und die Gewalt, die sie umgibt und die sie verletzt und verwirrt, real sind, reagiert Victoria wie ihre Mutter, die »die Welt um sich herum ausgesperrt hat«; sie möchte sich von dieser Realität lösen (disconnect) und an die Welt der romantischen Liebe glauben, die sie sich mit Hilfe ihrer Mutter und den Romanen, die sie lesen, konstruiert. Ihre »Unabhängigkeit von allen« erklärend, erzählt Victoria demnach eine Geschichte des Rückzugs von anderen, um den Schmerz ihrer Beziehungen nicht zu stark werden zu lassen; und ihre intensiven Verlustgefühle werden dann hinter einem romantischen Ende verborgen. Vielleicht um sicher zu gehen, daß das, was sie weiß und fühlt, die Verletzungen und Eingriffe anderer ausschließt, sagt Victoria: »Es ist eigentlich schlimm, so etwas zu machen, aber ich versuche jetzt, ein kleines Schutzschild aufzubauen.«

Zwei Jahre später spricht die vierzehnjährige Victoria mit der gleichen Frau, der sie sich in den letzten drei Jahren anvertraut hat. Ihre Beziehung ist enger geworden. Tatsächlich hatte Victoria im Vorjahr an ihre Interviewerin geschrieben und sie bezüglich ihrer Gefühle um Hilfe und Rat gebeten. In diesem Jahr begrüßen sie sich in einem kleinen Büro, das jetzt ein Interview-Zimmer ist. Bevor das Band angestellt wird, sprechen sie darüber, wie es Victoria geht, wie sie sich so gefühlt hat. Als jedoch das Interview beginnt – als es formal und öffentlich wird –, wehrt sich Victoria, sie wird sarkastisch:

Kannst du mir etwas über dein Leben im letzten Jahr erzählen?
Es ist nichts passiert.
Es ist nichts passiert? Überhaupt nichts? Nein? Du wirst also über nichts reden?
Es ist nichts passiert.
Hast du mir denn nicht gerade eine ganze Menge erzählt?
Also gut, mein Vater hat geheiratet, das ist passiert. Ich bin mit einem Haufen von Mistkerlen weggegangen, das ist passiert. Ich habe den ganzen Sommer lang gearbeitet, das ist passiert.

Victoria trivialisiert das vorangegangene Gespräch. Hier, in der Situation des Interviews, in der jetzt das, was sie vorher privat und im Vertrauen gesagt hat, öffentlich wird, zeigt sie ihre Verletzbarkeit und ihr Mißtrauen. Die vorsichtige und ehrliche Beziehung, die zwischen Victoria und ihrer Interviewerin in den Vorjahren bestanden hat, scheint jetzt von den Interviewfragen erstickt zu werden; Victoria ist defensiv und wütend, und sie testet aus, ob die Frau auch dann noch zu ihr hält, wenn sie sich selbst für verrückt erklärt. Falls das Interview weitergehen sollte, scheint Victoria sich dazu entschlossen zu haben, Mrs. Schock zu spielen. Das Interview selbst wird zu einem Beziehungsdrama.

Victoria gibt eine provozierende Erklärung nach der anderen ab, und wir spüren, wie traurig sie tatsächlich ist, wir bekommen ein Gefühl für ihre Bitterkeit und ihre Verzweiflung. Die Beziehungen zu Jungen – den »Mistkerlen«, mit denen sie weggeht – sind, sagt sie,

eben so ein kleines Spiel, das du spielst. Eigentlich ist es dir ziemlich egal, und du sitzt da und sagst »Ich liebe dich«, und wenn sie dann auch sagen, daß sie dich lieben, bedeutet das eben, daß sie beim nächsten Mal, wenn sie dich treffen, mehr von dir wollen oder so... Ja, das ist ein Spiel. Ich meine, es ist so, als ob du dich auf das endgültige Spiel vorbereitest, wenn du eben heiratest. Der Trick, diese ganze Manipulation.

Aus den Aussagen ihrer Mutter, die sie später nicht in ihre Autobiographie aufnehmen sollte, weiß Victoria, daß ihre Mutter das Gefühl hat, sie ist manipuliert worden, als sie ihren Vater geheiratet hat. Folglich scheint die Heirat der endgültige Trick zu sein in der endlosen Reihe von Beziehungsspielen. Obwohl ihre Eltern jetzt geschieden sind, spiegelt sich in Victoria, dem Inbegriff dieser Ehe, ihre radikale Trennung zwischen privaten Gefühlen und dem, was nach außen hin gezeigt wird, wider; sie empfindet Ekel und Verachtung für die Jungen, mit denen sie weggeht, und doch macht sie weiter damit, »zu spielen, um mein Image zu behalten«. Ihre emotionale Distanz von den sexuellen Beziehungen, die sie beschreibt – mit Jungen, die zwar ihre »giftigen Blicke« verdienen, aber nicht ihr Vertrauen oder ihre wahren Gefühle –, geht mit der Angst einher, daß diese Jungen die Macht haben, zunächst Annäherungsversuche zu machen und sie dann »fallenzulassen«, daß sie die Macht haben, sie mit Tricks hereinzulegen.

Victoria drückt jetzt ganz direkt ihre Wut über den Verrat und die Lügen aus, die sie bei ihrer Mutter erlebt hat: nach außen hin die »liebe« und nette Person, die privat »ständig meckert«. Doch fühlt sich Victoria meistens allein mit dem, was sie in dieser Beziehung erfahren hat. Ihren Vater hat sie abgeschrieben – sie spricht mit Ekel und Verachtung von ihm – und sie redet voller Bitterkeit und Enttäuschung über ihre Beziehung zu ihrer Mutter:

> Was mich so an ihr ärgert, ist, daß sie so lieb ist [an der Oberfläche]. Alle meine FreundInnen sagen immer: »Sie ist so lieb.« Die, die oft bei mir zu Hause sind, [merken], daß sie an mir herummeckert oder daß sie mich wegen irgendeiner Sache anschreit. [Die anderen] denken, sie ist wirklich lieb, und sie sagen dann: »Du hast so eine tolle Mutter.«

Victorias Bewußtsein für die Heuchelei ihrer Mutter scheint jetzt mit dem Gefühl der Hilflosigkeit verbunden zu sein, wenn sie dann bemerkt, wie schnell andere sich davon blenden lassen, was ihrer Erfahrung nach nur oberflächlicher Schein ist. Leute, die nicht oft bei ihr zu Hause sind, werden das, was in der Beziehung wirklich passiert, nicht erfahren, und deshalb werden sie auch nicht die Gründe für ihre Trauer und ihre Verzweiflung verstehen.

Wenn sie von ihren Beziehungen zu ihren Freundinnen spricht, kommt in diesem Jahr auch durch, wie allein Victoria ist. Diese Freundinnen ärgern und schlagen sich, sie sagen brutale Dinge übereinander, sie kategorisieren und beurteilen sich gegenseitig nach ihren Beziehungen zu Jungen und ihrem sexuellen Verhalten, sie reden hinter dem Rücken übereinander und verbreiten falsche Gerüchte. Als sie die Liste ihrer Freundinnen durchgeht, sagt Victoria: »Donna mag jemanden, und Gina mag nur jemanden, weil sie ihn mögen will, und Lucy ist eine alte Nutte, sie schläft mit jedem. Cloe ist eine Nutte, sie schläft nämlich mit jedem.« Sie selbst, fürchtet Victoria, wird für lesbisch gehalten – ein Mädchen, das »keine Gefühle« für Jungen hat. Sie erklärt, wie sie selbst ist, und sagt: »Ich bin in die Vorstellung verliebt, daß ich verliebt bin. Ich möchte eben geliebt werden, das ist so wichtig für mich, daß ich in die Vorstellung verliebt bin, daß ich mich verliebe.«

Victoria stellt sich zwar vor, daß die romantische Liebe wie eine Welle über sie hereinbricht und sie dann an den Ort trägt, wo sie geliebt wird, doch sie erwartet nicht, daß ihr das tatsächlich passiert. »Ich möchte mich ganz schrecklich verlieben«, sagt sie, aber »ich glaube nicht, daß das passiert. Ich meine, so viel Glück habe ich wohl nicht, das passiert dann einer von einer Million.« Weil sie sich danach sehnt, geliebt zu werden, beschäftigt sie sich mit Büchern zur Selbsthilfe.»Ich habe alles darüber gelesen«, erklärt sie ihrer Interviewerin, »was es psychologisch bedeutet, daß man geliebt werden will, diese kleinen Bücher von Ärzten.« Und in dem, was sie liest, erkennt sie dann sich selbst und ihre Familie wieder. Weil sie in den Gedanken verliebt ist, verliebt zu sein, fürchtet sie, daß sie »dumm ist und dann mit siebzehn einfach schwanger wird, nur weil ich denke, daß ich schrecklich verliebt bin«. Sie sieht das Mißtrauen, das sie ihren besten Freundinnen gegenüber empfindet, im Zusammenhang mit dem Alkoholismus, den sie in ihrer Familie erlebt, und fürchtet, sie ist »für den Alkoholismus geschaffen«, denn auch sie möchte »mit all dem nichts mehr zu tun haben«.

Hinter der Fassade ihres Zynismus und ihrer Verzweiflung kommt immer wieder Victorias Schmerz, ihre Wut und auch ihre Hoffnung auf eine echte Beziehung zum Vorschein, jedoch nur so lange, bis sie dann wieder von dem Gefühl der Hoffnungslosigkeit überwältigt wird – dem Gefühl, daß das, was sie sich am meisten wünscht, ihr nie passieren wird, daß sie nichts tun kann, um etwas zu verändern, daß es niemanden gibt, der ihr wirklich helfen kann, auch die Frau, die neben ihr sitzt und an die sie geschrieben hat, nicht. Und doch fragt sie sich weiter, wie sie das Gute in den Menschen finden kann: »Wie sieht man eigentlich das Gute in den Menschen?« fragt sie.

Wenn jemand einen Fehler macht, sagen einige Leute eben: »Oh, das ist gar nicht schlecht.« Und andere Leute sagen: »Die ist aber auch zu blöd, wenn sie das noch nicht mal kapiert hat.« So ... bin ich zum Beispiel. Aber manche Leute sagen dann einfach: »Oh, gar nicht schlecht.«

Victoria sehnt sich nach einer Person, die sie versteht, die sieht, daß sie geliebt und gemocht werden möchte, auch wenn sie das bestreitet und sagt, daß es ihr egal ist. Über sich selbst sagt sie: »Ich hatte eine kaputte Kindheit..., aber das ist mir egal. Ich meine, ich weiß, daß viele Leute viel netter sind als ich. Ich bin eben einfach nicht nett... Ich bin gehässig und gemein.« »Wer sagt das?« fragt ihre Interviewerin. »Ich sage das... Ich weiß, wie ich bin... Ich möchte nicht so sein, aber ich bin so... Ich verstecke es, aber ich bin... Ich weiß, daß viele Leute in meiner Klasse mich nicht mögen..., das hängt davon ab, wie die anderen mich sehen.«

Victoria, die Bücher zur Selbsthilfe liest, sieht den Zusammenhang zwischen ihrer »kaputten Kindheit« und ihrer Gleichgültigkeit. Ihre Interviewerin fragt sie, welche Verbindung es zwischen ihr und ihrer Mutter gibt: »Machst du nicht eigentlich genau das, was deine Mutter auch gemacht hat? Du gehst doch auch mit Leuten weg, die du nicht magst und nicht respektierst, und hast dann festere Beziehungen mit ihnen?« Als Victoria darauf reagiert, macht sie einen Unterschied zwischen sich und ihrer Mutter. Sie sagt, ihre Mutter sei »dumm« und »eine Nutte«; dann nimmt sie diese Beschuldigungen wieder zurück und fängt an, auf die Gefühle einzugehen, die sich hinter diesen Bezeichnungen verbergen – Gefühle, die »ganz anders sind«, Gefühle, die sie nicht erklären kann. Als Victoria dann über sich selbst spricht – über die Tatsache, daß sie regelmäßig mit Jungen weggeht, die sie als Mistkerle beschreibt –, sagt sie:

Na ja, ich weiß, aber ich heirate sie ja nicht. Ich meine, so dumm bin ich nicht, daß ich sie heirate ... Meine Mutter war eine Nutte. Nein, eigentlich auch nicht. Sie war dumm. Nein, nicht dumm. Ich kann das einfach nicht erklären. Ich habe ganz unterschiedliche Gefühle für meine Mutter.

Bei ihrem Versuch zu erklären, warum ihre Mutter wohl einen Mann geheiratet hat, den sie überhaupt nicht mochte, stellt Victoria eine Reihe emotional schwieriger Fragen: War ihre Mutter tatsächlich eine Nutte, die mit jedem geschlafen hat, ist sie wirklich manipuliert worden, oder war sie einfach dumm? Das sind letztendlich auch die Fragen, die Victoria selbst betreffen. Victoria und ihre Mutter streiten sich in diesem Jahr ständig. Wie schwierig das für Victoria ist, wird offensichtlich, wenn sie sagt: »Wir streiten uns zwar oft, aber ich mag sie immer noch.« Im nächsten Moment nimmt sie dieses Gefühl dann wieder zurück: »Ein Streit, den wir hatten, hat mir dann gereicht..., da wußte ich, daß meine Mutter eine dumme Ziege ist, und dadurch ist es dann alles ganz anders geworden..., denn dann brauche ich ja auch nicht mehr nett zu ihr zu sein.«

Victoria hält ihre Wut und Enttäuschung in ihren Beziehungen zu Frauen in keiner Weise zurück, über ihre Lehrerinnen sagt sie, sie seien »unecht« und »aufgesetzt«. Sie reden nach außen hin über Gerechtigkeit und wollen »perfekte« Lehrerinnen sein. Die Realität, die Victoria kennt, ist jedoch, daß sie sich ungerecht behandelt, nicht geliebt und allein gelassen fühlt. »Das ist wohl so eine Art Strafe für mich im Leben«, sagt sie. Als ihre Interviewerin sie fragt: »Kannst du mir von einer Situation erzählen, in der dir etwas passiert ist, was ungerecht war?«, antwortet Victoria: »Daß ich geboren wurde«, und sarkastisch fügt sie dann hinzu: »Gilt das auch?«

Victoria verweigert die potentielle Beziehung zu der Frau, der sie geschrieben hat und die jetzt neben ihr sitzt, und greift auch sie an. Das Interview ist »dumm«, sagt sie. Die Fragen sind dumm und plump: »Also: ›Wie heißt du?‹ ›Viktoria.‹ ›Und warum?‹ So eben. Sie sind einfach so, daß jeder mit einem bißchen gesunden Menschenverstand das wissen würde.« »Ich bin müde«, sagt Victoria – plötzlich ist sie verletzbar: »Ich habe letzte Nacht und die Nacht davor nicht geschlafen... Wenn ich die Augen zumache, dann habe ich immer wieder den gleichen Alptraum.« »Wovon träumst du denn?« fragt ihre Interviewerin. »Alles mögliche. Ich hab' einfach viele Probleme. Ich meine, das sind so Phasen. Normalerweise, normalerweise habe ich Alpträume, wenn ich nachts friere. Und es ist kalt, deshalb habe ich jetzt wieder Alpträume.« Victoria ist müde, sie hat Alpträume, sie hat sehr viele Probleme, und es ist kalt.

Die Kälte in Victorias Welt ist schockierend. Während des ganzen Interviews hören sich ihre Erfahrungen und Geschichten wie ein Alptraum an. Victoria spielt immer noch Mrs. Schock und erzählt, wie ihre Freundin Lucy versucht hat, von zu Hause wegzulaufen. Sie erwähnt dabei ganz nüchtern Vergewaltigungen, Schläge und Selbstmordversuche. Sie erzählt von gestohlenen Kreditkarten, davon, wie Lucy zum Flughafen gerast ist und wie sie in letzter Minute entdeckt und festgehalten wurde. Lucys Selbstmordversuche und Vergewaltigungen beschreibt sie als Gegensatz zu ihrer eigenen Erschöpfung und Verzweiflung:

> Wenn sie sich umbringen will, dann macht sie das, wenn sie allein ist. Ich habe mal bei ihr übernachtet..., und sie macht mich wach, hat so eine Rasierklinge an ihrem Handgelenk und sagt dann also: »Ich bringe mich jetzt um.« Und ich habe gesagt: »Nicht vor morgen früh, ich bin wirklich müde.« Und dann hat sie wieder gesagt: »Nein, ich bringe mich jetzt um.« »Versprich mir, Lucy, daß du heute nacht nichts machst, ich muß schlafen, ich bin überhaupt nicht wach.« »Jetzt bring ich mich um. Jetzt bring ich mich um.«

Wenn sie von Lucy spricht, fühlt sich Victoria hilflos, »nicht wach«; scheinbar versucht Lucy sich umzubringen: »Wenn sie nicht durch

[Selbstmord] stirbt, dann stirbt sie an AIDS... Sie ist wirklich merkwürdig. Sie wird andauernd vergewaltigt, sie hat so einen langen Kratzer von einer Klinge, weil einer dieser Typen, mit denen sie rumgemacht hat, sauer auf sie geworden ist oder so, und dann hat er, ich weiß nicht, er ist sauer auf sie geworden und hat dann im Auto ein Klappmesser rausgezogen... Sie ist auch schon schwanger gewesen.«

Die Interviewerin versucht verzweifelt, auf diese Geschichten der Gewalt, Verletzung und Verzweiflung zu reagieren. Victoria spürt, daß diese unsicher ist und sich nicht wohl fühlt und provoziert das sogar noch, denn sie erinnert ihre Interviewerin an deren Versprechen, alles vertraulich zu behandeln: »Ich wollte ihnen das erzählen [daß Lucy weggelaufen ist]«, sagt sie. »Sie können ja sowieso nichts machen.« Im wesentlichen ist die Frau, die neben ihr sitzt, jetzt in der gleichen Situation, in der sich auch Victoria sieht: mit der nüchternen Wirklichkeit konfrontiert, sich der Gefahren bewußt, in denen Frauen sich befinden, und nicht in der Lage, etwas dagegen zu unternehmen.

Vor dem Hintergrund dieses Dramas der Gewalt in Beziehungen scheint klar zu werden, wie tief Victorias Schmerz geht und wie traurig sie ist. In Victorias Geschichten über Lucys Selbstmordversuche und den »Versuch, wegzulaufen«, über eine Freundin, die »verrückt..., einfach ganz sonderbar..., merkwürdig« ist, macht sie darauf aufmerksam, wovor sie selbst am meisten Angst zu haben scheint und wonach sie sich gleichzeitig am meisten sehnt: Lucy, sagt sie, »hat zu niemandem Vertrauen«. Sie ist verletzt und mißbraucht worden. Sie hat gelernt, daß du »den Kopf einziehen mußt, kurz bevor du geschlagen wirst«, hinter dem Rücken der Leute zu »sagen, was du zu sagen hast«. Wenn sie über Lucy spricht, wird es für Victoria möglich zu sagen: »Ich bin auch verrückt... Ich werde verrückt, das ist kein Witz«, und dabei muß sie sich selbst nicht zu sonderbar, zu merkwürdig, zu sehr allein fühlen.

Als sie wieder auf die eigentlichen Interviewfragen und das Band zurückkommt, sagt Victoria, daß ihre Freundinnen »mich dazu angestiftet haben... Sie haben zu mir gesagt, ich müßte mich wirklich verrückt verhalten, um [Sie davon zu überzeugen], daß ich verrückt werde«. Als die Interviewerin sie fragt, warum sie glaubt, daß sie verrückt wird, sagt Victoria: »Ich weiß nicht. Ich denke einfach nicht mehr logisch. Ich glaube, das hat etwas mit der Logik zu tun... Das ist für das Band nicht geeignet.« Als sie darum gebeten wird, das zu erklären (»Was meinst du denn damit?«), kommt darin wieder ihre ganze Wut zum Ausdruck: »Ich bin eben so, na gut, [ein Typ] geht mir auf den Geist, und dann... sage ich eben, daß ich ihn kastrieren werde. Oder mein Bruder schafft es, daß ich sauer werde, und dann bringe ich ihn eben um. Nicht einfach weggehen, ich bringe ihn um. Diese Gewalt eben... Das ist nicht normal... So bin ich eigentlich gar nicht.«

Die Wut und die Gewalt, die in ihr aufsteigen, sind für Victoria keine normalen Gefühle, nicht ihre eigenen Gefühle. Die Veränderungen in ihrem Inneren sind »nicht einfach eine normale Entwicklung«, sagt sie zu ihrer Interviewerin, und sie kämpft darum, in Worte zu fassen, was sie in ihrem Inneren erfährt:

> Das ist wie ein anderes Denken. Nicht weil ich älter werde und Sachen anders verstehe, weil ich eben älter bin. Es ist so, [daß] ich sie verstehe, nicht nur weil sich meine Sichtweise verändert, ich weiß nicht, wie ich das erklären soll... Es ist nicht verrückt im schlechten Sinne, meine ich; vielleicht ist es im guten Sinne verrückt, aber es ist auch nicht im guten Sinne verrückt, das bin ich eigentlich gar nicht.

In ihrer »Verrücktheit« »sieht« Victoria eine Realität, die nicht zu sehen sein sollte: daß unter diesem Liebsein »Quatsch« oder »Zickigkeit« zu finden ist, daß Leute, die sich selbst als gerecht und als Modell der Perfektion präsentieren, ungerecht und nicht perfekt sind, und deshalb sind sie »aufgesetzt« und »einfach so unecht«. Victoria bemüht sich verzweifelt darum, zu benennen, was sie erfährt, ihre Gefühle und Erfahrungen mit ihrer eigenen Person in Beziehung zu setzen, und sie fragt sich, ob es »im schlechten Sinne verrückt« oder »im guten Sinne verrückt« ist, dieses Gefühl der Wut zu haben, eine Wut auf Männer allgemein – auf ihren Bruder, ihren Vater und auf die Typen, mit denen sie weggeht. Ist das wirklich sie oder nicht, die so wütend auf ihre Mutter ist und sich so sehr von ihr verraten und belogen fühlt?

Victoria weiß genau, daß sie sich verändert hat. Die Schattenseiten der privilegierten Welt, in der sie lebt, sind für sie nicht zu übersehen, und dennoch weiß sie nicht, ob es schlecht oder gut, verrückt oder nicht verrückt ist, »unhöfliche« Kommentare abzugeben oder zu sagen, was sie hört und fühlt und denkt und sieht. Es sieht so aus, als ob Victoria unterstreichen will, wie verbittert sie über ihr Leben ist, denn sie läßt sich auch noch die letzte kleine Freude nehmen, wenn sie zu ihrer Interviewerin sagt: »Ich ... arbeite nicht mehr so gern im Pferdestall.« »Jetzt«, sagt sie, »habe ich so die Nase voll von Tieren..., sie sind so schmutzig und alles.« »Ich bin einfach nicht mehr ich selbst«, sagt Victoria noch einmal. »Ich bin völlig verkorkst«, aber »ich bin nicht konfus«.

Noura, Judy und Victoria haben auf ganz verschiedene Art und Weise mit den Schwierigkeiten, die sie gemeinsam haben, zu kämpfen: Sie versuchen verzweifelt, nicht zu verlieren, was ihnen vom Gefühl her wesentlich erscheint – ihre Stimme, ihren Verstand, ihr Selbst. Jedes der Mädchen beschreibt Ängste und Konfusionen, die sie erschöpfen und möglicherweise sogar zu viel für sie werden und die in erster Linie auf ein Beziehungsproblem zurückzuführen sind. Sie wissen nicht, wie sie dem inneren und äußeren Druck widerstehen können – einem Druck, demzufolge sie ihr Erfahrungswissen aufgeben und sich an den Rollen und den Beziehungsgeschichten von Frauen orientieren sollen. Und gleichzeitig wissen sie auch, daß diese Rollen und diese Geschichten unwahr sind, daß ihnen nicht zu trauen ist. Doch wissen diese Mädchen nicht, ob sie sich noch auf das, was sie wissen und fühlen, verlassen können, wenn sie die Adoleszenz erreichen und erfahren, daß sich ihr Körper, ihre Gefühle und Gedanken, ihre Beziehungen zu anderen und zur Welt im allgemeinen verändern. Sie wissen auch nicht, ob sie das, was sie aus Erfahrung wissen, für wahr halten können, und ob andere es für wahr halten werden.

In der Anfangsphase der Adoleszenz erwerben Mädchen kognitive und emotionale Fähigkeiten, die es ihnen ermöglichen, die Beziehungswelt auf eine neue Art und Weise kennenzulernen. Ihr Verständnis der Beziehungswelt erweitert sich nicht nur hinsichtlich einer neuen Gedanken- und Gefühlstiefe, sondern auch im Hinblick auf die Fähigkeit, zu abstrahieren und zu verallgemeinern; langsam begreifen die Mädchen dann die Beziehungsrealitäten und die Lebenswirklichkeiten von Frauen neu. Im wesentlichen werden sie fähig, Zusammenhänge zu sehen und auch zu lernen, wie »die Leute« darüber sprechen, was passiert: Sie sehen die Konventionen, die Erklärungen und die Rechtfertigungen. Das, was Mädchen als lieblos empfinden, was für sie nichts mit Liebe zu tun zu haben scheint, wird oft Liebe genannt; was sie bei Frauen als gemein und grausam empfinden und ihrer Empfindung nach auch so klingt, wird oft hinter einer Liebenswürdigkeit versteckt und »lieb« oder »nett« genannt. Es wird schwierig für die Mädchen, die relationale Welt so zu hören und zu beobachten, wie sie es in ihrer Kindheit getan haben, und sich Arten des Sehens und Sprechens anzueignen, die wahr oder gut oder zumindest nicht unhöflich sein sollen.

Zum ersten Mal sehen sie jetzt die Rahmenbedingungen – das, was gemeinhin als »soziale Konstruktion der Realität« bezeichnet wird. Sie fühlen auch die Macht, mit der diese Rahmenbedingungen oder diese Konstruktion durchgesetzt und aufrechterhalten werden, und sie formulieren dann echte Fragen, in denen es um Liebe und Macht, Wahrheit und Beziehung geht. Und wenn sie ernst genommen werden, stören diese Fragen die Rahmenbedingungen, sie stören die herrschende Ordnung der Beziehungen. Werden ihre Stimmen zum Verstummen gebracht oder moduliert, wird ihre Erfahrung geleugnet, ihre Realität hinterfragt, für ihre Gefühle eine Erklärung gefunden, dann beschreiben die Mädchen eine Beziehungssackgasse – das Gefühl der Unfähigkeit, eine Beziehung zu anderen aufzubauen, das Gefühl, gegen eine Wand zu laufen.

Die Ängste und die Konfusion, die Ambivalenz und die Unsicherheit, die viele Mädchen in unserer Untersuchung zum Ausdruck bringen, scheinen uns nicht einfach eine natürliche Folge der Entwicklung von der Kindheit in die Adoleszenz zu sein, eine These, die vorgebracht werden könnte. Diese Gefühle sind für uns vielmehr ein Zeichen für eine tatsächlich beunruhigende und verwirrende Erfahrung: ein Gefühl, daß sie nicht zu wissen haben, was sie wissen, daß sie den Verstand verlieren, daß sie ein Schutzschild bauen, die Erfahrung, daß sie die Stimme und die Beziehung verlieren.

Die Wand, vor der die Mädchen stehen, und ihre Reaktion auf die Erfahrung, daß sie in eine Beziehungssackgasse geraten, wurden uns dadurch bewußt, daß wir uns auf ihre Stimmen konzentrierten und hörten, wie desillusioniert, konfus, traurig und wütend sie waren. Wir hörten aber auch ihren Mut und ihren Widerstand gegen den Druck von innen und außen, nämlich nicht zu fühlen, was sie fühlen, oder nicht zu wissen, was sie eigentlich wissen. Nacheinander erzählen diese Mädchen ihr Leben – was sie sehen, was sie hören, was sie fühlen und denken, und mit der Zeit schildern sie dann auch ihre Erfahrung mit der Angst und dem Konflikt in Situationen, die ihnen nur die Wahl lassen, entweder zu anderen die Verbindung abzubrechen (disconnect) oder sich von sich selbst zu lösen (dissociate).

Wenn Noura zunächst weiß, daß sie sich von ihrem Bruder unterscheidet – daß ihre Gefühle nicht seine Gefühle sind –, und dann seine Meinung über sie, nämlich daß sie paranoid ist, verinnerlicht, wenn sie mit ihren Freundinnen zusammen ist und ihre Gefühle und Gedanken laut sagt und dann allein spät in der Nacht in ihrem Zimmer lautlos über ihr Leben nachdenkt, dann erkennen wir da, wo andere eine zunehmende Subjektivität gesehen haben, die Gefahr, die Stimme zu verlieren, und einen Kampf gegen die Losgelöstheit. Wenn Judy zunächst das Normale im Leben mit ihrer Mutter liebt und sich dann wünscht, in einer normalen und typischen Familie zu leben, wenn sie anfängt, eine Gefahr in der Erotik zu spüren, und dann erzählt, wie sie gelernt hat, ihren fühlenden Verstand von ihrem vernünftigen Gehirn zu trennen, fühlen wir, welche Macht diese Sackgasse hat und wie sie sich auf die Psyche der Mädchen auswirkt. Und wenn Victoria ihre Trauer und ihre Wut begräbt und so auf die Gefahren des Sprechens reagiert, nur damit diese Gefühle dann in Form der Verrücktheit, des tiefen Hasses und der Idealisierung wieder an die Oberfläche kommen, begreifen wir nicht nur, welche Bedeutung das für das Leben von Mädchen hat, sondern auch für das Leben von Frauen.

Wenn wir hören, wie Noura, Judy und Victoria davon erzählen, wie sie sich einer Wand nähern, von ihren verzweifelten Versuchen und schließlich von ihren Kompromissen mit der Realität, der sie sich gegenüber sehen – von ihrer Losgelöstheit und den Gefühlen der Unverbundenheit –, fragen wir uns, welche Wahl diese Mädchen haben, wenn sie hier und jetzt aufwachsen, in dieser Gesellschaft und dieser Kultur: Welche relationalen Wege bleiben ihnen noch, was können sie fühlen und wissen und sagen und gleichzeitig immer noch in Verbindung mit anderen bleiben? Wie werden sie nicht nur von den ökonomischen und politischen Bedingungen, sondern auch von den psychologischen und den ausbildungsbezogenen Bedingungen beeinflußt? Wenn wir jetzt mit Mädchen in der frühen Adoleszenz beginnen – mit zwölf und dreizehn –, verstehen wir vielleicht genauer, welche Gewinne und Verluste die Mädchen erfahren und was aus ihren Kämpfen und ihrem Widerstand wird.

5

Flüsse fließen ins Meer:
Drei Mädchen führen uns durch die Adoleszenz

Wir haben mit der zwölfjährigen Anna angefangen, um uns mit ihr am Wendepunkt der Adoleszenz zu treffen, und kehren jetzt also wieder zu Anna zurück: Sie ist groß, schlank, hat braune kurze Haare und grüne Augen; sie ist ruhig und etwas skeptisch – für uns hat sie ihren Platz mitten unter ihren zwölf- und dreizehnjährigen Klassenkameradinnen. Bei ihnen allen sehen wir Zeichen der Veränderung; was wir fühlen und spüren, ist Bewegung: wie Flüsse, die auf die offenen Wasser des Meeres zufließen.

Es ist eine Zeit der sichtbaren Veränderung. Bei zwei Dritteln der Mädchen in diesem Alter hat die Menstruation eingesetzt.[1] Äußerlich gibt es kein bestimmtes Muster: Einige Mädchen erscheinen kindlich, groß und schlaksig; andere sehen wie junge Frauen aus, sie haben weniger eckige, rundere und vollere Körper – Körper, die sich rühren, die Sehnsüchte haben und etwas wissen, die jedoch gefangen sind in der unmittelbaren Wirklichkeit, sich nicht wohlfühlen und schüchtern sind, wenn andere sie ansehen. Elizabeth Debold, die unserer Forschungsgruppe angehört, möchte sich den Tanzunterricht in einer siebten Klasse ansehen. Die Lehrerin hat ihr gesagt, es wäre den Mädchen zu peinlich und zu unangenehm, wenn eine Fremde sie in ihren Gymnastikanzügen sähe. Das erinnerte Elizabeth an ihre Tanzabende in der Junior-High-School, als sie selbst mit den anderen Mädchen nervös und verstohlen in Gruppen zusammenstand und alle leise miteinander flüsterten. »Zwölfjährige«, sagt sie, »hängen aneinander wie die Kletten. Oft sprechen sie hinter vorgehaltener Hand.« Sie erinnert sich noch an die Haltung: »ein zusammengezogener Körper, die Schultern sind unbeholfen nach vorn geschoben, der Kopf ist leicht zur Seite geneigt. Zwischen den gelenkigen Jazz-Bewegungen der zehnjährigen Mädchen und der von den Siebzehnjährigen kultivierten Grazie liegt diese Zeit mit zwölf und dreizehn, in der sie sich nicht wohlfühlen.«[2]

Diese körperlichen Veränderungen trennen die Mädchen sichtbar von der Welt der Kindheit; die Augen der anderen sehen in ihnen jetzt Frauen; damit werden die Mädchen auch an den gesellschaftlichen Vorstellungen von Frauen und den Normen für Schönheit und Güte gemessen – an der physischen und moralischen Perfektion. Die Mädchen werden jetzt angeschaut, sie sind Schönheitsobjekte, es wird über sie gesprochen, und sie werden nach den Normen der Perfektion und den Idealen von Beziehungen beurteilt. Die Mädchen lernen auf ihr »Aussehen« zu achten, zu hören, was andere über sie sagen. Sie sehen sich mit den Augen der anderen und hören in der Art und Weise, wie über sie gesprochen wird, daß sie perfekt und Beziehungen frei von Konflikten und negativen Gefühlen sein können. Sie sind hin- und hergerissen zwischen ihrem Erfahrungswissen und dem, was sie in den Augen der anderen wissen, fühlen und denken sollen.

Manchmal bleiben sie sich selbst auch treu. Wie bei ihren Klassenkameradinnen wird auch bei Kara die Sorge darüber laut, daß »ihr Selbstgefühl, das, was ihrem Gefühl nach passieren sollte, die Art und Weise, wie sie denkt, gefährdet [sind]«. Diese Mädchen behalten ihre Gedanken und Gefühle für sich, halten daran fest, was sie aus Erfahrung über sich selbst und ihre Beziehungen wissen; sie versuchen, dabei zu bleiben, »wie ich mich fühle, was für Gefühle ich habe«. Daß sie sich bedroht fühlen, ist offensichtlich. Linda überlegt mit ihrer Interviewerin, warum Beziehungen für sie schwierig sind, und sagt: »Ich muß mir selbst aussuchen, was mich zufriedener macht..., es gibt auch ein Aussuchen, das nicht gut ist, ich mache dann vielleicht etwas, was mir eigentlich gar nicht gefällt.« Anna erklärt ihrer Interviewerin, daß es für alle – auch sie selbst – besser wäre, »mehr darüber nach[zu]denken, was sie selbst gern machen würden, und nicht darüber, was sie nach Meinung anderer machen sollten«; damit macht sie das ungute Gefühl, das die Mädchen haben, deutlich: Mädchen in diesem Alter fürchten, daß sie sich selbst verlieren, das Gefühl dafür, was sie eigentlich wollen. Wenn wir ihnen genau zuhören, sprechen diese Stimmen, die dann sehr leicht egoistisch oder egozentrisch klingen können, davon, daß sie beziehungslos sind (losing relationship).

Die Mädchen sind ständig damit beschäftigt zu entscheiden, was »besser für einen wäre«, »was ich auf lange Sicht über mich selbst denke«, oder damit, »was meinem Gefühl nach aus mir werden sollte«.

Das ist ein Schritt in die Abstraktion, etwas anderes als das Aussprechen ihrer Gefühle und Gedanken. Wenn sie laut sagen, was sie denken, kann das – das haben wir von Victoria und anderen Zwölfjährigen schon gehört – gefährlich und störend sein; diese Mädchen wissen sehr genau, daß sie vielleicht keine Beziehung mehr haben, wenn sie das, was sie tatsächlich fühlen und denken, zu energisch und zu direkt sagen; dann geraten sie in eine Beziehungssackgasse, die sie auch beschreiben: Wenn sie ihre intensiven Gefühle und Gedanken aussprechen – das heißt, wenn sie sich selbst voll in die Beziehungen einbringen –, dann gehen sie das Risiko ein, daß sie ihre Beziehungen verlieren, weil niemand mit ihnen zusammen sein möchte. Wenn sie jedoch nichts sagen – sie sich selbst um der »Beziehungen« willen aus der Beziehung herausnehmen –, dann verlieren sie Beziehungen, die echt oder authentisch sind. Hören wir die Stimmen der Mädchen unter dem Aspekt dieses drohenden Beziehungsverlustes, klingen sie anders; sie erhalten neue Bedeutungen, denn sie wehren sich gegen Verluste, die gesellschaftlich sanktioniert und kulturell geprägt worden sind – Verluste, die viele Frauen erleiden.

Orientieren sich diese Mädchen angesichts dieser Sackgasse an ihrer Sinneswahrnehmung, sind ihre relationalen Fähigkeiten beeindruckend. Klar und deutlich benennen sie die Unterschiede zwischen ihrem Erfahrungswissen und dem Wissen anderer, beziehungsweise dem Wissen, das per Dekret zur »Realität« ernannt wird. Neeti, die wir schon im zweiten Kapitel gehört haben, erklärt ihren Entschluß, sich beim Leiter des Ferienlagers für ihren Cousin einzusetzen; sie sagt zuerst, warum das, was sie getan hat, auf der Hand liegt, und bemerkt dann, daß das für andere vielleicht nicht so offensichtlich ist. Trotz der Vorschriften und der Schlagworte anderer steht sie jedoch zu ihrem Wissen:

> Es ist offensichtlich, weil – Nein, das ist es nicht, aber für mich schon. Für Sie oder andere ist es vielleicht nicht so offensichtlich, aber ich habe eben meinem Cousin geholfen. Und der Leiter, wissen Sie, da gab es eine Vorschrift, aber Menschen sind wichtiger als Vorschriften, wissen Sie. Und er war noch ganz klein, wissen Sie, und sie haben da herumexperimentiert, und alle Leiter haben gesagt: »Wir wollen unseren Kindern hier doch nur dabei helfen, daß sie Spaß haben«, aber mein Cousin hatte keinen Spaß, der Leiter hat sich mit seinem ganzen Motto einfach selbst widersprochen, wissen Sie.

Die Wiederholung der Phrase »wissen Sie« deutet darauf hin, daß Neeti sich vielleicht fragt, ob sich die Interviewerin, die mit ihr zusam-

mensitzt, mit den Leitern in Ferienlagern und ihren Vorschriften verbünden wird oder ob diese auch weiß, was sie selbst weiß: daß es darum ging, ihrem Cousin zu helfen, daß Menschen wichtiger sind als
Vorschriften, daß ihr Cousin im Ferienlager keinen Spaß hatte.

Neeti geht der Frage nach, warum das, was in dieser Situation für sie
selbst auf der Hand liegt, für irgend jemand anders vielleicht nicht so
offensichtlich sein könnte. Sie weiß, daß ihr Cousin »nachts geweint
hat und so«, daß er »geschrien hat« und »Alpträume« hatte, und weil
sie ihren Cousin kennt, weiß sie auch, wie er sich fühlt. Sie teilt weder
die Ansicht des Leiters noch die ihrer Freundinnen. Beziehung bedeutet für Neeti die Möglichkeit zu wissen, wie sich ihr Cousin fühlt, und
sie stellt fest, daß andere nicht wissen können, was sie weiß, wenn diese Beziehung nicht vorhanden ist. »Entweder du fühlst das irgendwie
drinnen, oder du bemerkst das eben nur, wissen Sie«, sagt sie. Und mit
dem, was sie weiß und fühlt, schien es auf der Hand zu liegen, daß sie
etwas unternehmen mußte, auch wenn sie damit ein Risiko eingegangen ist.

Doch hören wir auch, wie andere Mädchen verzweifelt versuchen,
das, was sie wissen und fühlen, in Wirklichkeitsmodelle zu pressen,
die nicht damit übereinstimmen, was sie tatsächlich erfahren haben,
mit dem Ergebnis, daß sie – wie auch wir beim Zuhören – sehr leicht
verwirrt werden. Faith spricht nicht mehr in der ersten, sondern in der
zweiten Person, wenn sie versucht, an ihren Gedanken und Gefühlen
festzuhalten, während sie entscheidet, was »wirklich richtig für dich
ist, und du dann auch wirklich denkst, es ist richtig«. In ihrem Versuch
hören wir die Macht der Normen, die sich in der Sprache der Moral
niederschlagen; wenn ihr diese Normen diktieren, was sie fühlen und
denken soll, läuft Faith Gefahr, daß sie das, was sie selbst fühlt und
denkt, verdrängt. Wenn Faith akzeptiert, »was für andere richtig wäre«, muß sie sich von ihrem Gefühl, was für sie »wirklich richtig« ist,
trennen (disconnect).

Kurz vor der Adoleszenz erfahren diese zwölf- und dreizehnjährigen Mädchen, welche Konsequenzen die gängige soziale Ordnung
von Beziehungen haben kann: Sie macht es komplizierter für sie, wenn
sie versuchen, mit sich selbst und mit anderen verbunden zu bleiben.
Wie zum Beispiel bei Judy, Noura und Victoria werden in den Gesprächen der Mädchen kulturell geprägte und gesellschaftlich institutionalisierte Vorstellungen von Frauen sichtbar, die die normale, die
typische, die begehrenswerte, die gute und die schlechte Frau spezifi-

zieren. Das führt zu einem Kampf bei den Mädchen – sie versuchen verzweifelt zu wissen, was sie eigentlich wissen, sich auf ihre Gefühle zu verlassen, an ihren Erfahrungen und Beziehungen festzuhalten, um festen Boden unter den Füßen zu haben. Als Anna gefragt wird, ob sie jemals in einer Situation war, in der das nach ihrem Erfahrungswissen Richtige sich von dem unterschieden hat, was andere sagen und tun, erwidert Anna: »Ständig..., das ist immer so bei mir.«

In der Phase der Adoleszenz sprechen die Mädchen über sich selbst, über ihre Gedanken und Gefühle so, als seien sie möglicherweise »in Gefahr« oder »gefährdet«. Die zwölfjährige Becka zum Beispiel ist offensichtlich hin- und hergerissen, wenn sie das Gefühl hat, daß sie aus Beziehungen herausrutscht. Sie fragt sich, ob sie mit einer Gruppe von Freundinnen, die ihr das Leben »schwer« machen, zusammenbleiben oder ob sie sich »einen neuen Freundeskreis suchen soll«. Becka spricht schlicht und ergreifend darüber, was sie in dieser unglücklichen Beziehung verloren hat: »Ich war nicht sicher, was ich machen sollte, aber dann habe ich bemerkt, daß einfach nichts Gutes passierte..., ich war nicht zufrieden, und ich war mir selbst nicht sicher..., ich war ... nicht richtig bei mir, und ich habe nicht an mich gedacht. Ich wollte nur diese Freundinnen haben.« Und sie sagt weiter: »Ich habe meine Selbstsicherheit verloren, ich habe mich dabei eigentlich fast selbst aus den Augen verloren, die Person, die ich vorher war.«

Beckas Entscheidung, ihre Beziehung zu sich selbst nicht für »diese Freundinnen« aufzugeben, ist ein Zeichen des gesunden Widerstandes – sie kämpft aktiv gegen den Verlust ihrer Stimme und ihres Selbstgefühls. Mit ihrer Entscheidung, sich selbst treu zu bleiben und ihre Unzufriedenheit ernst zu nehmen, wird Becka diese falsche Beziehung nicht als echt bezeichnen, sondern sich neue und – wie sie hofft – bessere Freundinnen suchen.

Die Großzügigkeit und die Offenheit, die wir bei den zehn- und elfjährigen Mädchen beobachtet haben, als sie sowohl ihren eigenen als auch den Stimmen der anderen einen Platz einräumten, werden bei diesen Zwölf- und Dreizehnjährigen zum Selbstschutz. Wenn die Mädchen sowohl den inneren als auch den äußeren Druck empfinden, ihre eigenen Gefühle und Gedanken um der Beziehungen willen zu leugnen, können sie es sich nicht länger leisten, so großzügig oder offen zu sein – zumindest nicht vor den anderen. Es ist wichtig, »bei mir« zu sein, sagt Becka, als sie mit immer mehr Wahrheits- und Interpretationsalternativen konfrontiert wird, von denen einige eine so starke Legitimität und Autorität haben, daß sie sie zu überwältigen scheinen.

Wie auch schon die jüngeren Mädchen, sind diese Zwölf- und Dreizehnjährigen Naturalistinnen, die die menschliche Welt um jeden Preis beobachten wollen, und zwar genau und sorgfältig. Aber in dieser Phase, in der das »Ich« auf das wachende »Auge« der Kultur[3] stößt und den Mädchen vorübergehend bewußt wird, daß es sie fixiert – in der sie deutlich sehen und hören, wie sie gesehen werden und wie über sie gesprochen wird –, verstehen es die Mädchen auch, über ihre Gefühle und Gedanken zu wachen. Wenn sie sich in dieser Phase befinden, sprechen sie häufig in Bildern. Weil sie sich selbst aus ihren Erfahrungen in der Beziehungswelt kennen und sich gleichzeitig auch so sehen, wie sie von anderen gesehen werden, finden sie es immer schwieriger, wie Judy es ausdrückt, »mit dem Verstand zu fühlen«. Es wird für sie immer schwieriger, das, was Judy als »eine Art tieferes Wissen« erfahren hat, als wirkliches Wissen hinzunehmen, als eine Art von Wissen, dem sie vertrauen können, das ihnen real erscheint; an solch ein Konzept können sie schon gar nicht mehr glauben, wie tief ihre Gefühle auch sein mögen. Und wenn diese Gefühle sie dann aus dem Bereich des Akzeptierten und des Verständlichen auszuschließen drohen – und wenn sie sich zu traurig fühlen, zu wütend, zu sinnlich oder zu laut –, halten sie es möglicherweise für besser, ihre Gefühle zu begraben oder sich daran zu orientieren, was andere sagen und wissen. In dieser kurzen Phase, diesem Übergang zwischen Kindheit und Adoleszenz, verstehen die Mädchen möglicherweise die Bedeutung, die ihre körperliche Veränderung für andere hat. Vielleicht fühlen sie selbst auch, wie aus ihrem Körper ein erotisiertes und furchterregendes, verführerisches und letztendlich beängstigendes (Ab-)Bild wird.[4]

Trotz des Drucks, mit einem Modell oder Bild übereinzustimmen – das im Gegensatz zum Körper weder etwas weiß, noch etwas sagt[5] –, versuchen die Mädchen, bei ihren Gedanken und Gefühlen zu bleiben; sie bringen zum Ausdruck, was sie tun, und auf diese Weise kommen sie auch auf die Trennung zu sprechen – zwischen dem, was sie aus Erfahrung wissen, und dem, was gesellschaftlich zur »Realität« gemacht worden ist. Oft scheint es zu gefährlich zu sein, die Gedanken und die Gefühle, die diese Realität als unwirklich entlarven, auch auszusprechen; dann nehmen sie sie zurück, und sie behalten sie für sich, sie machen sie unsichtbar und unhörbar: Außer in den vertrautesten Beziehungen werden sie vor allen anderen versteckt, vielleicht werden sie auch überhaupt nicht ausgesprochen. Die Gefühle werden empfunden, und die Gedanken werden gedacht, doch wenn sie nicht mehr ausgesprochen werden, werden sie auch nicht länger gehört – sie sind dann nicht mehr in Gefahr, aber sie kommen auch in Beziehungen nicht mehr ans Licht. Wir haben Neeti gehört, gefragt danach, was für sie auf dem Spiel stand, als sie beschlossen hat, mit dem Leiter des Ferienlagers zu sprechen: »Irgendwie mein Ich, wissen Sie, nichts Konkretes, nichts, was jemand anders sehen würde; nur daß ich verletzt werde, und ich kann es nicht ausstehen, wenn ich angeschrien werde.«

Sogar dann, wenn diese Mädchen sich dazu entschließen, ihr Ego nicht aufs Spiel zu setzen, ihre Gefühle und Gedanken nicht in die Beziehungen einzubringen, sind sie immer noch auf der Suche nach anderen, von denen sie unbesorgt gesehen werden und mit denen sie unbesorgt sprechen können. Sie gehen ständig Beziehungen ein, und sie trennen sich wieder; dabei hören sie, in welcher Form die anderen ihre Stimmen verdecken und ihre wahren Gefühle verbergen. Aber weil sie keine Erfahrung haben und sich so sehr wünschen, mit Menschen zusammen zu sein, die liebevoll und echt sind, können sie Beziehungen auch zu schnell eingehen und dabei verletzt werden. Becka, die auf das zurückblickt, was ihr jetzt als überstützter Entschluß erscheint, nämlich mit Mädchen befreundet zu sein, die ihr das Leben schwer machen, sagt: »[Ich habe gelernt], mich nicht mehr sofort in etwas hineinzustürzen... Ich habe sie gesehen, und das war dann eben ›Oh, toll!‹, wissen Sie. Dann habe ich mich da sofort hineingestürzt, ohne sie mir genauer anzusehen, wissen Sie, zu sehen, wie sie eigentlich waren.«

Zehn- und elfjährige Mädchen wissen genau, daß auf Worte und Beziehungen kein Verlaß ist, und dieses Wissen hat sich mit zwölf und dreizehn Jahren konsolidiert und normalisiert. Weil sie um die Gefahr von falschen Beziehungen weiß, kann Becka nicht rein gefühlsmäßig handeln; sie muß sich zusammennehmen und auf der Hut sein. Adoleszente Mädchen, die das nicht lernen, sind besonders gefährdet, denn damit junge Frauen physisch und emotional sicher sein können, müssen sie einerseits die verräterischen Untertöne in Beziehungen und andererseits die strengen sozialen und kulturellen Prinzipien beachten. Dadurch sind sie zwar geschützt, jedoch entfernen sie sich auch von sich selbst; sie sehen und hören sich selbst, und hinsichtlich der Blicke und Stimmen der anderen in der Welt, in der sie leben, beginnen sie, ihr Aussehen zu verändern, ihre Stimmen zu modulieren und ihr eigenes Verhalten zu kontrollieren. Mädchen in der Adoleszenz können also leichter von dem, was sie fühlen, getrennt werden; sie geraten mehr in die Distanz zu dem, was sie sich wünschen, was ihnen Freude bereitet; die Ironie des ganzen ist, daß sie dadurch mehr auf andere angewiesen sind, die ihnen sagen, was sie wollen, fühlen, denken und wissen. Wie sie dann auf diese Trennungen reagieren – ihr Schock und ihr Widerstand –, zeigt auch, wie stabil ihre Verbundenheiten in der Kindheit tatsächlich waren.

Diese Mädchen beginnen also nach einem Beziehungsleben zu suchen, von dem sie wissen, daß es unter der Oberfläche der sogenannten Beziehungen existiert. Sie antizipieren und hören auf Gefühle und Gedanken, die nicht ausgesprochen oder gezeigt werden, von denen sie wissen, daß sie hochkommen werden, wenn sie nicht auf sie achten. Erin zum Beispiel spielt in Gedanken durch, was unter der Oberfläche der Beziehung passieren würde, wenn sie etwas sagen würde, was für andere verletzend wäre: »Sie würden es nicht zeigen, aber wissen würden sie es«, sagt sie. »Sie würden sich nicht so gut fühlen, und sie würden mich nicht so nett finden wie sonst, sie würden mich einfach für eingebildet und gemein halten.« Erin kann »sehen, ob es sie wirklich stören würde«, vielleicht nicht so, wie es sich normalerweise zeigt, denn »sie würden es nicht zeigen«, aber sie würden sie anders sehen und möglicherweise mit anderen über sie sprechen. Wenn sie mit solchen verspäteten und indirekten Reaktionen konfrontiert werden, beginnen die Mädchen darauf zu achten, wo sie selbst stehen, sie werden vorsichtiger in der Welt der Beziehungen. Auf die kleinen Gefühlsnuancen und die feinen Verschiebungen in Beziehungskonfigurationen sind sie genauestens eingestellt, und sie lernen die verschiedenen Formen, in denen Menschen zeigen, was sie fühlen und denken, sehr schnell; sie verstehen Veränderungen in der Stimme sofort, beobachten Augen und Gesichter genau, wandern mit ihren Augen über Körper und Kleidung, sie lernen, kleinste Zeichen zu lesen, einschließlich der Zeichen, die signalisieren, was gesagt und was nicht gesagt werden kann, was man wissen sollte und was man nicht wissen sollte.

Auf diese Weise bekommen die Mädchen ein Auge und ein Ohr dafür, wie sich das, was Menschen sagen, von dem, was wirklich passiert, unterscheidet. Aber dahinter verbirgt sich eine noch größere und noch verwirrendere Diskrepanz: nicht zwischen dem Schein und der Realität, sondern zwischen ihrer Erfahrung und der normalerweise von anderen Menschen konstruierten Realität. Dann sprechen die Mädchen davon, verrückt oder wahnsinnig zu werden. Anna fragt

189

sich, ob sie verrückt ist; sie redet sich in diese Verwirrung hinein und fragt, woher sie wissen kann, ob das, was Menschen sagen, auch wahr ist, »ob sie das, was sie über dich sagen, ob sie das wirklich meinen..., und es ist schwer zu sagen..., bei vielen Leuten läßt es sich nicht sagen, wie sie sind«. Sie hat jedoch das Gefühl, daß die Leute wissen, wie sie ist, und diese Diskrepanz gibt ihr das Gefühl, nicht genau zu wissen, was sie und andere wissen können oder nicht wissen können. Wie so viele Mädchen in ihrem Alter sagt Anne immer wieder »Ich weiß nicht«. Dieser Satz ist in unseren Gesprächen mit den Mädchen in dieser Phase immer häufiger zu hören, ein Kennzeichen dafür, daß die Mädchen sich nicht sicher sind: Was wissen sie, und was wissen sie nicht, was kann man wissen, und was kann man nicht wissen?

Sie hören genau hin, was nicht gesagt wird, beobachten, was nicht gezeigt oder sofort erkennbar ist, und zwischen vielen Mädchen besteht eine geheime Absprache darüber, daß sie vertuschen, was in Beziehungen passiert, um sich und andere vor Verletzungen oder Peinlichkeiten zu schützen. Melissa erzählt beispielsweise sehr ausführlich, wie sie und ihre Klassenkameradinnen auf ein Mädchen reagieren würden, das gelogen oder in einer Prüfung geschummelt hat:

Ich meine, wir sagen dann auch nicht gern: »Oh, wir können dich nicht leiden, du hast gelogen.« Das sagen wir dann auch nicht gern. Wenn wir dann eine sehen, die bei einer Prüfung schummelt, was ja eigentlich gar nicht passiert ist, dann würden wir die Lehrerin beiseite nehmen und ganz ruhig sagen: »Oh, so und so hat zwei Blätter.« Das heißt, wir würden es nicht in der ganzen Schule verbreiten, daß sie dann vielleicht von allen beschuldigt wird. Das wird dann nicht überall herumerzählt, weil du ja nichts sagst. Es ist nur eine Sache zwischen der Lehrerin und ihr, und sie muß dann irgendwie damit umgehen.

Und warum ist das, denkst du, die beste Art, damit umzugehen?

Ich denke, das ist am besten so, weil du das Mädchen eben nicht wirklich verletzt. Du tust ihr etwas Gutes, denn wenn sie erstmal bei einem Test schummelt, dann macht sie das wahrscheinlich auch noch mal, wenn sie nicht erwischt wird, und deshalb sagst du ihr nur, daß das nicht richtig ist, und was denn aus ihr werden soll, wenn sie bei einem Test schummelt. Auf diese Weise stellst du sie nicht bloß vor ihren Freundinnen, und es wird ja auch nicht weitergesagt, es kommt ja nicht raus. Es schadet ihr nicht; es passiert ihr ja nichts.

Für Melissa und ihre Freundinnen ist es etwas Schlechtes, direkt zu sagen: »Wir können dich nicht leiden, du hast gelogen«; gut dagegen ist, das andere Mädchen heimlich und hinter ihrem Rücken zu denunzieren; das soll dann dazu dienen, sie vor sich selbst zu schützen und ihr die Peinlichkeit vor ihren Freundinnen zu ersparen. Die Unverbundenheit in ihrem Handeln, wenn sie nämlich das macht, was allgemein für gut und für nicht verletzend gehalten wird, ist Melissa anscheinend nicht klar; sie sagt jedoch immer wieder, »sie wird nicht von allen beschuldigt..., du verletzt diese Person eben nicht wirklich..., du stellst sie vor ihren Freundinnen nicht bloß... Es schadet ihr ja nicht; es passiert ihr ja nichts«; das alles zeigt, daß sie beunruhigt ist und weiß, daß das, was sie und ihre Freundinnen tun, eigentlich doch verletzend ist. Obwohl Melissa sagt, es ist besser, dezent *über* jemanden zu sprechen, als *mit* jemandem – zweifellos laut – zu reden, hat sie vielleicht doch den Verdacht, daß sie und ihre Klassenkameradinnen sich eigentlich vor einem Mädchen schützen, das in der Klasse geschummelt hat – unter dem Vorwand der Vertraulichkeit oder anderen einen Gefallen zu tun. Gleichzeitig räumen sie die Möglichkeit aus, als Klatschmäuler bezeichnet zu werden, weil sie das Mädchen denunziert haben. Am auffälligsten ist für uns, daß Melissa die Möglichkeit, mit dem Mädchen direkt zu sprechen, gar nicht in Betracht zu ziehen scheint, einfach zu sagen, was sie denkt, nämlich: »Das ist nicht richtig«, und *ihr* die Frage zu stellen: »Was soll denn aus dir werden, wenn du bei einem Test schummelst?«

Melissas Geschichte verdeutlicht die Beziehungssackgasse, die viele Mädchen in diesem Alter empfinden: Es ist für sie unmöglich geworden, direkt zu sagen, was sie denken und fühlen, es sei denn, es wird äußerst vertraulich oder in den Beziehungen zu den besten Freundinnen gesagt. Das Wissen um die Macht der anderen, sie anzusehen, sie zu beurteilen, Gerüchte über sie zu verbreiten, ihnen wehzutun, bringt die Mädchen dazu, sich selbst zu schützen. Damit entziehen sie ihre tiefsten Gefühle und Gedanken der öffentlichen Überprüfung und folglich auch der öffentlichen Diskussion; sie verlegen sie in eine Welt des Untergrunds. Auf diese Weise werden Mädchen vorsichtig oder, wie Anna es ausdrückt, »diskret«. In der Diskretion sieht Anna jedoch auch Probleme: »Wenn du Angst hast, aufzustehen und etwas zu sagen«, erklärt Anna. »Ich meine, wenn du einfach alles mitmachst, was die anderen auch machen, und wenn die dann nicht diskret sind, dann kannst du nicht einfach das sagen, was die anderen auch sagen, das passiert bei jungen Leuten nämlich immer, alle sind sich einig, und eigentlich möchte ich etwas ganz anderes sagen.«

Auch Liza macht sich Gedanken, ob sie aufstehen und laut sagen soll, was sie denkt, und daß sie dann vielleicht zum Schweigen gebracht wird. Sie erzählt, wie sie selbst entscheiden würde, was am besten ist, wenn ihre Freundinnen anderer Meinung wären: »Ich weiß nicht, wahrscheinlich, wenn du das machst, was du eigentlich wolltest, und zwar so, daß es dann immer noch diskret genug wäre, damit es nicht..., ich weiß nicht, zu offensichtlich wäre.« Liza ist auch im Unterricht diskret, sie beteiligt sich nicht an öffentlichen Diskussionen und behält es lieber für sich, wenn sie nicht einverstanden ist. »Alle, die ich kenne, sagen genau das, was auch die LehererInnen meinen«, sagt sie, »denn die verteilen ja die Noten und fragen das dann in einer Prüfung wieder ab und so. Ich meine, du kannst nicht einfach irgend etwas sagen, was du willst.« »Und privat?« fragt ihre Interviewerin. »Ja schon«, erwidert sie. »Und wie entscheidest du dann für dich privat, was du machen sollst?« »Ich weiß nicht..., du siehst dir einfach an, was für Möglichkeiten es da gibt und so, und du versuchst zu entscheiden, was für dich selbst richtig ist – ohne die Meinung von irgend jemand anders.«

Mit ihrer Diskretion, die darauf angelegt ist, ihr Wissen zu begraben und sie vor Bloßstellungen zu schützen, trifft Liza zumindest zum jetzigen Zeitpunkt die bewußte und berechnete Entscheidung, sich selbst aus der Beziehung herauszunehmen. Für Liza ist Diskretion ein anderes Wort für Unverbundenheit. Damit sie sicher sein kann, zeigt sie nur einen Teil von sich; sie versteht die Macht und die Autorität sehr genau und schützt sich selbst vor der Gefahr, gesehen zu werden: »Du mußt eben immer die Augen offen halten«, sagt sie. »Wenn du etwas über Menschen erfährst«, fährt sie fort, »mußt du alles ganz genau wissen, du mußt alles genau sehen können, nicht nur das Äußere von einer Person oder wie gut sie etwas kann; du mußt irgendwie auch in sie hineinsehen können.«

In Beziehungen machen Liza, Becka, Melissa und andere Mädchen jetzt viel mehr Kompromisse, wenn es um ihr Wissen geht. Sie können Leute nicht mehr direkt fragen, was sie denken und fühlen, und nicht mehr darauf hören, was sie ihnen sagen; sie müssen mehr als das »Äußere« sehen, sie müssen »hineinsehen«, sie werden zu Expertinnen der Interpretation. Die Stimme, die die innere Gedanken- und Gefühlswelt zum Vorschein bringen kann, wird für die Mädchen anscheinend immer unglaubwürdiger. Sie können sich jetzt überhaupt nicht mehr vorstellen, »Geh nach Hause« zu sagen, wenn sie es auch meinen. Statt dessen reden sie vom Sehen, vom Hindurchsehen und Hineinsehen, als ob man aus Beziehungen heraustreten muß, um zu wissen, was passiert. Und so stellen sie sich in eine lange Tradition, die das Wissen vom Fühlen trennt, das Selbst von der Beziehung, den Geist vom Körper, die Stimme von dem, was man wirklich möchte. Als Form des Wissens kommt die Beziehung für sie nicht mehr in Betracht, und sie versuchen jetzt, alles zu sehen, allwissend zu werden.

Wenn sie unterschiedliche Perspektiven kennen, gesteht Liza, können Menschen auch miteinander sprechen, aber nur »wenn die anderen auch so sind«. Sonst, fügt sie hinzu, sind Leute »wie Diktatoren«, sie drängen anderen ihre Ansicht auf und »bestrafen die Leute für Dinge, die sie nicht getan haben«. Wo es Diktatoren gibt, ist auch ein Untergrund notwendig. Liza spürt das Diktatorische ganz deutlich und verschweigt ihre scharfsinnigen und störenden Kommentare lieber. In der Schule stimmt sie einfach »der Ansicht der Lehrerin« zu.

Wenn sie anderer Meinung sind, fallen Anna und Liza auf, sie werden sichtbar, Menschen werden auf sie aufmerksam. Sie werden dann auch verletzbar – sie setzen sich nicht nur der Macht der echten Beziehung aus, sondern auch den Launen von Diktatoren. Angesichts dieser Verletzbarkeit fragt sich Anna, ob es besser ist, offen oder verschlossen zu sein: »Es ist besser, sich aus Sachen herauszuhalten«, denkt sie, »weil Leute vielleicht böse auf dich werden, wenn du etwas sagst.« Die Mädchen sind sich der Existenz von physischer Gewalt und psychologischer Verletzung bewußt, und ihre Angst, den Ärger anderer Leute auf sich zu ziehen, ist nicht unbegründet. Ihren eigenen Ärger halten sie in ihren Körpern zurück, er bleibt unausgesprochen, und sie haben keine Beziehung zu ihm, er verliert seine rationalen Dimensionen, er wird beängstigend und unklar. Die Mädchen, die Angst davor haben, ihren Ärger auszusprechen, lassen sich leicht verwirren und fragen sich, ob dieser Ärger wirklich existiert, ob sie wirklich ärgerlich sind.

»Irgendwie hast du einen Ärger in dir, aber nicht wirklich«, erklärt Jennifer. »Du solltest ihn nicht vor allen anderen herauslassen. Das solltest du mit dir selbst abmachen.« Jennifers Verwirrung darüber, was sich in ihrem Inneren abspielt – »irgendwie hast du einen Ärger in dir, aber nicht wirklich« –, wird angesichts der Tatsache verständlich, daß sich die Mädchen in Beziehungen bedroht fühlen. Die Sprache der Moral überträgt sich auf die Mädchenstimmen, um die kulturellen Normen durchzusetzen, die Ärger und Wut von Frauen ablehnen (»Du *solltest* das nicht herauslassen..., du *solltest* das mit dir selbst abmachen«). Die Risiken, die Frauen eingehen, wenn sie ihren Ärger ausdrücken, werden dann vielleicht tatsächlich größer als die psychologischen Gefahren, die damit verbunden sind, daß sie nicht sagen oder nicht wissen, wie sie sich fühlen. Wie sehr die Sprache der Moral intensive Gefühle verdrängen kann, ist offensichtlich. Ebenso offensichtlich ist, wie die Moral für Mädchen und Frauen zu einem Mittel werden kann, um ihre Unverbundenheit mit ihren Erfahrungen und Gefühlen zu rationalisieren – und sich selbst aus Beziehungen herauszunehmen –, sich beziehungslos zu machen.

Die zwölf- und dreizehnjährigen Mädchen in dieser Untersuchung sehnen sich nach Beziehung, und deshalb kämpfen sie mit der Autorität. Einerseits sprechen sie ihre Gefühle und Gedanken aus; sie beschreiben ihre Beziehungskonflikte so, als ob sie wissen, was sie wollen und was ihnen ein gutes Gefühl verschafft. Andererseits unterbrechen sie sich ständig, um »Ich weiß nicht« zu sagen – manchmal weil sie es wirklich nicht wissen, aber oft auch kurz bevor sie erstaunliches Wissen zu erkennen geben. Ihre Geschichten über ihr Leben – über sich selbst, über ihre Beziehungen und ihre Konflikte – sind psychologisch scharfsinnig und gleichzeitig voller Fragen nach dem Wert und der Legitimität ihrer Erfahrungen, ihrer Gedanken und ihrer Gefühle. Wie können sie daran festhalten, was sie empirisch wissen – an ihrem Wissen über die menschliche Welt, das sie durch genaue Beobachtung und Beziehungen mit anderen erworben haben –, wenn die Autoritäten andere Wahrheiten formulieren, die ein solches Wissen grundsätzlich in Frage stellen. Geraten sie in diese Beziehungskrise, in der sie scheinbar wählen müssen, ob sie mit sich selbst verbunden bleiben oder mit anderen zusammen sein wollen, halten einige Mädchen an ihren Gedanken und Gefühlen fest. Manchmal sagen sie, was sie wissen – trotz des Drucks, es nicht zu wissen; manchmal sagen sie es lieber nicht, oder sie sagen es nur zu ihren Freundinnen; dabei entdecken sie dann, wo wirkliche Beziehungen möglich sind und wo sie nicht möglich sind – manchmal um den Preis, daß sie tief verletzt werden. Andere Mädchen können der Attraktivität des Normalen und Typischen nicht widerstehen. Wir haben Judy mit zwölf gehört, als sie sich nach »dem normalen Leben *eines Kindes*« sehnte, und jetzt hören wir, wie wichtig es für Liza ist, daß sie als normales Mädchen gesehen wird. »Ich möchte nicht so komisch klingen«, sagt sie. Sie hört, wie sie klingt, als sie versucht, sich selbst zu beschreiben. »Ich passe ganz gut rein«, erklärt sie, »eine ganz alltägliche und durchschnittliche Person eben... normal einfach.« Aus Mangel an eigenen Erfahrungen kommen andere darauf zurück, was ihnen Liebesromane versprechen: Eines Tages kommt ein Prinz, und ihr Leben verändert sich dann von Grund auf. Wir haben gehört, wie Victorias Wut und Trauer über die Beziehung ihrer Eltern und über den Verrat ihrer Mutter zu Bitterkeit und Verachtung geworden sind; danach fängt sie an, Beziehungen zu idealisieren und verliebt sich in die Vorstellung, die sie von der Liebe hat.

Wenn sich diese zwölf- und dreizehnjährigen Mädchen an einem offenen Widerstand beteiligen oder mit denjenigen, die die Macht haben, nicht übereinstimmen, werden Beziehungskonflikte – oft ein Zeichen für gesunden Widerstand gegen unechte Beziehungen – zu etwas Politischem: Sie stören und unterbrechen die herrschende Lebensordnung. Diese Entwicklungsphase ist ein Zwischenstadium, in dem sie keine Mädchen mehr, aber auch noch keine Frauen sind; die Mädchen sehnen sich nach authentischen oder resonanten Beziehungen, und gleichzeitig entwickelt sich bei ihnen der Verdacht, daß solche Beziehungen wirklich störend sein können, im politischen Sinne vielleicht sogar gefährlich sind. Und genau in diesem Alter werden Mädchen am häufigsten als »gestört« bezeichnet. Sie bewegen sich in einer Kultur, in der es eine Fülle von Vorstellungen und Modellen von jungen Frauen gibt; sie verinnerlichen diese Vorstellungen, wenn sie Zeitschriften und Bücher lesen, wenn sie fernsehen, und wenn sie hören, wie andere Leute, besonders ihre Eltern und ihre LehrerInnen, sie wahrnehmen und über sie sprechen, oder über ihre Klassenkameradinnen, ihre Bekannten, ihre FreundInnen. Es ist notwendig für Mädchen, sich von der Macht dieser Vorstellungen und Stimmen fernzuhalten, die sie darin bestärken, ihre Gefühle, Wünsche und Bedürfnisse als »egoistisch« zu bezeichnen und Selbstlosigkeit oder Schweigen als Bedingung dafür zu sehen, daß sie geliebt oder akzeptiert werden.

Sobald die Mädchen in diesen Zwiespalt geraten und versuchen, an der Komplexität ihrer Beziehungserfahrungen festzuhalten, klingen sie wie die Frauen, deren Stimmen in der Literatur zur Psychologie von Frauen immer wieder zu hören sind. Innerlich sind sie in einem Zwiespalt, denn einerseits wollen sie eine authentische Beziehung, andererseits fürchten sie aber auch, daß sie, wenn sie ihre Gefühle und Gedanken ausdrücken, sowohl ihre Beziehungen als auch sich selbst gefährden. Nach außen hin kämpfen sie mit kulturellen Vorstellungen und Stimmen, die sie darin bestärken, sich immer wieder von ihrem Erfahrungswissen abzugrenzen, wodurch dieses Wissen unterminiert wird. So kündigt sich ihre Aufnahme in die Welt der Weiblichkeit (womanhood) an. In diesem Konzept von Weiblichkeit gilt es als egoistisch, zu sich selbst zu stehen; aktiv mit anderen zusammen zu sein wird hingegen mit Selbstlosigkeit gleichgesetzt. Hier ist es für die Mädchen anscheinend unmöglich oder unhaltbar, ihre Stimmen in ihre Beziehungen einzubringen.[6]

In diese Konzepte von Egoismus und Selbstlosigkeit können die Mädchen das, was sie selbst über das Leben in Beziehungen zu anderen erfahren haben, tatsächlich nicht einbringen. »Entweder hätte ich ihm geholfen oder mir«, sagt Neeti und versucht damit, einen schwierigen und komplizierten Beziehungskonflikt in einem einzigen Satz zusammenzufassen, und zwar in dem Moment, als ihre Interviewerin sie fragt: »Welchen Konflikt gab es für dich in dieser Situation?« Allein schon die Frage führt Neeti in die falsche Richtung. Für sie war der Konflikt, daß sie zu ihrem Cousin eine Beziehung hatte, daß sie sich schlecht fühlte, weil sie wußte, daß er sich schlecht fühlte; obwohl sie auch wußte, daß seine Gefühle nicht ihre Gefühle waren und daß sie die Beziehung zu sich selbst und die Beziehung zu ihrem Cousin nur dann aufrechterhalten konnte, wenn sie aktiv wurde. Und damit ging sie das Risiko ein, daß sie angeschrien und ihr Ego verletzt wurde.

Die Fähigkeit der Mädchen, in Beziehung zu sich selbst und zu anderen zu bleiben, wird unterminiert. Das wird deutlich, wenn Michelle stolz verkündet: »Also in diesem Jahr habe ich mich sehr verändert. Ich denke mehr darüber nach, was ich tun kann, um nett zu sein, als... darüber, was ich eigentlich möchte.« So formuliert, ist das, was sie eigentlich möchte, nicht nett. Marie sieht ihre Mutter von der Arbeit nach Hause kommen, »sie ist müde und hat Ringe unter den Augen«. Marie weiß, daß abgewaschen werden muß, und denkt dabei auch an sich selbst und ihre Hausaufgaben, die »ich wirklich machen sollte«. Ihr Konflikt, sagt sie, ist, daß sie »ihrer Mutter helfen will, weil sie müde ist, und ich selbst will auch mit meiner Arbeit fertig werden... Du mußt dich entscheiden, ob du etwas für dich selbst oder für jemand anders tust.« Marie nennt das »einen moralischen Konflikt«, und so gesehen, scheint es »egoistisch« zu sein, daß sie etwas für sich tun und ihre Hausaufgaben machen will; und dann scheint es auch klar zu sein, was sie eigentlich tun *sollte*. Aber ihre Einschätzung der Situation ist tatsächlich noch komplexer, denn sie erklärt: »Die Person, die Hilfe braucht, denkt, du bist egoistisch, wenn du ihr nicht hilfst.« Was Marie selbst denkt, bleibt ungesagt.

Marie bleibt dabei, was sie sieht – ihre Mutter hat Ringe unter den

Augen, sie sieht müde aus –, und sie weiß, daß sie selbst auch zu arbeiten hat. Aber anstatt den Konflikt in seiner ganzen Komplexität wiederzugeben, verbirgt sie ihn hinter einem engen moralischen Konzept, aus dem ihre eigenen Bedürfnisse herausfallen – in dem sie nur die Bedürfnisse ihrer Mutter zum Ausdruck bringt. Als wollten sie sich manchmal selbst verteidigen, übernehmen diese Mädchen die Sprache der Moral wie ein Schutzschild; sie vertuschen die komplexe Qualität ihrer Beziehungserfahrungen und reden so, als ob sie in der Beziehungswelt zu wenig emotionale oder psychologische Reserven hätten.

Die Mädchen kämpfen also mit Beziehungskonflikten und Entscheidungen, die ihnen nur zwei Möglichkeiten offenlassen – Entscheidungen, die eine Beziehung zerstören, wie immer sie auch ausfallen mögen. Dieses Gerüst des Entweder-Oder (egoistisch oder selbstlos, das Selbst oder die Beziehung) weist auf einen inneren psychologischen Zwiespalt oder auf eine Trennung hin. Indem sie die Sprache der Moral übernehmen, verinnerlichen die Mädchen die Dichotomien einer Kultur, die die guten von den schlechten Frauen trennt und zwischen den egoistischen und den selbstlosen Frauen unterscheidet. Menschen klingen in den Beschreibungen der Mädchen jetzt immer weniger wie Menschen – die Menschen im Leben der neunjährigen Margaret zum Beispiel »haben eine andere Mutter und eine andere Familie, und eine andere Haut, eine andere Farbe, eine andere Augenfarbe, Haarfarbe und Intelligenz«. Das klingt mehr nach körperlosen, vorstrukturierten und selbstgenügsamen Standpunkten, mit denen sie unbeholfen jonglieren, um zu vermeiden, daß irgend jemand verletzt wird oder sich aufregt. Als die Unterschiede noch ganz einfach Unterschiede waren, waren auch die Beziehungskonflikte etwas Alltägliches – etwas, was zu erwarten war. Jetzt, so drückt Marie es aus, »ist es immer ein moralischer Konflikt«.

Es ist nicht ungewöhnlich, daß sich die Mädchen aus dieser Situation des Jonglierens herausnehmen, um nicht als »egoistisch« bezeichnet zu werden. Es wäre jedoch zu einfach, davon auszugehen, daß sie nicht auch selbst davon profitieren, wenn sie diese Entscheidung treffen. Wenn die Mädchen scheinbar auf eigene Kosten etwas für andere tun, profitieren sie davon insofern, als sie erfüllen, was sozial erwünscht ist. Jennifer erzählt, wie sie reagiert hat, als ein nicht so beliebtes Mädchen sie im Ferienlager vor ihrer besten Freundin und einer ganzen Hütte voller Mädchen fragte, ob sie ihre Freundin sei:

Ich war nicht sicher, ob ich sagen sollte, daß sie meine Freundin wäre, weil sich dann meine beste Freundin aufgeregt hätte, und dann war ich auch nicht sicher, ob ich sagen sollte, ich wäre nicht ihre Freundin, weil sie sich dann aufgeregt hätte, und dann hätte sie ganz allein da gestanden, sie gegen alle anderen in der Hütte..., ich habe mich dann entschlossen, daß ich ja sagen würde, und dann würde ich es [meiner besten Freundin] erklären. So wäre es dann am besten. Die eine hätte dann ein gutes Gefühl, und dann würde ich wieder zu der anderen gehen, damit sie auch ein gutes Gefühl hat. Ich glaube, so wäre das am besten.

Jennifer wird nacheinander den Bedürfnissen beider gerecht und vermeidet Schuldgefühle und emotionalen Schmerz:

Ich möchte nicht, daß sich irgend jemand aufregt, weil ich dann wieder ewig deprimiert wäre, und wenn sie sich meinetwegen aufregen würden, dann würde ich immer nur daran denken und könnte mich selbst nicht leiden, und ich würde alles versuchen, daß sie mich wieder mögen..., ich möchte, daß mich die anderen mögen, auch dann wenn ich jemanden nicht mag. Und dann habe ich mir einfach gedacht, alle beide sollen zufrieden sein und alles ist wieder in Ordnung... alles war dann ganz prima, und ich bin eingeschlafen, ohne dieses Gefühl, daß ich die Schuld habe.

Jennifer übernimmt die volle Verantwortung für diese Situation – sie kann sich selbst nicht leiden, wenn sich jemand ihretwegen aufregt –, und sie beginnt eine Reihe von Einzelverhandlungen unter vier Augen zu führen, die anstrengend und darauf angelegt sind, alles, was auch nur im geringsten nach einer Störung oder nach einem Konflikt aussieht, zu vertuschen: »Die eine hätte dann ein gutes Gefühl, und dann würde ich wieder zu der anderen gehen, damit sie auch ein gutes Gefühl hat.« Jennifer beschreibt, was sie selbst von dem ganzen hat – außer daß sie gut schläft. Sie erzählt ihrer Interviewerin von dem Gefühl der Macht, das sie dabei hatte – der Macht, oder wie sie es ausdrückt, »des Dominierens«, damit alles »friedlich« abläuft, damit (zumindest oberflächlich) wieder eine Beziehung hergestellt wird; es ist die Macht, die die eine Person davon abhält, daß sie sich schlecht fühlt oder ihre Selbstsicherheit verliert, und die es der anderen erlaubt, ihr Gesicht zu wahren, nicht in ihrem Stolz verletzt zu werden:

Wie hast du dich denn dabei gefühlt... in der ganzen Situation?
Na ja, ich fand das nicht so gut mit dem Streit, oder daß jemand mich vor allen anderen, die sie auch nicht mögen, fragt, ob ich sie mag, aber ich war froh, daß ich etwas gesagt habe; ich war irgendwie stolz darauf, daß ich einen Streit in der ganzen Hütte verhindern konnte. Dann hatte ich das Gefühl: »Meine Güte, ich dominiere hier alles!«, und darauf war ich stolz.

Warum warst du denn stolz darauf, daß du einen Streit zwischen den anderen verhindert hast?

Also, ein Streit ist eben nicht so gut. Da gibt es Leute, die den Streit gewinnen, und die, die ihn verlieren, dabei kommt eigentlich nichts raus, außer wenn ich sie dazu bringen konnte, mit dem Streiten aufzuhören. Nein. Der Streit war dann zu Ende, alles war friedlich..., so einfach ist das eben. Es gibt dann keine große Schreierei oder so.

Wenn du noch einmal über den Konflikt, den du beschrieben hast, nachdenkst, denkst du dann, daß du etwas daraus gelernt hast?

Ja. Ich glaube, ich habe irgendwie gelernt, alle gleichzeitig zufrieden zu stellen. Ich habe gelernt, wie ich andere zufrieden stellen kann, wenn ich lüge... Ich habe gelogen, und jemand war zufrieden, und dann habe ich den anderen die Wahrheit gesagt, und sie waren auch zufrieden, und ich war dann auch zufrieden, weil ich es geschafft habe, daß alle anderen zufrieden waren, und dann war alles in Ordnung. Ich glaube, ich habe gelernt, wie das geht... Ich habe das Problem gelöst, von dem ich dachte, daß es ganz wichtig war, daß ich das löse.

Das Problem, auf das sich Jennifer einläßt, ist durchaus real, wir sind jedoch beeindruckt, wie Jennifers Lösung sich von Nouras unterscheidet – daß es für Jennifer besser ist zu lügen, als sich die Zeit und die Freiheit zu nehmen, zu sagen, was sie fühlt, ihre Gefühle laut auszusprechen, so wie es Noura und ihre Freundinnen getan haben. »Ich war dann auch zufrieden«, sagt Jennifer, »weil ich es geschafft hatte, daß alle anderen zufrieden waren.« Obwohl sie eine Person belogen hat, war es doch wichtiger für sie, einen Streit zu verhindern und das Problem friedlich zu lösen – »ohne große Schreierei«.

Wenn die Mädchen erwachsen und Frauen werden, ist es anscheinend nicht mehr so leicht möglich, sich die Zeit und die Freiheit zu nehmen, um sich gegenseitig mitzuteilen, was sie fühlen und denken. Die jüngeren Mädchen, die wir gehört haben, kämpfen ganz offen. Wie es vorauszusehen war, sind sie noch nicht müde und emotional geschwächt. Obwohl bei Jennifer das Gefühl des Dominierens und der Kontrolle zurückblieb, als sie ihre Abneigung mit Lügen vertuscht und jegliche Störung und Nichtübereinstimmung unterdrückt hat, waren diese Anstrengungen auch heuchlerisch, zeitraubend und emotional erschöpfend.

Jennifer nennt es zwar Lügen, wenn intensive Gefühle unter einer anscheinend ruhigen Oberfläche verschwinden, das gibt ihr jedoch auch die Möglichkeit, sich von dem Mädchen, das sie nicht mag, emotional zu distanzieren; auf diese Weise kann sie dann die Beziehungswelt kontrollieren. Jennifer hat für sich akzeptiert, daß sie am Streiten keinen Gefallen findet, daß sie sich friedliche Lösungen wünscht, daß sie keine Konflikte mag und alle zufriedenstellen möchte. Ihre negativen Gefühle sind in den Untergrund verschwunden. Wie Melissa, die nicht direkt sagt: »Was du da machst, ist nicht richtig«, drückt auch Jennifer ihren Ärger über das Mädchen nicht aus, das sie in diese unangenehme Situation gebracht hat. Und wie Melissa, der nur einfällt, mit der Lehrerin allein zu sprechen, spricht auch Jennifer in einem vertraulichen Gespräch mit ihrer Interviewerin über die Gefühle, die sie in ihren Beziehungen nicht laut aussprechen kann.

Diese zwölf- und dreizehnjährigen Mädchen halten sich von Beziehungen fern und sind beziehungslos. Sie verinnerlichen die Beziehungssprache, die überall um sie herum gesprochen wird. Jennifers Worte, besonders das, was sie über sich selbst sagt – »*Ich habe es geschafft, daß sich nicht plötzlich die ganze Hütte gestritten hat; Ich habe gelernt, alle gleichzeitig zufriedenzustellen; Ich war dann auch zufrieden; Ich habe es geschafft, daß alle anderen auch zufrieden waren*« –, all das sind Kennzeichen für eine statische und beherrschte Beziehungssprache, die sich von den fließenden Beziehungsgesprächen und den Meinungsverschiedenheiten der jüngeren Mädchen erstaunlich stark unterscheidet. Diese Verschiebung in ihrer Beziehungssprache weist unserer Meinung nach einerseits darauf hin, daß Jennifer sich den Gewässern der westlichen Kultur nähert, andererseits kennzeichnet sie einen gravierenden psychologischen Verlust.[7]

Diese Mädchen nehmen sich aus der Beziehung heraus und kämpfen tagtäglich mit der Verlockung des Unerreichbaren: Sie wollen es jedem recht machen, perfekte Mädchen und vorbildliche Frauen sein. Wenn sich ihre gerade entdeckte Abstraktionsfähigkeit entwickelt, finden die Mädchen es leichter, allen Beziehungskonflikten aus dem Weg zu gehen. Faith hat zum Beispiel Schwierigkeiten mit dem Problem umzugehen, wenn sie unentschlossen ist, wessen Einladung zum Übernachten sie annehmen soll. Letzendlich sagt sie:

Ich bin zu Hause geblieben. Es ist aber schon ein paarmal passiert, und ich glaube, ich habe alles Mögliche gemacht, nur um zu sehen, was dabei herauskommen würde... Ich fange dann einfach an, mir diese kleinen Lösungen auszudenken, was ich hätte machen können. Ich saß dann rum und habe ständig darüber nachgedacht, was wäre, wenn dies oder das passieren würde, eben immer so hin und her überlegt..., wenn ich das mache, was dann? Wenn ich dann das andere mache – vielleicht gibt es irgendeine Möglichkeit, mit beiden weiter befreundet zu sein, oder eine Möglichkeit, daß ich mit einer befreundet bleibe, oder ich könnte sie alle beide verlieren. Dann läßt es sich eben schwer sagen, was du machen kannst, wenn du beide Freundinnen behalten willst.

Faith geht das Problem logisch an und spielt in Gedanken verschiedene mögliche Szenen durch. Da sie sich selbst in die besonderen Umstände dieser verschiedenen Möglichkeiten überhaupt nicht einbezieht, heißt das, daß sie sich selbst aus der Beziehung herausgenommen hat; sie ist im wahrsten Sinne des Wortes zu Hause geblieben – dort kann sie jetzt »hin und her überlegen«. Die Realisierbarkeit ihrer Lösungen hängt dann davon ab, daß sich die Situation überhaupt nicht verändert – die Einladung, die Reaktionen ihrer Freundinnen, deren Gefühle, ihre eigenen Wünsche, die Beziehungen. Genau wie in Jennifers Sprache, die in Beziehungen etwas »erreicht oder schafft«, kontrolliert Faith aus der Distanz heraus alle Variablen – ohne wenn und ohne aber. Erfolglos versucht sie alle Freundinnen zu behalten – sie hat »alles« getan (vielmehr gedacht) und bis jetzt keine befriedigende Lösung gefunden, und das scheint sie auch nicht weiter zu stören. Ihre Lösungen hängen von den Personen und den Situationen ab, die für sie von Natur aus unflexibel und unveränderlich sind; sie nimmt sich aus dem Durcheinander und der Komplexität von Beziehungskonflikten heraus. Mit ihrer Entscheidung für die Kontrolle und die Trennung und gegen den Kummer oder die Schwierigkeiten, die eine Beziehung ausmachen, können Mädchen wie Jennifer und Faith von ihrer Fähigkeit Gebrauch machen, Wissen zu abstrahieren, um sich so aus Beziehungskonflikten herauszunehmen. Mit all ihren Einsichten, die die Unterschiedlichkeit, den Dialog, die enge Beziehung zwischen Gedanken und Gefühlen und zwischen Gefühlen und dem Handeln betreffen, und trotz ihres Wissens, daß Beziehungen die Macht haben, etwas zu verändern, schützen sich die Mädchen. Sie bezahlen dafür damit, was Judy »eine Art inneres Wissen« nennt.

Wenn die Mädchen lernen, ihr detailliertes Beziehungswissen zu verdecken, lernen sie gleichzeitig auch, ihr früheres Beziehungsleben umzugestalten und zu revidieren. »Meine Mutter sagt manchmal, daß ich unhöflich bin«, erklärt Erin, »und...« Ihre Interviewerin unterbricht sie. »Hat sie das früher nicht gesagt?« fragt sie zweifelnd und vielleicht schon vermutend, was mit Erin passiert ist. »Nein... Sie hat einfach, ich weiß nicht«, antwortet Erin. »Vielleicht hat sie das früher auch gesagt, aber dann bin ich normalerweise ganz sauer geworden, und ich habe nicht auf sie gehört. Ich werde immer noch ganz sauer und höre nicht hin, aber vielleicht höre ich jetzt mehr auf sie.« Erin beschreibt sich selbst als eine Person, die »sich sehr verändert« hat, früher war sie unhöflich – das heißt, sie hat gesagt, was sie empfunden hat, und ist »ganz sauer« geworden –, jetzt denkt sie »mehr daran, was ich tun könnte, um netter zu sein, nicht nur daran, was ich eigentlich möchte«. Sie erklärt:

> Als ich in der fünften Klasse war, konnte ich machen, was ich wollte, und alle mochten mich trotzdem noch. Aber jetzt, ich verstehe jetzt, daß ich wirklich unhöflich war, als ich klein war, und das stört mich so, daß ich nie wieder so sein wollte; deshalb versuche ich jetzt, alles wiedergutzumachen.

Erin fühlt sich verpflichtet, sich zu ändern, und diese Verpflichtung ist zu einem Schwur geworden, nie wieder unhöflich zu sein – das bedeutet »wirklich sauer« – und »wiedergutzumachen, was ich gemacht habe, als ich klein war und als ich so unhöflich zu den Leuten gewesen bin«. Das heißt, daß Erin nun vergessen muß, was sie als Zehnjährige wußte – daß Beziehungen kompliziert sind, daß, wie Allison es formuliert hat, bei Leuten »im Kopf [etwas anderes] abläuft«, daß Menschen verzweifelt versuchen zu sprechen und ihre Gefühle oft auch dann sagen, wenn sie unter dem Druck stehen, nicht gemein oder herrschsüchtig zu klingen. Es gab eine Zeit, als die Mädchen sagen konnten, »Ich bin traurig« oder »Ich bin wütend«, ohne daß es unhöflich zu sein schien oder einen scheinbar bedrohlichen oder störenden Charakter gehabt hätte. Wenn sich Erin an diese Zeit erinnert, idealisiert sie sie einerseits (»Ich konnte machen, was ich wollte..., und alle mochten mich trotzdem noch«), doch lehnt sie sie auch ab (»Ich war unhöflich... Ich will nie wieder so sein«). Sie verbringt ihr Leben damit, vergangene Indiskretionen wiedergutzumachen, die es vielleicht noch nicht einmal gegeben hat, wenn wir uns daran halten, was sie mit zehn und elf gesagt hat. Wenn in der heutigen Zeit eine junge Frau wie Erin in diese Kultur hineinwächst und ihr Leben in dieser Form revidiert oder neu gestaltet, entspricht sie nicht nur den gängigsten Darstellungen der psychologischen Entwicklung, sondern auch den akzeptierten Normen weiblichen Verhaltens.[8]

Hat Erin diese fremde Überstimme – eine Stimme, die sie mit ihrer Mutter verbindet – erst einmal verinnerlicht und macht sie sie zu einem Teil von sich selbst, braucht sie ihre Mutter nicht mehr, die »mir sagt, daß ich unhöflich bin«; sie kann das dann selbst:

> Wenn andere Kinder mich zum Beispiel zu einer Party einladen oder so, gehe ich manchmal nicht hin, und ich finde eine Ausrede, und das verletzt sie dann vielleicht... [Wenn ich mir überlege, was ich machen soll, denke ich daran, ob ich sie verletze oder ob ich unhöflich bin..., so ungefähr: Das ist unhöflich, das ist gemein, das ist nicht nett.

Erin fragt sich, wie sie am besten reagieren kann, wie es möglich ist, das einzubeziehen, was sie selbst möchte, wenn andere dadurch verletzt werden. Wenn sie offen sagt, was sie will, bedeutet das jetzt, sie ist »unhöflich«, »gemein«, »nicht nett«. Schließlich kommt sie zu der Entscheidung, daß »es die Art [ist], wie du ja oder nein sagst, es kommt immer darauf an, wie du es sagst, wie du nein sagst«, sagt sie. »Ob du nur sagst: ›Nein, ich gehe nicht hin‹, ob du sagst: ›Nein, ich habe eigentlich keine Lust‹, oder... du nimmst dir ein bißchen Zeit und erklärst der anderen, was du machst.« Sich die Zeit für eine Erklärung zu nehmen bedeutet, fügt Erin hinzu, »nett zu sein, eben nicht unhöflich zu sein oder so«. Was einmal ziemlich einfach und direkt war, nimmt jetzt Erins Aufmerksamkeit in Anspruch, es strengt sie an, weil es so elaboriert und komplex geworden ist. Was einmal so alltäglich war – über Gefühle wie Trauer, Ärger und Freude zu sprechen –, ist jetzt anscheinend ein Verstoß gegen die Regeln.[9]

Diese zwölf- und dreizehnjährigen Mädchen, die an einem bestimmten Ort, in einer bestimmten Kultur und Zeit aufwachsen, leisten gesunden Widerstand gegen den Verlust ihrer Stimme und ihrer Beziehungen. Ihre Widerstandsfähigkeit ist offensichtlich, wenn sie darauf bestehen, daß sie wissen, was sie wissen, und sich dazu bereit erklären, offen zu sein. Aber zu diesem Zeitpunkt in der Entwicklung wird »der ganz normale Mut« der Mädchen zu etwas Außergewöhnlichem, zu einer Art relationalem Heldentum. Der gesunde Widerstand, mit dem sich die Mädchen gegen psychische Krankheiten wehren, erhält dann die Dimension eines politischen Kampfes – er wird zum politischen Widerstand, zu einer Herausforderung für die existierende Beziehungsordnung, für die herrschenden Macht- und Autoritätsstrukturen. Aber hier handelt es sich um einen politischen Kampf mit einer mehr relationalen als ideologischen Grundlage, und psychologisch hat er seine Wurzeln darin, daß die Mädchen mit anderen echt verbunden sein wollen.

Weil das relationale Problem ein reales Problem ist, sind bei den meisten Mädchen, die wir gehört haben, Zeichen für diesen Kampf zu beobachten, ein Kampf, der auch von großer Tragweite für das Leben von Frauen ist. Einige Mädchen finden für ihren gesunden Widerstand eine kreative Stimme, eine kreative Ausdrucksform; bei einigen bleibt er ein offener Widerstand, der politisch ist; einige verlegen den Widerstand in den Untergrund – in einen politischen Untergrund, wo Gefühle und Gedanken im geheimen mitgeteilt werden, oder in einen psychologischen Untergrund, wo Gefühle »von niemandem mehr gesehen werden können« und Gedanken jetzt zu etwas Privatem werden und damit auch geschützt sind. Doch sobald sich die Mädchen aus Beziehungen herausnehmen, stehen sie vor der Schwierigkeit, ihre Gefühle zu artikulieren. Sie finden sich in Beziehungen wieder, die, psychologisch gesehen, keine echten Beziehungen sind, in denen es keine psychologischen oder emotionalen Verbindungen gibt und sie nicht mehr sagen, was sie wissen. Dann beginnen die Mädchen, nicht mehr zu wissen, was sie einmal wußten, ihre Gefühle und Gedanken, die sie früher einmal ausgesprochen, dann jedoch zurückgenommen haben, zu vergessen und zu schützen. Wir hören ihre Verwirrung: Sie sagen immer wieder »Ich weiß nicht«, wenn sie versuchen, dagegen zu kämpfen, daß sie sich von sich selbst, ihren Gedanken und Gefühlen trennen (dissociating), damit sie sich mit der Welt um sie herum verbinden können. Wenn sie Vorstellungen vom weiblichen Körper und von der weiblichen Psyche verinnerlichen, die ihnen keinen Raum für ihre eigenen Erfahrungen lassen, hören wir auch, wie sich die Mädchen mit Hilfe von visuellen Metaphern ihren eigenen Platz suchen – sie sind entschlossen, »allwissend« zu sein, alles zu sehen, und es ist ihnen bewußt, daß sie von allen gesehen werden und Bemerkungen über sie gemacht werden. Sie fühlen, daß diese Vorstellungen eine Macht haben, die Jennifer »dominieren« nennt. Die Mädchen, die sie verinnerlichen, erwarten, daß sie sich dann sicher, geborgen und geschützt fühlen, teilweise durch diese Losgelöstheit von sich selbst und von anderen Menschen.

An diesem Wendepunkt im Leben der Mädchen schließen wir uns wieder Anna, Neeti und Liza an. Jedes Mädchen wird sich mit einem zentralen Beziehungsdilemma auseinandersetzen: Wie kann sie zu sich selbst stehen und gleichzeitig mit anderen zusammen sein; wie kann sie die Verbindung zwischen ihrer Stimme und ihrer psychischen Gedanken- und Gefühlswelt aufrechterhalten und gleichzeitig ihre Stimme in die Beziehungen mit anderen Menschen einbringen. Und jede wird uns einen anderen Weg zeigen, sich anders entwickeln, einen unterschiedlichen Weg zur Reife einschlagen. Anna wird direkt – sie leistet politischen Widerstand; nachdem sie mit Unterdrückungsmechanismen geliebäugelt hat, »bricht es aus ihr heraus«. Sie ist Amerikanerin europäischer Herkunft, kommt aus einer Arbeiterfamilie und findet ihren Weg aus der Beziehungssackgasse heraus. Anstatt zu lernen, was sie nicht wissen und nicht sagen soll, setzt sich Anna dafür ein, so viel wie möglich zu lernen und auch zu sagen, was sie weiß. Sie orientiert sich an ihren eigenen Erfahrungen und geht mit offenen Augen und Ohren durch die Welt; sie beobachtet und hört genau, wie die Welt funktioniert, und findet dafür auch Beschreibungen.

Neeti ist Inderin und kommt aus der oberen Mittelschicht. Mit zwölf Jahren ist sie offen und direkt, doch dann spürt Neeti den Druck, ihre intensiven Gefühle zu verbergen und in den Untergrund zu gehen, wo sie geschützt ist und es vermeiden kann, daß sie andere verletzt. Doch sie beschreibt diese Entwicklung lebendig und sehr genau; ihr ist bewußt, daß sie ein Doppelleben führt – sie weiß, was sie wirklich fühlt und was in ihren Beziehungen wirklich passiert, tut jedoch so, als ob sie es nicht wüßte. Neeti ist das Mädchen im Untergrund.

Liza ist Amerikanerin europäischer Herkunft, aus der oberen Mittelschicht. Sie gleicht äußerlich dem Modell und (Vor)Bild der Perfektion. Mit zwölf ist sie im Untergrund, doch dann verwandelt sich Liza nach und nach in das (Vor)Bild, das sie zu sein wünscht – blond, schön und dünn –, was zu Fragen und zur Verwirrung führt. Liza wird immer blonder, immer dünner und schließlich magersüchtig. Durch ihre Magersucht tritt sie aus dem bewußten Untergrund heraus, wo sie zwar genau wie Neeti mit ihren Gefühlen verbunden ist, die sie aber mit allen Mitteln verdeckt; dann geht sie in den psychologischen Widerstand, wo sie verzweifelt versucht, mit sich selbst und ihren Gefühlen in Verbindung zu bleiben.

Diese drei Mädchen demonstrieren, wie ihr verzweifelter Versuch, an ihren Stimmen und Vorstellungen festzuhalten – obwohl sie dem Druck ausgesetzt sind, nicht zu wissen und nicht zu sprechen –, bei einigen Mädchen dazu führen kann, den offenen Konflikt zu wagen. Sie gehen das Risiko ein, mit ihrem politischen Widerstand zu stören; andere verlegen ihre intensiven Gefühle und Gedanken in den Untergrund. Wenn es dort keinen geheimen Zufluchtsort mehr für die Mädchen geben sollte, an dem sie sagen können, was sie fühlen und denken, verwandelt sich der gesunde Widerstand der Mädchen vielleicht in einen psychologischen Widerstand: Dann wollen die Mädchen nämlich nicht mehr wissen, was sie wissen, und haben Angst davor, daß ihre Erfahrungen, wenn sie ausgesprochen werden, ihre Beziehungen gefährden und lebensbedrohlich werden.

Anna: eine Widerstandskämpferin

Mit zwölf fragt Anna, woher wir denn wissen, ob das, was die Leute sagen, auch wahr ist, »ob das, was sie über dich äußern, auch wirklich so gemeint ist, oder ob sie es nur aus Gemeinheit sagen«; wenn sie diese Frage stellt versucht sie herauszufinden, wie sich die oberflächlichen Sticheleien, die sie von ihrer früheren Schule kennt – das sich gegenseitige Ärgern, das Lachen über andere oder das Abwerten anderer – von »wirklicher Gemeinheit« oder Grausamkeit unterscheiden. An ihrer jetzigen privaten Mädchenschule fällt Anna auf, daß alle »nett« sind, und sie möchte auch nett sein – sie möchte nicht gemein sein, nichts tun, was jemanden verletzt. Aber manchmal »kannst du einfach nicht anders«, sagt sie. »Wenn du traurig bist, dann kannst du dich nicht einfach selbst wieder froh machen.« Sie weist also die sonst so verführerische Vorstellung von Zufriedenheit oder Perfektion weit von sich; Anna kommt aus der Arbeiterschicht, und vielleicht weiß sie, daß sie mit ihrem Hintergrund niemals dem konventionellen Bild des perfekten Mädchens und ihrer perfekten Familie gerecht werden würde.

Aber als Stipendiatin macht sich Anna Gedanken darüber, ob sie hineinpaßt. »Ich glaube nicht, daß viele Menschen gern irgendwo wären, wo sie ganz anders sind als die anderen«, sagt sie. »Du gehst irgendwohin, und da sind nur ganz bestimmte Leute... Dann... gehst du zur falschen Tür oder so etwas, und es gibt dort nur diese reichen Leute, und du kommst da von der Straße rein, und sogar, wenn du genauso aussiehst, ... würdest du nicht genauso *sein*.« Und deshalb studiert Anna ihre Umgebung genau. Sie beschäftigt sich ständig damit, wie die Leute sie sehen und wie sie interpretieren soll, was andere sagen oder tun, und woher sie wissen soll, ob Beziehungen echt oder unecht sind. Sie weiß, daß das, was Menschen sagen und tun, sich davon unterscheiden kann, was sie fühlen und denken, und sie sucht nach Zeichen für Authentizität in der Beziehung, Zeichen dafür, daß Freundinnen »wirklich deine Freundinnen« sind.

Tatsächlich fragt sich die zwölfjährige Anna, ob es überhaupt möglich ist, eine andere Person ganz zu kennen. Sie denkt darüber nach, wie sich eine Person fühlen würde, wenn andere nicht wüßten, wie sie wirklich ist. Das »wäre vielleicht sehr schwierig für diese Person«, sagt sie, wenn du nicht ausdrücken kannst, »wie du dich in deinem Inneren fühlst«. Also kennt Anna, die sich eine Person wünscht, »mit der sie reden, der sie sich anvertrauen kann..., eine Person, die für dich da wäre, mit der du reden könntest«, auch die Unstimmigkeiten in Beziehungen, die durch Unterschiedlichkeiten und Meinungsverschiedenheiten entstehen können; sie kennt die Stellen, an denen die Menschen ihre Gefühle nicht ganz ausdrücken können, und ihren Schmerz, wenn sie mißverstanden werden. Anna ist sich zwar im klaren darüber, wer sie in ihrem Inneren ist – ihr »eigentliches Selbst«, sagt sie, »ist irgendwie, wie ich mich fühle; wenn ich mich dann auch so verhalte, dann bin ich ich selbst, glaube ich«. Sie fragt sich aber auch, ob sie sich selbst und ihre intensiven Gefühle in ihre Beziehungen einbringen kann.

Zu Hause empfindet Anna es als ungerecht, daß ihre Eltern von ihr erwarten, daß sie ihre Gefühle immer beherrschen soll, daß sie ihre Brüder mit ihren Schreiereien und Streitereien »ignorieren« soll, auch wenn diese dabei rücksichtslos über alle anderen im Haus hinweggehen. Wenn ihr »ganz brutaler« jüngerer Bruder »auf mich losgeht«, und »ich dann manchmal versuche, mich zu verteidigen..., wird jemand sauer auf *mich*«, klagt sie. Aus diesem Familiendrama schließt Anna, daß »du nicht sauer werden darfst..., alle denken dann, es ist deine Schuld, weil du ja sauer auf sie wirst«. »Ich habe es aufgegeben«, erzählt Anna ihrer Interviewerin. »Das lohnt sich überhaupt nicht, denn du kannst eigentlich nichts dagegen machen.«

Wie die anderen Zwölfjährigen, denen wir zugehört haben, achtet auch Anna genau auf den Widerspruch zwischen dem, was Menschen sagen, und dem, was wirklich geschieht; das wird deutlich, als Anna ihre Erfahrung mit ihrer Mutter beim Kleiderkauf beschreibt:

Sie zieht dann immer irgend etwas raus und sagt: »Was meinst du denn dazu?« Und wenn ich dann entgegne, es gefällt mir nicht, wird sie ganz sauer und legt es zurück... Und wenn ich ihr schließlich wirklich sage, was ich denke, dann tut sie immer so, als ob gar nichts ist, und meint: »Sag' doch mal, was du wirklich darüber denkst.« Und wenn ich das sage, wird sie sauer... Und ich erkläre am Schluß: »Du willst es ja gar nicht hören, denn du hast mich ja schon angeschrien, als ich es dir vorhin gesagt habe.«

Obwohl Anna sagt, »manchmal bin ich auf die ganze Welt sauer«, kommt sie zu dem Schluß, »es ist besser, sich aus allem rauszuhalten, denn die Leute werden vielleicht sauer auf dich, wenn du was sagst«. Doch obwohl Anna »versucht, sich zu bessern« – ihre Ungeduld und ihren Ärger zu beherrschen –, sagt sie auch, manchmal »werde ich wirklich ganz sauer, und dann kann ich auch einen Wutanfall kriegen«.

Charakteristisch für solche Momente ist dann ihre Ambivalenz, wenn sie erklärt: »Ich muß lernen, mit Leuten auszukommen, weil ich manchmal einfach richtig sauer auf Leute werden, die nicht verstehen, was ich sage, und das ärgert mich dann so unheimlich. So ungefähr: ›Warum kannst du denn nicht einfach...? Was ist denn mit dir bloß los? Warum kannst du das denn nun nicht genauso sehen wie ich?‹ Und ich muß dann auch wirklich durchsetzen, was ich will. Ich kann das dann nicht einfach so hinnehmen... Ich muß eben, du mußt eben dafür kämpfen, daß du bekommst, was du willst.«

Etwas zu wissen ist eine Leidenschaft von Anna; Lernen ist für sie etwas äußerst Persönliches, es hat mit Erfahrung zu tun: »Ich glaube, was mich mit am meisten beeindruckt, ist etwas zu erfahren«, erzählt sie ihrer Interviewerin. Die Schule unterstützt Annas Leidenschaft und gibt ihr das Gefühl persönlicher Stärke und Leistungsfähigkeit. In der Schule gibt es Platz für Annas Meinung und damit auch für Anna, denn sie sagt: »Du kannst du selbst sein, wenn du auf deine eigene Meinung achtest.«

Aber Anna ist sich ständig bewußt, daß sie sich von ihren Klassenkameradinnen unterscheidet. »Ich kann nichts als selbstverständlich hinnehmen«, erzählt sie ihrer Interviewerin, die Freundschaften nicht, die Antworten in der Schule nicht, nichts, was die Eltern oder die LehrerInnen sagen. Besonders bewußt ist sie sich der Macht, die Erwachsene haben, »einfach zu ... tun, was sie wollen..., sie brauchen [auf nichts] zu achten..., können einfach alles ignorieren«, sie brauchen von vornherein nicht auf sie einzugehen und können einfach sagen: »Na ja, das ging dich ja auch nichts an« oder »Dich hat keiner gefragt«. Anna taxiert Situationen ganz genau und entscheidet, genau wie Victoria, wann sie reagiert: »Manchmal [sage] ich [etwas], und manchmal höre ich mittendrin auf und überlege, bevor ich irgend etwas sage, und dann merke ich, daß sie ja sowieso nicht zuhören, also... Ich weiß, daß es eigentlich völlig egal wäre und alles nur noch schlimmer gemacht hätte.«

Im wesentlichen erklärt die zwölfjährige Anna damit das Problem des Widerstandes, mit dem die Mädchen in der Adoleszenz konfrontiert werden. Einerseits versucht sie, ihre Gefühle zu unterdrücken, »nicht so zu sein..., nicht wirklich ganz sauer zu werden«, oder schlimmer noch, »einen Wutanfall zu kriegen«, und andererseits erkennt sie auch: »Ich kann das nicht einfach so hinnehmen.« Die eine Art des Widerstandes ist psychologisch und wird Anna dazu bringen, daß sie »nett« oder, wie sie es sieht, »erfolgreich« sein wird, wenn sie das Arbeitermilieu ihrer Familie verläßt und den sicheren Hafen ihrer privaten Mädchenschule betritt. Die andere Art des Widerstands ist politisch und wird, wie sie feststellt, in der Welt ihrer Schule Probleme bereiten und in ihren Beziehungen mit anderen zu Konflikten führen.

Ein Jahr später ist die dreizehnjährige Anna zwischen diesen beiden Formen des Widerstandes hin und hergerissen – jetzt ist sie anscheinend in den Untergrund gegangen. Die Phrase »Ich weiß nicht« taucht in dem Transkript ihres Interviews in der achten Klasse dreimal häufiger auf als im Vorjahr und weist darauf hin, daß sie verzweifelt versucht, in Beziehung zu sich selbst zu bleiben und zu dem, was sie weiß. In diesem Jahr spricht Anna davon, daß sie Dinge für sich behält, daß sie sich selbst »nur ganz wenig« zum Vorschein bringt, daß sie »eine Rolle spielt«, und davon, wie sie in ihre neue Schule hineinpaßt, wo sie so gern lernt und zu den besten Schülerinnen der Klasse gehört.

Sie ist sich »der Art, wie Menschen Urteile fällen«, durchaus bewußt und ihr muß jetzt nicht mehr gesagt werden, sie soll nichts sagen, sie braucht auch nicht mehr zu hören: »Keiner hat dich gefragt« oder »Das ging dich nichts an«; sie ist jetzt sehr geschickt im Lesen von Zeichen. »Sie sagen es zwar nicht, aber du bekommst einfach das Gefühl«, berichtet sie ihrer Interviewerin. Menschen treffen Entscheidungen, ohne zuzuhören, sagt Anna. »Du versuchst es und sagst etwas, und die Leute hören einfach nicht hin... Sie haben es nicht nötig, sie brauchen ja gar nicht zuzuhören, denn sie wissen ja schon, was sie machen werden, also bleibt es sich ganz egal.«

Sie versucht verzweifelt, sich selbst und ihr eigenes Wissen in die Beziehung zu anderen einzubringen, sich »Stück für Stück« zu öffnen. Anna »quält« sich damit, ob sie etwas sagen soll oder nicht – ob sie in der Klasse nichts sagen soll, wenn sie die Antwort weiß, ob sie in der Schule »alles falsch machen« könnte. »Mach das bloß nicht wieder!« ermahnt sie sich selbst, wenn sie dann nichts gesagt hat, oder: »Warum habe ich das bloß gesagt? Das war einfach blöd«, wenn sie endlich etwas sagt, weil so »alles falsch gemacht wird«. Anna hört bei sich und bei anderen genau hin, sie überwacht die sich verändernden Rhythmen und Muster genau, die plötzlichen Verschiebungen im Tempo oder in der Tonart, die charakteristisch sind für die Welten, in denen sie lebt – die ungleichen Welten von Schule und Familie, die sie jeden Tag durchquert.

Anna weiß auch mit dreizehn noch ganz genau, daß es Unterschiede gibt – daß sie sich von den Mädchen um sie herum unterscheidet; diese leben vorwiegend in wohlhabenden Familien, während sich in ihrer Familie alles um einen Haufen unbezahlter Rechnungen dreht. Sie zeigt, daß sie ständig das Gefühl hat, doppelsichtig zu sein, doppelt zu sehen, wenn sie sagt: »Du weißt nicht, wie du es auffassen sollst [was Leute sagen]..., ob du das, was sie sagen, so interpretieren sollst, wie sie es sagen und wie sie es meinen, oder ob du aus dem, was sie sagen, noch etwas anderes herausholen sollst.«

Mit ihrer unterschiedlichen Sichtweise sieht und hört Anna in den Stimmen um sie herum etwas anderes als die anderen. Und sie weiß – das wird deutlich, wenn sie über ihre eigenen Erfahrungen spricht –, daß Dinge unterschiedlich gedeutet werden können, daß Gedanken und Gefühle sich von verschiedenen Ausgangspunkten aus unterschiedlich zusammensetzen. So kommt man zu unterschiedlichen Schlußfolgerungen, je nachdem, wo man beginnt und welche Fragen gestellt werden.

Jedoch hat auch die Konformität auf die dreizehnjährige Anna einen großen Einfluß, und sie versucht, zu den gleichen Schlußfolgerungen wie ihre Klassenkameradinnen zu kommen; sie beobachtet, welchen Weg sie einschlagen, um ihnen dann folgen zu können: »Normalerweise warte ich auf ungefähr zehn andere Leute, bis ich ein Gefühl dafür habe, was sie machen... Wenn fünfzehn Leute das dann machen, werden sie schon irgendwie wissen, was sie tun.« In diesem Jahr ist sie »in keiner Sache total anderer Meinung«. Wenn sie nicht mit ihren Freundinnen übereinstimmen würde, wäre sie »ein bißchen sauer auf mich selbst, als ob ich etwas falsch gemacht hätte«; bei Erwachsenen geht sie noch andere Risiken ein: »Sie wären meistens stärker als ich.« »Das könnte bedeuten«, fügt sie hinzu, »mit der Lehrerin für den Rest des Jahres überhaupt nicht mehr klarzukommen.«

Mit vierzehn und jetzt in der neunten Klasse wird Anna sehr direkt. Als sie gefragt wird, ob sie sich ihrer Ansicht nach verändert hat, macht sie die Interviewerin auf die Veränderung, die sie in ihrer eigenen Stimme hört, aufmerksam: »Ich war immer ganz ruhig und schüchtern und so, und jetzt bin ich ganz laut.« Anna wurde in der Schule darin bestärkt, etwas zu sagen und sich selbst als Person zu sehen, »die viele Möglichkeiten hat«; ihre Entscheidung, mit lauter Stimme zu sprechen, wird deutlich, als sie etwas zu ihrer Lehrerin sagt, was diese nicht hören möchte, etwas, das ihre Lehrerin ärgert.

»Ich mußte einen Englischaufsatz schreiben«, erklärt sie:

Und die Englischlehrerin wollte nicht, daß ich den Aufsatz schreibe, wir mußten nämlich eine Legende schreiben. Und ich sehe die Dinge aus ganz vielen verschiedenen Perspektiven, kreativ eben. Aber es war eine Legende, und wir sollten so eine Heldensache daraus machen, und ich wollte nichts über einen Helden schreiben: »Es gab da einen albernen guten Helden, und der hat dann die ganze Menschheit und alles gerettet.« Mir gefällt es viel besser..., wenn du den Helden aus einer anderen Perspektive heraus siehst, von einem anderen Standpunkt, alle könnten Helden sein. Also wollte ich das Ganze vom Standpunkt eines Nazis aus schreiben, Hitler war dann eben ein Held. Und [meine Englischlehrerin] wollte davon überhaupt nichts wissen... Ich hab' dann angefangen zu schreiben, und sie, ich meine, sie ist dann wirklich sauer geworden..., das war wirklich ganz merkwürdig... Am Ende habe ich dann zwei Aufsätze geschrieben, einen mit dieser albernen Legende und den, den ich selbst schreiben wollte.

Die Interviewerin fragt: »Hast du ihr den, den du schreiben wolltest, auch gegeben?« »Ja«, erwidert Anna:

Ich habe beide abgegeben.., und sie hat mir für den normalen Aufsatz eine Eins gegeben. Den anderen habe ich ihr nur zu lesen gegeben, weil ich ihn einfach schreiben *mußte*, das hat mich irgendwie geärgert... Ich mußte ihn einfach schreiben und es loswerden..., und am Ende habe ich ihn schließlich auch geschrieben. Ich habe ihn aus der Perspektive eines kleinen Jungen verfaßt, der gerade in eine von diesen Jugendorganisationen, die sie da hatten, eingetreten war, und der lief rum und war ganz stolz, daß er eine Uniform hatte; das über Hitler kam nicht so raus, aber alles über die anderen Sachen, Arbeitsplätze und so. Ich habe den Aufsatz dann abgegeben, zusammen mit einem Brief, da stand eben einfach drin, daß ich diesen Aufsatz schreiben mußte..., wissen Sie.

Für Anna ist die Lehrerin »engstirnig«; sie konnte sich aus Annas Sicht nicht auf eine andere Heldenperspektive einlassen; und sie konnte auch nicht einsehen, daß Hitler in den Augen der Deutschen kein Anti-Held war, denn ihrer Ansicht nach war er das. »So war es nicht«, insistiert Anna, »wenn du etwas schreiben würdest, als ob du dich an alles erinnerst, wie wunderbar das alles war, dann wäre Hitler kein Anti-Held, das wäre ein Held... Ich weiß nicht, ob sie das nicht verstanden hat oder ob sie nur dagegen war, weil jemand einfach eine ganz andere Meinung hatte.« Die Lehrerin hat Anna gewarnt, daß sie wie ein Nazi klingen würde, aber Anna – deren Vater arbeitslos gewesen ist und in deren Familie Gewaltausbrüche seitens ihres Vaters und ihrer Brüder an der Tagesordnung waren – weiß, daß sich hinter einer scheinbaren Stärke in Wirklichkeit Schwäche und Verletzbarkeit verbergen können, daß das Bedürfnis, stark und heldenhaft zu erscheinen, bei Menschen zur Gewalt führen kann. »Das war ein innerer Drang«, sagt Anna und beschreibt damit das körperliche Insistieren auf ihrem Bedürfnis, über ihre Sicht der Dinge zu sprechen. »Ich mußte diesen Aufsatz schreiben, weil ich so sauer war, und ich mußte ihn schreiben, um ihr das zu erklären. Ich mußte es einfach... Ich mußte sie einfach dazu bringen, daß sie es versteht.« Anna steht auf dem Standpunkt, daß die Heldenlegende gefährlich ist. Und im Alter von vierzehn nennt Anna ihre Fähigkeit, die Perspektive zu wechseln, »kreativ« und nicht »verrückt«.

Mit vierzehn Jahren versucht Anna, die Dinge direkt beim Namen zu nennen, sie beobachtet, benennt und hinterfragt nicht nur die Widersprüche an ihrer Schule, wenn es um wirtschaftliche Unterschiede geht – wo ist Geld vorhanden, aus welchen Gründen und für wen, und wo ist es nicht vorhanden –, sondern auch die Grenzen der Leistungsgesellschaft, für die alle eintreten. Weil es jedoch »ein großes Problem« sein wird, Geld für das College zu bekommen, und weil »viel von den Leuten abhängt, die dann die Empfehlungen für das College schreiben«, weiß Anna klugerweise auch, daß es einige Dinge gibt, die sie nicht »durchspielen« möchte, Dinge, die sie zu einigen Leuten nicht sagen möchte.

Annas Widerstand gegen die Vorstellungen von Perfektion kommt in diesem Jahr deutlich dadurch zum Ausdruck, daß sie das Bild von der idealen Frau zurückweist. Sie wird gefragt »Welche Vorstellung hat die Gesellschaft von der idealen Frau?«, und entgegnet daraufhin: »Eine Person, die erfolgreich und zufrieden mit dem sein könnte, was sie macht«, und dann fügt sie noch hinzu: »Ich weiß nicht« – die Phrase, die sehr häufig die schärfsten Beobachtungen der Mädchen einleitet, die Beobachtungen, die dann von den Mädchen sehr leicht in den Untergrund verlegt werden oder geheim bleiben. »Es kommt darauf an, wissen Sie«, sagt sie und ist sich unsicher; vielleicht glaubt sie, daß die Interviewerin Bescheid weiß und eigentlich auch zum Untergrund gehört. »Es kommt darauf an, wissen Sie, was Sie unter Gesellschaft verstehen, weil es da alle möglichen Leute gibt, und jeder kann etwas anderes denken.« Anna befreit das Denken jetzt von den Zwängen, die Hawthorne »das eiserne Gerüst des logischen Denkens« nennt, das die etablierte Ordnung aufrechterhält, und sie kommt zu dem Schluß: »Alle haben eine andere Vorstellung... Ich glaube, alle haben ihre eigene Vorstellung, und es gibt wohl auch nicht nur ein einziges Modell, von dem alle dann sagen: ›Oh, die perfekte Frau. Da, das ist sie.‹«

In der elften Klasse, mit sechzehn und mit »einem ganzen Haufen von Freunden«, die sie hinter sich hat, fängt Anna an, ganz ostentativ das in Frage zu stellen, was als selbstverständlich hingenommen wird, was in der Welt, in der sie lebt, normalerweise von niemandem hinterfragt wird: Fragen, die Gewalt, Gott und Privilegien betreffen. Wie provokativ Annas Fragen sind, wird dadurch deutlich, daß sie ihren Klassenkameradinnen im Religionsunterricht gegenüber die Beobachtung macht, auf der Arche Noahs müsse es nach vierzig Tagen und vierzig Nächten ja ziemlich viel »Tierzeug« gegeben haben. Noch entschiedener stellt sie fest, »wie engstirnig Leute sein können..., wie fanatisch Leute manchmal bei einer Sache sind, die sie gar nicht beweisen können«. Am besten in der Schule gefallen Anna in diesem Jahr die Diskussionen und die Auseinandersetzungen im Unterricht, und sie erinnert sich erstaunt und verärgert daran, wie es im Unterricht einmal zu einer heftigen Kontroverse und starken Emotionen kam und »es eine ganze Menge Leute gab, die völlig passiv dasaßen und einfach nur zugehört haben«.

In diesem Jahr spricht Anna mit ihrer Interviewerin offen und ehrlich über die unterschiedlichen Zwänge, die sie zu Hause und in der Schule empfindet; das sind Unterschiede, die ihr manchmal das Gefühl geben, »schizophren« zu sein, wie sie es ausdrückt. Sie hat großen Spaß in einer Gruppe, die gemeinsam singt und in der sie schon mehrere Jahre ist. »Ich brauche das irgendwie«, erklärt sie, »weil es so ein Mittelding ist, weil es anders ist als in der Schule, und es ist auch ganz anders als zu Hause.«

Anna gesteht, daß sie sich im Laufe der Jahre sehr verändert hat, früher war sie »wirklich ganz ganz schüchtern und ruhig«, und manchmal »hatte sie solche Angst«, ihre Meinung zu sagen; und jetzt schreit und brüllt sie, manchmal im Spaß und manchmal aus Wut. Anna ist direkter geworden, aber gleichzeitig – wie sie selbst eingesteht – auch etwas zynisch, besonders wenn es um die Mädchen in ihrer Klasse geht, die sie »nervig« und »oberflächlich« nennt. Dort, wo sie sich früher einmal gefragt hat, »woher weiß man denn, ob das, was die Leute sagen, auch wahr ist«, geht es Anna jetzt darum, ihre eigenen Wahrheiten für sich zu klären; allen gegenüber, die sich für nichts wirklich einsetzen, ist sie kritisch. »Oberflächlichkeit« stört Anna sehr, und dabei spielt es keine Rolle, ob sie damit eine andere Schülerin oder ihren eigenen Lernprozeß meint: »Du kannst nicht einfach damit aufhören, etwas zu sagen«, sagt sie. »Ich kann einfach nicht verstehen, wie jemand keine Meinung haben kann und nichts dazu sagen will. Und wenn du denkst, daß jemand anders unrecht hat, wie kannst du dann einfach weitermachen und gar nichts sagen?«

Anna sagt, was sie denkt, und bringt zum Ausdruck, was sie fühlt, und dabei weiß sie, daß sie störend und unbequem ist. Weil sie sagt, was sie denkt, und damit den Fluß netter belangloser Gespräche hemmt, hat Anna tatsächlich auch keinen Zutritt zu den sozialen Clubs und den populären Cliquen der Schule, und die Mädchen in ihrer Klasse sind schon oft wütend auf sie geworden. Aber Anna ist zu einem Schluß gekommen: »Ich glaube, ich bin jetzt an einen Punkt gekommen, wo es mir egal ist, was alle diese populären Leute denken. ... [Früher] wollte ich da unbedingt hineinpassen, aber jetzt habe ich selbst eine ganze Menge eigener Freundinnen, und es ist mir egal, was irgend jemand anders über mich denkt. Vor einiger Zeit noch, wissen Sie, hätte ich einfach nichts gesagt, aus Angst, die Leute würden sagen ›Die ist ja komisch‹, aber jetzt ist mir das egal.«

Anna distanziert sich von den Leuten, die ihr »unecht«, »unvernünftig« oder »oberflächlich« erscheinen – die Leute, die sich die Welt um sie herum nicht ansehen, die ihre Gedanken und Gefühle nicht zum Ausdruck bringen, die sich an populären Meinungen oder an netten Äußerlichkeiten ausrichten. Sie hinterfragt diese »blauäugige« Sichtweise der Wirklichkeit, wo Menschen nichts über Menschen wissen wollen, die anders sind, Leute wie sie, die arm sind und arbeitslose Väter oder gewalttätige Brüder haben. »Da mußte ich eben durch«, sagt Anna, als sie darüber spricht, was es bedeutet, in einer für ihre Begriffe reichen Mädchenschule arm zu sein. Das hat sie jetzt tatsächlich hinter sich, und Anna findet die Leute, die nicht zuhören oder nichts wissen wollen, »unheimlich«. Und doch spricht sie weiter aus ihrer Erfahrung, auch auf die Gefahr hin, daß andere abfällig über sie reden:

Alle sagen andauernd, ich bin eine Zynikerin. Sie sagen dann: »Du bist so eine Zynikerin und so eine Pessimistin«, aber das bin ich nicht. Du mußt, ich meine, alle, die mit jemand anders zusammenleben, du mußt zynisch sein, du kannst nicht einfach... Ich meine, so eine Blauäugige hätte Probleme... wirklich, man muß das einfach ganz realistisch sehen. Und zu denken, das Leben ist einfach Friede, Freude, Eierkuchen, das ist eben auch nicht realistisch, das ist nicht wahr..., und wenn du nie zynisch bist und denkst, daß jeder Tag ja so wunderschön ist, das geht dir auf die Nerven, wenn du so jemanden um dich herum hast, das ist eben einfach naiv und blauäugig. Da kann man einfach nur sagen: »Hör mir bloß auf damit«, das ist wirklich unheimlich. Mit so jemandem kannst du doch nichts anfangen.

Anna spricht darüber, was andere vermutlich über sie denken – daß sie zynisch, pessimistisch oder verrückt ist –, und wenn sie diesen Urteilen ins Auge sieht, sie kennt und sie wiederholt, lebt sie auch damit; sie läßt es nicht zu, daß sie irgendwie zu einer Prophezeiung werden oder Macht über sie bekommen, sondern sie setzt sie selbstbewußt ein, wenn sie feststellt, daß sich ihre Realität, ihre Erfahrung und die der naiven blauäugigen Existenz voneinander unterscheiden. Auf diese Weise entlarvt Anna die Ironie der höflichen Maskeraden, der Heuchelei und der falschen Beziehungen, die an der Oberfläche dazu da sind, die Gefühle von Menschen zu schützen, aber aus ihrer Sicht auch Konventionen sind, die Menschen »verrückt machen« und sie trennen: voneinander, von sich selbst und von der Wirklichkeit.

Mit vierzehn ist Anna entschlossen, hinter diese Fassade der Nettigkeit und der Frömmelei zu schauen, und sie ist sich nicht so sicher, ob sie sich der Elite oder der »normalen« Welt, zu der sie Zugang hat, anschließen möchte. Statt dessen sagt sie das, was auch Virginia Woolf in *Drei Guineen* vorschlägt, daß Frauen eine Universitätsausbildung bekommen, Berufe ergreifen und dann eine »Gesellschaft von Außenseiterinnen« bilden; Anna sagt, sie wird »eine von denen sein, die das College besuchen, ihren Doktor machen, und dann werde ich unten an einem Berg in Montana leben, einfach eine von diesen etwas verrückten Leuten. Vielleicht mit einer Hühnerfarm. Ich weiß nicht. Dann schreibe ich einfach Bücher oder so.« Im Moment stellt sich Anna vor, wie sie die Abschlußrede ihres Jahrgangs hält, die sie so gern halten möchte – »die beste Abschlußrede der Welt, was den Schock angeht, den die Leute kriegen werden«, die Rede, in der sie erzählt, was sie aus Erfahrung über die Wirklichkeit weiß.

Neeti: das perfekte Mädchen

Neeti ist in Annas Klasse. Sie ist freundlich und ernst. Ihr langes dunkles Haar hat sie elegant zu einem Zopf geflochten, sie ist indischer Herkunft; mit zwölf ist ihr Widerstand direkt. Doch im Unterschied zu Anna, die während der fünf Jahre dauernden Untersuchung immer direkter wird, scheint Neeti immer ruhiger zu werden. Bei den anderen Mädchen ist sie beliebt, und sie ist bestrebt, von ihrem nicht perfekten Notendurchschnitt von 3,7 unbedingt auf eine glatte 4,0 zu kommen. Sie treibt Sport und beteiligt sich auch an anderen Aktivitäten der Schule; doch ihre Versuche, immer nett und freundlich und nie gemein oder unhöflich zu sein, werden immer komplizierter und vergeblicher. Bleibt sie bei sich selbst – widmet sie sich ihren komplexen Gedanken und Gefühlen –, dann läuft sie Gefahr, »schlecht« oder »verrückt« oder ganz einfach »egoistisch« genannt zu werden. Um bei den anderen bleiben zu können, entscheidet Neeti letztendlich, sich selbst aufzugeben.

Als wir Neeti im Alter von zwölf Jahren zuhören und sie uns erzählt, was sie über menschliche Beziehungen und psychologische Prozesse weiß, wird uns langsam bewußt, wie genau und sorgfältig sie die Beziehungswelt beobachtet. Neeti erklärt uns, daß »beobachten« und »zuhören« Schlüssel dazu sind, wie sie etwas über die Menschen und die Welt erfährt. »Ich beobachte die Menschen«, sagt sie. »Ich beobachte sie immer wieder... Einfach zuhören und etwas erfahren, wissen Sie. Ich lerne aus den Fehlern der Leute... Es ist nicht schön, wenn Leute Fehler machen, aber mir hilft es.« »Wenn du wissen willst, wie die Leute sind«, rät Neeti der Frau, die neben ihr sitzt, »halte dich zurück«, warte ab und beobachte, denn »wenn du Freundinnen haben möchtest und du dich in Sachen reinstürzst, machst du vielleicht alles falsch, und dann gibt es überhaupt keine Möglichkeit mehr, mit ihnen befreundet zu sein«. Es gibt nur eine Möglichkeit für dich, sagt sie, »wenn man alles nach und nach angeht..., man muß aufpassen und sich ansehen, was die anderen so machen, und dann sehen..., ob ich da vielleicht hineinpasse«.

Es ist schwer zu entscheiden, inwiefern Neeti hier auch etwas über den Interviewprozeß selbst sagt, über ihre Sorge, ob sie in die Kategorien von PsychologInnen paßt oder über ihre Skepsis bei dieser Beziehung. Dadurch daß Neeti genau zwischen ihren eigenen Gefühlen und den Gefühlen anderer unterscheidet, kann sie auch das, was Autoritäten sagen, wie beispielsweise der Leiter des Ferienlagers, und das, was ihres Wissens wahr oder richtig ist, auseinanderhalten. Aber in ihren Beziehungen zu ihren Freundinnen wird es schon schwieriger, sich an diesen Unterscheidungen zu orientieren. Mit ihren Freundinnen, erklärt Neeti, ist sie vorsichtiger, sie neigt weniger dazu, sich in etwas hineinzustürzen und damit das Risiko einzugehen, alles »ganz falsch« zu machen, sie neigt weniger dazu, zu stören oder sich einzumischen. Statt dessen benutzt sie ihr scharfes Beobachtungsvermögen – das Beobachten und das Zuhören –, um sicher zu gehen, daß sie das Richtige macht, damit sie auch hineinpaßt. Zu diesem Zweck schärft Neeti ihre Beobachtungsgabe und hört genauer hin. Sie wird immer geschickter darin, an anderen etwas abzulesen und die vorherrschende Beziehungsstruktur abzuschätzen, doch damit entgleiten ihr auch langsam ihre eigenen Gefühle und Gedanken.

Also kämpft die zwölfjährige Neeti darum, mit sich selbst verbunden zu bleiben – mit dem, was sie aus Erfahrung weiß, was sie hört und sieht. Gleichzeitig möchte sie unbedingt mit ihren Freundinnen verbunden sein und in die Welt ihrer Schule hineinpassen. Wie auch die zwölfjährige Anna ist Neeti hin- und hergerissen, ob sie sagen soll, was sie fühlt und denkt, während sie die Beziehungswelt vorsichtig in sich aufnimmt. Wie auch Anna hat sie das Gefühl, daß sie sie selbst sein muß – daß sie ihre Gefühle und Gedanken nicht einfach verdrängen kann. »Ich kann mir nicht etwas ansehen und es einfach ignorieren«, sagt sie. »Ich sehe mir alles genau an, bevor ich mir ein Urteil bilde... Ich muß es erst verstehen.« Neeti sieht sich alles an und möchte aber auch auf alles, was sie sieht, reagieren. Sie sieht, daß einige Menschen allein sind, und versucht, »mit den meisten Leuten befreundet zu sein«. Und Neeti hat ein gutes Gefühl dabei, wenn sie auf andere eingeht. »Ich habe ein gutes Gefühl, wenn eine mal niemanden hat und ich dann bei ihr bleibe.« »Es ist einfach unhöflich, gemein zu sein«, sagt sie zu ihrer Interviewerin, »also ich lächle einfach immer.«

Hinter ihrem Lächeln regt sich Neeti darüber auf, daß Leute nicht bemerken, nicht anerkennen oder sehen, was sie tut. »Leute machen etwas, und niemand erkennt das an, und du hast dann das Gefühl, warum mache ich das eigentlich?« Doch Neeti macht sich Vorwürfe, daß sie solche Gedanken und Gefühle hat. Wenn sie sich dann fragt, warum sie ihre eigenen Gefühle aufgibt für Leute, die undankbar sind, sagt ihr eine kleine Stimme in ihrem Innern, daß sie nicht genügend auf andere eingeht. »Wenn ich sehe, daß irgend etwas passiert«, bemerkt Neeti, »denke ich mir immer, ich hätte das verhindern können... Ich denke immer darüber nach... Ich hätte noch mehr tun können.«

Neeti versucht, alles mitzubekommen. Sie beobachtet und belauscht die Beziehungwelt genau. Der Versuchung, perfekt zu sein, immer für andere da zu sein, immer zu lächeln, immer das Richtige zu tun, kann sie nicht widerstehen. Aber in ihrem Innern weiß Neeti, daß sie nicht perfekt ist, daß »nichts wirklich perfekt ist«, daß sie nicht immer Lust hat, nett zu sein, und diese Gefühle nagen an ihr. Sie schiebt sie in den Hintergrund, sie verliert die Beziehung zu sich selbst und baut eine Beziehung zu dem Bild auf, das sie von sich selbst hat und auf das andere Menschen eingehen, das diese sich zu wünschen oder zu schätzen scheinen, ein Image, das auch für sie mit der Zeit netter beziehungsweise sicherer geworden ist.

Wir hören, wie sich Neetis Stimme und ihr Blickwinkel verdoppeln, als sie ihrer Interviewerin erzählt, daß sie von sich nur dann sagen kann, sie sei sie selbst, wenn sie dem Perfektionsmaßstab anderer entspricht. Doch dann beginnt sie zu beschreiben, daß sie verzweifelt versucht, in ihren Beziehungen auch wirklich zu sagen, was sie fühlt und denkt. Neeti möchte Anerkennung für das, was sie ist, und nicht dafür, wie populär sie geworden ist:

> Das ist in meinem Leben immer so gewesen, Leute werden ausgesucht und dann einsortiert..., nicht nur ich, sondern auch andere hatten dieses Gefühl. Aber jetzt ist mir das egal, weil mir klar ist, daß es immer noch um mich geht; wenn ich zum Beispiel den Flur entlanggehe, sehen mich die anderen immer noch so, wie ich bin... Jedenfalls solange ich noch Freundinnen habe wie die, die ich jetzt habe, wenn das wirkliche Freundinnen sind..., wenn sie nicht mit dir befreundet sein wollen, wenn du nicht populär bist, dann ist es das nicht wert.

Aber während Neeti darum kämpft, daß »es immer noch um sie geht«, sichtbar zu bleiben, so wie sie ist, und Freundinnen zu haben, die »wirkliche« Freundinnen sind, weiß sie auch, wie überwältigend es ist, von anderen ausgewählt zu werden, und sie möchte beliebt sein. Sie verhält sich anders, wenn sie mit Jungen zusammen ist, denn »ich weiß nicht, ob sie mich mögen würden, so wie ich eigentlich bin; doch ich weiß nicht, ob ich mich auch so verhalte, wie ich bin, ich kann das nicht sagen«. Neeti spielt das populäre und perfekte Spiel und geht dabei das Risiko ein, daß sie nicht mehr weiß, wann sie Theater spielt und wann sie wirklich sie selbst ist. »Alle denken, es gibt keine andere Möglichkeit«, beobachtet sie; sie denken: »Wenn ich das nicht so mache, habe ich keine Freundinnen mehr, also machen sie es einfach so.« Sie denkt über sich nach und versucht herauszufinden, was sie selbst macht:

> Oft mache ich das auch so, glaube ich, aber ich kann es nicht genau sagen; andere wissen es ja auch nicht. Sicherlich ist es schwer zu wissen, wer du wirklich bist, es gibt so viele verschiedene Leute..., die so anders sind, und da habe ich aus den Erfahrungen anderer Leute und aus meinen eigenen Erfahrungen gelernt, wie ich mich verhalten soll, und so verhalte ich mich wahrscheinlich auch immer; das bin ich dann eben, oder ich bin etwas, was ich überhaupt nicht kenne.

Neeti lernt sowohl aus den Erfahrungen anderer als auch aus ihren eigenen, wie sie sich verhalten soll, und sie kann nicht sagen, ob sie sie selbst ist, ob sie echt ist oder ob sie es »so macht« – sich anders verhält, um populär zu sein, um hineinzupassen, andere dazu zu bringen, daß sie sie auswählen, anderen ein gutes Gefühl zu geben. Und weil andere Leute das auch nicht wissen, scheint die wirkliche Neeti, die anders ist, als die anderen sie sehen, und etwas anderes empfindet, als sie sagt, in Gefahr zu sein. Ihre Erfahrung ist jetzt, zumindest von außen, nicht mehr davon zu unterscheiden, wie andere sie erfahren. Unsicher sagt Neeti: »Das bin ich dann eben, oder ich bin etwas, was ich überhaupt nicht kenne.«

Ein Jahr später, im Alter von dreizehn Jahren, kämpft Neeti immer noch mit dieser relationalen Sackgasse. Ihr Wunsch zu sagen, was sie fühlt und weiß, steht im Widerspruch zu ihrem Wunsch, Beziehungen zu haben, Beziehungen nicht zu stören, niemanden zu verletzen. Neeti hat sich weiter aus der Beziehung zu sich selbst entfernt und klingt jetzt so, als ob sie an ihrem Leben emotional nicht beteiligt ist. Obwohl sie in der Schule selbstsicher zu sein scheint und beschreibt, wie sie und die Mädchen aus ihrer Klasse anderer Meinung sind und sie »sich daran hochziehen können, wenn sie merken, daß ein Lehrer oder eine Lehrerin nicht recht hat«, spricht sie nicht mit Leidenschaft oder Interesse vom Lernen. Sie arbeitet sehr viel, wird für intelligent gehalten und strebt nach guten Noten. Zu ihrer Interviewerin sagt sie: »Ich denke mir einfach, die Schule ist die eine Sache, ich lerne das alles nur, um ins College zu kommen, nur deshalb bin ich hier.«

Tatsächlich haben sich der öffentliche Bereich der Schule und die private Welt der persönlichen Beziehungen in diesem Jahr für Neeti voneinander getrennt, und wir haben nicht das Gefühl, daß sie auch nur in einem dieser beiden Bereiche festen Boden unter den Füßen hat. Neeti erzählt, daß ihre Beziehungen »immer da« sind, und sie kontrolliert sich selbst sehr genau. Neeti hat immer noch mit der unmöglichen Aufgabe zu kämpfen, den Vorbildern weiblicher Perfektion zu entsprechen und niemals etwas zu sagen, was eine andere Person verletzen könnte; sie bewegt sich jetzt in einem relationalen Minenfeld. Als sie gebeten wird, über die Erfahrung eines Konflikts zu sprechen, erzählt sie von »einer Freundin, die ich habe, und angeblich ist sie meine beste Freundin, und ich rede nicht mit ihr, weil alle in der Klasse sie nicht mögen..., ich meine, sogar ich mag sie nicht«. Diese unpopuläre »Freundin« weicht nicht von Neetis Seite, und deshalb muß Neeti ihren anderen Freundinnen erklären, welche Belastung das für sie ist. Mit dem Mädchen kann sie nicht reden, weil sie »so empfindlich« ist. Daraus schließt Neeti – und einen Moment lang geht sie dabei in die zweite Person über: »Da kannst du nicht viel machen«, bis sie wieder in der ersten Person über ihre Erfahrung spricht, eine Erfahrung, die lähmend ist und eine Sackgasse darstellt: »Und ich kann nichts zu ihr sagen, weil sie dann verletzt ist, deshalb weiß ich auch nicht, was ich machen soll.« Indem Neeti ihre Stimme verändert, rekapituliert sie in der Interviewsitzung, daß sie ihre Stimme in der ersten Person aufgegeben hat; und dann ist sie nicht mehr in der Lage, irgend etwas zu sagen, zu wissen, was sie tun soll.

Neeti fühlt sich in einer Szene, für die sie nicht verantwortlich ist, in die Enge getrieben. Das möchte sie nicht, und sie erzählt dann die Geschichte von einem Vertrauensbruch in einer Beziehung; sie erklärt, daß sie und ihre Freundin, eine wirkliche Freundin von ihr, geplant hatten, mit dieser nicht sehr beliebten »besten Freundin« ins Ferienlager zu fahren, und in letzter Minute haben sie einen Rückzieher gemacht:

[Dieses Mädchen] klang nicht beleidigt; sie hat gesagt: »Okay.« Aber wir wußten, daß sie verletzt war, und weil wir das eben wußten, hatten wir ein schlechtes Gefühl dabei, aber wir wollten wirklich nicht dahin... eines Tages hat mich dann, das war ich dann, nein, eigentlich eine andere Freundin... [dieses unbeliebte Mädchen] angerufen... Wir waren beide am Telefon..., und die andere Freundin hat so getan, als ob ich nicht zuhören würde... Und sie hat dann also meinen Namen erwähnt und alles... [Sie hat gesagt]: »Weißt du, was die gemacht haben?... [Sie] haben mich eines Tages einfach so angerufen und gesagt, daß sie nicht mit mir ins Ferienlager fahren würden.« ... Und sie war gekränkt, aber ich konnte auch nichts daran ändern... Und sie hat nie irgend etwas darüber gesagt... Sie ist sehr nett zu mir... Dann hat ihre Mutter meine Mutter angerufen..., und sie war gekränkt, aber sie hat das nicht so gezeigt... Jetzt hatten [meine Freundin] und ich und ein paar andere Mädchen schon beschlossen, in ein anderes Ferienlager zu fahren, und sie hat dann gefragt: »Kann ich denn nicht mitkommen?« Und ich habe geantwortet: »Wenn du willst. Das mußt du entscheiden.« Denn ich wollte nicht, daß sie auch mitkommt, aber ich kann einfach nicht nein sagen.

Neeti spricht jetzt aus dem Untergrund. Sie ist geschützt durch die Vertraulichkeit des Interviews und weil sie bei ihrer Interviewerin vielleicht das Gefühl hat, daß diese sie kennt und auf ihrer Seite sein wird, bringt sie ihren Konflikt deutlich zur Sprache. Ihr Dilemma ist, »daß ich dieses Mädchen nicht mag, ich kann sie überhaupt nicht leiden, aber ich weiß nicht, wie ich mich verhalten soll, weil ich nett sein muß«. Neeti beschreibt dann erstaunlich genau das Betrügerische in diesem Beziehungsdrama – ein Drama, in das sowohl Mädchen als auch Frauen einbezogen sind. Das unbeliebte Mädchen klingt »nicht beleidigt«, nachdem sie von Neeti und ihrer Freundin sitzengelassen und verletzt wurde, sondern sagt »okay« und ist weiterhin nett zu Neeti. Neeti findet heraus, wie sie sich fühlt, und zwar nicht, weil sie sie fragt, sondern weil sie bei einem arrangierten Telefongespräch heimlich mithört. Gekränkt ruft die Mutter dieses Mädchens an, aber »zeigt es nicht so«. Neeti ist klar, daß sie nichts mit diesem Mädchen zu tun haben will, das nicht von ihrer Seite weicht, doch reagiert sie auf den Wunsch des Mädchens, mit ihr in ein anderes Ferienlager zu fahren, indem sie sagt: »Wenn du willst. Das mußt du entscheiden.« Neeti drückt ihrer Interviewerin gegenüber aus, daß sie das Mädchen »nicht leiden kann«, weiß aber nicht, wie sie sich verhalten soll, denn sie sagt: »Ich muß nett sein.«

Es ist keine Frage, daß Neeti über das Echte und das Falsche in diesen Beziehungen Bescheid weiß. Sie ist eine sorgfältige und bewußte Beobachterin: »Ich beobachte die Leute und wie sie miteinander umgehen... Dann sehe ich, wie sich die Leute anders verhalten, je nachdem mit wem sie zusammen sind. Und ich glaube, ich weiß eine ganze Menge über die Leute.« Doch Neeti empfindet einen starken Druck, nett zu sein, den falschen Schein zu wahren, und möchte dieses Mädchen, das sie überhaupt nicht mag, nicht kränken. Und es gibt da auch noch andere, die sie berücksichtigen muß: »Ihre Schwestern sind mit meinen Schwestern befreundet«, erzählt Neeti. »Ihre Mutter und meine Mutter sind gut befreundet, unsere Eltern laden sich gegenseitig zum Essen ein.« Dieses unbeliebte Mädchen ist in Neetis Leben anscheinend allgegenwärtig – sie wohnt in ihrer Nähe, sie haben eine Fahrgemeinschaft. Und Neeti weiß, daß dieses Mädchen leicht verletzt und auf ihre Freundschaft angewiesen ist: »Sie hat mich irgendwann angerufen und gesagt: ›Ich war am Boden zerstört, als du nicht mehr mit mir geredet hast.‹ Was soll ich denn da bloß sagen?«

Neeti würde gern sagen: »Ich kann dich nicht leiden. Laß mich bitte in Ruhe.« Aber sie möchte mit diesen Gefühlen auch niemanden kränken – das Mädchen nicht, und auch nicht die Schwestern und die Mütter der beiden. Sie hat Anhaltspunkte dafür, daß dieses Mädchen »am Boden zerstört« sein wird, wenn Neeti zugibt, was sie empfindet. Und daher spricht Neeti auch von einer falschen und von einer »erstickenden« Nähe, als ob sie mit jemandem »verheiratet« wäre, den sie nicht liebt. Um das Mädchen vor Kränkungen zu schützen, muß sich Neeti selbst aus der Beziehung herausnehmen. Und weil sie sich ihre Gefühle gegenseitig nicht mitteilen können, vertiefen sich diese Gefühle noch – das Mädchen »weicht nicht von ihrer Seite«, »erstickt sie«, und Neetis Antipathie wird zu tiefem »Haß«. Im wesentlichen ist das Dilemma eine Ironie: Wenn Neeti ihre wahren Gefühle und Reaktionen verbirgt, um dieses Mädchen nicht zu verletzen, um nett zu erscheinen und um einen Konflikt zu vermeiden, wird sie Teil einer quälenden und falschen Beziehung. Mit ihren unausgesprochenen Reaktionen betrügt sie nicht nur ihre eigenen Gefühle, sondern sie läßt auch das Mädchen, das sie eigentlich beschützen möchte, in ihrer Verwirrung allein, und wahrscheinlich wäre sie weniger verletzt, wenn Neeti sagen würde, was sie wirklich empfindet. Es ist paradox, daß Neeti – um eine Beziehung zu retten – dazu beiträgt, eine unechte Beziehung zu schaffen, in der es keine Gesprächsmöglichkeit und immer wieder nur Mißverständnisse und negative Gefühle gibt.

Wir sehen, wie Neetis Beziehungswelt sich verdunkelt, denn sie ist in einem Netz aus unechtem und letztendlich schrecklichem Verhalten gefangen und hat sich hoffnungslos darin verstrickt. Sie möchte, daß der Konflikt zu einem Ende kommt. Ihre Gefühle und Gedanken bleiben unausgesprochen, ohne Stimme, sie werden also aus Beziehungen herausgenommen, sie scheinen unangemessen und verzerrt zu sein; daher ist es unmöglich, sie in die Beziehungen mit anderen einzubringen. Und dennoch ist Neeti immer noch eine scharfe Beobachterin der menschlichen Szene. Prägnant und herrlich ironisch beschreibt sie die Beziehungswelt in ihrer Klasse und sagt: »Niemand ist richtig gemein, so wie ich das sehe, aber es gibt Leute, die verletzt sind.« In dieser Welt der perfekten netten Mädchen, in die sie gern Zutritt hätte, »redet jede über die andere hinter ihrem Rücken«, das weiß sie, und sie schließt sich selbst auch ein.

Mit vierzehn spricht Neeti nicht mehr öffentlich – und auch nicht privat mit ihrer Interviewerin – über negative Gefühle, Wut oder Haß. »Ich tue, was ich kann«, sagt sie, als sie darum gebeten wird, sich selbst zu beschreiben. »Alles, was auch nur möglich ist, tue ich..., ich nehme alles, was um mich herum passiert, sehr genau wahr, ich bemerke ebenso kleine Dinge und kümmere mich um die Leute, die um mich herum sind.« Als sie gefragt wird, wie sie sich im Laufe der Jahre verändert hat, antwortet Neeti pflichtbewußt, daß ihr – anders als vor zwei Jahren – jetzt klar ist, »wie wichtig die Schule ist und wie wichtig

Freundinnen sind«. In diesem Jahr scheint Neeti das perfekte Mädchen zu sein – eine exzellente Schülerin ohne negative Gedanken oder Gefühle, das Mädchen, das alle gern wären.

Aber als ihre Interviewerin Neeti darum bittet, die Erfahrung eines Beziehungskonfliktes zu beschreiben, erzählt sie noch eine andere Version der Beziehungssackgasse, mit der sie die letzten beiden Jahre zu kämpfen hatte. »Ich habe eine Freundin«, beginnt Neeti, die »sich überlegt, ob sie Schulsprecherin werden möchte«. »Sie fragt mich, ob sie wohl gewinnt, und ich weiß, daß sie nicht gewinnt. Ich weiß nicht, ob ich zugeben soll: ›Also, du gewinnst ganz sicher nicht‹, oder ob ich einfach sagen soll: ›Versuch's doch, man kann nie wissen.‹« Obwohl Neeti weiß, daß »die Konkurrentin gewinnen wird«, beschließt sie, ihrer Freundin das nicht zu sagen, »weil es sie verletzen würde, wenn ich ehrlich wäre«. »In [solchen] Situationen«, erklärt Neeti, »denke ich, es ist besser, einfach nett zu sein«, denn »sie wäre bestimmt sauer auf mich, wenn ich ehrlich zu ihr gewesen wäre«.

Neeti unterscheidet immer noch zwischen dem, was sie in ihrem Inneren wirklich fühlt und denkt, und dem, was sie ihrem Gefühl nach zu ihrer Freundin sagen kann. Wenn es darum geht, wie sie sich verhalten und was sie sagen soll, ist sie in diesem Jahr jedoch anscheinend nicht mehr so konfus und so ambivalent. In dieser Situation liegt, wie sie sagt, der Konflikt darin, »ob es wichtiger ist zu sagen, was du denkst, oder ob du das sagst, was du denken sollst«; ihre Entscheidung ist durchaus klar und auch zu rechtfertigen – sie wird das »Nette« tun, sie wird tun, »was [ihre Freundin] wollte«, anstatt sie zu verletzen.

Obwohl Neeti weiß, was sie tut – sie weiß, daß sie zu ihrer Freundin das sagt, was diese ihrer Meinung nach hören möchte, und nicht das, was sie wirklich denkt –, quält sie sich nicht mehr damit, unehrlich zu sein, sie ringt nicht mehr mit der Diskrepanz zwischen dem, was sie fühlt, und dem was sie sagt. Neeti prüft ihre Freundinnen und ihre Beziehungen auf jedes Konfliktzeichen hin, damit hält sie sich selbst zurück, und sie wird zu einer Reflexion – einem Spiegel oder einem Sprachrohr für das, was sie nach Meinung anderer »denken soll«. Neeti spricht mit zwei Stimmen und hat ein gutes Gefühl dabei, daß sie einerseits die Möglichkeit hat zu wissen, was sie weiß, und andererseits ihre Freundin immer noch vor ihrem Wissen schützen kann.

Die Beziehungsoberfläche sieht zwar glatt und ruhig aus und mag durchaus auch so empfunden werden, doch Neeti steckt in Beziehungen, die keine psychologischen Verbindungen sind. Während sie im

Alter von zwölf ihre Gefühle in Beziehungen einbrachte – Gefühle der Sorge, der Wut, der Angst und der Trauer, die einen offenen Konflikt zur Folge hatten, einfach störten und schließlich dazu beitrugen, daß sie sich selbst und andere besser verstehen konnte –, hat Neeti ihre Gefühle jetzt aus Beziehungen herausgenommen; es wird für sie immer schwieriger, etwas anderes zum Ausdruck zu bringen als das nette und freundliche Selbst, das sie der Welt präsentiert.

Wenn sie sich auf diese Welt einläßt und die ideale Schülerin und ideale Freundin wird, bedeutet das für Neeti, daß sie über ihre Gedanken und Gefühle nicht spricht – und sie unserer Ansicht nach letzten Endes dann auch nicht mehr kennt. Anders als Anna, die immer weiter stört und ein politisches Risiko eingeht, geht Neeti vielleicht dadurch, daß sie in den Untergrund geht, letztendlich ein psychologisches Risiko ein.

Liza: das Covergirl

Mit zwölf ist es an ihrer Stimme hörbar und an ihrem Gesicht ablesbar, daß Liza sich damit auseinandersetzt, was sie wissen soll.[10] »Ich weiß nicht«, sagt sie immer wieder, als die Interviewerin sie fragt, was für sie im letzten Jahre am wichtigsten war. »Ich weiß nicht, wahrscheinlich die Noten.«

Warum sind die Noten wichtig?
Ich weiß nicht, ich weiß nicht, für mich und für meine Eltern, deshalb versuche ich, gut in der Schule zu sein, ich weiß nicht, für meine Zukunft, für meine Eltern, daß sie nicht enttäuscht sind, ich weiß nicht, aus vielen Gründen.

Mit zwölf sagt Liza, daß sie sich ihren Eltern sehr verbunden und verpflichtet fühlt – »Ich meine, sie zahlen dafür, daß ich in diese Schule gehen kann«, berichtet sie, »sie bezahlen für eine gute Ausbildung, und es ist nicht richtig, wenn ich sie enttäusche.« Sie hat die Stimmen ihrer Eltern verinnerlicht und wiederholt das, was diese unter einem guten Leben verstehen – »du kannst nicht, du kannst doch nicht einfach machen, was du willst, du mußt machen, was du machen solltest... Wenn du sehr fähig bist und du etwas kannst und so, dann gibt es keinen Grund dafür, wissen Sie, das nicht auch zu benutzen, um dann im Leben das zu erreichen, was du erreichen möchtest... Wissen Sie, ich glaube eben, so sollte es auch sein, du solltest immer versuchen, alles zu tun, was du kannst.« Sie geht von dem persönlichen »ich« zu einem allgemeinen »du« über, Lizas erste Person rutscht in die zweite Person, und sie selbst verschwindet. Mit zwölf Jahren benutzt sie für das, was sie denkt und fühlt, selten die Stimme der ersten Person, nur wenn sie die Worte ausspricht, die ihre Gedanken und Gefühle einleiten: »Ich weiß nicht, ich bin so erzogen worden, daß ich normalerweise das Richtige mache, wenn ich weiß, was es ist..., du weißt das einfach..., wenn du so erzogen bist, wissen Sie, und lernst, Sachen richtig zu machen, wissen Sie.«

Für Liza bedeutet das Lernen, es »richtig zu machen«, anscheinend, einen Ausweg aus Konflikten und Meinungsverschiedenheiten zu finden, »in der Mitte zu sein«, wie sie es nennt und wie sie es auch macht, wenn sie und ihre Eltern anderer Meinung sind. In der Schule sagt Liza wie »alle, die ich kenne«, genau das, was auch die LehrerInnen meinen, »denn die verteilen ja die Noten«. Privat versucht sie »zu entscheiden, was für dich selbst richtig ist, ... ohne die Meinung von irgend jemand anders«. Was sie weiß, verlegt sie bewußt in den sicheren Untergrund, wo sie überprüfen kann, was sie lernt, und wo sie für sich selbst entscheiden kann, was ihrem Denken und ihrem Gefühl nach richtig ist; auf diese Weise bleibt die Welt ihrer Familie und ihres Klassenzimmers unberührt und unverändert von ihrer Stimme, ihren Gefühlen, Vorstellungen und Meinungen.

Wie auch Judy und Neeti nähert sich Liza mit zwölf Jahren – wenn sie sich zwischen Kindheit und Adoleszenz bewegt und vom Mädchen zur Frau wird – einer massiven Wand von kulturellen Normen und Vorstellungen von Weiblichkeit. Liza möchte unbedingt »normal« erscheinen. Sie verinnerlicht das Sollen und Nicht-Sollen um sich herum und findet es allmählich schwierig, sich so zu beschreiben, wie sie sich selbst einschätzt. »Alle können einfach immer eine Menge gute und schlechte Sachen über sich selbst sagen«, fängt sie an, »aber ich weiß eigentlich gar nicht, was ich sagen soll, weil es sich auch nicht so anhören soll, als ob ich komisch bin... Ich weiß nicht, ich arbeite ziemlich viel für die Schule, und ich passe da ganz gut rein.« Die Gefahr, aus dem Bereich, der für angebracht und akzeptabel gehalten wird, herauszufallen, droht Liza zum Schweigen zu bringen, wenn sie sich selbst nach den Maßstäben anderer beurteilt und weiß, wer sie ist, weil sie hineinpaßt, und weiß, daß sie hineinpaßt, weil ihr Beziehungsleben typisch, normal zu sein scheint. »Ich bin einfach durchschnittlich, ganz alltäglich, jemand, die zur Schule geht«, sagt sie weiter, »die eine sehr gute Freundin hat, ich weiß nicht... Jungen mag, am Wochenende irgendwohin geht und den ganzen Sonntag zu Hause bleibt, um die Hausaufgaben zu machen, ich weiß nicht... ganz normal eben.«

Liza preßt sich in die Vorstellungen, die sie vom durchschnittlichen Mädchen hat, vom anständigen Mädchen, wie es von der oberen Mittelschicht der weißen Welt, in der sie aufgewachsen ist, definiert wird: Sie ist gut in der Schule (wenn auch nicht so gut, daß sie herausragt), »versteht sich mit« ihrer Familie, hat viele Freundinnen, »mag Jungen«. Liza achtet so sehr darauf, wie sie aussieht und wie gut sie hineinpaßt, daß sie wenig darüber sagt, wie sie sich fühlt und was sie denkt. Sie möchte nichts sagen oder tun, was ihr sorgfältig aufgebautes Image stören könnte – »Du möchtest nicht, daß irgendwelche Geschichten verbreitet werden«, sagt sie, »du möchtest nicht, daß deinetwegen irgend etwas passiert, was nicht sein muß.«

Aber Liza ist alles andere als durchschnittlich. Durch ihr Aussehen und das Ausmaß ihrer Beziehungen zu Jungen steht sie in ihrer siebten Klasse schon am Rand, und sie muß ständig darauf achten, wie die anderen Mädchen sie wahrnehmen. Weil sie ihre Freundinnen »für Jungen« im Stich gelassen hat, erklärt Liza, gilt es nun, »die Augen immer offenzuhalten«. Wenn sie mit anderen Mädchen zusammen ist, muß Liza – ebenso wie mit den Erwachsenen in ihrem Leben – »allwissend sein«. »Du kannst nicht einfach etwas ignorieren«, sagt sie zu ihrer Interviewerin und spricht damit kurz das Problem ihres Rufes unter den Mädchen in ihrer Schule an, denn wenn du das tust, »könntest du das später vielleicht, ich weiß nicht, bereuen«.

Mit ihren offenen Augen klingt Liza ein wenig wie Neeti; indem sie beobachtet, »wie Menschen miteinander umgehen und wie sie mit dir umgehen«, schließt sie auf das »Innere« dieser Menschen. Liza paßt genau auf und sagt: »Ich denke, du weißt, was du sagst und was du nicht sagst«; du hast »irgendwie ein Gefühl dafür, was du sagst, damit du eine Person, mit der du befreundet bist, nicht irgendwie störst oder verletzt«. »Aber wie würdest du denn damit umgehen, wenn deine Freundinnen eine andere Meinung haben als du?« fragt ihre Interviewerin, die sich vielleicht nicht sicher ist, was Liza wirklich denkt und fühlt, wenn sie sich in ihren Beziehungen so vorsichtig bewegt. »Ich weiß nicht«, antwortet Liza daraufhin, »wahrscheinlich wenn du das tust, was du tun möchtest, so daß es diskret genug wäre, damit es eben nicht – damit du es nicht..., ich weiß nicht, zu offensichtlich

machst.« Im Gegensatz zu kleineren Kindern, die andere »treten...
oder schlagen«, erklärt Liza, möchte sie lieber »einen angenehmen
Streit, in dem du dann die andere Person irgendwie ignorierst oder
einfach versuchst, dich zurückzuziehen«.

Liza möchte von anderen nicht ausgeschlossen werden, sich nicht
ausgeschlossen fühlen. Doch durch das ständige Leben mit dem Blick
der anderen, das Warten auf die Urteile anderer, und gleichzeitig zu
wünschen, nicht »offensichtlich« zu sein, empfindet Liza den Druck,
sich auf eine Art und Weise zu verhalten, die ihr unangenehm und
falsch vorkommt. Mit stockender Stimme beschreibt sie – abwech-
selnd in der ersten und in der zweiten Person – eine Situation, in der
sie das Gefühl hat, sie ist nicht wirklich sie selbst: »Ich weiß nicht...
wenn du wahrscheinlich einfach – ich weiß nicht genau, ich meine,
wenn du mit jemandem redest, der dich eben wirklich unter Druck
setzt..., ich weiß nicht, du lächelst ständig und lachst und redest über
Dinge, über die du überhaupt nichts weißt.« Sie kennt den Druck, den
sie in solchen Momenten empfindet, und das unangenehme Gefühl,
das sie dabei hat, und Liza weiß auch ganz genau, was andere von ihr
brauchen und wollen. Mit zwölf scheint sie sich vor einem Abgrund
noch im Gleichgewicht zu halten, in einem Moment hofft sie auf echte
Beziehungen – Freundinnen, die »wirklich Freundinnen« sind, sagt
sie, »halten auch immer zu dir« –, im nächsten Moment stolpert sie
über die Gefahren des Betrugs, nämlich dann, wenn sie sich unter
Druck fühlt, »über Dinge, über die du überhaupt nichts weißt«, zu reden.

Liza möchte ein »Modell« dessen sein, was sie als ideale Frau definiert – »eine, die keine Angst hat, zu sagen, was sie denkt..., die wirklich nicht dumm ist« –, doch ihre Ambivalenz ist offensichtlich.
»[Möchtest du jemand sein], die ihre Meinung sagt?« fragt ihre Interviewerin, unsicher, wie diese Ansicht zu der Liza paßt, die so zurück-
gezogen und diskret und normal ist. »Ja«, erwidert Liza, »aber auch
nicht zu..., ich weiß nicht genau...« Auch nicht zu was, fragen wir uns,
als wir hören, wie Lizas Stimme allmählich verstummt: zu direkt vielleicht, zu indiskret, zu ungehörig, zu störend? Liza, die sagt: »Ich habe
ein schlechtes Gewissen«, überwacht sich selbst hinsichtlich solcher
Extreme; sie hält die Augen und Ohren offen – »ständig« sucht sie
nach Zeichen für ihre eigene Indiskretion.

Doch dieses zwölfjährige Mädchen, die ganz beiläufig bemerkt, ihr
Hauptproblem sei, »daß ich nicht blond bin«, möchte eindeutig mehr

sein als ein Spiegelbild für die Erwartungen anderer, mehr als der fruchtbare Boden für die Meinungen, Vorstellungen und Wertmaßstäbe der anderen. Obwohl sie an der Oberfläche die Ansicht ihrer Lehrerin unkritisch zu übernehmen scheint, möchte sie unter dieser Oberfläche eine Lehrerin, die mit »Gefühl [spricht], ... mit einer interessanten Stimme... [die] ein paar Beispiele bringt«, die sie aus dem Leben nimmt. Liza möchte zu dem, was sie lernt, eine Verbindung herstellen – sie selbst sein, eine Person, die ihre Meinung mit Gefühl sagt.

Also kämpft die zwölfjährige Liza darum, bei ihren Gedanken und Gefühlen zu bleiben, während sie gleichzeitig versucht, die verschiedenen Stimmen, die sie verinnerlicht hat, zusammenzuhalten. Manchmal spricht Liza mit einer Stimme, die mit dem Sollen verknüpft ist und radikale Unabhängigkeit und Autonomie propagiert, und sie erklärt dann, daß sie erwachsen sein möchte, was für sie bedeutet, völlig selbständig zu sein: Eltern »sind nicht dein ganzes Leben für dich da«, erzählt sie ihrer Interviewerin. Und dir muß klar sein, daß du »dich entweder... selbst um [Sachen] kümmerst, oder jemand muß sich für dich um [sie] kümmern«. Auf diese Weise sagt sie sich von ihren relationalen Sehnsüchten und ihrem relationalen Wissen los.

Diese Stimme der sich entwickelnden Unabhängigkeit und Trennung vermischt sich mit einer Stimme weiblicher Schweigsamkeit und Zustimmung – eine leise Stimme, die weiß, wann sie feinfühlig sein und nicht »stören« sollte, wie sie »diskret« und kompromißbereit sein kann. Während Liza mit diesen konkurrierenden Stimmen kämpft, sieht sie jedoch auch die winzige Chance – »wenn Leute beides sehen können, so irgendwie, als ob man zweisprachig ist, wissen Sie«. Die Möglichkeit, mit Menschen in ihrer eigenen Sprache zu kommunizieren, ist für Liza verführerisch, denn auf diese Weise wird die »Ursache für viel Konfliktstoff« beseitigt. Aber während sie sich zwischen ihrem »Ich weiß nicht« und dem alles-wissenden, alles-sehenden »Du« hin und her bewegt, das dann das »Auge« der Kultur[11] wird – die schon internalisierte Selbstüberprüfung, die sie von zu Hause in die Schule trägt und von der Schule wieder nach Hause zurück –, fragen wir uns, wie sie mit diesen verschiedenen Stimmen fertig werden wird, ohne in einen Konflikt zu geraten.

»Im Grunde bin ich immer noch dieselbe«, sagt die dreizehnjährige Liza ein Jahr später zu ihrer Interviewerin. »Ich denke, meine Vorstellungen und so haben sich irgendwie verändert«, aber »ich habe mich nicht irgendwie völlig verändert. Ich habe mich nicht so sehr verändert. Ich denke, daß ich mich psychisch entwickelt habe, aber... Ich habe mich nicht verändert. Ich bin immer noch irgendwie die gleiche.« Jedoch deutet Liza kurze Zeit später indirekt an, daß sie sich mitten in einem kalten Sturm von Veränderungen befindet, der peitscht und wirbelt und sie kaum wahrnehmbar »auf eine andere Stufe im Leben..., auf eine andere psychologische Stufe« zieht. Dreizehn ist eine »Phase mit viel Druck«, erklärt Liza, »weil eben, wissen Sie, deine Freunde und Freundinnen verändern sich, und alles wird ganz anders, und dann bist du plötzlich kein kleines Kind mehr... Du bist jetzt viel komplizierter. Es gibt mehr Dinge, um die du dich kümmern mußt; mehr Dinge, mit denen du umgehen mußt, sozialen Druck, das alles eben.«

Tatsächlich hören sich Liza und ihr Leben jetzt auch komplizierter an. Aus ihrem Kampf »hineinzupassen« und in ihrer Klasse eine diskrete und damit sichere Schülerin zu sein, sind jetzt offene Spannungen mit den anderen Mädchen geworden, denn sie läßt letztere nicht nur für Verabredungen mit Jungen im Stich, sondern auch für eine andere Art von Freundschaft. »Ich habe schon ganz viele Freunde gehabt«, erzählt sie ihrer Interviewerin. »Mädchen als Freundinnen zu haben ist nicht immer das Beste. Ich würde lieber einen Jungen als Freund haben, als mit einem Mädchen befreundet zu sein.« »Warum denn das?« fragt ihre Interviewerin. »Weil Freundinnen wirklich kleinkariert sind, wissen Sie, und wenn du auch nur das kleinste bißchen falsch machst, sagen sie gleich ›Oh‹, und ich weiß nicht, Jungen, mit denen man befreundet ist, akzeptieren einen eher glaube ich... [Mädchen] haben mehr an dir zu kritisieren, wissen Sie, und sie sind immer mehr, du mußt eben vorsichtig sein, was du machst und was du sagst und alles so was... Ich glaube, allgemein stimmt das irgendwie.«

Liza begründet ihren Rückzug aus der Welt ihrer Freundinnen beziehungsweise die verächtlichen Äußerungen, die sie über ihre Freundinnen macht, damit, daß die Freundinnen sich über sie ärgern und sie kritisieren. Sie befreit sich von dem Druck, der ihrem Gefühl nach auf die Eifersucht der Mädchen zurückzuführen ist, und trennt sich von ihnen, die so »kleinkariert« und kritisch sind; doch in ihrer Gegenwart bewegt sich Liza um der Beziehungen willen, die sie für notwendig hält, geschickt und vorsichtig, und sie tut so als ob.

Entweder bist du vorsichtiger in dem, was du sagst, oder du tust irgendwie so als ob, wissen Sie. Du tust dann so... Ich weiß nicht. Als ob du, ich weiß nicht, mit einer zusammengesteckt wirst, auf die du dich dann einstellst, und du versuchst, sie zu mögen, also ich weiß nicht. Du mußt eben irgendwie, ich weiß nicht, manchmal, wenn du weißt, daß du nicht zurechtkommst, wenn du so bist, wie du bist.

In dem Moment, als sich Liza noch weiter von den Mädchen in ihrer Klasse distanziert, fühlt sie sich aufgrund der Veränderungen in ihren Beziehungen schlecht und »ein bißchen deprimiert«. Sie erwartet, daß es immer wieder solche Phasen in ihrem Leben geben wird, wenn Freundinnen »irgendwie gegen dich sind« und »du an dir selbst zweifelst« und »du einfach fertig bist«, jedoch klingt sie defensiv und bitter, wenn sie über die »Streitereien und Zankereien« spricht, die sie mit diesen Mädchen hat. »Wenn dir [eine Person] egal ist«, sagt sie, »wenn du sowieso nicht mit ihnen zurechtkommst, dann ist es nicht so schlimm.« »Wenn sie dir egal ist, dann hat es auch keinen Sinn.« Letztendlich beschließt sie, ihren Klassenkameradinnen fehlt es irgendwie an psychologischer Reife. Wenn Liza in der allgemeinen Form des »du« spricht, scheint sie sich an den Ansichten auszurichten, die Erwachsene von Reife haben, und gemessen an diesen Ansichten, benehmen sich diese Mädchen kindisch: »Wenn du dich reif verhältst..., akzeptieren [Erwachsene] dich wahrscheinlich auch so... Wenn du die Möglichkeit hast, dich so zu verhalten, als ob du älter wärst und, wissen Sie, mehr Vorteile zu bekommen und anspruchsvoller zu sein... Ich glaube im allgemeinen nimmst du diese Gelegenheit dann auch wahr.« Obwohl sie »eine der Jüngsten in der ganzen Klasse ist«, stellt sie fest: »Ich bin reifer als viele, die älter sind als ich.« Damit distanziert sie sich noch weiter von ihren Klassenkameradinnen. Und außerdem ist es »deprimierend«, sagt Liza, daß so viele Mädchen in ihrer Klasse sich »unreif« oder »dumm« verhalten. »Das ärgert mich, wenn jemand wirklich dumm ist.« »Für Dummheit habe ich nicht viel Verständnis, wirklich nicht... Ich weiß nicht, aber du weißt es, wenn sie nur so tun als ob, wissen Sie, du weißt, wann sie sich nur dumm stellen. Ich meine, ich verstehe nicht, warum du dich dumm stellen solltest. Das ist nicht, ich weiß nicht, ich würde das niemals versuchen.«

Sich »dumm« zu verhalten oder sich »dumm« zu stellen, bedeutet für Liza, sich auszuleben, albern oder laut zu sein und die eigene Meinung zu sagen. Vielleicht distanziert sich Liza aus diesen Gründen emotional und psychologisch von den Mädchen, die um sie herum sind. Sie hinterfragt nicht, wie oder warum die Mädchen in ihrer Klasse, »die einmal die beste Klasse war« – »Wir hatten Lehrer und Lehrerinnen, die gesagt haben, wie gut wir waren, das war unglaublich« –, warum diese Mädchen jetzt »ständig Runden in der Turnhalle laufen«, weil sie sich ausgelebt und gegen die Schulordnung verstoßen haben. Sie hinterfragt nicht, warum ein Mädchen in ihrer Klasse, die »wirklich helle« ist, in den letzten Jahren allmählich »immer weniger von sich hält, wissen Sie, und sie kriegt jetzt ganz schlechte Noten und alles«. »Sie hätte einfach arbeiten sollen«, sagt Liza, anstatt zu fragen, warum ein so kluges Mädchen sich wohl dazu entschließt, »in die Lücken [von einem Test in den Naturwissenschaften] die Leute aus der Sesamstraße oder so etwas zu schreiben«. »Das haut mich total um«, sagt Liza und kann es nicht glauben. »Ich verstehe das nicht.« Liza spricht jedoch über diese Mädchen.

Während sie sich von ihren Klassenkameradinnen und dem, was sie tun und sagen, distanziert, beschreibt Liza aber auch Augenblicke, in denen sie in einer echten Beziehung mit sich selbst und mit diesen Mädchen ist. »Jeder Mensch hat irgendwie einen Instinkt«, erklärt Liza ihrer Interviewerin: »Du hast etwas in dir, das dich dazu treibt, etwas zu machen..., etwas Impulsives..., Spontanes«, wie zum Beispiel damals, als sie und ihre Klassenkameradinnen die Schule geschwänzt haben: »Acht von uns, wissen Sie, gingen hintereinander den Flur entlang«, berichtet Liza mit leuchtenden Augen, als sie sich daran erinnert. »Ich meine, das war so natürlich, so ein Erfolg..., das war ein gutes Gefühl, ich habe mich wirklich gut gefühlt. Das war so ein Gefühl, als ob wir einen Moment lang Heldinnen waren... Manchmal ist es wirklich ein gutes Gefühl zu rebellieren, ich mache das nämlich nicht so oft.« Liza spricht jetzt in der ersten Person und verbindet mit der seltenen Widerstandsaktion zusammen mit den Mädchen in ihrer Klasse einen Moment der Authentizität – einen Moment echter Freude. Aber weder sie noch ihre Interviewerin gehen auf diese Szene ein, die in einer so seltsamen Beziehung dazu steht, was sie kurz vorher über Mädchen und Freundinnen gesagt hat.

Wenn Liza dieses »Ich« nicht beachtet und dem »Auge« der Kultur Priorität einräumt, »wirkliche freundschaftliche Beziehungen, die sie mit Jungen haben kann«, für sie wichtiger werden als ihre Freundinnen, tauscht sie diese seltenen Erlebnisse der Spontaneität, Momente, in denen sie sich »impulsiv«, »so natürlich« und »so, wie sie wirklich ist«, fühlt, gegen eine Reife ein, die aufgesetzt, gekünstelt und unecht klingt. Die Definition von Reife, für die Liza eintritt, paßt nicht dazu, wie sie die Mädchen in ihrer Klasse erfährt. Und dabei ist ihr nicht klar, was echt und was unecht ist.

Im Vergleich zu der Geschichte, in der sie die Schule geschwänzt hat, beschreibt Liza ihre »reife« Beziehung zu ihrem Freund, der vier Jahre älter ist als sie. Das ist eine Beziehung, in der es für Liza »Grenzen« und Kontrolle gibt, denn ihr war von Anfang an klar, daß ihr Freund »vielleicht mehr will, als du ihm geben könntest, im Sinne von, im körperlichen Sinn«. Liza überlegt, welche Gefühle sie hinsichtlich des Verlangens von ihrem Freund hat und sagt:

Ich meine, an einem bestimmten Punkt weigere ich mich dann..., ich denke, daß sich jeder Mensch Grenzen setzen muß, und dann solltst du dich auch daran halten, wissen Sie; das habe ich ja schon gesagt, du kannst nicht einfach mittendrin auf einmal andere Prioritäten setzen; wenn du das nämlich machst, dann bist du wirklich schwach, wissen Sie, ein schwacher Mensch eben, wissen Sie. Und es ist wirklich wichtig, sich so etwas genau zu überlegen. Wissen Sie, das ist, als ob du, wissen Sie, zu einem Betrunkenen ins Auto steigen müßtest, so ungefähr, wissen Sie, so eine Entscheidung ist das, denke ich.

Sie setzt ihre Beziehung zu ihrem Freund mit dem Einsteigen in das Auto eines Betrunkenen gleich, und damit macht Liza deutlich, was sie direkt nicht sagen kann – ihre Angst, daß sie in einer lebensbedrohlichen Situation ist. Sie weiß, wie gefährlich es sein kann, wenn sie »da sozusagen reingezogen« wird, wenn sie dazu verführt wird, sich »wunderbar« zu fühlen, ohne es sich »genau zu überlegen«, und deshalb setzt und sichert sie sich ihre Grenzen.

Liza sagt, sie findet, daß Jungen andere leichter akzeptieren und sie besser mit ihnen reden kann, doch sie kämpft damit, ihrem Freund zu sagen, was sie fühlt und denkt, der, sagt sie, »ziemlich besitzergreifend ist«. Sie kann ihm, erklärt sie, nicht sagen, daß ihr das an ihm nicht gefällt und daß sie auch mit anderen Leuten zusammen sein möchte, aus Angst davor, daß er dann »wirklich sauer [wird]... Er benimmt sich dann irgendwie so: ›Wir gehen zusammen weg, und damit hat es sich‹«, erklärt sie, »und ich weiß nicht«. Sie beschließt, »es dabei« – und damit meint sie ihre Gefühle – eine Zeitlang »zu belassen«, »mir [meine Wünsche] aus dem Kopf zu schlagen«, sagt sie, sich selbst zu »widersprechen«, und damit meint sie, sich über ihre Stimme hinwegzusetzen und ihre Meinung zu ändern, denn »ich war nicht sicher, wie er reagieren würde, also habe ich es ihm nicht gesagt... Er wäre vielleicht sauer geworden, oder er hätte sich aufgeregt. Ich meine, ich wußte nicht, was dann passieren würde, wissen Sie, ich wußte nicht, was dann daraus werden würde.«

Mit dreizehn hat sich die soziale Landschaft für Liza verändert, aber sie kämpft immer noch, was sich auch in ihrer Sprache niederschlägt.[12] Jetzt wird sie hin- und hergerissen zwischen den Beziehungen zu ihren Freundinnen, die voller Ambivalenz und voll von Konflikten sind, und der Welt der »Reife« und ihrer Liebesgeschichte, wo es im Schatten der Besitzansprüche auch zur Gewaltandrohung kommt und wo es für sie schwierig ist zu wissen, was sie weiß, und zu sagen, was sie empfindet; Liza weiß nicht, bei wem sie sicher ist, wem sie vertrauen kann, »um wen es sich lohnt und um wen nicht«.

Mit vierzehn ist Liza in der neunten Klasse. Sie hat jetzt blond gefärbte Haare; das, was sie sich mit zwölf Jahren gewünscht hatte, ist jetzt Wirklichkeit geworden. »Ich bin immer beschäftigt«, sagt Liza in diesem Jahr zu ihrer Interviewerin. »Dein soziales Leben wird anscheinend aktiver, wenn du größer und erwachsener wirst, wissen Sie, älter und so.« Liza beobachtet sich selbst von außen und ist sich ihres »Aussehens« ständig bewußt; sie erklärt auch nur, wie sie sich rein optisch verändert hat:

Ich glaube, ich werde einfach älter. Ich weiß nicht, ich sehe jetzt ganz anders aus, meine äußere Erscheinung eben, ich bin größer und dünner als früher. Ich weiß nicht, ich sehe im ganzen besser aus als früher, also ich glaube, wenn du besser aussiehst als früher, fühlst du dich auch etwas besser, als du dich früher gefühlt hast... Ich weiß nicht, früher war ich dick, etwas dick eben... Ich weiß nicht, ich sehe jetzt eben einfach irgendwie anders aus als früher... Ich weiß nicht, wenn andere, die mich früher wegen meines Aussehens kritisiert haben, mich dann heute so sehen, wissen sie.

Liza sieht sich selbst mit den Augen der anderen und beschreibt stolz, wie sehr sie sich körperlich verändert hat:

Ich kam in diesem Jahr in die Schule, und ein Lehrer hat mich gefragt, wer ich denn wäre, und ich bin doch nun schon seit der ersten Klasse hier, und das habe ich dann auch gesagt, und er dann: »Das ist doch nicht möglich, daß du das bist.« Und dann hab ich gesagt: »Doch. Ich sehe jetzt einfach irgendwie anders aus als früher.«

Lizas Blick hat sich auf einen Punkt außerhalb ihres Selbst verlagert, auf den Punkt in der sozialen Welt, wo »alle ständig Kommentare abgeben«, und wenn sie sich an diesem Blick ausrichtet, ist sie selbst nicht mehr erkennbar. »Meinen Charakter habe ich noch«, fügt sie hinzu, fast als sei ihr das nachträglich noch eingefallen, als ob sie sich selbst vor dem Verschwinden schützen will, als ob sie die Gefahr fühlt, sich selbst zu verlieren.

Lizas Erscheinung (oder ihr Verschwinden) ist beeindruckend. Sie ist immer dünner geworden, und sowohl ihre »Haltung« als auch ihr soziales Leben haben sich verändert, besonders ihre Beziehung zu ihrem Freund und zu ihrer besten Freundin. Mit bildlichen Metaphern ordnet sie sich und ihre Beziehungen in Raum und Zeit ein: »Ich sehe im ganzen besser aus«, sagt sie, als sie noch einmal davon spricht, wie sie sich innerhalb des letzten Jahres verändert hat. [Mein Freund und ich] »fahren zusammen in [einem Sportwagen] herum«, sagt sie, als sie erklärt, warum ihre beste Freundin die Beziehung der beiden »perfekt« nennt. »Wissen Sie, wir sehen gut aus zusammen und haben eine gute Beziehung.«

Liza wird von dem Blick der anderen und jetzt auch von ihrem sich selbst beobachtenden Ego bestimmt und wünscht sich trotzdem noch Beziehungen. »Du kannst eben nicht allein überleben, du kannst nicht ganz allein auf einem Berg sitzen«, sagt sie zu ihrer Interviewerin. »Du kannst nicht allein leben, du brauchst andere Menschen.« Doch in ihrer Beziehung zu ihrem Freund hat sie das Gefühl, daß »von ihr Besitz ergriffen« und »sie eingeengt wird«.

Nachdem sie mit ihrer Freundin aus den Frühjahrsferien zurückgekommen ist, fühlt sich Liza eigenständig und frei, und es wird immer schwieriger für sie, mit ihrem Freund zu reden und zu sagen, was sie empfindet: daß sie sich über ihn ärgert und nicht sicher ist, ob sie sich selbst treu bleiben und gleichzeitig die Beziehung aufrechterhalten kann. Als er sich über ihre Versuche, etwas zu sagen, mit seinen eigenen Argumenten und Protesten hinwegsetzt, macht sie schließlich Schluß mit ihm:

Ich meine, er hat solche Besitzansprüche an mich..., und an einem Abend hat er angerufen, und ich habe einfach gesagt: »Weißt du, ich habe jetzt wirklich genug von deinen Besitzansprüchen, und ich habe auch noch mein eigenes Leben, auch wenn du dir das nicht vorstellen kannst«... Ich habe gesagt: »Ich kann damit wirklich nicht mehr umgehen«... und dann: »Ich habe dir gesagt, daß ich Freiheit für mich brauche, ich muß wenigstens noch atmen können.«

Aber ihr Freund ist hartnäckig, und Liza ist einerseits empfänglich dafür, wie er ihr nachläuft, andererseits vielleicht auch für seine Rücksichtslosigkeit und seine Waghalsigkeit, und sie beschließt, daß sie ihn immer noch mag.

Ich sagte: »Du hast Hausarrest, und du hast einfach das Auto genommen und bist weggefahren.« Da entgegnete er: »Das war mir eben wichtig. Ich wollte zu dir kommen.« Ich wußte: »Junge, Junge, er kriegt jetzt Schwierigkeiten, und das nur wegen mir.« Ich habe schließlich gesagt: »In Ordnung!« Das hat mir wirklich gezeigt, daß ich wichtig für ihn bin, glaube ich... Als er das gemacht hat, da habe ich irgendwie gewußt, daß ich wirklich wichtig für ihn bin, und ich mag ihn immer noch.

Obwohl er »wirklich besitzergreifend war« und sie anfangs daran gedacht hat, »wie ich irgendwie frei sein könnte, wie ich ungebunden sein könnte«, bleibt Liza in der Beziehung. »Ich war für ihn wichtig genug, daß er mir nachgelaufen ist«, stellt sie fest. Liza denkt an die »wirklich schöne Zeit«, die sie zusammen verbracht haben und auch an die »Sicherheit« der Beziehung, und sie verdrängt ihre Gefühle des Ärgers und der Frustration, indem sie sie »impulsiv« und »irrational« nennt. »Es ist gut, eine eigenständige Person zu sein«, erklärt sie, »aber da gibt es einen Punkt, an dem du dann sagen mußt, wissen Sie, er war mir wirklich wichtig, und ich war einfach nur irgendwie irrational.« Schließlich, sagt sie dann noch: »Du kannst doch niemanden dafür kritisieren, weil ihm ein anderer so viel bedeutet.«

Liza möchte ihren Freund nicht verletzen, weil »es nicht gut ist, jemanden zu verletzen«, sagt sie zu ihrer Interviewerin. »Ich hatte nichts zu verlieren.« Was Liza jedoch verliert, ist ihre Stimme, die ihr sagt, daß eine Beziehung, in der sie sich nicht gut gefühlt hat, auch nicht gut für sie ist. Sie ist völlig begeistert, daß ihr Freund aus Liebe zu ihr so viel aufs Spiel gesetzt hat, hingerissen von seiner Fürsorge und seinen verletzten Gefühlen; daß sie in einer besitzergreifenden und repressiven Beziehung bleibt, rechtfertigt sie wirkungsvoll damit, daß sie ihre Geschichte noch einmal ganz anders erzählt: Ihren Ärger und das, was sie verloren hat, ihren Wunsch nach Freiheit, »ihr eigenes Leben zu haben«, bezeichnet sie jetzt als »irrational«.

Für die vierzehnjährige Liza bringen Beziehungen nicht zu lösende Schwierigkeiten mit sich. Auf der dünnen Eisfläche eines Paradoxons rutscht sie hin und her: Wenn sie dem entspricht, was unter Reife verstanden wird, nennt sie das »unabhängig«, sie zieht sich aus den Beziehungen zu anderen zurück – aus den Beziehungen zu den Mädchen in ihrer Klasse und zu ihrer Freundin. Wenn du zu »abhängig« wirst, sagt sie, »weißt du manchmal gar nicht mehr, wer du eigentlich bist. Du kannst dann irgendwie deine eigene Persönlichkeit verlieren.« Dadurch daß sie keine Beziehungen zu anderen mehr hat, verliert sie jedoch auch den Kontakt zu sich selbst, was sie dann sehr verwirrt. Dann werden Beziehungen für Liza wirklich unaufrichtig und gefährlich. Bei ihrem Freund weiß Liza zum Beispiel nicht mehr, was sie empfindet und welchen Standpunkt sie vertritt; deshalb wird ihr im Namen der Liebe eingeredet, in einer Beziehung zu bleiben, in der sie emotional mißbraucht wird. Lizas Erkenntnisse – über sich selbst und über ihre Beziehungen – scheinen sich nach und nach aufzulösen. Sie versucht, ihre Gedanken und Gefühle davor zu bewahren, daß sie von den Strömungen um sie herum hinuntergerissen werden, und hält sich zunächst an der Isolation oder der »Reife« der Unabhängigkeit und später an der Sicherheit ihrer Liebesgeschichte fest. Sie scheint sich nicht an die kreativen »privaten« Strategien zu erinnern, die sie mit zwölf benutzt hat, um bei ihrer Stimme und bei ihren Gedanken und Gefühlen zu bleiben, wenn es gefährlich war, etwas laut zu sagen. Jetzt ist Liza vierzehn und sehr blond; außerdem ist sie magersüchtig.

In der Phase der Adoleszenz werden Mädchen mit einer zentralen Beziehungskrise konfrontiert: Wenn sie sagen, was sie aus der Erfahrung mit sich selbst und mit Beziehungen wissen, schafft das politische Probleme – dann stimmen sie nicht mit den Autoritäten überein und stören Beziehungen. Sagen sie nichts, hinterläßt das psychologische Probleme: unechte Beziehungen und Verwirrung darüber, was sie fühlen und denken. Anna, Neeti und Liza zeigen, wie unterschiedlich sie sich durch diese Beziehungssackgasse bewegen, alle drei reagieren auf eine Krise in der weiblichen Entwicklung.

Anna, die bereit ist, direkt zu sein und zu stören, die sich ganz offen dagegen wehrt, blauäugig zu werden oder die Beziehungswelt blauäugig zu sehen, bleibt bei dem, was sie fühlt und denkt und deshalb auch weiß. Sie ist jedoch nicht sicher, ob sie sich ganz in die Welt einbringen möchte – oder ob sie jemals in der Lage dazu sein wird –, ob sie jemals das Gefühl haben wird, ihren Platz gefunden zu haben. Sie bleibt bei ihrer Stimme und stellt sich vor, wie sie auf einer Hühnerfarm in Montana lebt und Bücher schreibt, und damit macht Anna die Gefahren deutlich, die mit ihrem Widerstand verknüpft sind, die spezifischen Verluste und Sehnsüchte, die sie empfindet.

Neeti ist mit zwölf Jahren offen und direkt und verlegt ihre Gedanken und Gefühle dann in den Untergrund. Sie bringt die Diskrepanz zwischen dem, was sie fühlt und denkt, und dem, was sie sagen kann, ohne Menschen zu verletzen oder Beziehungen zu gefährden, sehr deutlich zum Ausdruck. Neeti lebt ein Doppelleben. Sie ist eine perfekte Schülerin, und alle mögen sie; mit der Zeit trennt sie sich emotional von der Schule, sie geht Beziehungen ein, die sie beunruhigen. Und Liza macht deutlich, wie aus dem bewußten Untergrund ein psychologischer Widerstand werden kann. Mit zwölf gehört Liza dem Untergrund an, sie trennt sich dann von ihren Freundinnen, die sie in ihrer Kindheit hatte, und richtet sich an den Schönheitsmaßstäben und Vorstellungen von Reife aus, die in erster Linie von Männern festgelegt worden sind. Liza ist mit anderen nicht in Beziehung, sie wird immer verwirrter und verliert den Kontakt zu sich selbst, bis sie nicht mehr weiß, was sie eigentlich weiß, oder nicht mehr benennen kann, was in ihren Beziehungen passiert – emotional mißbraucht von ihrem Freund, mißbraucht sie selbst ihren Körper.[14]

Wenn Mädchen heute in dieser Kultur erwachsen werden, können sie sich in der Adoleszenz von ihrer Lebenserfahrung entfernen. Weil die Adoleszenz eine Zeit ist, in der eine Vielfalt von Perspektiven eingenommen und koordiniert werden kann, eine Zeit, in der das Hypothetische und das Abstrakte in Erwägung gezogen werden können, laufen die Mädchen Gefahr, den Kontakt zum Spezifischen zu verlieren – zu ihren Körpern, zu ihren Gefühlen, zu ihren Beziehungen und zu ihren Erfahrungen. Sie sind damit auch in Gefahr, nicht mehr unterscheiden zu können: zwischen dem, was wahr ist, und dem, was für wahr gehalten wird, zwischen ihrem Gefühl der Liebe und dem, was für Liebe gehalten wird, zwischen ihrem Gefühl für die Realität und dem, was für die Realität gehalten wird. In einer Zeit, in der sie in Beziehungen erhöhten physischen und psychologischen Risiken ausgesetzt sind – nämlich dann, wenn sie junge Frauen werden –, besteht für Mädchen die Gefahr, zwischen echten und unechten Beziehungen nicht mehr unterscheiden zu können.

6

Miteinander an der Wegkreuzung

An der Wegkreuzung der Adoleszenz beschreiben die Mädchen in unserer Untersuchung eine Beziehungssackgasse, die vielen Frauen vertraut ist; ein paradoxes beziehungsweise schwindelerregendes Gefühl, die Beziehung um der »Beziehungen willen« aufgeben zu müssen. Wie auch schon Jean Baker Miller nahegelegt hat, führt dieses Sich-Herausnehmen aus der Beziehung, um sich selbst zu schützen und Beziehungen zu haben, zwangsläufig zu einer inneren Trennung oder Spaltung, es verursacht einen grundlegenden psychologischen Wandel. Wir haben diesen Wandel in Form einer Veränderung in den Stimmen der Mädchen gehört, als sie die Adoleszenz erreichten. Im wesentlichen waren wir Zeuginnen, als sich bei den Mädchen eine Loslösung gezeigt hat und sie sie beschrieben haben.

In den patriarchalen Gesellschaften und Kulturen, die von Männerstimmen geprägt sind, ist die psychologische Entwicklung von Frauen mit einem Trauma verknüpft. Der Druck, der auf Jungen ausgeübt wird, sich in der frühen Kindheit von Frauen zu lösen, entspricht dem Druck, den Mädchen empfinden, sich mit dem Erreichen der Adoleszenz aus der Beziehung zu sich selbst und der Beziehung zu Frauen herauszunehmen. Für ein Mädchen bedeutet die Trennung von Frauen nicht nur die Loslösung von der Mutter, sondern auch von sich selbst – kein Mädchen mehr zu sein, sondern eine Frau zu sein, bedeutet dann, »mit Männern zusammen« zu sein. Für Frauen bedeutet das Zusammensein mit Mädchen in dieser Zeit, diesen Prozeß mitzuerleben und den Stimmen, die bei den Mädchen wiedererklingen, zuzuhören – Stimmen, die viele Frauen zum Schweigen gebracht oder vergessen haben. Die Entwicklung der Mädchen wirft also äußerst schwierige Fragen für Frauen auf. Wie reagieren wir, wenn Mädchen, die sich – gemessen an psychologischen und schulischen Normen – sehr gut entwickeln, dann davon sprechen, daß sie ihre Stimmen und ihre Beziehungen verlieren? Im Laufe dieser Arbeit begannen wir die eigentliche Bedeutung dieser Sackgasse zu verstehen – nicht nur ihre psychologischen Konsequenzen, sondern auch ihr Potential, die politische Macht von Frauen zu schwächen.

Unsere Reise in die Kindheit von Frauen – die eher eine Begegnung von Frauen und Mädchen und kein Vergleich zwischen Frauen und Männern ist – ließ es zu, daß wir sowohl die Klarheit und Stärke der Mädchenstimmen als auch das Ausmaß des Beziehungswissens, über das die Mädchen verfügen, ganz neu hören konnten. Und wir stellten fest, wie selten Mädchen tatsächlich in der Forschungsliteratur zur Psychologie von Frauen in Erscheinung treten oder sprechen. Die Tatsache, daß sich in dieser Literatur die Frauen von den Mädchen trennen, spiegelt die innere Trennung wider, der wir nachgegangen sind: Mädchen neigen dazu, ihre Erfahrungen beiseite zu schieben und ihre Stimmen zu modulieren, wenn sie sich zu jungen Frauen entwickeln. In der Adoleszenz wird der ganz normale Mut der Mädchen – die von Annie Rogers beschriebene, offensichtlich so mühelose Fähigkeit, die eigenen Gedanken klar auszusprechen und gleichzeitig das ganze Herz auszuschütten – oft zu etwas Heroischem.[1] Wenn Mädchen in der Adoleszenz sagen, was sie fühlen und denken, bedeutet das nach der Beschreibung vieler Mädchen, daß sie das Risiko eingehen, ihre Beziehungen zu verlieren, und machtlos und ganz allein sind.

In den Jahren, die unsere Untersuchung dauerte, waren die kleineren Mädchen zunächst sowohl im normalen als auch im heroischen Sinne direkt und mutig. Trotz ihrer zunehmenden Differenziertheit auf kognitiver und emotionaler Ebene widerstrebte es ihnen immer mehr zu sagen, was sie fühlten oder dachten, beziehungsweise aus ihrer Erfahrung zu sprechen – darüber, was sie wußten. Die Ehrlichkeit in Beziehungen war jetzt anscheinend »dumm« und wurde als »egoistisch« oder »unhöflich« oder »gemein« bezeichnet. Infolgedessen wurde der gesunde Widerstand gegen den Stimmen- und Beziehungsverlust, der bei den achtjährigen Mädchen normal und mit elf Jahren heroisch zu sein schien, oft von verschiedenen Formen des psychologischen Widerstands abgelöst; nämlich in dem Moment, als sie nichts mehr sagten und dann auch nichts mehr wußten, als der Prozeß der Loslösung selbst vergessen wurde. Mit dem Erreichen der Adoleszenz eigneten sich die Mädchen Überlebensstrategien an, um das, was häufig zwei inkommensurable Beziehungsrealitäten zu sein schienen, zu verbinden. Und bei den Mädchen zeigte sich diese Trennung in verschiedenen Formen der Loslösung: Sie trennten sich selbst oder ihre Psyche von ihrem Körper, damit sie nicht wußten, was sie fühlten; sie lösten ihre Stimme von ihren Gefühlen und Gedanken, damit andere nicht erfuhren, was sie erlebten; sie machten sich selbst beziehungslos, um sich den Wünschen der anderen anzupassen oder weil sie wie irgendeine Idealvorstellung aussehen wollten.

Konflikten gegenüber offen zu sein und frei zu sprechen, was für die Mädchen einmal alltäglich gewesen war, wurde von verdeckten Reaktionen auf verletzte Gefühle oder Meinungsverschiedenheiten in Beziehungen abgelöst, so daß einige Mädchen dann die Zeichen für einen emotionalen oder physischen Mißbrauch entweder ignorierten oder nicht mehr erkannten. Entsprechend litten auch die Beziehungen darunter. Die Mädchen, dachten wir, ließen sich auf psychologischer Ebene gewissermaßen die Füße zusammenbinden, was sie davon abhielt, ein Gefühl für ihre relationalen Stärken zu bekommen oder sie sich zunutze zu machen. Statt dessen wurden diese Stärken, die die bemerkenswerte psychologische Widerstandsfähigkeit der Mädchen in den Kindheitsjahren erklären, zu einer politischen Belastung. Die Menschen, das wurde von vielen Mädchen gesagt, wollten nicht hören, was die Mädchen wußten. Ebenso wie die Direktheit oder der politische Widerstand der Mädchen psychologische Risiken mit sich brachten, hatten auch der psychologische Widerstand oder das Nichtwissen der Mädchen sowohl politische als auch psychologische Konsequenzen.

Diese Prozesse zu erleben – zu sehen, daß die Mädchen in der Schule gut waren und auch in den Tests gut abschnitten, die sich an den Standardmethoden sozialer und moralischer Entwicklung orientierten, daß sie von ihren LehrerInnen für gut gehalten und von ihren Eltern gelobt wurden, als sie sich losgelöst und verborgen haben –, hat uns und auch die anderen Frauen und Männer, die mit uns an diesem Forschungsprojekt zusammengearbeitet haben, tief erschüttert. Ebenso wie wir von unserem ursprünglichen Untersuchungsplan abweichen mußten, konnten wir auch nicht an den in unserem Beruf üblichen Konventionen festhalten und gleichzeitig die Mädchen ernst nehmen und auf das hören, was sie sagten. Das Beziehungswissen der Mädchen legte unsere eigenen Beziehungskompromisse offen und brachte auch die Beziehungslügen zum Vorschein, die so zentral für patriarchale Kulturen sind: subtile Unwahrheiten und verschiedene

Formen von Verletzungen und Gewalt, die das Verschwinden von Frauen sowohl aus der öffentlichen Welt der Geschichte und Kultur als auch aus der Welt der Intimität und der Liebe entweder verdecken oder es verursachen.

Auf der theoretischen Ebene kamen wir anhand der von uns gesammelten Belege dazu, die frühe Adoleszenz in der weiblichen Entwicklung als eine Phase zu betrachten, die mit der frühen Kindheit in der Entwicklung von Männern zu vergleichen ist: eine Phase, in der eine Beziehungssackgasse zwangsläufig dazu führt, was PsychoanalytikerInnen als »Formation von Kompromissen« bezeichnet haben – ein Kompromiß zwischen Stimme und Beziehungen. Weil dieser Kompromiß die Spannungen zwischen den Stimmen von Frauen und einer Neu-Definition patriarchaler und von Männerstimmen geprägter Kulturen ausräumt oder abschwächt, wird er oft als notwendig und unvermeidlich betrachtet. Doch hinterläßt er eine psychologische Wunde oder Narbe, er manifestiert einen Bruch in der Phase erhöhter Anfälligkeit für psychologische Krankheiten, unter der Jungen in der frühen Kindheit und Mädchen in der Adoleszenz leiden. Der Zeitpunkt dieses Stimmenverlustes und dieser Beziehungskrise kann die Asymmetrien in der Entwicklung von Frauen und Männern erklären.

Im Gegensatz zu dem Mord an der Wegkreuzung, der für die Ödipus-Geschichte charakteristisch ist und sie zu einer Geschichte über die Beziehungstaubheit und Beziehungsblindheit macht – nämlich Ödipus' Bedürfnis, nicht zu wissen, was er eigentlich doch weiß (daß sein Ärger zum Mord und seine Liebe zum Inzest geführt hat) –, bieten wir die Vision an, daß Frauen und Mädchen an der Wegkreuzung der Adoleszenz sich in einem Miteinander in Beziehung zueinander begeben, so daß es sowohl für die Mädchen als auch für die Frauen möglich wird, in Beziehung zu bleiben und auszusprechen, was sie wissen. In unseren Interviews haben wir festgestellt, daß dann, wenn sich die Frauen auf die Mädchen einließen, die Mädchen sich in die Beziehung zu den Frauen einbrachten, anfingen, direkt zu sprechen und nicht mehr versuchten, »gute« oder »schlechte« Mädchen zu sein. Die Frauen, die eine Beziehung zu den Mädchen eingingen, wurden merklich radikaler – es fiel ihnen leichter, falsche Stimmen zu entdecken und zwischen echten und idealisierten Beziehungen zu differenzieren. So kam es zu einem neuen Miteinander zwischen Mädchen und Frauen.

Die ersten Schritte in diese Richtung wurden von den Frauen unter-

nommen, die sich unserem Projekt an der Laurel-Schule anschlossen –
Psychologinnen und Lehrerinnen, die anfingen, ebenso wie wir es getan hatten, ihre Praxis zu verändern, und zwar in dem Moment, als sie
feststellten, daß sie das, was sie taten, nur tun konnten, weil sie nicht
wußten, was die Mädchen hörten und sahen. Patricia Flanders Hall,
eine Psychologin und die ehemalige Beraterin der Schülerinnen an der
Laurel-Schule, schreibt über diesen Prozeß:

> Wir konnten nicht umhin festzustellen, daß das Verhalten [der Mädchen] ein
> ähnliches Verhalten unter Frauen an der Schule widerspiegelte. In der Öffentlich-
> keit waren wir nicht offen miteinander, und wir hatten uns jenseits der vier Wän-
> de unserer Klassenräume oder unserer Büros oder in der Gegenwart einer Auto-
> rität zum Schweigen gebracht, genau wie die Mädchen sich zum Schweigen ge-
> bracht hatten..., öffentlich gab es keine Meinungsverschiedenheiten, wir waren
> einverstanden mit der Schulpolitik, miteinander, mit den Männern, mit der Schul-
> leitung und auch mit dem Speiseplan für das Mittagessen. Vor allem begannen wir
> uns Sorgen zu machen, daß wir den Mädchen beibrachten, genau das gleiche zu
> tun, daß wir die gleichen Gefühle des Verlustes und der Inauthentizität aufrecht-
> erhielten, die – wie wir erkannten – unser Leben an der Schule beeinflußt hatten.
> Es war ganz klar: Wie konnten wir Themen wie das Schweigen ansprechen, ohne
> unser eigenes Schweigen zuzugeben und zu verstehen?

Frauen und Mädchen

Pat Flanders Hall gehörte zu einer Gruppe von sechzehn Frauen, die
im Verlauf dieses Projekts insgesamt drei Klausurtagungen ins Leben
riefen, in denen wir nicht nur unsere Beziehung zu unserer Praxis als
Psychologinnen, Lehrerinnen und Angehörige der Verwaltung untersuchen wollten, sondern auch die Beziehungen zu den Frauen und
Mädchen, mit denen wir zusammenarbeiteten.[2] Judy Dorney schloß
sich uns beiden als Teilnehmerinnen vom Harvard-Projekt an und
übernahm eine führende Rolle in der Ausarbeitung des Verlaufs der
Klausurtagungen. Denise Andre, Claudia Boatright, Renee Bruckner,
JoAnn Deak, Terri Garfinkel, Nancy Franklin, Louise (Skip) Grip,
Marilyn Kent, Linda McDonald, Susie McGee, Sharon Miller und Almuth Riggs machten mit Pat zusammen von Laurel mit. Über das Ergebnis der ersten Klausurtagung reflektierend, schreibt Pat: »Es dauerte lange, bis wir das Minimum an Mut aufgebracht hatten und über
den Mangel an authentischer Kommunikation sprechen konnten, und

der Widerstand [darüber zu sprechen], den wir als Gruppe intelligenter und gebildeter Frauen inszeniert hatten, war bemerkenswert.« Sowohl für die Frauen als auch für die Mädchen an der Schule »war ›nett‹ zu sein eine Norm, mit der sie vertraut waren« – eine scheinbar sichere Möglichkeit, die Beziehungsgewässer in einem Milieu der Mittelschicht, das vorwiegend weiß und größtenteils weiblich ist, zu durchfahren. Als Mitglied der Verwaltung an der Schule wußte Pat, daß es bei Konflikten ihre Aufgabe war, sie »›abzuschwächen‹, und das bedeutete zu verhindern, daß die Dinge außer Kontrolle geraten... [und] ›außer Kontrolle geraten‹ bezog sich auf jede Form des Ausdrucks von Gefühlen, die für das reibungslose Funktionieren der Schule kritisch oder störend ausgelegt werden könnte«. Doch wie kann eine Mädchenschule reibungslos und ohne Konflikte funktionieren, wenn Mädchen dort im eigentlichsten Sinn ausgebildet werden – das heißt, daß sie lernen, tief zu empfinden, klar zu denken, das, was ihr Erfahrungswissen ausmacht, zu erweitern, den Mut zur Offenheit zu haben. Eine reibungslos funktionierende Mädchenschule innerhalb einer patriarchalen Gesellschaft und Kultur schien ein Widerspruch in sich zu sein.

Nach der ersten Klausurtagung, nachdem wir eine Beziehung aufgebaut und angefangen hatten, unsere Gefühle und Gedanken auszusprechen, schreibt Pat über ihre eigene Erfahrung und die Erfahrungen, die andere gemacht hatten, als sie zu ihrer Arbeit an der Schule zurückkehrten: »Wir alle hatten das Gefühl, daß wir unsere Gespräche [nach der Klausurtagung] unter einem frustrierenden ›Deckel‹ halten mußten, und die Bindungen, die zwischen uns entstanden waren, hatten wir nur durch den Blickkontakt in den Fluren.« Wie vorauszusehen war, verschwand der Konflikt nicht, weil die Frauen noch nicht über ihn sprachen, beziehungsweise ihn nicht benannten. Statt dessen begannen die Frauen, während die Klausurtagungen weitergingen, den Mädchen ernsthafter zuzuhören und das, was sie hörten, zu verinnerlichen. Die Schwierigkeit dieses Prozesses zeigt sich in Pats Beschreibung:

Zuerst hatten wir das Gefühl eines Schocks und dann das Gefühl einer tiefen, wissenden Trauer, als wir den Mädchenstimmen zuhörten und sie uns sagten, daß es die erwachsenen *Frauen* in ihrem Leben seien, die sie sich zum Vorbild nahmen, wenn sie sich selbst zum Schweigen brachten oder sich wie »gute kleine Mädchen« verhielten. Wir haben geweint. Dann tauchten die erwachsenen Frauen, die wir alle aus unserer Kindheit kannten, wieder auf. Wir konnten uns deutlich und voller Wut an die Frauen erinnern, die uns kontrolliert und zum Schweigen gebracht hatten, aber wir konnten uns auch an die Frauen erinnern, die es toleriert hatten, wenn wir in ihrer Gegenwart anderer Meinung und nicht zu bändigen gewesen waren, und bei denen wir das Gefühl gehabt hatten, vollständig akzeptiert zu werden. Und wir erkannten, was wir als Lehrerinnen, als Mütter und Therapeutinnen und Frauen, die in Beziehungen waren, zu tun hatten. Wenn wir, die erwachsenen Frauen, nicht bereit waren, alles, was mit dem »guten kleinen Mädchen« zu tun hatte, aufzugeben – so wie wir uns immer wieder verhalten hatten –, wenn wir nicht bereit waren, unsere Erwartung aufzugeben, daß die Mädchen, für die wir die Verantwortung trugen, so gut sein würden, wie wir es waren, konnten wir junge Frauen nicht mit Erfolg dazu befähigen, auf der Grundlage ihres Wissens und ihrer Gefühle zu handeln. Wenn wir nicht damit aufhörten, uns hinter unserem Anspruch, gut zu sein und die Kontrolle zu behalten, zu verstecken, würde unser Verhalten all das ersticken, was wir den Mädchen über die Wichtigkeit des Sprechens mit ihrer eigenen Stimme sagen würden. Schließlich wagten wir es, daran zu glauben, daß es eine intelligente Art und Weise zu stören geben könnte, ohne irgend etwas zu zerstören außer den Mythos über den hohen Grad weiblicher Kooperationsbereitschaft.

Sie fragt sich dann: »Was haben wir mit dem, was wir gelernt haben, angefangen?« und schreibt weiter:

Wir sahen uns zunächst die Meinungsverschiedenheiten an, die wir unter einander hatten, und entdeckten, daß das Eingehen eines solchen Risikos unsere Beziehungen zueinander verstärken würde. Über diese Beziehungen hinaus sahen wir uns unseren Arbeitsplatz an, und wir erkannten, daß wir dieses Risiko auch in unseren professionellen Bereichen eingehen mußten, oder wir würden weiter unter einem Gefühl der Frustration leiden, was auch nicht mehr so schlimm wäre, denn jetzt war es benannt worden. Wir erkannten, daß das eine immense Arbeit ist, die nicht von einer einzigen Frau allein, sondern nur gemeinsam und mit gegenseitiger Unterstützung geleistet werden kann. Wir erkannten auch, daß es uns die Zuflucht in die Klausur ermöglicht hatte, unser Wissen und unsere Gefühle so deutlich zu verstehen, wie es in der hierarchischen Situation am Arbeitsplatz nicht möglich ist. Und wir waren uns einig, daß die Ergebnisse, zu denen wir gekommen waren, manchmal der Vorstellung der Schule widersprachen, die uns wichtig war, und daß wir dieses Wissen nicht mühelos und schmerzlos zurück in unsere Schule bringen konnten.

Diejenigen, mit denen die Frauen etwas anderes ausprobierten, waren die Mädchen: »Es war dann leichter, mit dem Zuhören und dem Sprechen in einer anderen Form zu beginnen, wenn wir mit den Mädchen zusammenarbeiteten; wir alle waren erstaunt und wußten aber auch warum, wenn sie so schnell auf uns reagierten.« Claudia Boatright, eine äußerst höfliche und penibel organisierte Lehrerin, stellte fest, daß sie eine laute und persönliche Auseinandersetzung in ihrer Klasse zuließ; sie war erstaunt, als zwei Mädchen sich bei ihr dafür bedankten, daß sie sie nicht unterbrochen hatte, bis die Auseinandersetzung ganz normal beendet wurde. In einer anderen Klasse hat Claudia sich bewußt gegen ihre spontane Reaktion gewehrt, einen emotional aufgeladenen Konflikt, in dem es um eine heikle politische Frage ging, zu beenden. Ihr war klar geworden, daß die offene und öffentliche Konfrontation eines Konfliktes, der mit intensiven Gefühlen verbunden ist, grundsätzlich zur Ausbildung von jungen Frauen gehört. Wie Noura und ihre Freundinnen, die mit lauten Stimmen am Telefon geredet hatten und sich die Zeit nahmen, die sie brauchten, redeten die jungen Frauen in ihrer Klasse mit Leidenschaft über die Palästinenser-Frage; anstatt einen verwirrenden, frustrierenden, komplizierten und mit Gefühlen besetzten Konflikt zu vermeiden oder zu entschärfen, konfrontierten sie ihn. Als Claudia ihrer spontanen Reaktion, diesen emotional brisanten Konflikt im Unterricht abzuschwächen, nicht nachgab, ließ sie es auch zu, daß der Unterricht überzogen wurde und die Schülerinnen einfach weiterredeten.

Frauen in ganz unterschiedlichem Alter begannen in ganz verschiedenen Kontexten sowohl auf ihre eigenen Stimmen als auch auf die Stimmen der Mädchen zu hören. Starke Stimmen und offene Meinungsverschiedenheiten erregten immer moch ein Gefühl des Unbehagens, jedoch stellten wir jetzt fest, daß wir die Mädchen hörten und sie in ihren Stärken unterstützten. Linda McDonald, eine Vorschullehrerin, reagierte auf ein Mädchen, das zu ihr kam, weil sie Schwierigkeiten mit dem Benehmen der Jungen auf dem Spielplatz hatte, indem sie das Mädchen dazu ermunterte, direkt mit den Jungen zu sprechen und dabei ihre »Stimme von einem großen Mädchen« zu benutzen. Nancy Franklin, eine Englischlehrerin an der höheren Schule, stellte sich auf die Seite ihrer Schülerin, als diese in einem Aufsatz über das Gedicht »An seine schüchterne Geliebte« von Andrew Marvell die herkömmlichen Interpretationen des Gedichtes radikal in Frage stellte. Anstatt das Gedicht aus der Perspektive des Dichters zu interpretieren, der »versucht, eine zurückhaltende junge Dame davon zu überzeugen, daß sie sobald wie möglich miteinander schlafen sollten«, hat es Anjli, ihre Schülerin, aus der Perspektive eines unschuldigen, jedoch einfühlsamen jungen, sprachgewandten Mädchens wie sie selbst gelesen. Anjli »bezeichnete das Gedicht als morbide und fand es entsetzlich und grauenerregend«. Als Anjli sich von Nancy Franklins KollegInnen an anderen Schulen in einem Notenvergleichsverfahren, das einen einheitlichen Standard sicherstellen sollte, negative Kommentare und schlechte Noten einhandelte, entschloß sich Nancy, sich auf die Seite ihrer Schülerin zu stellen und den »Standard« anzuzweifeln. An den Stellen, an die ihre KollegInnen *falsch* geschrieben hatten, kommentierte Nancy: »Ich glaube nicht, daß Anjli hier unrecht hat.« Während KollegInnen zu dem Schluß kamen, daß Anjli das *carpe diem* nicht verstanden hat, entdeckte Nancy in der Art, wie Anjli auf das Gedicht einging, ein neues Bewußtsein für die Aussagekraft des Gedichtes und eine neue Interpretation.

Anjlis Erfahrung – zu hören, daß die Gefühle, die sie hinsichtlich des Gedichtes hatte, als falsch bezeichnet wurden und ihre Identifikation mit der jungen Frau in dem Gedicht als »eine Mißdeutung« hingestellt wurde – gehört zu den Erfahrungen, die Mädchen und junge Frauen an Schulen und Universitäten zur Genüge kennen. Die neuere Forschung zeigt, was uns als Frauen dazu einfällt: Mädchen und jungen Frauen wird in unzähligen Formen die Botschaft übermittelt, daß ihre Erfahrungen und ihr Wissen im Klassenzimmer nicht gehört werden oder nicht willkommen sind.[3] Vielleicht ist es gar nicht so überraschend, wenn wir hören, daß die fünfzehnjährige Allisar der Frau, die sie interviewt, erzählt, ihr sei es noch nie passiert, daß sie eine Arbeit liebend gern gemacht hat. »Das ist es, was ich eigentlich möchte«, erklärt sie. »Ich möchte eine Arbeit, die ich liebend gern mache, aber ich weiß nicht, ob ich der Typ bin, der die Arbeit liebt.«

Für Allisar, die Arbeit und Liebe strikt voneinander trennt, hat die Ausbildung wenig damit zu tun, worauf sie sich persönlich verläßt oder woran sie glaubt: »Ich glaube nicht, daß es notwendig ist, sich auf irgend etwas zu verlassen, um eine gute Ausbildung zu bekommen.« »Ich glaube nicht, daß du dich auf irgendwelche Fakten verlassen mußt. Du kannst etwas dazu wissen, aber du mußt nicht an sie glauben, um eine gute Ausbildung zu bekommen.« Allisar hat nie einen Lehrer oder eine Lehrerin gehabt, die, sagt sie, »dich wirklich zum Nachdenken bringt, und es dir dann nicht egal ist, was du lernst«, die »diese Art von Fragen [stellt], die dich wirklich zum Nachdenken bringt, daß du dann ganz erschöpft bist«... »die dich wieder lebendig macht und dir das Gehirn massiert«... die »alles auf den persönlichen Bereich beziehen [würde]... was das dann für dich bedeutet... So kriegst du dann das richtige Gefühl heraus«, fügt sie hinzu, »wissen Sie, das Gefühl, etwas zu verstehen oder mehr über eine Sache lernen zu wollen.« Wenn die Mädchen davon getrennt werden, was Audre

Lorde »die erotische Wurzel und Befriedigungen« ihres Lebenswerkes nennt, kann die Ausbildung von Mädchen, wie Lorde vorhersagen konnte, zu einer »Travestie von Notwendigkeiten« werden.[4]

Als wir die Stimmen von Mädchen wie Anjli und Allisar in uns aufnahmen, begannen wir, authentischer miteinander umzugehen; unsere Bereitschaft, Konflikte anzusprechen und uns offen auseinanderzusetzen, wuchs. Den Stimmen der Mädchen besonders in der Phase vor der Adoleszenz zuzuhören, hat bei vielen Frauen einen unerwartet starken Eindruck hinterlassen. Kleine Stimmen wurden von stärkeren Stimmen abgelöst, das Nichtwissen brachte langsam Erinnerungen an das Wissen und dann an das Bedürfnis hervor, nicht zu wissen und nicht zu sagen, was wir fühlten und wußten. Und die Frauen begannen, öffentlich zu sprechen und auf der Grundlage ihres Erfahrungswissens zu handeln – sich auf ihre eigene Erfahrung und auf die Erfahrungen der Mädchen und der anderen Frauen zu verlassen.

Mitten in diesem Prozeß entdeckten die Frauen, daß sie von den Stimmen der Mädchen provoziert wurden, sich an ihre eigene Adoleszenz zu erinnern, und sie riefen sich langsam die Unverbundenheit und die Losgelöstheit ins Gedächtnis zurück, die sie in dieser Phase selbst erfahren hatten.[5] Dieses Erinnern scheint wesentlich dafür zu sein, damit Frauen die Verluste der Mädchen, die sie selbst auch erlitten haben, später nicht rechtfertigen oder zur Norm erheben. Um sich erneut zu fragen, ob der von vielen Frauen erfahrene Stimmen- und Beziehungsverlust tatsächlich notwendig oder unvermeidlich ist, müssen die Frauen erleben, daß sich die Gegenwart von der Vergangenheit unterscheidet – sie müssen fühlen, daß sie jetzt nicht machtlos oder ganz allein sind. Aus diesem Grund scheinen die Klausurtagungen als Gelegenheit, mit anderen Frauen zusammen zu denken und zu fühlen, unentbehrlich zu sein. Die Fähigkeit von Frauen, neue Fragen zu stellen, in denen es um die Stimme und die Beziehung und die Entwicklung von Mädchen geht, hängt davon ab, daß wir unsere Fähigkeit, zu sprechen und mit Frauen in Beziehung zu bleiben, auch erfahren – daß wir traurig oder wütend sind, ohne von diesen Gefühlen überwältigt zu werden oder sie als beziehungsgefährdend zu erleben.

Um Annas Frage, was bei dieser Arbeit für uns herausgekommen ist, zu beantworten: ein Bewußtsein für die Beziehungssackgasse, die Mädchen in der Adoleszenz erfahren, und ein neues Verständnis der psychologischen Entwicklung von Frauen, eine relationale Theorie, die eine Erklärung entwicklungsbezogener Asymmetrien zwischen

Frauen und Männern anbietet. Wir hatten auch das Gefühl eines Neuanfangs – daß es möglich ist, psychisches Leiden zu verhindern und eine soziale und kulturelle Veränderung einzuleiten.

Die Mädchen in unserer Untersuchung, die bei ihren starken Stimmen bleiben, lenken unsere Aufmerksamkeit auf ihre Mütter, und die Mütter entsprechen nicht den konventionellen Vorstellungen von guten Frauen. Annas Mutter ist in ihrer Beziehung zu Anna stark, aber in der Beschreibung dieser Beziehung spricht Anna davon, daß ihre Mutter sie anschreit, sie empfindet die Gefühle ihrer Mutter so, daß sie »an ihr zehren«. Die achtzehnjährige Nawal beschreibt, als sie gefragt wird, wie sie sich verändert hat, die Veränderungen in ihrer Beziehung zu ihrer Mutter, die dazu führten, was sie »meine große Erkenntnis« nennt:

> Okay, meine Mutter hat schwarze, wilde lockige Haare, eine wirklich ganz dunkle Haut. Zieht sich an wie, sie trägt einen riesigen silbernen Ohrring, paßt nicht rein in die Klischeevorstellung der Laurel-Mutter, da paßt sie nicht rein. Das ist eine Frau, die bei einer Klassenfeier reinkommt, und dann sagt sie: »Nawal, ist das, was ich anhabe, in Ordnung?«... und ihre Haare hingen runter und waren ganz lockig, und sie hatte riesengroße Ohrringe, ein Monstrum von einer Kette, dieses schwarze ganz enganliegende Sonnenkleid-Ding, Sandalen, ganz viel Schmuck, und alle haben sie angestarrt..., und ich mag das so gern, wie sie sich anzieht, und ich mag das so gern, daß sie anders ist..., aber als ich jünger war, hat mich das gestört, und ich habe es gehaßt, daß ich arabisch bin. Ich habe es gehaßt, daß ich anders war, und ich habe es gehaßt, daß ich einen arabischen Namen hatte. Und ich habe mich eigentlich fast für meine Mutter geschämt.

Als ihre Mutter Nawal direkt gefragt hat: »Möchtest du wirklich, daß ich wie alle anderen bin?« hat Nawal diese Frage ernst genommen. »Ich habe eine Zeitlang darüber nachgedacht. Zuerst [dachte ich] ›Ja‹ und dann irgendwie ›Moment mal‹. Ich habe darüber nachgedacht und versucht, mir meine Mutter so vorzustellen. Und ich konnte einfach nicht... Da läuft's mir kalt den Rücken runter, denn so ist sie nicht.« Für Nawal war es wichtig, öffentlich über ihre Erkenntnis zu sprechen. Diesem Thema hat sie ihre Abschlußrede an der Schule gewidmet, sie hat in einer öffentlichen Schulversammlung ihren Widerstand gegen die amerikanischen Schönheitsnormen zur Sprache gebracht – die Normen, die Nawal, eine dunkelhäutige, arabische junge Frau, dazu gebracht haben, sich »ganz ganz lange blonde Haare [und] blaue Augen« zu wünschen und zu entscheiden, daß sie selbst und ihre Mutter häßlich oder nicht schön sind. Nach ihrer Rede hat Nawal geweint, und ihre Freundinnen haben mit ihr zusammen geweint. Sie hatte das Gefühl, »daß das also geschafft war und ich endlich gesagt habe, was ich dieser Schule zu sagen hatte«.

Nawals Kommentar entsprach fast genau den Worten der Lehrerinnen, die sagten, sie hätten das Gefühl, unter einer großen Belastung zu arbeiten, wenn sie im Unterricht durchnahmen, was sie durchnehmen sollten, und den Mädchen nicht das beibrachten, was ihrem Gefühl nach wichtiger für die Mädchen war. Aus vielen Gründen war es schwer für diese Frauen, endlich zu sagen, was sie an die Schule adressiert zu sagen hatten, und dennoch sagten es einige von ihnen, bevor das Projekt zu Ende ging. Und tatsächlich störten die Stimmen der Frauen, und das führte bei einigen Frauen und in der Schule zu erheblichen Veränderungen.

Wenn wir erleben, wie in unserer Untersuchung aus so vielen perfekten Mädchen die perfekte Frau wird – die moderne Superfrau, über die Catherine Steiner-Adair schreibt, oder der von Virginia Woolf beschriebene »Engel im Haus«[6] –, lassen wir uns einen Moment lang dazu verleiten, die widerständigen Stimmen der kleineren Mädchen zu vergessen oder nicht zu berücksichtigen, nämlich der Mädchen, die sagen, was sie fühlen und denken, die daran festhalten, was sie erfahren, die in der Beziehungswelt die Trillerpfeife benutzen. Als wir uns wieder in unsere Kindheit als Mädchen zurückversetzen und uns an die Vorstellungen, die wir von »Perfektion« hatten, und an verschiedene Formen der psychologischen Fußverbände erinnerten, die den Mädchen aufgedrängt werden, wenn sie sich zu jungen Frauen entwickeln, bemerkten wir, wie wir uns den Mädchen in unserer Untersuchung zuwandten, die aufgrund ihrer Hautfarbe oder ihrer sozialen Schicht am Rande leben, die eindeutig nicht in die dominierenden Modelle weiblicher Schönheit und Perfektion passen und so den kulturellen Zeigefinger hinter diesen Normen entlarven.[7] Diese Mädchen sprechen oft mit lauten Stimmen, und unter ihnen befanden sich viele unserer standhaftesten Widerständlerinnen. Wie Anna und Nawal haben sie oft enge und vertrauensvolle Beziehungen zu ihren Müttern – Beziehungen, in denen sowohl die Mutter als auch die Tochter zu Wort kommen, in denen ein Konflikt offen ausgetragen wird und sie ihre Gefühle der Wut und der Trauer zum Ausdruck bringen, in denen Mutter und Tochter die Macht fühlen, die sie übereinander haben und folglich auch die Intensität ihrer Verbindung und ihrer Liebe. Das ist der Grund dafür, daß Nawal sich für ihre Mutter und nicht für das

Modell entscheidet; sie kann sich eine Beziehung zu einem Modell nicht vorstellen.

Dadurch daß sie Tag für Tag erleben, daß sie selbst anders sind, entwickeln diese Mädchen ein scharfes Auge für Oberflächlichkeit, unechtes Engagement, »scheinbare« Beziehungen und den Mißbrauch von Macht; ihre Stimmen bekommen eine Stärke und eine Klarheit, die wir beeindruckend fanden. Aber einige machen auch die schmerzliche Erfahrung, in zwei Welten zu leben. Besonders die afroamerikanischen Mädchen fühlen die enorme Verantwortung, sich in diesem Mikrokosmos der weißen Gesellschaft zu behaupten, und, wie Jenice sagt, »mit einigen Klischees, die die Leute von Schwarzen haben, aufzuräumen«.[8] Und da in dieser Kultur der Aufstieg mit der weißen Hautfarbe assoziiert wird und weil, wie Jenice weiß, »jeder aufzusteigen versucht«, ärgert sich Jenice doch darüber, daß »ich als Schwarze dazu gezwungen bin, mich anzupassen«. »Viele von den Leuten hier wissen eigentlich gar nicht so viel über Schwarze«, erklärt sie, »und ich glaube, daß Schwarze sich normalerweise mehr darüber informieren, wie Weiße leben, als umgekehrt.« Aber »an die Laurel-Schule zu gehen und dann in die Gemeinde der Schwarzen zurückzugehen« ist für Jenice auch »sehr schwer«, weil »Schwarze denken, daß ich versuche, weiß zu sein«. Jenice empfindet die Spannungen, die Ambivalenz und den sozialen Druck, die Signithia Fordham und John Ogbu bei anderen schwarzen Jugendlichen in der Adoleszenz beschreiben – ihr Kampf um Loyalität und um Identifikation mit der schwarzen Gemeinde und die »Belastung, daß sie sich wie Weiße verhalten«, wenn sie in der Schule erfolgreich sein wollen.[9]

Für Jenice lösen sich diese Probleme dadurch, daß sie in der Beziehung zu ihrer Mutter bestärkt wird, und sie hört auf die älteren Leute in ihrer Gemeinde, die ihr beibringen zu hinterfragen, was ihr beigebracht wird, sich zu fragen, »was nicht [in ihren Geschichtsbüchern] steht«; die sie dazu ermuntern, ihre Erfahrungen in der Schule, »bei denen sie kein gutes Gefühl hatte«, zu verändern und darauf zu bestehen, daß die Schule »dann irgendwie berücksichtigt, wie ich über etwas denke«. Das hat dazu geführt, daß Jenice sehr daran gearbeitet hat, aus ihrem eigenen Verstand »schlau zu werden« und ihre eigenen Erfahrungen »zu ordnen«. Als sie achtzehn und im letzten Schuljahr war, hat Jenice sich vorgenommen, zu studieren und die Geschichte neu zu schreiben: »Was das Studium betrifft... Ich weiß nicht, ob ich früher so stark das Gefühl gehabt habe, ich muß das machen... Ich meine, ich weiß, daß viele junge Schwarze nicht das Selbstvertrauen haben, daß sie..., und wenn sie wüßten, was Schwarze alles gemacht haben, das ist etwas, worauf man stolz sein kann, und ich glaube, das würde dabei helfen, daß die Schwarzen ganz allgemein weiterkommen. Und da fühle ich mich irgendwie verpflichtet.«

Unser Miteinander mit den Mädchen in der Adoleszenz bewegte sich in neue Richtungen, als unser Projekt zu Ende war. Auf einem nationalen Kongreß, wo wir die Resultate unserer Untersuchung vorstellten, vermißten wir die Mädchen plötzlich.[10] Ihre Stimmen waren so zentral für die Ergebnisse und übten jetzt einen so gewaltigen Einfluß auf eine große Gruppe von Frauen und Männern aus. Carol beschloß, das Wochenende in Cleveland zu verbringen und am Montag morgen zur Schule zu gehen, um mit den jetzt dreizehn- und siebzehnjährigen Mädchen zu sprechen, die fünf Jahre lang an der Untersuchung teilgenommen hatten. Wir wollten, daß sie wußten, wie stark ihre Stimmen andere Menschen beeinflußten, und wir wollten sie auch fragen, in welcher Form sie jetzt, wo wir über die Arbeit schrieben und sie öffentlich vorstellten, einbezogen zu werden wünschten.

Die Reaktion der Dreizehnjährigen war eindeutig: »Wir möchten, daß Sie ihnen alles erzählen, was wir gesagt haben, und wir möchten, daß unsere Namen in dem Buch stehen.«[11] Bei den Siebzehnjährigen war es weitaus komplizierter: Sie saßen schweigend in ihren Bänken und hörten zu, dann antworteten sie und sagten, es würde ihnen nicht gefallen, daß wir hinter ihrem Rücken über sie sprechen, wir sollten ihnen alles erzählen, was wir über sie gesagt hatten, und dann würden sie uns sagen, ob sie damit einverstanden waren oder nicht und in welcher Form sie einbezogen werden wollten. Sie wollten sich mit uns einen Tag lang in Klausur begeben. Wir sollten ihnen genau zeigen, wie wir gearbeitet hatten. Bereitwillig stimmten wir zu.

Die Klausur fand in einem Gemeinschaftszentrum statt. Drei von uns – Lyn, Carol und Pat – saßen in einem Raum voller Schülerinnen der elften Klasse auf dem Boden, einige saßen im Schneidersitz, einige lagen ausgestreckt auf dem Bauch, ein paar saßen auf Klappstühlen, die an den Wänden gestanden hatten. Wir hatten die Mädchen am Morgen dieser Klausur gebeten, mit uns zusammen in den Forschungsprozeß einzusteigen. Unsere Arbeit beruhte auf dem Glauben, daß es sich lohnte, den Stimmen der Mädchen zuzuhören, daß es für Frauen möglich war, von Mädchen zu lernen, daß es auch notwendig war, auf die Mädchen zu hören, um die psychologische Entwicklung von Frauen zu verstehen. Weil die Stimmen der Mädchen, denen sie zuhören würden, ihre eigenen Stimmen oder die ihrer Klassenkameradinnen waren, waren diese Fragen im direkten Sinn Beziehungsfragen. Wir baten die Mädchen, darauf zu achten, ob sie darüber, was die anderen Mädchen sagten, abfällig redeten, ob sie sich darüber lustig machten oder es trivialisierten, und sich zu fragen, warum sie das taten. Dann erklärten wir unsere stimmenzentrierte Methode, wie wichtig es ist, jeder Mädchenstimme genau zuzuhören und dabei das ganze Interview hindurch das sich äußernde Selbst zu verfolgen, das denkende und fühlende Ich. Dann verteilten wir Auszüge aus den Interviews mit den Mädchen aus unterschiedlichen Altersgruppen. Wir baten die Mädchen, in kleinen Gruppen zu arbeiten, in jedem Auszug auf die Stimme des Mädchens zu hören, das gerade spricht, zu beschreiben, was sie selbst sahen und hörten und wie sie irgendwelche Veränderungen oder Unterschiede in den Stimmen der einzelnen Mädchen erklären würden. Nach dem Mittagessen saßen wir dann zusammen, um darüber zu reden, was sie und was wir in diesen Auszügen hörten.

Die Mädchen hatten die empirische Grundlage, auf die wir unsere Interpretation aufgebaut hatten, ganz deutlich vor Augen, und hatten auch unsere Arbeitsform erlebt, aber nicht alle waren bereit, unserer Interpretation der Veränderungen in den Stimmen der Mädchen zuzustimmen. »Wir können mit allem, was diese Mädchen sagen, etwas anfangen«, berichtete ein Mädchen, die für ihre Gruppe sprach, »aber nicht unbedingt aus den gleichen Gründen.« »Wir haben gesagt«, erzählte ein anderes Mädchen,

daß wir gedacht haben, es war wirklich merkwürdig, daß Victoria von dieser Vorstellung in ihrem Kopf so überzeugt war, und dann fingen wir an..., es auf uns zu beziehen, wie wir uns bei diesen Sachen mit Mr. und Mrs. fühlten, und wir haben darüber gesprochen, daß wir lieber ein bißchen Hintergrundwissen dazu gehabt hätten... darüber, warum sie damit herausgekommen ist und das gesagt hat... Ob sie ein engeres Verhältnis zu ihrer Mutter als zu ihrem Vater hatte, wissen Sie. Oder hatte sie das Gefühl, daß ihre Vorstellungen..., und sie konnte dann ihre eigene Persönlichkeit nicht finden und wollte sie selbst sein... Und dann konnten wir etwas damit anfangen..., wie sie vielleicht versucht hat, sich selbst zu finden, daß sie gesagt hat, wie sie nicht verstanden hat, wie ihre Mutter sich selbst finden konnte..., wenn sie noch nicht einmal ihren eigenen Namen hatte.

Wie erfahrene Wissenschaftlerinnen bemühten sich diese Mädchen zu beschreiben, was sie hörten und woran die Unterschiede in den Stimmen der Mädchen vielleicht festzumachen waren: War es das Alter oder der Hintergrund, waren es Krisen in der Beziehung oder persönliche Erfahrungen? »Etwas, was wir hier gemerkt haben, obwohl wir das eigentlich gar nicht zugeben wollten«, sagte ein anderes Mädchen noch, »war, wie Sie auf den Gedanken kommen konnten, daß wir so selbstsicher waren, als wir noch jünger waren... [Das ältere Mädchen, das wir gelesen haben] hat sich bei ihrer Entscheidung nicht darauf gestützt, was sie selbst wollte. Sie hat ihre Entscheidung darauf gestützt, was andere Leute wollten..., wie sich andere Leute fühlten. Aber die in der zweiten Klasse... die hat einfach gesagt, das will ich.«

Als sie anfingen, auf die Stimmen der kleineren Mädchen zu hören, waren diese jungen Frauen betroffen von dem, was sie hörten; sie waren auf eine Art und Weise überrascht, die uns vertraut war. Auch sie hatten diese Stimmen vergessen. Auch sie nannten diese Stimmen »unhöflich« und »gemein«. Und als sie sie dann wieder hörten, fingen sie an, freier über ihre eigenen Erfahrungen zu sprechen und sich daran zu erinnern, was mit ihnen selbst geschehen war. Zusammen fingen wir dann an, über die zentralen Fragen zu sprechen: Was geht verloren, und wie läßt sich dieser Verlust verhindern? »Ich meine«, sagte eines der Mädchen, »du mußt unterscheiden können zwischen [etwas Oberflächlichem] und dem, was du wirklich ganz tief glaubst. Und das verstehe ich eben nicht. Was hindert uns daran, solche Sachen auch zu sagen?«

Als wir darauf zu sprechen kamen, in welcher Form die Erwartungen, wie ein Fotomodell auszusehen und als Mädchen perfekt zu sein, sich auf die Stimmen der Mädchen auswirken, stellte uns Liza – nach außen hin selbst perfekt und cool – eine Frage, die äußerst dringlich zu sein schien, das legten zumindest ihr Tonfall und ihr Gesichtsausdruck nahe. Diese Frage hatte mit ihr selbst zu tun, und sie hoffte, daß die Psychologie ihr vielleicht eine Antwort geben konnte:

Ich möchte von Ihnen als Psychologinnen oder Leuten mit so einem Abschluß nur wissen, gibt es so etwas wie eine Person, die vielleicht nicht ganz perfekt ist, aber bei der immer alles stimmt? Bei der es nicht nur so scheint, sondern einfach alles stimmt, geistig, psychologisch eben? Gibt es so eine Person? Ist das möglich?

Im ganzen Zimmer herrschte Schweigen. Die Frage war so echt, so deutlich. Ist es überhaupt möglich, daß es eine Person gibt, die nicht an der Oberfläche, sondern in ihrem Inneren das Mädchen sein könnte, das anscheinend jede sein will – die *wirklich* sie selbst sein könnte?

Die Antwort schien offensichtlich, vielleicht – aber was damit verbunden war, hing in der Luft: Wenn die lange Reise nämlich nicht ans Ziel der Perfektion führte, was sollte dann dieser ganze Aufwand an Energie, und wer hatte einen Vorteil davon?

Mit Mädchen eine Beziehung einzugehen, bedeutet für Frauen, die falschen Vorstellungen von der Perfektion zu zerstören, sie aufzufordern, ihre dringlichsten Fragen ins Gespräch, in die Beziehung einzubringen. Für die Lehrerinnen war eine der schwierigsten Fragen, ob es legitim sei, den Mädchen ihre Trauer und ihre Wut zu zeigen, und ob sie solche Gefühle auch ausdrücken könnten, ohne die Kontrolle über sich und über die Mädchen zu verlieren. Anscheinend war es leichter und auch sicherer für die Frauen, wenn sie versuchten, für die Mädchen ein Vorbild an Perfektion zu sein – perfekte Frauen, perfekte Beziehungen –, und dennoch beinhalteten die Vorstellungen von Perfektion, die die Frauen hatten, etwas ganz anderes als das, was die Mädchen über Frauen wissen und in Beziehungen erfahren. Also beruhte der Erfolg der Frauen, wenn sie perfekte Rollenmodelle für die Mädchen darstellten, teilweise auf dem stillschweigenden Einverständnis der Mädchen, nicht zu wissen, was sie eigentlich wissen – auf ihrer Bereitschaft, ihren Unglauben zu eliminieren. Sie spürten, daß die Frauen Angst hatten, sich selbst in der Beziehung zu zeigen, und deshalb waren die Mädchen oft bereit, ihre Gefühle und Gedanken zu verschweigen, damit sie »Beziehungen« zu ihren Lehrerinnen hatten. Am Ende dieses Tages, als einige der Lehrerinnen dazukamen, die auch an den Klausurtagungen teilgenommen hatten, fiel dieses stillschweigende Einverständnis in sich zusammen. Als die Lehrerinnen ihren Wunsch nach engeren Beziehungen zu den Mädchen zum Ausdruck brachten, drängten die Mädchen auf authentische Beziehungen zu den Frauen, die sie unterrichteten.

Die Lehrerinnen erzählten jetzt, wie tief beeindruckt sie gewesen waren, als sie angefangen hatten, genauer darauf zu hören, was die Mädchen fühlten und wußten. Ein Mädchen reagierte darauf und bemerkte, sie würde lieber von Männern unterrichtet, weil die Lehrer »uns wie Menschen behandeln« und »sich selbst in ihren Unterricht einbringen«. Diese Beobachtung machte die Frauen natürlich betroffen. Eine von ihnen brachte eine psychologische Erklärung dafür vor: Zwischen Müttern und Töchtern, das wußte sie aus Erfahrung, kann es in der Adoleszenz zu Problemen kommen. Vielleicht projizierten diese Mädchen die Konflikte mit ihren Müttern auf die Beziehungen, die sie zu ihren Lehrerinnen hatten. Die Mädchen blieben dabei, was sie gesagt hatten, und eines der Mädchen erklärte, daß ihre eigene Beziehung zu ihrer Mutter tatsächlich sehr eng wäre. Ihr Problem mit den Lehrerinnen wäre, daß sie sich selbst nicht in den Unterricht einbrachten und die Mädchen nicht »wie Menschen« behandelten.

Wenn sich Frauen in ihren Unterricht einbringen und eine echte Beziehung zu den Mädchen haben, ist das jedoch weitaus störender und radikaler als bei Männern. Es bedeutet, daß sie ihre Unterrichtspraxis und folglich auch die Ausbildung verändern. Der Tag endete mit dem Wunsch seitens der Mädchen und der Frauen, Beziehungen zueinander zu haben, die authentischer sind, in dem Bewußtsein, daß solche Beziehungen – wenn auch unter Schwierigkeiten – möglich sind.

Aber unsere Gespräche mit den Mädchen gingen noch weiter. Anna und Neeti, deren Stimmen in unserem Konferenzbeitrag sehr unterschiedliche Wege in der Entwicklung von Mädchen aufgezeigt hatten, nahmen Kopien von unserem Vortrag mit nach Hause. Wir baten sie, besonders die Teile des Vortrages zu lesen, die mit ihnen zu tun hatten, und uns zu sagen, ob sie das Gefühl hätten, sie wären in ausreichendem Maß unkenntlich gemacht worden; sie sollten uns auch sagen, an welchen Stellen sie mit unseren Interpretationen nicht einverstanden waren und was starke Gefühle bei ihnen ausgelöst hatte. Lyn würde sich dann mit ihnen treffen und den Vortrag und ihre Reaktionen darauf diskutieren. Beide Mädchen zeigten den Vortrag ihren Müttern und sprachen mit ihnen darüber. Neetis Mutter sprach dann mit Lyn bei einem Treffen mit den Eltern. Der Vortrag hatte bewirkt, daß Neeti und ihre Mutter offener miteinander sprachen, so daß Neeti weniger allein und weniger versteckt war. Annas Mutter zeigte den Vortrag Annas Vater, vielleicht um ihm deutlich zu machen, was Anna wirklich wußte, was sie fühlte und dachte, wenn er seine Wutanfälle bekam.

Zu einigen Mädchen, die jetzt die Laurel-Schule verlassen haben und ans College gegangen sind, haben wir immer noch eine Beziehung, und wir sind mit vielen Lehrerinnen in Verbindung geblieben. Für uns selbst stehen noch viele Fragen zu unserer Vorgehensweise als Psychologinnen offen, aber wir haben auch das Gefühl, eine Entdeckung gemacht und einen Einstieg in die psychologische Entwicklung von Frauen gefunden zu haben – einen Ort, wo sich zwischen der Entwicklung von Mädchen und der Psychologie von Frauen eine eindeutige Verbindung herstellen läßt. Die starken Stimmen der Mädchen und ihr gesunder Widerstand gegen eine falsche Beziehung sprechen die Beziehungskonflikte und die Probleme, unter denen viele Frauen leiden, direkt an. Unsere Arbeit mit Mädchen ist ganz eindeutig damit verknüpft, das psychische Leiden von Frauen zu verhindern; sie öffnet den Frauen relationale Wege, auf denen sie ihre starken Stimmen und ihren Mut zurückerobern können.

Uns ist deutlich bewußt, daß es ganz unterschiedlicher Umgebungen bedarf, in denen wir den Mädchen zuhören und die Beziehungen zwischen Frauen und Mädchen erforschen. Doch wir haben aus unserer Arbeit mit diesen hundert Mädchen gelernt, wie effektiv es für die Erforschung der Psychologie und Entwicklung von Frauen ist, mit den Mädchenstimmen zu beginnen. Dadurch daß wir den Mädchen in der Phase der Adoleszenz zugehört und unsere eigenen Reaktionen und die Reaktionen anderer Frauen beobachtet haben, beginnen wir jetzt die Umrisse für neue Wege in der Entwicklung von Frauen zu erkennen und auch neue Möglichkeiten zu sehen, wie Frauen sich an dem Prozeß der politischen Veränderung beteiligen können. Wenn Frauen und Mädchen sich an der Wegkreuzung der Adoleszenz begegnen, öffnet sich die Nahtstelle zwischen den Generationen, die Teil einer patriarchalen Kultur ist. Wenn Frauen und Mädchen sich zusammen dagegen wehren, die Beziehung um der »Beziehungen« willen aufzugeben, dann liegt in dieser Begegnung das Potential für eine soziale und eine kulturelle Veränderung.

Anmerkungen

Kapitel 1

1 Das »Wir« bezieht sich in diesem Buch in erster Linie auf die Autorinnen, mitunter kann das »Wir« jedoch auch andere WissenschaftlerInnen, mit denen wir in diesem Projekt sehr eng zusammengearbeitet haben, einbeziehen; dazu gehören ganz besonders Elizabeth Debold, Judy Dorney, Barbara Miller, Annie Rogers, Mark Tappan und Steve Sherblom. Wir werden versuchen, diesen Wechsel in der Stimme immer so deutlich wie möglich zu machen.

2 Gilligan 1977, 1982.

3 Vgl. dazu Brown 1989, 1991a, 1991b; Brown, Gilligan (i. Vorb.); Gilligan 1991a, 1991b; Rogers 1992; Rogers, Gilligan 1988.

4 Breuer, Freud 1895; Freud 1895, 1905, 1933; Maudsley 1879; Skey 1867.

5 Vgl. dazu Block 1990; Demitrack, Putnam, Brewerton, Brandt, Gold 1990; Elder, Caspi 1990; Hetherington 1981; Peterson 1988; Peterson, Ebata 1987; Rutter 1986; Simmons, Blyth 1987; Werner, Smith 1982.

6 Seligman 1991.

7 Deutsch 1944; Horney 1926; Thompson 1964; Miller 1984.

8 Herman 1981.

9 Ein großer Teil der Forschungsergebnisse, die aus dem Harvard-Projekt zur Psychologie von Frauen und zur Entwicklung von Mädchen entstanden sind, sind in einer Reihe von Veröffentlichungen erschienen: Gilligan, Ward, Taylor 1988; Gilligan, Lyons, Hanmer 1990; Gilligan, Rogers, Tolman 1991. Vgl. dazu auch Gilligan, Johnston, Miller 1988.

10 Gilligan 1977, 1982; vgl. dazu auch Gilligan, Ward, Taylor 1988.

11 Vgl. dazu Jordan, Kaplan, Miller, Stiver, Surrey 1991; auch Jordan 1987; Miller 1976, 1988. Mary Belenky, Blythe Clinchy, Nancy Goldberger, Jill Tarule (1986; dt. 1989) beschreiben die verbundenen Formen des Wissens bei Frauen; Ruthellen Josselson (1987) berichtet, daß Frauen nach überstandenen Beziehungskrisen ein stärkeres Selbstgefühl haben; Gisela Konopka (1966) berichtet darüber, wie sehr sich adoleszente Mädchen die echte Verbundenheit mit anderen wünschen. Sie zeigt, daß das Bedürfnis nach Verbundenheit vor allem ungewöhnlich stark bei den Mädchen vorhanden ist, die später als Straffällige bezeichnet werden; mit Verbundenheit meinen die Mädchen das Verhältnis zu

anderen – »wirklichen Freundinnen« oder Erwachsenen, bei denen »die Person« in Erscheinung tritt. Hilde Bruch (1978) beschreibt das enorme Bedürfnis magersüchtiger Mädchen zu wissen, »was ihre Eltern wirklich fühlen und denken«. Indem sie die Nahrung verweigern, so Bruch, versuchen die Mädchen, die ihre intensiven, »vor allem die negativen Gefühle«, nicht ausdrücken können, ihre Familien in ihrem idealisierten »perfekten Leben« und in ihrer »friedlichen Harmonie« »zur offenen Auseinandersetzung, zu Wutausbrüchen« zu bewegen. Catherine Steiner-Adair (1986, 1991) deutet an, daß Mädchen das, was sie nicht bewußt und offen sagen können, »mit ihren Körpern« zum Ausdruck bringen: Sie hungern nach echten Beziehungen, sie »lechzen danach«, gehört zu werden. Teresa Bernardez (1988) beschreibt die psychologische Wirkung kultureller Verbote, durch die Frauen daran gehindert werden, ihre Wut zum Ausdruck zu bringen; und Dana Jack (1991) sagt, daß bei Frauen mit Depressionen ein innerer Dialog stattfinde, ein Gespräch zwischen einem »Ich«, das etwas aus der Erfahrung heraus will, fühlt und weiß, und einem »Über-Auge« (»Over-Eye«), das über die Frau wacht und ihr vorgibt, was sie eigentlich wollen, fühlen und denken muß oder sollte, wenn sie geliebt werden und Beziehungen zu anderen haben möchte. Die Mühe, die es kostet, um dieses »Ich« zum Schweigen zu bringen, trägt zu den Erschöpfungs- und Verzweiflungsgefühlen depressiver Frauen bei.

12 Rogers 1992.

13 Stern 1985. Vgl. dazu Trevarthen 1979; Murray, Trevarthen 1985.

14 Die anhand von herkömmlichen Testverfahren erzielten Ergebnisse zur soziomoralischen Reflexion (Gibbs, Widaman 1982; Gibbs, Widaman, Colby 1982) und zur Persönlichkeitsentwicklung (Loevinger 1976; Loevinger, Wessler 1970) zeigen, daß in unserer Untersuchung sowohl die Mädchen der siebten als auch die Mädchen der zehnten Klasse besser abgeschnitten haben als vergleichbare Gruppen, die von anderen ForscherInnen untersucht worden sind. Die individuellen Einzelergebnisse der Mädchen anhand von leistungsbezogenen Tests und Noten liefern weitere Anhaltspunkte für ihre intellektuelle und kognitive Entwicklung.

15 Vgl. dazu Brown 1989, 1991a, 1991b.

16 Lyn Mikel Brown, Sue Christopherson, Carol Gilligan, D. Kay Johnston, Barbara Miller, Jeanette McInnis, Lori Stern, Jill Taylor und Janie Ward waren Interviewerinnen vom Harvard-Projekt; Kathy Manos und Carey Straffon waren Wissenschaftlerinnen aus der Umgebung von Cleveland. Weil die Leitung der Laurel-Schule nach einer Möglichkeit suchte, diese Interviews noch stärker in das Schulleben zu integrieren, interviewten JoAnn Deak, die damalige Schulpsychologin, und Nancy Strauss, die zu Beginn der Untersuchung Leiterin an der höheren Schule war, ebenfalls einige Mädchen. Dianne Argyris, Elizabeth Debold, Judy Dorney, Vivian Jenkins-Nelson, Annie Rogers, Deborah Tolman und Tina Verba kamen im zweiten Jahr des Projekts als Interviewerinnen dazu. Die Interviewerinnen und die Mädchen sollten eigentlich während des gesamten Untersuchungsverlaufs miteinander arbeiten, doch war das aufgrund der Fluktuation an der Schule (und bedingt durch den vorübergehenden Charakter der Graduate School, wo viele unserer Inter-

viewerinnen studierten) nicht immer möglich. Kurze, schriftlich formulierte Fragen gaben den Mädchen die Gelegenheit, die Interviewerin zu wechseln, wenn sie sich nicht wohl fühlten, doch haben nur sehr wenige von dieser Möglichkeit Gebrauch gemacht.

17 Lorde 1984a, 112.

18 Seit 1986 trafen sich einige von uns, um diese Fragen zu diskutieren und eine entsprechende Methode zu entwickeln. Anfangs setzte sich diese Gruppe aus Dianne Argyris, Jane Attanucci, Betty Bardige, Lyn Mikel Brown, Carol Gilligan, D. Kay Johnston, Janie Ward und Grant Wiggins zusammen. David Wilcox, Richard Osborne, Barbara Miller und Mark Tappan kamen dann nach und nach dazu. Unsere im zweiten Kapitel beschriebene stimmenzentrierte Methode ist unmittelbar aus diesen frühen Diskussionen hervorgegangen. Vgl. dazu Brown u.a. 1988.

19 Ursprünglich analysierten Dianne Argyris und Judy Dorney die Gedanken und Gefühle, die die Mädchen hinsichtlich des Verhaltenskodex hatten; sie interpretierten, wie die Mädchen auf eine von uns entworfene Problemstellung reagiert haben, die mit Verstößen gegen den Verhaltenskodex an der Schule zu tun hatte.

20 Vgl. dazu Rich 1979a, 187.

Kapitel 2

1 Tina Verba, Gwill York und Suan Libby nahmen auch an Projekt-Besprechungen teil und widmeten der Untersuchung freiwillig viel Zeit und Mühe. Als ehemalige Schülerin der Laurel-Schule war uns vor allem Gwill eine Hilfe, denn sie hat uns mit den unausgesprochenen Erwartungen der Schule an die Mädchen und mit den Reaktionen der Mädchen auf diese Erwartungen bekannt gemacht. Danken möchten wir auch Laura Redin und Lisa Kulpinski für ihre Beiträge zu diesem Projekt.

2 Mary Belenky und Blythe Clinchy schulden wir Dank für ihre Hilfe, als wir die ursprünglichen Fragen zu den »Formen des Wissens« konzipierten; auch danken wir ihnen für ihre ständige Unterstützung und Beratung, als wir Fragen revidierten, um genauer auf die Veränderungen in den Stimmen der Mädchen eingehen zu können.

3 Gilligan 1977, 1982.

4 Lyons 1982, 1983. Vgl. auch: Attanucci 1988; Langdale 1983.

5 Brown et. al. 1988; Brown, Tappan, Gilligan, Argyris, Miller 1989; Brown, Debold, Tappan, Gilligan 1991; vgl. dazu auch Brown, Gilligan 1991; Gilligan, Brown, Rogers 1990.

6 Unser Konzept der Stimme bezieht sich hauptsächlich auf die Forschungsarbeit von Kristin Linklater (1976); unsere Untersuchung der Beziehungsresonanzen ist durch die Arbeit von Normi Noel vertieft und bereichert worden.

7 Rogers und Gilligan setzen sich zum einen mit den Voraussetzungen der traditionellen Entwicklungspsychologie und zum anderen mit der Sprache der

psychologischen Bewertung auseinander und »übersetzen die Mädchenstimmen in zwei Sprachen«: in eine musikalische Sprache, die die Stimme, die Melodie, den Kontrapunkt und die Fuge berücksichtigt, und in eine Sprache der Entwicklungsstadien, eine Sprache der Positionen, Übergänge und Entwicklungsgrade, also die traditionelle Sprache der Entwicklungspsychologie. Jede dieser Übersetzungen hat ihre eigene Entwicklungssprache; wenn sie jedoch zu einer musikalischen Sprache überwechseln und interpretieren, wie die Mädchen auf ›Stammsätze‹ (Loevinger 1976) reagieren, gelingt es Rogers und Gilligan, Belege für die entstehenden Gewinne und Verluste der Mädchen zu sammeln; auf diese Weise können sie auch »zwei Linien in der Entwicklung« feststellen, die – abhängig davon, wie psychologische Gesundheit und Entwicklung definiert werden – zunächst erschienen und dann wieder verschwanden – es war »reine Zauberei«. Durch das Zuhören auf diese zwei verschiedenen Arten finden Rogers und Gilligan einerseits deutliche Belege für die emotionale und kognitive Entwicklung bei Mädchen zwischen 12 und 16 Jahren, andererseits dafür, daß die Mädchen ihr Selbstbewußtsein verlieren, daß sie eher bereit sind, sich den einschränkenden Normen weiblichen Verhaltens zu beugen, und daß ihnen ihre eigenen Gedanken und Gefühle in Beziehungen immer unklarer werden. Zur Diskussion dieses Wechsels bezüglich der Sprache, die benutzt wird, um Veränderung und Entwicklung zu beschreiben, vgl. auch Gilligan, Brown, Rogers (1990).

8 In früheren Diskussionen dieser Methode und früheren aus dieser Untersuchung entstandenen Aufsätzen über die Entwicklung von Mädchen hat Neeti den Namen »Tanya« erhalten. Wir haben dieses Pseudonym wieder verändert, um die indische Herkunft Neetis deutlicher hervorzuheben. Weil es in der Untersuchung nur wenige indische Mädchen gibt, haben wir uns ursprünglich für den Namen »Tanya« entschieden, um die ethnische Zugehörigkeit Neetis zu verschleiern und auf diese Weise ihre Anonymität zu wahren. Weil wir jedoch jetzt ein sehr enges Verhältnis zu Neeti haben und weil Rasse und ethnische Zugehörigkeit in jede Interpretation der Stimme eingebunden sind, erscheint uns diese Veränderung in der Namensgebung notwendig zu sein.

9 Tatsächlich benutzen wir für die geschriebene Fassung der Interviews Buntstifte, um verschiedene Stimmen zu verfolgen und ihre Orchestrierung aufzuzeigen. Nachdem wir uns mit jeder Stimme befaßt haben, gehen wir zu Arbeitsblättern über, auf denen wir in einer Spalte das, was die Sprecherin sagt, und in einer anderen unsere Interpretation des Gesagten festhalten; auf diese Weise haben wir Belege für unsere Interpretationen. Diese Interpretationen geben dann wieder zu neuen Gesprächen innerhalb unserer Arbeitsgruppe Anlaß – Gespräche über die Beweisführung selbst, über die Komplexität der Interpretation, über die Stärke kultureller Botschaften und Stereotypen, die Stimmen zum Schweigen bringen oder übertönen und auch darüber, wie die Psyche auf derartige Botschaften reagiert.

10 Bakhtin 1981, 276.

11 Vgl. dazu Burke 1969.

12 Rich 1979b, 35; zitiert nach Schweickart 1986, 52.

13 Schweickart 1986, 50.

14 Fetterley 1978, xxii.
15 Dana Jacks Gebrauch des Begriffes »Über-Auge« beschreibt einerseits die Internalisierung von Imperativen, die von außen an eine Person herangetragen werden, andererseits die wahrgenommenen Erwartungen, denen entsprochen wird, um Anerkennung zu bekommen oder um für gut gehalten zu werden. »Das Über-Auge«, sagt Jack, »hat einen entschieden patriarchalen Beigeschmack, zum einen in seiner kollektiven Sichtweise, die bestimmt, was ›gut‹ und ›richtig‹ für eine Frau ist, zum anderen in seiner Bereitschaft, die Gefühle einer Frau zu verurteilen, wenn sie von den Erwartungen des ›Sollens‹ abweichen« (94).
16 Vgl. dazu Gilligan 1977, 1982; Gilligan, Ward, Taylor 1988.
17 Millett 1970, 58.
18 Fetterley 1978, xx.
19 Rich 1979b, 35; vgl. dazu auch Schweickart 1986.
20 Vgl. dazu Belenky, Clinchy, Goldberger, Tarule 1986; Fine 1988; Fine, Zane 1989; Herman 1981; Jack 1991; Jordan, Kaplan, Miller, Stiver, Surrey 1991; Josselson 1987; Langdale 1983; Lyons 1983, 1990; Steiner-Adair 1986, 1991.
21 Rich 1979c, 35; vgl. auch Benhabib, Cornell 1987; Flynn, Schweickart 1986; Jacobus 1986; Miller 1988; Showalter 1985b.
22 Woolf 1938, 143; hier zit. n. Woolf 1989, 280.
23 Vgl. Brown 1989, 1991a, 1991b.

Kapitel 3

1 Die neuere Forschung zeigt, daß Mädchen und Jungen bereits mit vier Jahren Beziehungskonflikte unterschiedlich lösen. Leaper (1991) hat die Gespräche von 138 aus der Mittelschicht und der oberen Mittelschicht stammenden Vier- bis Neunjährigen untersucht und kommt zu dem Ergebnis, daß Mädchen mehr »kollaborative«, Jungen dagegen mehr »kontrollierende« Sprechakte verwenden. Miller, Danaher, Forbes (1986) kommen nach der Untersuchung von mehr als tausend Auseinandersetzungen zwischen 24 Fünf- bis Siebenjährigen von unterschiedlicher Rasse und aus unterschiedlichen wirtschaftlichen Verhältnissen zu dem Schluß, daß »es Jungen mehr um die eigenen Vorstellungen geht, die sie auch energischer durchsetzen, und daß Mädchen mehr darum bemüht sind, eine zwischenmenschliche Harmonie aufrechtzuerhalten«. Darüber hinaus haben Miller u.a. herausgefunden, daß die Mädchen ihre Sprechweise veränderten, je nachdem ob sie mit anderen Mädchen oder mit Jungen gesprochen haben. Sheldon (1992) kritisiert die mit Wertvorstellungen befrachtete Sprache, die diese WissenschaftlerInnen benutzen, um diese geschlechtsbezogenen Unterschiede zu interpretieren. Nach Sheldon »übersieht die Aussage, nach der Jungen sich energischer für ihre Interessen einsetzen, die Wichtigkeit der Konfliktmilderung für das Durchsetzungsvermögen innerhalb des Konfliktprozesses; sie bestätigt vielmehr durchaus angreifbare

Stereotypen, die Mädchen und Frauen als ergeben, unterwürfig, unfähig und schwach beschreiben, setzt Konfliktfähigkeit mit Aggression gleich und faßt Begriffe wie Durchsetzungsvermögen und Unabhängigkeit zu eng«. Dazu kommt, sagt Sheldon weiter, daß eine derartige Schlußfolgerung »die Form der männlichen reinen Gewalt irrtümlich höher bewertet als die weibliche Form der Konfliktmilderung, erstere zumindest überbetont. Sheldon erklärt die Tendenz der Mädchen, ihre Sprechweise zu verändern, damit, daß Mädchen wahrscheinlich mehr als Jungen in »Doppelstimmen-Diskursen« sprechen. Die Sprache in Auseinandersetzungen von drei- und vierjährigen Mädchen hat »eine zweifache Orientierung«, so Sheldon, »die Sprecherin verhandelt über [ihre] Vorstellungen und orientiert sich gleichzeitig an der Sichtweise [ihres] Gegenübers«. Das bedeutet, daß »innerhalb des Doppelstimmen-Diskurses das Durchsetzungsvermögen eng mit einer adressatenorientierten Milderung verwoben ist«. Dieses sich auf Tessa und ihre Freundinnen beziehende Beispiel führt in den Bereich der sexuellen Belästigung, ein Problem, das in den Grundschuljahren im großen und ganzen noch unerforscht ist.

2 Vgl. zum Beispiel Piaget 1932 und Lever 1976.

3 Betty Bardige (1988) beschreibt die moralische Denkweise von Kindern in diesem Alter als »Denken in Nominalwerten« (»face-value thinking«) und geht den Empfindlichkeiten von Kindern mit dieser Denkweise nach – ihrem »ausgeprägten Sinn für Moral«, ihrer Fähigkeit zur Entrüstung und Empörung im Falle von Ungerechtigkeit; ihrer tiefen Trauer, wenn sie mißhandelt werden, die von dem dringenden Bedürfnis begleitet wird, dem Leiden anderer ein Ende zu setzen. Bardige sieht »die feinen menschlichen« Fähigkeiten dieser konkreten Denkweise, die alles für bare Münze nimmt, obwohl sie auch ihre kognitiven Grenzen erkennt.

4 Die Beschreibungen der Mädchen in diesem Buch sind aus den Notizen entstanden, die sich die Interviewerinnen gemacht haben, nachdem die Interviews jeweils beendet waren; sie stützen sich auch auf unsere Erinnerungen an bestimmte Mädchen, mit denen wir während des gesamten Zeitraums dieser Untersuchung immer wieder gesprochen haben. In unseren Langzeit-Fallstudien haben wir gelegentlich kleine Veränderungen vorgenommen; sie betreffen äußerliche Merkmale, wie die Augen- oder Haarfarbe, beziehungsweise genauere Informationen über die Familienverhältnisse wie die Berufe der Eltern; damit wollten wir die Anonymität wahren.

5 Diese Technik, die die Fabeln von Aesop benutzt, um herauszufinden, wie Kinder und Heranwachsende relationale und moralische Konflikte aufnehmen, wurde von Johnston entwickelt (1988). Obwohl wir die Fabel ursprünglich hineingenommen haben, um Johnstons Ergebnisse abzusichern – nämlich daß kleine Kinder dasselbe Beziehungsproblem ohne weiteres wenigstens auf zwei verschiedene Arten lösen können und daß die Vorliebe für eine der beiden Lösungen geschlechtsbezogen ist –, wurden wir neugierig, als die Mädchen sich in die Geschichte hineinversetzten und die Beziehung zwischen den Tieren zu ihrem ganz persönlichen Anliegen machten. Wir halten es immer noch für sinnvoll, diese Fabel besonders in Interviews mit kleineren Mädchen zu verwenden, denn sie stellt einen Beziehungskonflikt dar, in dem

einige Komponenten der größten Probleme für Mädchen und Frauen enthalten sind: Es ist einerseits eine Geschichte, in der jemand verletzt, und andererseits eine Geschichte, in der jemand ausgeschlossen wird, also in Gefahr ist, verlassen zu werden, zu erfrieren und zu leiden; es könnte auch eine Geschichte über die Selbstlosigkeit sein, die die Wahrscheinlichkeit des anhaltenden Schmerzes und der Mißhandlung mit sich bringt. Diese Geschichte kann von jedem Mädchen ganz verschieden gehört werden: als Geschichte über Gewalt in der Familie, über die Unterschiedlichkeit, über das Verlassen-Werden, über die Liebe, über die Sorge um sich selbst oder das Aufgeben der eigenen Sicherheit und Bequemlichkeit für andere.

6 Weil »perfekte Mädchen« ab einer bestimmten Klassenstufe nicht mehr am Mathematikunterricht oder am Unterricht in den naturwissenschaftlichen Fächern teilnehmen, scheint dieses spezielle Merkmal der Perfektion altersbezogen zu sein. Aus einer neueren Umfrage der American Association of University Women (1991) geht hervor, daß Mädchen dazu neigen, nach der achten Klasse nicht mehr an Mathematikkursen teilzunehmen. Anscheinend halten die meisten Jungen und Mädchen Mathematik für ein »männliches« Fach.

7 Obwohl wir nicht wissen, ob Sonias Widerstand gegen das von ihrer Lehrerin ausgewählte Buch etwas mit der Rasse zu tun hatte, ist es wichtig festzuhalten, daß es nur wenige Bücher über farbige Kinder gibt. Weitaus die meisten Kinderbücher vertreten die kulturelle Identität der weißen Mittelschicht. Ein Zeitungsartikel im *Boston Globe* (vom 23. Februar 1992) berichtet, daß in den Vereinigten Staaten 1990 mehr als 5000 Kinderbücher veröffentlicht wurden und nur 51 ihrer Autoren Schwarze waren.

8 Annie Rogers (1992) hat dargestellt, daß die gesunde psychologische Entwicklung von Frauen mit dem Spiel und dem Mut von Mädchen verbunden ist. Sie schreibt darüber, wie wichtig das Spiel zwischen Frauen und Mädchen ist, damit den Mädchen ihr Mut erhalten bleibt, denn sie ist zu dem Ergebnis gekommen, daß aus dem »ganz normalen Mut« der Mädchen in der Adoleszenz oft »ein Vergehen« wird.

9 Mark Tappan (1991) benutzt diesen Ausschnitt aus Laurens Interview, um zu veranschaulichen, wie Sprache die Erfahrung vermittelt und formt. Tappan bezieht sich auf die Arbeiten von Wygotsky und Bakhtin und sieht Laurens Buch als »semiotisches Werkzeug«, das sie dazu befähigen soll, auf ein Dilemma, in dem sie sich befindet, jeweils zu reagieren. Demnach repräsentiert Laurens Buch die schon frühzeitig internalisierte Stimme ihrer Mutter.

10 Rogers (1992) verfolgt die Etymologie des Wortes »Mut« und beschreibt auch, was es für Frauen bedeuten würde, wenn sie in ihrem Kontakt mit Mädchen Mut zeigen würden. Vielleicht ist es kein Zufall, daß Annie in diesem Jahr Laurens Interviewerin ist.

11 Morrison 1979, 15.

Kapitel 4

1 Wir danken Elizabeth Debold für eine frühere Interpretation dieser Langzeit-
fallstudie und daß sie uns großzügigerweise erlaubt hat, an dieser Stelle viel
von ihrer eigenen Interpretation einzubeziehen, besonders in bezug auf Judys
Trennung zwischen Geist und Körper, als sie älter wird.

2 Diese Verbundenheit zwischen den Gefühlen und dem Körper entnehmen wir
den Langzeituntersuchungen, die Elizabeth Debold (1990, 1991) zu den Formen des Wissens bei Mädchen gemacht hat. Debold kommt zu dem Ergebnis,
daß bei Neun- und Zehnjährigen ein verkörpertes, leidenschaftliches Wissen
(passionate knowing) vorherrscht, daß sie die Welt über die Sinne erfahren. Sie
hört, wie Mädchen in der Adoleszenz verzweifelt versuchen, die Trennung
von Körper und Geist zu verhindern, wenn die Wünsche und Leidenschaften
der Kindheit in die eng begrenzten kulturellen Vorstellungen von Weiblichkeit
übertragen und an sie angeglichen werden. Vgl. dazu auch Debold und Brown
1991.

3 Die von Judy beschriebene Situation in ihrer Familie ist ein Beispiel für das
Pattern, das u.a. von Wissenschaftlern wie Elder und Caspi (1990) festgestellt
worden ist – wenn Familien hohen Belastungen ausgesetzt sind, sind Jungen in
der Kindheit und Mädchen in der Adoleszenz psychologisch am stärksten gefährdet.

Kapitel 5

1 Rierdan und Koff 1980; vgl. dazu auch Brooks-Gunn und Peterson 1983.

2 Debold 1990.

3 Auch hier beziehen wir uns wieder auf Dana Jacks (1991) Unterscheidung
zwischen einem authentischen »Ich« und dem »Über-Auge« der kulturellen
Normen und Werte. Jack erklärt: »Weil in den Urteilen, die das Über-Auge
fällt, ein kultureller Konsens in bezug auf feminine Güte, Wahrheit und Wert
enthalten ist, sind sie stark genug, um die authentische Sichtweise des Selbst in
den Hintergrund treten zu lassen« (S. 94).

4 Tolman und Debold (1991) beschreiben diese Entwicklung von der Verkörpe-
rung zum Image und erörtern die psychologischen Belastungen, mit denen die
Mädchen dafür zahlen, wenn sie sich mit konventionellen Vorstellungen und
mit Modellen von weiblicher Schönheit identifizieren.

5 Ebenda.

6 Gilligan 1977, 1982; Miller 1976.

7 In Gesprächen von Paaren, die sich in einer Krise befinden, kommt Zimlicki
(1991) zu einer Unterscheidung zwischen zwei Beziehungssprachen – eine statische Sprache des »Habens und Haltens« und eine relationalere, fließendere
Sprache der Liebe.

8 Vgl. dazu Heilbrun 1988; vgl. dazu auch Brown 1991b; Gilligan 1991b.

9 Hier beziehen wir uns noch einmal auf Rogers (1992). Sie schreibt über die Entwicklung der jüngeren Mädchen: Aus ihrem »ganz normalen Mut« – ihrer Fähigkeit, direkt und ohne weiteres zu sagen, was sie wissen – wird in der Adoleszenz ein »gegen die Regeln verstoßender Mut« (»transgressive courage«); etwas offen zu sagen, wird dann zu einem Verstoß gegen die weiblichen Normen, zu einer Übertretung, d.h. das Betreten von Territorien, die Mädchen nicht betreten sollten.

10 Wir danken Annie Rogers und Elizabeth Debold für ihre hilfreichen Kommentare und Einsichten zu dieser Fallstudie.

11 Vgl. dazu Jack 1991.

12 Mit zwölf Jahren einhundertvierundfünfzigmal »Ich weiß nicht«.

13 Steiner-Adair (1986) ist der Ansicht, daß Mädchen durch Anorexie und Bulimie ihren Protest gegen kulturelle weibliche Ideale inszenieren. Mittels ihrer höchst politisierten Körper stellen die Mädchen eine Kultur dar, die nach echten, vollen Beziehungen hungert.

14 Steiner-Adair 1991; vgl. dazu auch Sidel 1990.

Kapitel 6

1 Rogers 1992.

2 Als wir in dem Projekt zu ersten Ergebnissen kamen, traf sich eine Gruppe von Lehrerinnen und Psychologinnen regelmäßig zur Besprechung unserer Arbeitspapiere. Die Gruppe bezeichnete sich selbst als assoziierte Mitglieder des Laurel-Harvard-Forschungsprojektes. Während einer der ersten Sitzungen an der Schule wurde eine Anzahl von Fragen aufgeworfen, in denen es darum ging, was es in dieser Kultur und in dieser Zeit bedeutet, als Frau Mädchen zu unterrichten, was die Mädchen an ihren Lehrerinnen beobachten und welche Machtunterschiede es an der Schule gibt; Terri Garfinkel, eine Vorschullehrerin, schlug vor, daß wir die Schule verlassen und längere Zeit zusammen verbringen müßten, um offen und ausführlich über diese Fragen zu sprechen. Die Lehrerinnen kamen aus allen Zweigen der Schule, so daß Frauen aus dem Vorschulprogramm, aus der Mittel- und aus der Oberstufe einbezogen wurden. Doris Bartlett, die die Klausurtagungen mit uns begonnen hatte, konnte nach dem ersten Wochenende leider nicht mehr teilnehmen. Judy Dorney schrieb das Curriculum und gestaltete zwei von den insgesamt drei Klausurtagungen, wobei sie sich sehr stark auf das Konzept einer feministischen Pädagogik bezog, das Maria Harris in ihrem Buch *Women and Teaching* entworfen hat. Unsere Erfahrungen in Beziehungen und in der Gemeinschaft, die wir im Laufe dieser Klausurtagungen gemacht haben, dokumentiert Judy in ihrer Dissertation »Courage to act in a small way: Clues towards community and change among women teaching girls«. Immer noch dankbar sind wir Lea Rhys, der damaligen Leiterin der Laurel-Schule, die diese Klausurtagungen durch notwendige Zuschüsse und durch den Einsatz von Aushilfskräften für die an den Klausurtagungen teilnehmenden Lehrerinnen unterstützt hat.

3 Eine neuere Forschungsarbeit zu den Erfahrungen von Mädchen in der Schule, die von der American Association of University Women in Auftrag gegeben wurde (1991), veranschaulicht die Beziehung zwischen der positiven Selbsteinschätzung der Mädchen und den Botschaften, die ihnen täglich in der Schule übermittelt werden. Darüber hinaus bespricht ein Forschungsbericht mit dem Titel »How Schools Shortchange Girls«, der auch im Auftrag der AAUW von Susan Bailey vom Wellesley College Center for Research on Women (1992) geschrieben wurde, die Forschungsliteratur, die sich mit den Erfahrungen von Mädchen im Unterricht und geschlechtsspezifischen Vorurteilen in den Curricula und in standardisierten Tests beschäftigt. Vgl. dazu auch die Diskussion der Erfahrungen von Mädchen in der Schule von Spender (1982) in ihrem Buch *Invisible Women*.

4 Lorde 1984b, S. 55.

5 Emily Hancock (1989) geht davon aus, daß dieser Erinnerungs- und Wiederfindungsprozeß grundlegend für die vollständige Selbstbehauptung von Frauen ist. Hancock sagt: »Die vollständige Entwicklung von Frauen hängt davon ab, daß sie auf Umwegen wieder zu dem Mädchen in ihnen selbst zurückkehren und dieses Mädchen in ihre Existenz als Frau einbeziehen« (S. 260). Auf der Grundlage von Interviews mit zwanzig erwachsenen Frauen geht Hancock davon aus, daß »das Reklamieren der authentischen, als Mädchen verkörperten Identität« (S. 4) »der Schlüssel zur Identität von Frauen zu sein scheint« (S. 25). Unsere Untersuchungen verdeutlichen jedoch die Schattenseite der Beziehungserfahrungen von Mädchen – das Gefühl, zum Schweigen gebracht zu werden, die Erfahrung der Machtlosigkeit – ebenso wie die verkörperten Erfahrungen, Erfahrungen der Freude. Und unsere Langzeitstudie über Mädchen, die in die Adoleszenz kommen, zeigt, daß junge Frauen dazu neigen, sich von den schmerzlichen Erfahrungen, die sie in der Kindheit gemacht haben, zu lösen oder ihre Aktionen und Erfahrungen umzuinterpretieren beziehungsweise neu zu benennen, indem sie sie idealisieren. Den Mädchenstimmen zuzuhören ist also von entscheidender Bedeutung, um die Schwierigkeiten zu verstehen, die Frauen haben, wenn sie wiederfinden wollen, was Hancock »das Mädchen in ihnen selbst« nennt.

6 Vgl. dazu Steiner-Adair 1986; Woolf 1921/1944, S. 58-59.

7 »Am Rand zu stehen«, sagt bell hooks (1990) »bedeutet Teil des Ganzen, jedoch nicht von zentraler Bedeutung zu sein.« Für einige Mädchen in dieser Untersuchung war die Marginalität tatsächlich ein Ort des Widerstandes, den hook »den Schauplatz der radikalen Möglichkeit« nennt. Doch mit der Fähigkeit, zu sehen und zu benennen und dem Druck kultureller Ideale (weiß, Mittelschicht) zu widerstehen, entsteht auch der Druck, ausgeschlossen zu werden, und das Leiden unter diesem Ausschluß. Die Spuren, die das Ertragen dieses Schmerzes emotional hinterläßt – Zynismus, Wut und Ressentiment –, waren bei den Mädchen, die am Rande standen, deutlicher sichtbar. Obwohl wir ihre Widerstandsfähigkeit anerkennen, möchten wir auch deutlich machen, welchen emotionalen Preis sie dafür zahlen, daß sie am Rande stehen.

8 Judy Dorney (1990) hat in dieser Untersuchung der Gruppe der afroamerikanischen Mädchen zugehört und herausgefunden, daß diese Mädchen äußerst

deutlich über Rassenfragen sprechen. Judy konzentrierte sich auf ein Thema, das sie in den Interviews immer wieder hörte: der verzweifelte Versuch der Mädchen, in der Gemeinde der Schwarzen, aus der sie viel von ihrer Stärke, ihrem Mut und ihrer Hoffnung bezogen, zu sich selbst zu finden und sich gleichzeitig einen Platz in der dominierenden weißen Kultur zu erarbeiten. Dorney geht davon aus, daß diese Mädchen in ihrer Beschreibung, wie sie sich selbst als schwarze Frauen sehen, anklingen lassen, was für Janie Ward (1990) auch bei anderen schwarzen Mädchen in der Adoleszenz als Muster zu hören war: Um zu einer positiven Selbsteinschätzung zu gelangen, müssen diese Mädchen zunächst die Definitionen, die Stereotypen oder die negativen Vorbilder, die ihnen von der dominierenden Kultur aufgedrängt werden, ablehnen; sie müssen sich ihnen widersetzen, beziehungsweise ihnen widerstehen. Vgl. dazu auch Robinson and Ward 1991.

9 Fordham und Ogbu (1986) schreiben über den starken Einfluß fiktiver Verwandtschaftsbeziehungen als Symbol für die kollektive soziale Identität bei schwarzen Amerikanerinnen, eine Identität, die in Opposition zur weißen Identität entstanden ist. Die schwarzen SchülerInnen, die im akademischen Bereich erfolgreich sein wollen, fühlen sich hin- und hergerissen: Einerseits wollen sie in der Schule etwas leisten, andererseits wollen sie sich in einer Weise verhalten, die ihre Loyalität gegenüber der schwarzen Gemeinde unter Beweis stellt. Weil sie hart arbeiten, um in der Schule gute Noten zu bekommen, und vom »Verstand besessen« sind, sind sie für andere schwarze Schülerinnen oft typische Beispiele für »weißes Verhalten«.

10 Der Laurel-Harvard-Kongreß zur Psychologie von Frauen und Entwicklung von Mädchen fand im April 1990 mit der großzügigen Unterstützung der George Gund Foundation und der Cleveland Foundation statt.

11 Aufgrund unserer Untersuchungsergebnisse, daß Mädchen diese Frage oftmals anders sehen, wenn sie älter werden, und weil wir die Privatheit aller Mädchen in dieser Untersuchung schützen wollten, haben wir nach langer Diskussion und trotz gemischter Gefühle beschlossen, daß wir dieser Bitte tatsächlich nicht nachkommen konnten.

Danksagung

Dieses Buch ist nicht nur in äußerst enger Zusammenarbeit entstanden, sondern auch das Ergebnis jahrelanger Beziehungen und jahrelanger Arbeit mit vielen anderen Frauen, mit Mädchen, und auch mit Jungen und Männern. An dieser Stelle sind wir besonders den Mädchen dankbar, deren Stimmen und Erfahrungen im Mittelpunkt dieses Buches stehen und von denen wir so viel über die Psychologie von Frauen und die Entwicklung von Mädchen gelernt haben. Jahr für Jahr kamen sie zu uns, um uns zu erzählen, was sie wußten, um mit uns über die Freuden und den Schmerz ihres intensiven Beziehungslebens zu sprechen, um uns über den Veränderungsprozeß, den sie teilweise mit uns zusammen durchlebten, zu informieren und um uns Zugang in den Untergrund ihrer Gefühle und Gedanken zu verschaffen. Um die Vertraulichkeit zu wahren, können wir nicht jedes einzelne Mädchen namentlich nennen und ihr persönlich für ihren Beitrag zu dieser Arbeit danken, so gern wir das auch tun würden. Obwohl wir uns darum bemüht haben, die Authentizität in den Stimmen der Mädchen zu bewahren, haben wir persönliche Details verändert und die Identität der Mädchen unkenntlich gemacht, um ihre Privatsphäre nicht zu verletzen.

Die in diesem Buch aufgezeichnete Reise wurde von Lea Rhys im Namen der Laurel-Schule initiiert, die uns dazu einlud, in einem gemeinsamen Versuch intensiver über die psychologische Entwicklung von Frauen nachzudenken und die Ausbildung von Mädchen zu verbessern. Leas Engagement, diesen Dialog aufzunehmen und die Arbeit des Harvard-Projekts an die Laurel-Schule zu bringen, fand die Unterstützung von Hazel Prior Hostetler, einer Absolventin der Laurel-Schule des Jahrgangs 1911, und die Unterstützung der Cleveland Foundation. Als sich das Projekt weiterentwickelte, erweiterte sich der Kreis derer, die es unterstützten, auch auf die George Gund Foundation. Besonders danken wir Steven Minter, Judith Simpson und Victor Young für ihr lebhaftes Interesse an dieser Arbeit, als sie noch am Anfang stand. Diese Zusammenführung von Frauen und Mädchen wurde im wesentlichen von Joan Lipsitz und der Lilly-Stiftung, von dem inzwischen verstorbenen Lawrence Cremin und der Spencer Foundation und von Wendy Puriefoy und der Boston Foundation unterstützt, die uns auch darin bestärkten, die Implikationen unserer Arbeit für die Psychologie und für die Erziehung weiter zu erforschen. Wir danken Joan Lipsitz, Lawrence Cremin, Marion Faldet und Linda Fitzgerald von der Spencer Foundation, Wendy Puriefoy und Don Zimmerman von der Boston Foundation. Dank gebührt Patricia Albjerg Graham, der Dekanin der Harvard Graduate School of Education, die unsere Arbeit mit Frauen und Mädchen aktiv unterstützt hat, die uns dabei geholfen hat zu glauben, was wir hörten und sahen, und die uns dazu ermutigt hat, darüber hinaus auch die erzieherischen und politischen Implikationen zu untersuchen.

Während unserer Arbeit war das Zusammensein mit anderen Frauen und Männern für uns von entscheidender Bedeutung. Mit Hilfe unseres Kollegiums in Harvard und aufgrund der Beziehung, die wir zu den Mitgliedern dieses Kollegiums haben, sind viele Entdeckungen in dieser Arbeit erst möglich geworden. Unsere Beziehung zu Annie Rogers war entscheidend für die Ausarbeitung der Theorie über die psychologische Entwicklung von Frauen, die wir in diesem Buch präsentieren. Enorm viel gelernt haben wir aus unseren kontinuierlichen Gesprächen über unsere Arbeit mit Elizabeth Debold und Judy Dorney ebenso wie mit Barbara Miller, Steve Sherblom, Mark Tappan, Jill Taylor, Deborah Tolman und Janie Ward. Außerdem danken wir Peggy Geraghty, Lisa Kulpinski, Susan Libby, Laura Radin, Anna Romer, Melanie Thernstrom, Tina Verba und Gwill York, die uns ihre Zeit und ihre Energie großzügig zur Verfügung stellten und wertvolle Einsichten in das Leben von Mädchen und Frauen eingebracht haben. Besonders dankbar sind wir Sarah Hanson für ihre aufmerksame, großzügige und exzellente Hilfe.

Wir möchten auch den anderen Frauen und Männern, mit denen wir im Laufe der Jahre zusammengearbeitet haben, unseren Dank aussprechen. Ihre Einsichten in den psychologischen Wachstums- und Heilungsprozeß sind in unsere Forschungsarbeit eingegangen: Diane Argyris, Jane Attanucci, Betty Bardige, Mary Belenky, Dana Jack, D.

Kay Johnston, Sharry Langdale, Nona Lyons, Catherine Steiner-Adair, Lori Stern, Grant Wiggins, David Wilcox und Birute Zimlicki.

An der Laurel-Schule brachte Patricia Flanders Hall, die Beraterin der Schülerinnen und unsere Verbindungsfrau in den letzten beiden Jahren unserer Untersuchung, ein profundes Verständnis der Mädchen und einen ausgeprägten Sinn für notwendige Veränderungen im Leben von Frauen ein. Jo Ann Deak, Lynne Feighan, Peter Hutton, Marlene Roskoph, Marilyn Sabatino und Nancy Strauss machten dieses Projekt möglich: Die LehrerInnen nahmen uns in ihrer Schule auf und ließen es zu, daß ihr Unterricht von Schülerinnen gestört wurde, die zu Interviews gingen oder von ihnen zurückkamen, sie sprachen mit uns über ihre Erfahrungen mit den Mädchen und trugen mit ihrem eigenen Verständnis der Veränderungen, die wir in den Stimmen der Mädchen wahrnahmen, zu unserer Arbeit bei.

Die Frauen, mit denen wir im Verlauf dieser Arbeit in Klausur gingen, haben uns stark geprägt: Denise Andre, Claudia Boatright, Renee Bruckner, Jo Ann Deak, Judy Dorney, Pat Flanders Hall, Nancy Franklin, Terri Garfinkel, Louise (Skip) Grip, Marilyn Kent, Linda McDonald, Susie McGee, Sharon Miller und Almuth Riggs. Die engen Beziehungen, die sich zwischen uns entwickelt haben, haben nicht nur unsere Arbeit, sondern auch unser Leben verändert.

Unsere Arbeit an der Laurel-Schule ist Teil einer Forschungsreihe, die in verschiedenen Kontexten vom Harvard-Projekt zur Psychologie von Frauen und zur Entwicklung von Mädchen durchgeführt wird. Die Zusammenführung von Frauen und Mädchen fing 1981 an der Emma Willard-Schule an und wurde dann mit Untersuchungen von 11- und 15jährigen Jungen und Mädchen fortgesetzt; die Untersuchungen wurden zunächst an einer öffentlichen Schule in einem Vorort und dann in drei ethnisch unterschiedlichen Gegenden durchgeführt. Es folgten zwei Untersuchungen von Mädchen und Jungen im High-School-Alter (14-18) – eine an einer städtischen, öffentlichen Schule und eine an einer koedukativen, privaten High School. Momentan werden gerade zwei weitere Untersuchungen durchgeführt: eine Untersuchung über Heranwachsende an einer öffentlichen Schule, die für schwangerschaftsgefährdet oder elternschaftsgefährdet gehalten werden oder die in Gefahr sind, die Schule frühzeitig abzubrechen; und an zwei Schulen – einer privaten und einer öffentlichen – läuft mit Jungen und Mädchen ein Programm zur Verhinderung dieser Probleme.

Wir möchten Mary Belenky, Blythe Clinchy und Dana Jack dafür danken, daß sie die ersten Entwürfe dieses Buches sorgfältig gelesen haben. Auch Angela von der Lippe und Susan Wallace, unseren Lektorinnen, möchten wir unseren Dank aussprechen – Angela dafür, daß sie sich vorgestellt hat, wie dieses Buch werden könnte und das wunderschöne Bild des Miteinanders von Mädchen und Frauen an der Wegkreuzung vorgeschlagen hat; Susan danken wir für ihre Aufmerksamkeit, ihre guten Ideen und ihre unglaubliche Geduld.

Darüber hinaus möchten wir noch zwei Menschen unseren Dank aussprechen: Mark Tappan hat in unserem gemeinsamen Projekt eine zentrale Rolle gespielt und sich unserer Arbeit angeschlossen, indem er die verschiedenen Entwürfe gelesen, Fragen mit uns besprochen, uns umsorgt und emotional unterstützt hat. Bernhard Kaplan ist uns ein Lehrer und guter Freund gewesen, und seine Großzügigkeit war für uns einerseits befreiend und gleichzeitig eine Herausforderung; auf diese Weise hat er uns in unseren radikalsten Impulsen unterstützt.

Bei der Entwicklung unserer Arbeit über die Stimme fühlen wir uns schließlich der ausgezeichneten Arbeit von Kristin Linklater zum Thema Stimme verbunden. Das, was sie gelehrt und geschrieben hat (*Freeing the Natural Voice and Freeing Shakespeare's Voice*), hat uns das physikalische Konzept für unsere Psychologie geliefert – das Verständnis, wie es zur Trennung kommt und wie sie sich anhört. In unserer Diskussion der Beziehungsresonanzen beziehen wir uns in erster Linie auf die originelle und brillante Theaterarbeit von Naomi Noel und den Prozeß des subtilen Zuhörens, den sie in das Harvard-Projekt eingebracht hat, besonders in das Projekt zur Stärkung des gesunden Widerstands und des Muts (Strengthening Healthy Resistance and Courage Project), das von Annie Rogers geleitet wird. Von Toni Morrison, Jorie Graham, Jamaica Kinkaid, Maxine Hong Kingston und Michelle Cliff haben wir etwas über Frauen und Mädchen, Beziehungen und die Wahrheit gelernt, was für dieses Buch von zentraler Bedeutung ist; ihre Romane und Gedichte haben wir jahrelang in unseren Unterricht einbezogen; dazu kommen Charlotte Brontë und Emily Dickinson, Adrienne Rich, Margaret Atwood, Jeanette Winterson, Sharon Olds und Elizabeth Socolow und die Theaterarbeit von Tina Packer.

In der Erforschung des Widerspruchs in der Psychologie von Frauen – das Aufgeben der Beziehung zugunsten von »Beziehungen« – ist die Affinität und die Gemeinsamkeit unserer Arbeit mit der Arbeit von Jean Baker Miller am wichtigsten. Sie hat diesen Widerspruch äußerst deutlich formuliert (»Connections, Disconnections, and Violations«), und er ist für sie für die Entwicklung psychologischer Probleme zentral. Eine derartige Konvergenz in der Arbeit ist eine deutliche Bestätigung. Und für uns ist ihre radikale und kenntnisreiche Arbeit ein Prüfstein – darin erkennen wir unser eigenes Insistieren auf dem Beziehungscharakter psychologischer Prozesse, auf der Realität des Konfliktes im Leben von Frauen, auf dem Bedürfnis nach Mut in der weiblichen Entwicklung und auf der Verbindung, die zwischen der Entwicklung von Frauen und gesellschaftlicher Veränderung besteht.

Literatur

Adelson, Joseph, Hg., 1980, *Handbook of adolescent psychology,* New York.

Adelson, Joseph, Margery Doehrman, 1980, The psychodynamic approach to adolescence, in: Joseph Adelson, Hg., *Handbook of adolescent psychology,* New York.

American Association of University Women, 1991, *Shortchanging girls, shortchanging America,* Washington, DC.

– 1992, *How Schools Shortchange Girls,* Washington, DC.

Apter, Terri, 1990, *Altered loves: Mothers and daughters during adolescence,* New York.

Attanucci, Jane, 1988, In whose terms: A new perspective on self, role, and relationship, in: Carol Gilligan, Janie Ward, Jill Taylor, Hg., *Mapping the moral domain,* Cambridge.

Bakhtin, Mikhail, 1981, *The dialogic imagination,* Austin.

Bardige, Betty, 1988, Things so finely human: Moral sensibilities at risk in adolescence, in: Carol Gilligan, Janie Ward, Jill Taylor, Hg., *Mapping the moral domain,* Cambridge.

Belenky, Mary, 1983, The role of dialogue in human development and in the reduction of family violence, Vortrag am Teachers College, Columbia University.

Belenky, Mary, Blythe Clinchy, Nancy Goldberger, Jill Tarule, 1986, *Women's ways of knowing.* New York. (Dt.: Das andere Denken, 1989, Frankfurt/New York)

Benhabib, Seyla, Drucilla Cornell, 1987, *Feminism as critique,* Minneapolis.

Bernardez, Teresa, 1988, Women and anger: Cultural prohibitions and the feminine ideal, Wellesley.

Block, Jack, 1990, Ego resilience through time: Antecedents and ramifications, in: *Resilience and psychological health,* Boston.

Breuer, Josef, Sigmund Freud, 1895/1955, Studies on hysteria, in: *The standard edition of the complete psychological works of Sigmund Freud,* Vol. 2, London. (Dt.: Studien über Hysterie, 1970, Frankfurt/M.)

Brooks-Gunn, Jeanne, Ann Peterson, 1983, *Girls at puberty,* New York.

Brown, Lyn Mikel, 1989, »Narratives of relationship: The development of a care voice in girls ages 7 to 16.« Unveröffentlichte Dissertation, Harvard University.

- 1991a, A problem of vision, The development of voice and relational knowledge in girls ages seven to sixteen, in: *Women's Studies Quarterly*, 19, 1/2, S. 52-71.
- 1991b, Telling a girl's life: Self-authorization as a form of resistance, in: *Women and Therapy*, 11, 3/4, S. 71-86.

Brown, Lyn Mikel, Carol Gilligan, 1991, Listening for voice in narratives of relationship, in: Mark Tappan, Martin Packer, Hg., Narrative and storytelling: Implications for understanding moral development, in: *New Directions for Child Development*, 54, S. 43-62, San Francisco.

- The psychology of women and the development of girls, in: *Feminism and Psychology*, o.J.

Brown, Lyn Mikel, Dianne Argyris, Jane Attanucci, Betty Bardige, Carol Gilligan, D. Kay Johnston, Barbara Miller, Richard Osborne, Mark Tappan, Janie Ward, Grant Wiggins, David Wilcox, 1988, *A guide to reading narratives of conflict and choice for self and relational voice* (Monographie Nr. 1), Cambridge.

Brown, Lyn Mikel, Elizabeth Debold, Mark Tappan, Carol Gilligan, 1991, Reading narratives of conflict and choice for self and moral voice: A relational method, in: William Kurtines, Jacob Gewirtz, Hg., *Handbook of moral behavior and development: Theory, research and application,* Hillsdale.

Brown, Lyn Mikel, Mark Tappan, Carol Gilligan, Dianne Argyris, Barbara Miller, 1989, Reading for self and moral voice: A method for interpreting narratives of real-life moral conflict and choice, in: Martin Packer, Richard Addison, Hg., *Entering the circle: Hermeneutic investigation in psychology,* Albany.

Bruch, Hilde, 1978, *The golden cage: The enigma of anorexia nervosa,* Cambridge. (Dt.: Der goldene Käfig. Das Rätsel der Anorexia nervosa, 1986, Frankfurt/M.)

Burke, Kenneth, 1969, *A grammar of motives,* Berkeley.

Crockett, Lisa, Ann Peterson, 1987, Pubertal status and psychological development: Findings from the early adolescence study, in: Richard Lerner, Terryl Foch, Hg., *Biological-psychosocial interactions in early adolescence,* Hillsdale.

Debold Elizabeth, 1990, Learning in the first person: A passion to know. Text, präsentiert an der Laurel-Harvard Conference on the Psychology of Women and the Development of Girls, Cleveland.

- 1991, The body at play, in: Carol Gilligan, Annie Rogers, Deborah Tolman, Hg., *Women, girls, and psychotherapy: Reframing resistance,* Binghamton.

Debold, Elizabeth, Lyn Mikel Brown, 1991, Losing the body of knowledge, Text, präsentiert anläßlich des jährlichen Treffens der Association of Women in Psychology.

Demitrack, Mark, Frank Putnam, Timothy Brewerton, Harry Brandt, Philip

Gold, 1990, Relation of clinical variables to dissociative phenomena in eating disorders, in: *The American Journal of Psychiatry*, 1479, S. 1184-1188.

Deutsch, Helene, 1944, *Psychology of women*, New York.

Dorney, Judy, 1990, Who am I now and where is my home? Black adolescent females in a predominantly wihte school, Text, vorgestellt anläßlich der Laurel-Harvard Conference on the Psychology of Women and the Development of Girls, Cleveland.

– 1991, »Courage to act in a small way«. Clues toward community and change among women teaching girls. Unveröffentlichte Dissertation, Harvard University.

Ebata, Aaron, 1987, A longitudinal study of distress during adolescence. Unveröffentlichte Dissertation, Pennsylvania State University.

Elder, Glen, Avshalom Caspi, 1990, Studying lives in a changing society: Sociological and personological explorations, in: A. I. Rabin, Robert Zucker, Robert Emmons, Susan Frank, Hg., *Studying person and lives*, New York.

Eme, Robert, 1979, Sex differences in childhood psychopathy: A review, in: *Psychological Bulletin*, 86, S. 574-595.

Fetterley, Judith, 1978, *The resisting reader: A feminist approach to American fiction*, Bloomington.

Fine, Michelle, 1988, Sexuality, schooling and adolescent females: The missing discourse of desire, in: *Harvard Educational Review*, 58, S. 29-53.

Fine, Michelle, Nancie Zane, 1989, Bein' wrapped too tight: When low-income women drop out of high school, in: Lois Weis, Elearnor Farrar, Hugh Petrie, Hg., *Dropouts from school*, New York.

Flynn, Elizabeth, Patrocinio Schweickart, Hg., 1986, *Gender and reading*, Baltimore.

Fordham, Signithia, John Ogbu, 1986, Black students' school success: Coping with the »burden of acting white«, in: *Urban Review*, 18, S. 176-206.

Freud, Sigmund, 1895/1955, Fräulein Elisabeth von R, in: *The standard edition of the complexe psychological works of Sigmund Freud*, Vol. 2, London. (Dt.: Fräulein Elisabeth von R., in: Sigmund Freud gesammelte Werke, Chronologisch geordnet, Band 1, 1952, Frankfurt)

– 1905, Three essays on the theory of sexuality, in: *The standard edition of the complete psychological works of Sigmund Freud*, Vol. 2, London. (Dt.: Drei Abhandlungen zur Sexualtheorie, in: S. Freud gesammelte Werke, Chronologisch geordnet, Band 5, 1942, Frankfurt)

– 1933/1965, Femininity, in: *New introductory lectures on psychoanalysis*, New York. (Dt.: Die Weiblichkeit, in: Neue Folgen zur Einführung in die Pschoanalyse, Band 15, 1949, Frankfurt)

Gibbs, James, Keith Widaman, 1982, *Social intelligence: Measuring the development of sociomoral reflection*, Englewood Cliffs.

Gibbs, James, Keith Widaman, Ann Colby, 1982, Construction and validation of a simplified, group-administrable equivalent to the Moral Judgment Interview, in: *Child Development*, 53, S. 895-910.

Gilligan, Carol, 1977, In a different voice: Women's conceptions of self and of morality, in: *Harvard Educational Review*, 47, S. 481-517.

– 1982, *In a different voice: Psychological theory and women's development*, Cambridge. (Dt.: Die andere Stimme. Lebenskonflikte und Moral der Frau, ²1985, München)

– 1986, Exit-voice dilemmas in adolescent development, in: Alejandro Foxley, Michael McPherson, Guillermo O'Donnell, Hg., *Development, democracy, and the art of trespassing: Essays in honor of Albert O: Hirschman*, Notre Dame: University of Notre Dame Press.

– 1990, Teaching Shakespeare's sister, in: Carol Gilligan, Nona Lyons, Trudy Hanmer, Hg., *Making connections: The relational worlds of adolescent girls at Emma Willard School*, Cambridge.

– 1991a, Joining the resistance: Psychology, politics, girls and women, in: *Michigan Quarterly Review*, 29, 4, S. 501-536.

– 1991b, Women's psychological development: Implications for pschotherapy, in: Carol Gilligan, Annie Rogers, Deborah Tolman, Hg., *Women, girls, and psychotherapy: Reframing resistance*, Binghamton.

Gilligan, Carol, Jane Attanucci, 1988, Two moral orientations: Gender differences and similarities, in: *Merrill-Palmer Quarterly*, 343, S. 223-237.

Gilligan, Carol, Mary Belenky, 1980, A naturalistic study of abortion decisions, in: Robert Selman, Regina Yando, Hg., *Clinical-developmental psychology. New Directions for Child Development*, 7, S. 69-90.

Gilligan, Carol, Lyn Mikel Brown, Annie Rogers, 1990, Psyche embedded: A place for body, relationships, and culture in personality theory, in: A. I. Rabin, Robert Zucker, Rorbert Emmons, Susan Frank, Hg., *Studying persons and lives*, New York.

Gilligan, Carol, D. Kay Johnston, Barbara Miller, 1988, *Moral voice, adolescent development, and secondary education: A study at the Green River School* (Monographie Nr. 3), Cambridge.

Gilligan, Carol, Nona Lyons, Trudy Hanmer, Hg., 1990, *Making connections: The relational worlds of adolescent girls at Emma Willard School*, Cambridge.

Gilligan, Carol, Annie Rogers, Deborah Tolman, Hg., 1991, *Women, girls, and psychotherapy: Reframing resistance*, Binghamton.

Gilligan, Carol, Janie Ward, Jill Taylor, Hg., 1988, *Mapping the moral domain*, Cambridge.

Gilligan, Carol, Grant Wiggins, 1987, The origins of morality in early childhood relationships, in: Jerome Kagan, Sharon Lamb, Hg., *The emergence of morality in early childhood*, Chicago.

Gove, Walter, Terry Herb, 1974, Stress and mental illness among the young: A comparison of the sexes, in: *Social Forces*, 53, S. 256-265.

Hancock, Emily, 1989, *The girl within*, New York. (Dt.: Tief unter unserer Haut, 1991, Hamburg)

Harris, Maria, 1988, *Women and teaching: Themes for a spirituality of pedagogy*, New York.

Heilbrun, Carolyn, 1988, *Writing a woman's life*, New York.

Herman, Judith, 1981, *Father-daughter incest,* Cambridge.

Hetherington, E. Mavis, 1981, Children of divorce, in: Ronald Henderson, Hg., *Parent-child intercation,* New York.

hooks, bell, 1990, *Yearning: Race, gender, and cultural politics,* Boston.

Horney, Karen, 1926, The flight from womanhood, in: *International Journal of Psychoanalysis,* 7, S. 324-339.

Jack, Dana, 1987, Silencing the self: The power of social imperatives in female depression, in: Ruth Formanek, Anita Gurian, Hg., *Women and depression: A lifespan perspective,* New York.

Jack, Dana, 1991, *Silencing the self: Depression and women,* Cambridge.

Jacobus, Mary, 1986, *Reading woman,* New York.

Johnston, D. Kay, 1988, Adolescents' solutions to dilemmas in fables: Two moral orientations – two problem solving strategies, in: Carol Gilligan, Janie Ward, Jill Taylor, Hg., *Mapping the moral domain,* Cambridge.

Jordan, Judith, 1987, *Clarity in connection: Empathic knowing, desire, and sexuality,* Wellesley.

Jordan Judith, 1991, The meaning of mutuality, in: Judith Jordan, Alexandra Kaplan, Jean Baker Miller, Irene Stiver, Janet Surrey, *Women's growth in connection,* New York.

Jordan, Judith, Alexandra Kaplan, Jean Baker Miller, Irene Stiver, Janet Surrey, 1991, *Women's growth in connection,* New York.

Josselson, Ruthellen, 1987, *Finding herself: Pathways to identity development in women,* San Francisco. (Dt.: Der Weg zu mir. Frauen beschreiben ihr Selbst, 1991, Köln)

Kaplan, Alexandra, 1991, The »self-in-relation«: Implications for depression in women, in: Judith Jordan, Alexandra Kaplan, Jean Baker Miller, Irene Stiver, Janet Surrey, *Women's growth in connection,* New York.

Konopka, Gisela, 1966, *The adolescent girl in conflict,* Englewood Cliffs.

Langdale, Sharry, 1983; »Moral orientations and moral development: The analysis of care and justice reasoning across different dilemmas in females and males from childhood through adulthood,« Unveröffentlichte Dissertation, Harvard University.

Leaper, Campbell, 1991, Influence and involvement in children's discourse: Age, gender and partner effects, in: *Child Development,* 62, S. 797-811.

Lever, Janet, 1976, Sex differences in the games children play, in: *Social Problems,* 23, S. 478-487.

Linklater, Kristin, 1976, *Freeing the natural voice,* New York.

Loevinger, Jane, 1976, *Ego development: Conceptions and theories,* San Francisco.

Loevinger, Jane, R. Wessler, 1970, *Measuring ego development,* Bd. 1 und 2, San Francisco.

Lorde, Audre, 1984a, The master's tools will never dismantle the master's house, in: Audre Lorde, *Sister outsider,* Freedom.

– 1984b, The uses of the erotic, in: Audre Lorde, *Sister outsider,* Freedom.

Lyons, Nona, 1982, Conceptions of self and morality and modes of moral choice: Identifying justice and care judgments of actual moral dilemmas, unveröffentlichte Dissertation, Harvard University.

– 1983, Two perspectives: On self, relationships and morality, in: *Harvard Educational Review,* 53, S. 125-145.

– 1990, Listening to voices we have not heard, in: Carol Gilligan, Nona Lyons, Trudy Hanmer, Hg., *Making connections: The relational worlds of adolescent girls at Emma Willard School,* Cambridge.

Maudsley, Henry, 1879, *The pathology of mind,* London.

Miller, Jean Baker, 1976, *Toward a new psychology of women,* Boston.

– 1988. Connections, disconnections, and violations, Wellesley.

– 1991, The development of women's sense of self, in: Judith Jordan, Alexandra Kaplan, Jean Baker Miller, Irene Stiver, Janet Surrey, *Women's growth in connection,* New York.

Miller, Nancy K., 1988, *Subject to change,* New York.

Miller, Patrice, Dorothy Danaher, David Forbes, 1986, Sex-related strategies for coping with interpersonal conflict in children aged five and seven, in: *Developmental Psychology,* 22, S., 543-548.

Millett, Kate, 1970, *Sexual politics,* Garden City. (Dt.: Sexus und Herrschaft. Die Tyrannei des Mannes in unserer Gesellschaft, 1983, Köln)

Morrison, Toni, 1970, *The bluest eye,* New York. (Dt.: Sehr blaue Augen, 1979, Reinbek bei Hamburg)

Murray, Lynne, Colwyn Trevarthen, 1985, Emotional regulation of interactions between two-month-olds and their mothers, in: Tiffany Field, Nathan Fox, Hg., *Social perception in infants,* Norwood.

Peterson, Ann, 1988, Adolescent development, in: *Annual Review of Psychology,* 39, S. 583-607.

Peterson, Ann, Aaron Ebata, 1987, Developmental transitions and adolescent problem behavior: Implications for prevention and intervention, in: Klaus Hurrelmann, Hg., *Social prevention and intervention,* New York.

Piaget, Jean, 1932/1965, *The moral judgment of the child,* New York. (Dt.: Das moralische Urteil beim Kind, 1986, München)

Rich, Adrienne, 1979a, Women and honor: Some notes on lying, in: Adrienne Rich, *On lies, secrets, and silence,* New York.

– 1979b, Vesuvius at home: The power of Emily Dickinson, in: Adrienne Rich, *On lies, secrets, and silence,* New York.

– 1979c, When we dead awaken: Writing as re-vision, in: Adrienne Rich, *On lies, secrets, and silence,* New York.

Rierdan, Jill, Elissa Koff, 1980, Representation of the female body by early and late adolescent girls, in: *Journal of Youth and Adolescence,* 94, S. 49-58.

Robinson, Tracy, Janie Ward, 1991, »A belief in self far greater than anyone's disbelief«: Cultivating resistance among African adolescents. in: *Women and Therapy,* 11, 3/4, S. 87-103.

Rogers, Annie, 1988, *Developmental voices: A method for identifying a fugue of themes in sentence completions,* unveröffentlichtes Manuskript, Harvard University.

– 1992, The development of courage in girls and women, Harvard Project on the Psychology of Women and the Development of Girls, Harvard Graduate School of Education.

Rogers, Annie, Carol Gilligan, 1988, *Translating the language of adolescent girls: Themes of moral voice and stages of ego development* (Monographie Nr. 6), Cambridge.

Rogers, Annie, Lyn Mikel Brown, Mark Tappan, 1991, Interpreting loss in ego development in girls: Regression or resistance? Text, präsentiert anläßlich des jährlichen Treffens der American Psychological Association.

Ruddick, Sara, 1989, *Maternal thinking,* New York. (Dt.: Mütterliches Denken. Für eine Politik der Gewaltlosigkeit, 1993, Frankfurt/New York)

Rutter, Michael, 1986, The developmental psychopathology of depression: Issues and perspectives, in: Michael Rutter, Carroll Izzard, Peter Read, *Depression in young people: Developmental and clinical perspectives.*

Schweickart, Patrocinio, 1986, Reading ourselves: Toward a feminist theory of reading, in: Elizabeth Flynn, Patrocinio Schweickart, Hg., *Gender and reading,* Baltimore.

Seligman, Martin, 1991, *Learned optimism,* New York.

Sheldon, Amy, 1992, Conflict talk: Sociolinguistic challenges to self-assertion and how young girls meet them, in: *Merrill-Palmer Quarterly,* 38, S. 95-117.

Showalter, Elaine, 1985a, *The female malady,* New York.

– 1985b, *The new feminist criticism,* New York.

Sidel Ruth, 1990, *On her own,* New York.

Simmons, Roberta, Dale Blyth, 1987, *Moving into adolescence: The impact of pubertal change and school context,* New York.

Skey, F.C., 1867, *Hysteria,* London.

Spender, Dale, 1982, *Invisible women,* New York.

Steiner-Adair, Catherine, 1986, The body politic: Normal female adolescent development and the development of eating disorders, in: *Journal of the American Academy of Psychoanalysis,* 14, S. 95-114.

– 1991, When the body speaks: Girls, eating disorders, and psychotherapy, in: Carol Gilligan, Annie Rogers, Deborah Tolman, Hg., *Women, girls, and psychotherapy: Reframing resistance,* Binghamton.

Stern, Daniel, 1985, *The interpersonal world of the infant,* New York.

Stern, Lori, 1990, Disavowing the self in female adolescence, in: *Women and Therapy,* 11, 3/4, S. 105-117.

Stiver, Irene, 1991, The meanings of »dependency« in female-male relationships, in: Judith Jordan, Alexandra Kaplan, Jean Baker Miller, Irene Stiver, Janet Surrey, *Women's growth in connection,* New York.

Surrey, Janet, 1991, The »self-in-relation«: A theory of women's development, in: Judith Jordan, Alexandra Kaplan, Jean Baker Miller, Irene Stiver, Janet Surrey, *Women's growth in connection,* New York.

Tanner, J.M. 1971, Sequence, tempo and individual variation in the growth and development of boys and girls aged twelve to sixteen, in: *Daedalus*, 1004, S. 907-930.

Tappan, Mark, 1991, Narrative, language and moral experience, in: *Journal of Moral Education,* 20, 3, S. 243-256.

Tappan, Mark, Lyn Mikel Brown, 1989, Stories told and lessons learned: Toward a narrative approach to moral development and moral education, in: *Harvard Educational Review,* 59, S. 182-205.

Taylor, Jill, 1989, Development of self, moral voice and the meaning of adolescent motherhood: The narratives of fourteen adolescent mothers, unveröffentlichte Dissertation, Harvard University.

Thompson, Clara, 1964, *Interpersonal psychoanalysis,* New York.

Tolman, Deborah, 1990, Just say no to what? A preliminary analysis of sexual subjectivity in a multicultural group of adolescent females. Text, präsentiert anläßlich des jährlichen Treffens der American Orthopsychiatric Association, Miami.

Tolman, Deborah, Elizabeth Debold, 1991, Made in whose image? Text, präsentiert anläßlich des jährlichen Treffens der American Psychological Association, San Francisco.

Trevarthen, Colwyn, 1979, Instincts for human understanding and for cultural cooperation: Their development in infancy, in: Mario von Cranach, Klaus Foppa, Wolf Lepenies, D. Floog, Hg., *Human ethology: Claims and limits of a new discipline,* Maison des Sciences de l'Homme and Cambridge University Press.

Ward Janie, 1988, Urban adolescents' conceptions of violence, in: Carol Gilligan, Janie Ward, Jill Taylor, Hg., *Mapping the moral domain,* Cambridge.

– 1990, Racial identity formation and transformation, in: Carol Gilligan, Nona Lyons, Trudy Hanmer, Hg., *Making connections: The relational worlds of adolescent girls at Emma Willard School,* Cambridge.

Werner, Emmy, Ruth Smith, 1982, *Vulnerable but invincible: A study of resilient children,* New York.

Woolf, Virginia, 1921/1944, *Monday or Tuesday,* New York.

– 1929, *A room of one's own,* New York. (Dt.: Ein Zimmer für sich allein ⁵1986, Frankfurt/M.)

– 1938, *Three guineas,* New York. (Dt.: Drei Guineen. Essay, 1978, München)

– 1942/1970, Professions for women, in: Virginia Woolf, *The death of the moth and other essays,* New York.

Zimlicki, Birute, 1991, Speaking of love: From a study of relationships in crisis, unveröffentlichtes Manuskript, Harvard University.

»... ein brisantes Buch, das man zur Pflicht-
lektüre machen sollte.«
Süddeutscher Rundfunk

Peggy Orenstein
Starke Mädchen – brave Mädchen
Was sie in der Schule wirklich lernen
1996, 331 Seiten
ISBN 3-593-35474-8

Mädchen beginnen ihre Schulkarriere mit den gleichen Fähigkeiten und Ambitionen wie die Jungen,
aber oft haben ihre Zweifel, wenn sie 13 oder 14 sind,
bereits ihre Träume verdrängt. Sie beenden die Adoleszenz mit reduzierten Erwartungen an ihr Leben
und weniger Vertrauen in sich und ihre Fähigkeiten
als die Jungen.
Die Journalistin Peggy Orenstein ist ein Jahr lang
noch einmal in die achte Klasse gegangen, um herauszufinden, warum aufgeweckte und intelligente
Mädchen in ihren Schulleistungen nachlassen und ein
negatives Selbstbild entwickeln.
Sie berichtet aus erster Hand vom wirklichen Leben
der Mädchen und läßt uns hinter die Kulissen schau-
en: im Klassenzimmer, auf dem Schulhof, zu Hause.
Ein wichtiges Buch für Eltern, LehrerInnen und alle,
die wollen, daß die Schule den Mädchen die gleichen
Chancen einräumt wie den Jungen.

Campus Verlag · Frankfurt/New York

Verena Kast im dtv

Verena Kast verbindet auf einfühlsame und auch für Laien verständliche Weise die Psychoanalyse C. G. Jungs mit konkreten Anregungen für ein ganzheitliches, erfülltes Leben.

Der schöpferische Sprung
Vom therapeutischen Umgang mit Krisen
dtv 35009

Imagination als Raum der Freiheit
Dialog zwischen Ich und Unbewußtem
dtv 35088

Die beste Freundin
Was Frauen aneinander haben
dtv 35091

Die Dynamik der Symbole
Grundlagen der Jungschen Psychotherapie
dtv 35106

Freude, Inspiration, Hoffnung
dtv 35116

<u>Märcheninterpretationen</u>

Mann und Frau im Märchen
Eine psychologische Deutung · dtv 35001
Fünf Märcheninterpreta-tionen, ergänzt um vergleichbare Fälle aus der psychotherapeutischen Praxis

Wege zur Autonomie
dtv 35014
Fünf Märchen, die uns Entwicklungswege aus Autonomiekrisen weisen

Wege aus Angst und Symbiose
Märchen psychologisch gedeutet · dtv 35020
Innere Freiheit und Selbstentfaltung in der Beziehung zwischen Mann und Frau

Märchen als Therapie
dtv 35021
Über die heilende Funktion von Märchen in der therapeutischen Praxis

Familienkonflikte im Märchen
Eine psychologische Deutung · dtv 35034
Fünf Märchen, die verborgene Lösungsansätze enthalten, verknüpft mit Beispielen aus der Praxis

C.G. Jung – Taschenbuchausgabe

Herausgegeben von Lorenz Jung auf der Grundlage
der Ausgabe 'Gesammelte Werke' dtv 59016
Auch einzeln erhältlich

Erich Fromm im dtv

»Vielleicht zählt er für künftige Interpreten dereinst zu den Wortführern jener Kraft, die durch ihre mutigen Ideen dazu beitragen können, daß wir toleranter und hilfsbereiter, bedürfnisloser und friedfertiger werden.«
Ivo Frenzel